Gottlieb Wilhelm Rabener

Satiren

Gottlieb Wilhelm Rabener

Satiren

ISBN/EAN: 9783742868848

Hergestellt in Europa, USA, Kanada, Australien, Japan

Cover: Foto ©Thomas Meinert / pixelio.de

Manufactured and distributed by brebook publishing software (www.brebook.com)

Gottlieb Wilhelm Rabener

Satiren

Gottlieb Wilhelm Rabeners
Satiren.

Vierter Theil.

Mit allerhöchst-gnädigst Kayserl. Privilegio.

Carlsruhe,
bey Christian Gottlieb Schmieder, Buchhändler.
1781.

Vorbericht.

Ich wage es endlich, den vierten und zugleich den lezten Theil meiner satirischen Schriften herauszugeben. Eine für mich wichtige Veränderung in meinem Amte, und die dadurch verdoppelte Arbeit, sind zum Theil Ursache gewesen, daß ich mich seit drey Jahren eines Versprechens nicht habe entledigen können, an welches mich, wo nicht das Publicum, doch wenigstens mein Verleger, fleißig genug erinnert hat. Aber in der That ist mein Amt nur zum Theil Ursache an diesem Aufschube gewesen; ich habe noch weit wichtigere Verhinderungen gehabt. Für die meisten Autoren ist der Beyfall der Leser die stärkste Reizung, daß sie muthig, und viel schreiben: Darf ich es wohl gestehen, daß eben dieser Beyfall die wichtigste Ursache ist, warum ich seit drey Jahren mich nicht habe entschließen können, den vierten Theil meiner Schriften zu liefern? Die ersten drey Theile haben das Glück gehabt, in Deutschland ihre Freunde, und auch bey Ausländern Leser zu finden. Man ist endlich, auf meine ungeheuchelten Vorstellungen, so billig gewesen, an mehrern Orten zu glauben, daß wirklich ein unendlicher Unterschied zwischen einer Satire und einem Pasquille sey; daß man die Fehler der Menschen lächerlich machen könne, ohne einen Menschen selbst lächerlich zu machen; daß man als Satirenschreiber spotten, und doch mit redlichem Herzen ein Menschenfreund seyn könne. Ja, die Gütig-

Vorbericht

keit meiner Leser ist noch weiter gegangen: Man hat die Fehler in verschiedenen Ausarbeitungen übersehen, welche vor den Augen der Kritik nicht verborgen bleiben konnten. Männer von Einsicht haben mir diese Fehler verziehen, und nur diejenigen Stellen angezeigt, welche ihren Beyfall erlangten: Wie viel Ursache hatte ich, darüber vergnügt zu seyn! Andre Männer, die zwar auch Einsicht genug besaßen, aber nur meine Freunde nicht seyn wollten, haben ganz davon geschwiegen: Konnte ich mir wohl etwas mehr wünschen! und dennoch sind alle diese vortheilhaften Umstände die wahre Ursache, daß ich izo, so ein alter Autor ich auch bin, mich dennoch ganz schüchtern unter das Publicum wage. Wie viel Achtung bin ich der Nachsicht meiner Leser schuldig? Wie viel Ursache habe ich, alles zu vermeiden, was ihnen anstößig seyn kann, um diese verzeihende Nachsicht nicht zu verlieren! Wie sorgfältig muß ich alle meine Charaktere zeichnen, um keine Originale zu malen, und um mich wider einen Vorwurf sicher zu stellen, der mir bey meinen menschenfreundlichen Gesinnungen, gewiß der empfindlichste seyn würde! Bisher hat die Kritik mir meine Fehler übersehen; vielleicht in der Hoffnung, ich würde mich bessern: und ich habe mich nicht gebessert, wer wird mich wider diese strenge Richterinn vertheidigen, welche die Nachwelt auf ihrer Seite hat? Geschäfte und Jahre machen einen Satirenschreiber ernsthafter, und eben dadurch bitterer, als es vielleicht der gröste Theil seiner Leser wünschet: Ist nicht schon das Ursache genug, einen

Bey-

Vorbericht.

Beyfall zu verlieren, der mir so unendlich schäzbar ist? Ich lebe hier ganz verwaist von meinen kritischen Freunden, ohne deren Rath und Gutachten ich sonst nicht eine Zeile wagte. Sie sind zerstreut, sie sind weit von mir weg zerstreut; diese Freunde, deren ehrliches Herz, und deren reifer Wiz mir unvergeßlich seyn werden. Nur einer noch von meinen redlichen Aristarchen ist in Leipzig; und auch dieser Eine ist schon zu weit von mir entfernt. Und wie soll ich mir die freundschaftlichen Lehren derer zu Nuze machen, die izt in Koppenhagen, in Hamburg, in Zerbst, in Braunschweig, in Queblinburg, seit einigen Jahren von mir, und vielleicht auf ewig von mir getrennt sind? die in Zürch und Bern entfernt leben? — — Und was sage ich von unserm Vater Hagedorn, der mich so oft geleitet hat, und dessen Andenken auch diese Thräne noch heilig sey! — — Wäre nicht dieser Mangel meiner Freunde und meiner Führer Ursache genug, ein Vorhaben zu unterlassen, welches mir schon damals schwer genug ward, da ich es unter ihrem Beystande wagte, und welches ich izo wagen soll, da ich von ihrem Beystande ganz entblößt bin?

Und doch muß ich es wagen! Aber ich wage es unter einem Gelübde, das ich vor den Augen meines Vaterlandes, und, wenn ich so prächtig reden darf, vor den Augen der ganzen wizigen Welt thue. Dieses ist der vierte, aber gewiß auch der lezte Theil meiner satirischen Schriften. Ich thue hier einen heiligen Schwur, einen Schwur, der mir heiliger ist, als er sonst den meisten Schriftstellern zu

Vorbericht.

seyn pflegt: daß ich dergleichen satirische Schriften weder unter meinem, noch unter einem verstellten Namen, weder in monatlichen, noch in fliegenden Blättern, weiter bekannt machen werde.

Diesen Vorsaz rechtfertigen, wenn anders meine Leser verlangen sollten, daß ich ihn rechtfertige; diesen Vorsaz, sage ich, rechtfertigen schon die Ursachen genug, die ich oben angeführt habe. Ein ernsthaftes Alter; Geschäfte, die täglich gehäuft werden; der Verlust der besten Freunde; eine argwöhnische Vorsicht, die meinem izigen Stande vielleicht noch unentbehrlicher ist, als sie mir vor drey Jahren war; Leser, die noch immer gewohnt sind zu lachen, so lange sie über andre lachen, und welche unversöhnlich wüten, so bald sie glauben, ihr eigenes Gesichte im Spiegel zu sehen; der geschwäzige Vorwiz der Ausleger, welche immer boshaft genug sind, Schlüssel zu machen, wo keine Schlüssel nöthig sind; die tückische Bosheit derjenigen, welche sich getroffen finden, und schweigen, und welche doch hämisch im Namen derjenigen seufzen, die gewiß nicht gemeint, und gewiß nicht getroffen sind; die beleidigende Unbilligkeit des wizigen Pöbels, welcher immer an dem Orte, wo der Verfasser schreibt, die Originale zuerst sucht, eine Unbilligkeit, die mir bey meinem gegenwärtigen Amte doppelt empfindlich seyn muß; alles die es sind Ursachen, welche mir meinen Vorsaz ernstlich machen.

Ueberhaupt ist wohl Deutschland das Land nicht, in welchem eine billige und bessernde Satire es wagen

Vorbericht.

gen darf, ihr Haupt mit der Freymüthigkeit empor zu heben, mit welcher sie gewohnt ist, die Laster, oder die Thorheiten der Menschen zu strafen. Es giebt Städte in Deutschland, in denen man nur beschäftigt ist, Reichthümer zu sammeln, und in denen man kein Laster weiter kennt, als die Armuth. Wer wird es wagen dörfen, ihren feisten Bürgern zu sagen, daß sie lasterhaft sind, weil sie nur mit Ungerechtigkeit wuchern; daß sie Thoren sind, weil sie auf ihren erwucherten Reichthum stolz seyn können? Es giebt mächtige Städte in Deutschland, wo man unter dem prächtigsten Aufwande seine Armuth, unter den lärmenden Vergnügungen seine innerliche Unruhe zu verbergen sucht, wo man seinen Freund küßt, und umarmt, um ihn niederzuwerfen, wo man über alle Sachen mit einem entscheidenden Tone urtheilet, um seine Unwissenheit nicht zu verrathen, wo man ein pöbelhaftes Pasquill mit lautem Beyfalle annimmt, und ausbreitet, weil man den Einzigen Unglücklichen kennt, den es trift, und wo man im Gegentheile eine lehrende Satire für ein gefährliches Pasquill hält, weil sie auf hundert Personen passen kann, und weil diese hundert Personen vielleicht noch fühlen, daß sie Thoren sind, aber zugleich auch denjenigen verabscheuen, der sie an ihre Thorheit erinnert. Und was soll ich von denen Städten sagen, welche ein Siz der schönen Wissenschaften sind, und wo es ein öffentlicher Beruf ist, Weisheit und Sitten zu predigen? Vielleicht ist hier die Satire an der Hand ihrer Schwester, der Moral, beliebt und sicher?

Nichts

Vorbericht.

Nichtsweniger! Nur gar zu oft haben die Gelehrten viel Ursache, sich vor der Satire zu fürchten. Gemeiniglich sind sie die ersten, die sie verdammen; es müßte denn eine Satire aus dem Horaz seyn, welcher sie unmöglich gemeint haben kann.

Vielleicht ist ein Patriot mit dem sehr unzufrieden, 'was ich hier von den meisten Städten meines Vaterlandes sage. Er wird glauben, daß man eben dieses von den Städten aller Länder sagen könne. Es kann seyn: Aber desto schlimmer für die Satire; desto allgemeiner ist die Wahrheit des Sazes, den ich oben behauptet habe. Und was will mir dieser Patriot antworten, wenn ich ihm Paris nenne, wo ein Boileau und Moliere waren, deren Satire ihr König liebte und schüzte? Es ist nur ein London, wo auch nicht einmal der größte Mißbrauch die Billigkeit der Satire verdächtig macht, wo kein Laster so vornehm ist, daß es sich nicht vor ihrer Geissel scheuen müsse. Nur ein London ist, wo ein lehrender Zuschauer täglich unter einer Menge von zwanzig tausend Lesern unerkannt herumgehen, und unbemerkt den Beyfall einsammeln kann, den seine Satire verdient. In Deutschland mag ich es nicht wagen, einem Dorfschulmeister diejenigen Wahrheiten zu sagen, die in London ein Lord-Erzbischoff anhören, und schweigen, oder sich bessern muß.

Je mehr ich allen diesen Ursachen nachdenke; je ernstlicher wird mein Vorsaz, niemals dergleichen Schriften wieder zu wagen. Aber dagegen verspreche ich mir auch von der Billigkeit meiner Leser dieses,

daß

Vorbericht.

daß sie mich künftig mit etwas weniger Zuversicht, als wohl bisher bey einigen Gelegenheiten geschehen, für einen Mitarbeiter an wizigen Monatschriften, oder für den verborgenen Verfasser fliegender Blätter ausgeben.

Ich muß befürchten, daß dieses Gelübde vielen von meinen Lesern verdächtig seyn werde. Man weiß aus der Erfahrung, daß beynahe kein Geschöpf so meineidig ist, als ein Poet, welcher die Verse verschwöret: Sollte ein Satirenschreiber mehr Gewissen haben? Ich will mich in diese Vergleichung nicht einlassen. Damit man aber gar keinen Vorwand behalte, an meinem Vorsaze zu zweifeln; so will ich eine wohlbedächtige Einschränkung beysezen, unter welcher ich meine Gelübde gethan habe. Ich werde gewiß niemals weiter dergleichen satirische Schriften, weder unter meinem, noch fremden Namen, bekannt machen: Aber ich werde vielleicht noch verschiedene Abhandlungen von dieser Art schreiben. Ich werde sie der Kritik einiger von meinen Freunden, und meinem verschwiegenen Pulte anvertrauen, und nicht eher, als nach meinem Tode, soll das unpartheyische Publicum zum Richter darüber gesezt werden.

Ich finde bey diesem Entschlusse hundert Vortheile, und viele Annehmlichkeiten, die ein Satirenschreiber unmöglich haben kann, welcher von der Aufnahme seiner Werke Zeuge ist. Da ich mir, vom Anfange an, das Gesez gegeben, keinen Menschen durch meine Satiren zu beleidigen, sondern sie so allgemein zu machen, daß es einem billigen Leser unmöglich

fal=

Vorbericht.

fallen sollte, einen zu finden, der das Original zum Gemälde seyn könnte; so hatte ich mir ein Gesez gegeben, welches mir unendliche Schwierigkeiten verursachte. Sobald ich mit einer Abschilderung fertig war, war dieses meine erste Sorge, daß ich sie gegen diejenigen Gesichter hielt, die ich kannte, um zu versuchen, ob vielleicht zu viel Aehnlichkeit von ihnen in meinem Gemälde wäre. Das Gemälde selbst zu entwerfen, kostete mich immer weniger Mühe, als mich es kostete, solches durch neue Züge, durch mehr Licht, oder mehr Schatten unkenntlich zu machen. Und wenn ich alles gethan hatte, und wenn ich nunmehr glaubte, daß es mit keinem Menschen eine Aehnlichkeit habe, daß es nur das allgemeine Bild eines Thoren sey; so rief doch wohl einer meiner Leser mit bitterer Freude aus: das ist mein Nachbar! Künftig werde ich eine so ängstliche Vorsicht weiter nicht nöthig haben. Nun kann ich mir die Originale wählen, wo ich will, ohne einen von ihnen zu beleidigen. Denn erst nach meinem Tode sollen diese Schildereyen bekannt werden. Und da ich Hoffnung habe, noch etliche und zwanzig Jahre zu leben; so zweifle ich, ob sich alsdann noch jemand die Mühe geben wird, den Thoren zu entdecken, den ich vor zwanzig Jahren gemalt habe: denn in zwanzig Jahren ist ein Thor gewiß vergessen, und wenn er auch ein durchlauchtigster Thor gewesen wäre. Nunmehr kann ich mich viel freyer unter meinen Mitbürgern umsehen, und Züge zu einem Gemälde sammeln, welches ich vielleicht ausserdem zu schildern noch nicht

wa-

Vorbericht.

wagen dörfte, wie ich es nunmehr wagen darf, da diese Schildereyen erst nach meinem Tode ausgestellt werden sollen. Finde ich künftig einen Menschen, dessen Thorheiten verdienen, für die Nachwelt gezeichnet zu werden: so sehe ich diesen Menschen, als meinen Posthumum, an. Die nach mir leben, sollen nicht einen Zug von seinem Gesichte verlieren; aber bis dahin will ich ihn allein kennen, und nur allein über ihn lachen.

Man hat mir wider diesen Plan den Einwurf gemacht, daß vielleicht in zwanzig Jahren hundert kleine Umstände in den Sitten und Gebräuchen meiner heutigen Landsleute geändert, oder gar verlohren gegangen seyn könnten, die doch oftmals schlechterdings zu wissen nöthig sind, wenn man das Feine und das Reizende der Satire so empfinden soll, wie ein jeder Verfasser wünscht, daß es seine Leser empfinden mögen. Dieser Einwurf ist gegründet genug: Aber eben dadurch werde ich desto aufmerksamer gemacht werden, in meinen Satiren auch das zu vermeiden, was das Persönliche der Sitten und Gebräuche genannt werden kann, so wie ich das Persönliche der Charaktere bisher vermieden habe. Ich erlange dadurch den großen Vortheil, daß meine Satire auch von dieser Seite allgemein wird. Und kann ich auch diejenigen Umstände nicht ganz vermeiden, welche so flüchtig und veränderlich sind; wer wird mir es verdenken, wenn ich mein eigner Scholiast werde? In diesem Falle werden selbst meine Anmerkungen Satiren auf meine Mitbürger, wenn ich genöthiget bin, der Vergessenheit

Vorbericht.

gessenheit durch Noten eine Tracht, ein Spiel, ein Ceremoniell, eine Mode, und andere solche Kleinigkeiten zu entreißen, worauf sie doch itzt so stolz sind, und worinnen vielmals heuer ihr ganzer Werth besteht.

Ein anderer Einwurf sollte vielleicht für mich noch wichtiger seyn: Nach meinem Tode werde ich den Beyfall der Leser nicht hören! Es ist wahr; aber auch ihren Tadel nicht! Meine Schriften sind durch die gütige Aufnahme der Kenner und anderer so glücklich gewesen, daß ich mich, wenn ich mich so stolz ausdrücken darf, an dem Lobe meiner Leser gewissermassen schon gesättiget habe. Dieser Beyfall verdient von mir die erkenntlichste Achtung für den Geschmack, und das Vergnügen meiner künftigen Leser. Ich besitze gewiß Eigenliebe genug, dieses Lob auch nach meinem Tode verdienen zu wollen, je vortheilhafter alsdann für mein Andenken ein so unpartheyisches Lob ist, und je weniger ich hernach im Stande bin, meine Fehler zu entschuldigen, oder wider scheinbare Vorwürfe mich zu verantworten.

Ich habe bey meinen Satiren ein zu freudiges Gewissen, und zu der fortdaurenden Billigkeit meiner Leser ein zu großes Vertrauen, als daß ich hierbey einen Vorwurf befürchten sollte, der mir bey einer Stelle des Seneca eingefallen ist. Labienus, ein Mann, der seinen republikanischen Haß, und die bittersten Leidenschaften unter dem prächtigen Namen eines Patrioten verbergen wollte, welcher seine Schmähungen wider die Großen in Rom satirischen Wiz, und persönliche Beleidigungen historische

Vorbericht.

sche Wahrheiten nannte, welcher den Rath zu einem vorher unerhörten Befehle zwang, den in folgenden Zeiten, die Unwissenheit der Aberglaube und die dumme Bosheit so unglücklich gemißbraucht haben*); dieser Labienus las einmal eine von ihm gefertigte Geschichte öffentlich vor, überschlug aber einen grossen Theil davon, und sagte: Das, was ich hier überschlage, soll man erst nach meinem Tode lesen! Seneca kann sich nicht enthalten, hiebey auszurufen: „Wie verwegen muß der Innhalt „dieser Stelle gewesen seyn, daß auch sogar Labienus „sich gescheuet hat, sie bekannt zu machen!" **) Meine Leser werden sich des ungeheuchelten Bekenntnisses noch erinnern, welches ich in einer weitläuftigen Abhandlung vom Mißbrauche der Satire ablegte, da ich

---

*) Seine Schriften wurden auf Befehl des Raths verbrannt. Seneca ist in seiner Præfatione L. V. Controversiarum sehr bitter, da er auf die Stelle kömmt. Er hält es für das erste Exempel, wo verdächtige Schriften auf Befehl des Raths verbrannt worden wären, und vermuthlich mag er sich auf die Verbrennung der Schriften des Numa Pompilius nicht besonnen haben, die Livius im neun und zwanzigsten Capitel des vierzigsten Buchs anführt. Seneca freuet sich, daß diese Grausamkeit erst zu der Zeit erfunden worden, da es schon weniger grosse Geister gegeben habe. Ich will seine eigenen Worte hier anführen; sie sind sehr prophetisch: In hunc (Labienum) primum excogitata est nova pœna: effectum est enim per inimicos, ut omnes ejus libri incenderentur. Res nova et insueta, supplicia de studiis sumi. Bono hercle publico ista in pœnas ingeniosa crudelitas post Ciceronem inventa est. Quid enim futurum fuit, si ingenium Ciceronis triumviris libuisset proscribere? &c. &c. Facem studiis subdere & in monumenta disciplinarum animadvertere, quanta, & quam non contenta certa materia sævitia est! Diis melius, quod eo seculo ista ingeniorum supplicia cœperunt, quo & ingenia desierunt &c.

**) Memini aliquando, cum recitaret historiam, magnam partem convolvisse & dixisse: Hæc, quæ transeo, post mortem meam legentur. Quanta in illis libertas fuit, quam etiam Labienus extimuit? M. Annæus Seneca L. V. Controversiarum in Præfatione.

Vorbericht.

ich den ersten Schritt that, mit ihnen bekannt zu werden *) Ich zeigte damals, daß die vornehmste Pflicht eines Satirenschreibers sey, von der Religion und den Obern niemals anders, als mit der anständigsten Ehrfurcht zu reden, daß er alles sorgfältig vermeiden müsse, was seine Mitbürger, oder den Wohlstand nur auf einige Art beleidigen könne, mit einem Worte, daß er ein rechtschaffener Mann seyn müsse. Ich habe mir Mühe gegeben, bey allen meinen Satiren nach diesen Grundsäzen zu handeln; und meine Leser sind, so viel ich weiß, allemal so gerecht gewesen, zu gestehen, daß ich diese heiligen Pflichten erfüllt habe. Ich werde sie weiter erfüllen. Ich werde unermüdet arbeiten, der Satire dasjenige ehrwürdige Ansehen zu erwerben, welches ihr als einer Verehrerinn der Religion, als einer Freundinn der Tugend, als einer unversöhnlichen Feindinn der ungesitteten Thoren gebührt, und welches ihr freylich so lange Zeit streitig gemacht worden ist, so lange ein jeder boshafter Pasquillant behauptete, er schreibe Satiren. Durch diese Bemühung hoffe ich den gütigen Beyfall meiner Leser, auch für diesen vierten Theil: ja, ich hoffe so gar auch den Beyfall ihrer Kinder für diejenigen Theile meiner Satiren zu erlangen, die ich, erst nach meinem Tode, ihrer billigen Beurtheilung zu überlassen mich entschlossen habe.

Dresden, am 10ten April,
1755.

Gottlieb Wilhelm Rabener.

Antons

*) S. den Vorbericht zum ersten Theile dieser satirischen Schriften.

Antons Panßa von Mancha Abhandlung von Sprüchwörtern,

wie solche
zu verstehen, und zu gebrauchen sind;
Dem Verfasser zum Besten, und dem Leser
zur Erbauung ans Licht gestellt.

Rab. Sat. IV. Th.

Antons Panßa von Mancha

Zueignungsschrift.
an des
großen Sancho Panßa
großen Esel.

Zueignungsschrift.

Verewigter Esel,

Deine eignen Verdienste, und das verehrungswürdige Andenken meines Urältervaters, Sancho Panßa, erfodern es von mir als einen wichtigen Theil meiner Schuldigkeit, daß ich diesen Abhandlungen von Sprüchwörtern Deinen Namen vorseze. Ich nahe mich also Dir mit der ehrfurchtsvollen Verbeugung, mit welcher sich ein verlassener Autor seinem Mäcenaten naht, und lege diese Schrift zu Deinem Hufe nieder. Das Ansehen, in welchem Dein Name bey allen gesitteten Völkern ist, wird diesen Abhandlungen der sicherste Schuz seyn, und durch Deinen Namen, unsterblicher Esel, wird, wie ich, als Autor, zuversichtlich hoffe, auch auf gegenwärtige Schrift ein Theil der Unsterblichkeit zurück fallen.

Dieses würde genug seyn, gegen Dich mein Vorhaben zu rechtfertigen. Ich glaube, daß ich alles gesagt habe, was ein Client in einer Zueignungsschrift seinem Gönner von Empfhehlung, von Verdiensten,

dienſten, von Demuth, und von ſeinem Mangel zu
ſagen hat. Aber Du wirſt mir hochgeneigt erlauben,
mein Eſel, daß ich dieſe Zueignunsſchrift gegen
diejenigen vertheidige, welche ſo viel Einſicht, wie
Du, nicht haben, und doch Kunſtrichter ſeyn wollen.
Glücklicher, ja dreymal glücklicher Eſel, der Du in
den Tagen des weiſen Sancho grau worden biſt, wo
man Verdienſte auch an Eſeln verehrte! Wie ſehr haben ſich die Zeiten zu unſrer Schande verändert! Man
verehrt — aber nicht Verdienſte, man verehrt Rang
und Pracht; und ein Eſel mit einer reichen-Decke,
wenn er ſchon die geringſten Verdienſte nicht hat, iſt
uns oftmals verehrungswürdiger, als ſieben Weiſe.
Ich finde alſo nöthig, einige Einwürfe zu beantworten, welche mir wider meine Zueignungsſchrift gemacht werden können. Dieſes wird mich ganz
natürlich auf Deine eignen Verdienſte führen. Ich
will zeigen, wie groß du geweſen biſt, und wenn
ich dieſes zeigen will, ſo darf ich die Welt nur an
Deine Thaten erinnern. Wie leicht iſt es, Verdienſte
zu loben, wenn man ſie ſchon findet und nicht erſt
erdichten darf! Ein Vorzug, den Du vor vielen
Menſchen haſt, welche Dich nur als Eſel kennen!

Was ich hier im voraus angeführt habe, iſt die
gründlichſte Vertheidigung wider einen Einwurf,
welchen viele machen werden, ſo bald ſie dieſe Zueignungsſchrift erblicken. Einen Eſel zum Mäcenat!
werden ſie ausrufen. Und warum nicht, meine Herren? Bin ich etwan der erſte, der dieſes thut? Oder
vermißt ihr nun an meinem Mäcenat die menſch-
liche

liche Pracht der Eurigen? Seyd nicht so ungerecht, zu glauben, daß mein Esel dieser Zueignungsschrift unwürdig sey, weil ihr ihn für dumm haltet: Ihr werdet selbst euren Zueignungsschriften ein trauriges Urtheil sprechen. Wie viele von euren Mäcenaten werdet ihr absezen müssen: wenn die Dummheit hindert, der Mäcenat eines Autors zu seyn!

Aber wird der Esel die Zueignungsschrift lesen. Und noch mehr, wird er das Buch verstehn, das du ihm zueignest? Aber, meine Herren, ist denn das nöthig? Er würde es vielleicht nicht thun, wenn er auch lebte, zumal da er ein spanischer Esel ist, und ich freylich nur ein deutscher Autor bin. Allein ist es denn so schlechterdings nöthig, daß ein Mäcenat die Schriften liest, die ihm gewidmet werden? Wie viel Mäcenaten lesen eure Schriften, und noch mehr, wie viel sind im Stande sie zu verstehn? Ihr macht euch kein Bedenken, denen Gönnern, welche vielmals kaum ihre Muttersprache gelernt haben, eure Werke, die ihr in ausländischen, oder wohl gar in todten Sprachen abgefaßt habt, zu überreichen, von denen sie doch vielleicht nicht einmal die Buchstaben kennen. Genug; sie sehen ihr Bildniß, oder ihr Wappen, sie sehen den prächtigen Band des Buchs, sie sehen ein gekrümmtes Geschöpf murmelnd zu ihren Füßen kriechen, und hieraus schließen sie, daß dieses Geschöpf ein Autor ist, daß unter ihrem Bildnisse, oder Wappen, eine Zueignungsschrift stehen wird, und daß sie ein Mäcenat sind. Sehen sie also nicht alles, was der Autor will, daß sie sehen sollen, und ist es erst nöthig, daß sie die Zueignungsschrift lesen, und die Abhandlung verstehen müssen?

Ich erwarte noch einen Einwurf, der bey vielen meiner Tadler der wichtigste ist, und den sie zu sagen, nur das Herz nicht haben. Wirst du von deinem Esel für die Zueignungsschrift nur einen Gulden, oder die geringste Belohnung erwarten können? Nein, ihr habt recht, nicht einen Gulden, nicht die geringste Beförderung. Aber desto uneigennüziger ist mein Vorhaben; destoweniger ist das Lob verdächtig, das ich meinem Esel gebe. Ihr martert euch, und eure Leser, um Tugenden und Verdienste zusammen zu stoppeln, welche ihr euren Mäcenaten anpaßt: Allein bey Vernünftigen macht ihr dadurch euch und euren Helden lácherlich, und die Zueignungsschriften überhaupt verächtlich. Ihr wißt es, und thut es doch, um mit hungrigen Händen eine kleine Belohnung zu erhaschen, welche gemeiniglich gar auſſen bleibt, oder welche doch euer Mäcenat so spärlich zumißt, weil er, wie August, noch mehr dergleichen unnüze Schwäzer zu ernähren hat, die ihm den gelernten Gruß, aus Begierde zum Futter, zurufen. Eben so wenig kann ich auf eine Beförderung mir Rechnung machen: Aber wie viele von euch erlangen dergleichen durch ihre Zueignungsschriften? Vielleicht nicht einmal die Hoffnung dazu. Eine vornehme Neigung des Haupts ist wohl alles, was ihr durch eure Demüthigung von euerm Mäcenat erpressen könnet. Wiederholt ihr mündlich eure Bitte, so werdet ihr machen, daß er mit einem trozigen: Votre Serviteur! sich von euch wendet, und die geweihte Schrift dem Kammerdiener hinwirft, der sie besser zu brauchen weiß. Aber ich will auch einräumen, daß euer Mäcenat einer von den Großmüthigen ist, welche alle Menschen glücklich zu machen wünschen; wird er deswegen auch im Stande seyn, es zu thun, oder wenigstens es so zu thun, wie er es hofft? Und ist er auch so gefällig, daß er sich bey seinem Range neue Verdienste und Hochachtung durch seine Freundlichkeit zu erwerben sucht; so wird er euch zwar in den gnädigsten Ausdrücken das Vergnügen versichern, das er hat, euch zu dienen: Allein seine Geschäfte, und der Anlauf so vieler eurer Collegen, werden machen, daß er euch vergißt, die ihr keine Verdienste weiter habt, als den Mangel. Gewinne ich also durch meine Zueignungsschrift wohl weniger, als ihr gemeiniglich durch die eurigen erlangt?

Dieses sind, berühmter Esel, einige von den Einwürfen, die man mir machen wird; aber das ist auch die Vertheidigung, die ich dergleichen ungegründeten Einwürfen entgegen sezen werde.

So wichtig auch meine Gründe sind; so werden sie noch mehr Nachdruck erhalten, wenn ich die Welt an einige Deiner besondern Verdienste erinnere, die Dich, großer Esel, über viele erheben, welche der Wiz und der Hunger ihrer Clienten zu verewigen sucht.

Deine genaue Verbindung mit meiner Familie giebt mir ein Recht, den Ruhm Deiner seltenen Verdienste

dienste zu wiederholen, welche seit mehr als einem Jahrhunderte die billige Bewunderung der halben Welt gewesen sind. Liebster Freund und treuer Gefährte meines Vaters Sancho! Ich neige mich vor Deinem ehrwürdigen Schatten, mit eben dem frommen Schauer, mit welchem der gläubige Muselmann sich vor dem geheiligten Kameele niederwirft, das vor tausend Kameelen zu dem stolzen Glücke erwählt worden ist, den Alkoran auf seinem Rücken zu tragen.

Wie glücklich bin ich vor vielen Lobrednern, da ich die Ueberzeugung der Welt, und die Wahrheit auf meiner Seite habe! Die Hälfte unsrer Zueignungsschriften sind Satiren auf die Mäcenaten unsrer Zeit. Die Verfasser quälen sich, die Welt zu betäuben und zu überreden, daß ihr niederträchtiger Wucherer ein großmüthiger Versorger der Verlassenen, ihr erlauchter Ignorant ein Kenner und Beschützer der Musen, daß er gerecht sey, da doch das halbe Land unter seinen Räubereyen entkräftet seufzet. Aber Du, glücklicher Grauschimmel, Du bist von allen diesen Vorwürfen frey, und eben dadurch befreyest Du auch mich von den Vorwürfen der Schmeicheley. So bald ich des großen Sancho Pansa großen Esel nenne, sobald versteht mich die ganze Welt, und weiß es, daß ich den ehrwürdigen Esel meyne, welcher so viele Tugenden der Menschen, und keines von ihren Lastern gehabt.

Es ist bekannt, und selbst der berühmte Cid Hamet-Benengely läugnet es nicht, ob er gleich ein

beschnitt-

beschnittner Mohr, und Du ein christlicher Esel warst, daß die weisen Sprüche des erleuchteten Sancho mit so viel Kraft auf Deine Ohren herabgewirkt, daß Du der tiefsinnigste Esel Deiner Zeit gewesen. Ein großer Beweiß Deiner Fähigkeit war es, da Du in einer Zeit von etlichen Monaten, und unter tausend unglücklichen Beschäftigungen, dennoch mehr gelernt, als hundert Söhne der Großen in Spanien kaum lernen, welche drey Jahr und länger in Ossuna zu den Füßen ihrer Lehrer sizen. Mehr als ein Baccalaureus in Salamanca war eifersüchtig auf Dich: Aber Deine Bescheidenheit gewann das Herz der Neider. Das Wissen, welches so viele junge Gelehrte unerträglich macht, war für Dich ein neuer Trieb zur Demuth. Unwissende Pedanten richten sich trozig auf: Aber Du, der Du sie am Verstande und Wize unendlich übertriffst, hiengst Deine Ohren immer demüthig; denn die Vollkommenheiten Deines Lehrers erinnerten Dich beständig an Deine Unvollkommenheiten. Eine Tugend, die unter unsern Schülern nicht allgemein ist! Ich kenne Deutsche, welche an Deiner Weisheit und Gelehrsamkeit zweifeln werden, da man nicht ein Blatt, geschweige einen Folianten von Deinen Schriften aufzuweisen hat. Desto schlimmer für uns! Der Schade ist unsrer Nachwelt unersezlich. Mit wie viel Vergnügen und Erbauung würden wir Deine Schriften lesen, und ihre Schriften aus den Händen werfen! Es war ein Fehler Deiner Zeit, wo man noch wenig schrieb, und desto mehr dachte. Bey unsern

Zeiten ist dieses der Fehler, daß viele ohne Ueberlegung schreiben, was Du weiser Esel, nur zu denken, Dich würdest geschämt haben. Hätte Dir die Natur die Vorzüge gegönnt, ein Autor werden zu können; wie hoch würde dein Ruhm gestiegen seyn! Und dennoch bist Du schon unsterblich, da Myriaden von Schriftstellern seit Deiner Zeit in die ewige Nacht der Vergessenheit gestürzt worden sind.

Die Mäßigkeit ist eine Tugend, welche unsern meisten Sittenpredigern nicht allemal eigen ist. Wenigstens habe ich in meiner Jugend zu Leyden einen Mann gekannt, der ein Meister der Weisheit hieß, der sein Brod durch das Lehren der Moral verdiente, und der alles, was er verdiente, durch die niederträchtigsten Ausschweiffungen verthat. Unendlich tief hätte er, ungeacht seines Lorbeers, unter Dir, gesitteten Esel, stehen sollen. Die ganze Geschichte des Helden von Mancha zeigt uns nicht eine einzige Spur, daß Du jemals in einen Fehler gefallen wärest, welcher so sehr menschlich ist. Vermuthlich trug die Uebereilung des alten Roßinante, und seine demüthigende Strafe viel zu Deiner Mäßigung bey. Die Welt weis die traurige Geschichte von den Stutten aus Gallicien *). Roßinante war ein lehrender Beweis, daß Alter nicht vor Thorheit hilft. Er sah die Stutten, und vergaß sich. Benengely macht zu seiner, und vielleicht auch zu vieler Menschen Entschuldigung, die lehrreiche Anmerkung, daß kein Hengst so alt sey, der

nicht

*) Don Quixots Geschichte B. 3. C. 15.

nicht noch einmal im May wieherr. Allein die Esel-
treiber von Jangois dachten nicht so billig. Die
Strafe folgte der Wollust auf dem Fuße nach.
Roßinante empfand es, und als eine neue Züchti-
gung seiner alten Jugendsünden, mußte er die De-
müthigung außstehen, daß der tapfre Quixot sich auf
Dich, tugendhaften Esel, sezte, and er, der stolze
Roßinante, an Deinen Schwanz angebunden ward.

Ein Freund in der Noth ist dasjenige Kleinod,
welches auch die für das kostbarste halten, die niemals großmüthig genug sind, andern in der Noth
beyzuspringen. Wie sehr beschämst Du, freund-
schaftlicher Esel, alle diese unempfindlichen Seelen!
So gar Roßinanten, der Deines Mitleidens damals kaum würdig war, bedauertest Du. Deine
Schritte waren noch langsamer, als die Schritte
eines gelassenen Esels von Natur sind; Du wolltest
dem Unglücklichen Zeit lassen, nachzukommen. Ein
Mensch würde sich diese Demüthigung seines Nächsten zu Nuze gemacht, und mit einer stolzen Grausamkeit noch mehr zu seiner Kränkung beygetragen
haben: Aber so ungerecht dachtest Du nicht; denn
Du warest des weisen Sancho liebreicher Esel.
Wie trostlos hiengest Du die Ohren, als dein Herr,
Sancho, durch Zulassung des Himmels und Don
Quixots gepreüt ward *); Er sah flehentlich auf
Dich herab, und wenn er am höchsten flog, so war
Deine freundschaftliche Traurigkeit für ihn die kräf-
tigste Stärkung.

Die

*) B. 3. C. 17.

Die Gelassenheit ist überhaupt eine Familientugend der Esel; Bey Dir aber hatte sie einen weit rühmlichern Ursprung; denn Du warest mit Ueberlegung gelassen. In dem unglücklichen Treffen mit den befreyten Galeerensclaven *) hieltest du standhaft die Steine der Undankbaren aus. Quixot, Sancho, und Roßinante lagen um Dich herum. Nur Dich konnten die unzähligen Würfe der Verräther nicht stürzen, noch zur Ungeduld bewegen. Quixot seufzete nach seiner Dulcinee, Sancho nach seinem Mantel, Roßinante hieb voll Ungeduld in die Erde; aber von Dir sagt der Geschichtschreiber, daß Du gelassen unter Deinen Freunden gestanden, und mitleidig die Ohren geschüttelt habest.

Bey dieser Deiner Mäßigkeit, Deiner geselligen Freundschaft, Deiner Gelassenheit, konntest Du wohl bey allen diesen Tugenden des geringsten Neides fähig seyn? Nichts weniger! Dein Bezeigen gegen die Esel der Domherren von Toledo ist hievon der stärkste Beweiß **). Diese Esel, welche so fett und stark waren wie die Esel der Domherren natürlicher Weise seyn müssen; welche ihr Futter bey der Ruhe ihrer hochwürdigen Herren müßig verzehrten, da Du bey den mühsamsten Abentheuern immer Hunger leiden mußtest; diese Esel, welche zur Ehre der Kirche prächtig aufgeputzt waren, da Deine ganze Decke in einem schlechten Reitkissen bestand; welche muthwillig um Dich herum scherzten, wie Esel vom Stande zu scherzen pflegen;

welche

*) B. 3. C. 21.   **) B. 4. C. 43.

welche Dich, als einen dürftigen Layenesel, mit Verachtung ansahen; mit einem Worte, die Esel der Domherren waren mit aller ihrer Glückseligkeit doch nicht im Stande, nur einen Augenblick Tadel oder Neid bey Dir zu erregen. Wie viel Menschen beschämest Du, genügsamer Esel, welche das Glück der Grossen und Reichen beneiden, und, da sie zu ohnmächtig sind, es ihnen zu nehmen, sich doch wenigstens Mühe geben, die Welt durch Spöttereyen, oder durch Beschuldigungen zu bereden, daß selbige dieses Glücks ganz unwürdig wären!

Bey keinem von allen Abentheuern hat Sancho Panza so unverwerfliche Proben seines großen Geistes abgeleget, als bey Regierung der Insel Barataria*); aber eben dieser Zeitpunkt ist derjenige, welcher auch zugleich Deine tugendhafte Vorzüge am meisten in ein Licht gesezet hat, das eine Reihe von späten Jahrhunderten nicht verdunkeln kann. Du warst der Bruder und vertrauteste Freund des glücklichen Sancho. Er wagte es nicht, ohne Dich zu regieren; man mußte Dich, mit kostbarem Zeuge geschmückt, hinter ihm herführen, als er seinen prächtigen Einzug hielt **). Cid Hamet weiß von Dir und dem Sancho bey dieser Gelegenheit nichts schmeichelhafters zu sagen, als daß Sancho, welcher ein prächtig aufgezäumtes Maulthier ritt, sich oftmals umgesehen, Dich, sein getreues Thier zu betrachten, und sich von Herzen über den glücklichen Zustand zu freuen, in welchem
er

*) B. 7. C. 45. **) B. 7. C. 47.

er Dich erblickte. Auch alsdann warst du sein
liebster, sein vertrauter Esel, da ihn die ganze
Insel als ihren Statthalter anbetete. Wäre Dir
damals wohl etwas leichter gewesen, als das Vertrauen Deines Herrn zu Deinem und der Deinigen
Vortheile, und zum Schaden Deiner Feinde zu
mißbrauchen? Beydes hast Du nicht gethan. In
der ganzen Geschichte finde ich diesen Umstand am
merkwürdigsten, daß während der Statthalterschaft
des Sancho Deiner nicht mit einem Worte gedacht
wird. Der Leser sieht Dich bey dem prächtigen
Einzuge zum letzten male, und bekömmt Dich eher
nicht wieder zu Gesichte, als in dem traurigen
Augenblicke, da der weise Sancho, von der Last
der ungewohnten Herrschaft ermüdet, den großmüthigen Schluß faßte, auf Dir, getreuen Esel,
der mühseligen Pracht eines Regenten zu entfliehen.
In seinem Glücke gelassen zu seyn; sich der Gewalt
seiner mächtigen Freunde nicht zu mißbrauchen; an
seinen Feinden sich nicht zu rächen, wenn man Gelegenheit hat, es zu thun; für seine Vortheile am
wenigsten zu sorgen; eine so schnelle Veränderung
des Glücks gelassen zu ertragen, ja so gar von dem
wollüstigen Ueberflusse des Hofs mit geschwindern
Schritten sich zu entfernen, als demselben sich zu
nähern; das sind Tugenden, welche Diogenes unter den Menschen seiner Zeit vergebens suchte, und
welche Cid Hamet bey dem Esel des erleuchteten
Pansa gefunden hat.

Viel-

Vielleicht hatteſt Du dieſen jählingen Umſturz der Hoheit Deines Sancho voraus geſehen? Benengley geſteht Dir die Gabe künftige Dinge vorher zu wiſſen, ausdrücklich zu *). Ich glaube, er hätte nicht nöthig, dir Wunder anzudichten. Deine Erfahrung, Deine Einſicht, und der tägliche Umgang mit dem Sancho machten dich vorſichtig, ohne Wahrſagerkunſt, und tugendhaft, ohne auſſerordentliche Wunder. Wie viele gleiten bey dieſem wichtigen Schritte, welche vorſichtig und erfahren genug zu ſeyn glauben! Aber ihr Herz iſt ſo tugendhaft nicht, als das Deine war; und eben darum kann ſie weder Vorſicht, noch Erfahrung ſchüzen. Ohne dieſes tugendhafte Herz müſſen ſie bey ihrem hohen Glücke ſchwindlicht werden und niederſtürzen, wenn ſie gleich, wie Du, die Gabe gehabt hätten, zukünftige Dinge vorher zu ſehen.

Da Adler wider Adler zeugen; iſt es wohl Wunder, daß ein Theil Deiner guten Eigenſchaften auch bis auf Deinen ſpäten Nachkommen fortgepflanzt worden iſt? Ich verſtehe darunter die Mäßigkeit, die Gelaſſenheit, den Fleiß, und die natürliche Abneigung von allem Hochmuthe. Lauter Tugenden, die man noch bis auf dieſe Stunde alle denen Eſeln in Mancha vorzüglich zugeſteht, welche die Ehre haben in gerader Linie von Dir abzuſtammen! Ungeachtet ſie Dich zu ihrem Anherrn haben; ſo iſt doch nicht ein einziger unter ihnen, welcher zur Ungebühr darauf ſtolz wäre, oder durch Deine Verdienſte den
Mangel

*) B. 5. C. 2.

Mangel eigner Verdienste zu verbergen suchte, oder andere Esel in dem Flecken verachtete, welche eben so lange Ohren, eben so breite Rücken, und eben so arbeitsame Knochen haben, aber freylich nicht von so gutem Hause, und nicht von so edler Geburt sind, als sie. Im übrigen wissen die Einwohner zu Mancha diesen Vorzug an ihnen billig zu schäzen. Sie verehren den Namen des Sancho und zugleich verehren sie das Andenken seines Grauschimmels noch bis auf diese Stunde so unverbrüchlich, daß sie sein Geschlechtsregister mit eben der Sorgfalt fortführen, mit welcher die Roßtäuscher von Gallicien die Stammbäume ihrer edelsten Pferde glaubwürdig erhalten.

Dieses wird genug seyn könnnen, die Gründe zu rechtfertigen, welche mich bewogen haben, Dir theuerster Esel, gegenwärtige Abhandlungen von Sprüchwörtern zuzueignen. Ich habe die Ursache angegeben, woher ich Dir so viel Verbindlichkeit schuldig bin; da Du in den Tagen des Don Quixots einen so wichtigen Theil unsrer Familie ausgemacht, da Du als des Sancho Freund und getreuester Gefährte Glück und Unglück mit ihm ausgestanden hast. Die wenigen Proben, die ich aus der Geschichte von Deinen großen Eigenschaften und bewährten Tugenden angeführt habe, sind, wo ich mich nicht ganz irre, unwidersprechliche Beweise, daß Du wohl verdienst, mein Mäcenat zu seyn. O du Spiegel und Blume der vortreflichsten Esel! Wie rühmlich ist für mich diese meine Wahl!

Deine

Deine tiefe Weisheit, welche Du den lehrreichen Sprüchwörtern des Sancho zu danken hast; Deine tugendhafte Mäßigung und exemplarische Sittsamkeit, welche Dir so eigen, und bey uns Menschen nicht allemal eine Folge der tiefen Weisheit ist; Deine unverbrüchliche Redlichkeit gegen Deinen Herrn, und Deine Freunde überhaupt; Deine stoische Gelassenheit bey allen Unglücksfällen, welche Dich und Deinen Herrn trafen, die seltne Tugend der Zufriedenheit, und die schwere Kunst, das glänzende Glück andrer, die es weniger verdienen, und weniger anzuwenden wissen, mit gelaßnen Augen, ohne mißgünstige Empfindungen, anzusehen; die politische Vorsicht, sich mit dem ungewissen Glücke seines mächtigen Freundes nicht allzugenau zu verbinden, und die praktische Klugheit, ohne Eigennutz und ohne Haß des Volks der Vertraute eines gewaltigen Statthalters seyn zu können; alles dieses sind Vorzüge, welche Du, tugendbelobter Esel, vor allen Eseln und vor vielen Mäcenaten hast!

Mit einem Worte: Der Fleiß ist des Glücks Vater; das Glück dreht sich geschwinder herum, als ein Mühlrad; wer immer hart schläft, liegt auch auf Steinen weich; ehrlich währt am längsten; hoch macht schwindlicht; wer aufs Gold sieht, dem vergeht das Gesichte; was hilft das Laufen, wenn man nicht auf dem Wege ist; süße getrunken, wird oft sauer bezahlt; auch aus einem kleinen Loche sieht man den Himmel; wer sich an einen guten Baum lehnt, hat guten Schatten; wer das Spiel nicht versteht, soll die Karten nicht mengen; wer sich selbst zum Schafe macht, den fressen zuletzt die Wölfe; Wer die Augen bey sich hat, stolpert nicht; der Teufel steht oft hinter dem Kreuze; guter Weg um, ist keine Krümme; eine goldne Decke macht den Esel nicht zum Pferde; wer auf dem Eise tanzt, der strauchelt; wer zu nahe an das Feuer tritt, versängt sich den Rock; mancher trägt einen Sack, und heißt seinen Nachbar einen Esel . . . . . Aber Gott versteht mich! sagte Vater Pansa.

Ich küsse Ew. Eseley den Huf.

J..
In Westphalen.

Anton Pansa von Mancha.

Antons Panßa von Mancha
Abhandlung
von Sprüchwörtern.
Vorbericht. *)

Es ist vor einigen Wochen eine Schrift an unsern Verleger gesendet worden, welche den Titel führt: Antons Panßa von Mancha Abhandlung von Sprüchwörtern, wie solche zu verstehen und zu gebrauchen sind; dem Verfasser zum Besten, und dem Leser zur Erbauung, ans Licht gestellt.

In einem weitläuftigen Schreiben erklärt der Verfasser seine Absichten und die Einrichtung des Werks selbst: Es ist dieses Schreiben völlig in der Sprache abgefaßt, welche den Stolz eines verarmten Spaniers, und die Demuth eines verlassenen Autors verräth. Der letzte Umstand geht unsern Verleger an, und wir überlassen es ihm, wie er sich mit ihm vereinigen will. Die Erzählungen, die er von

---

*) Das nachstehende Sprüchwort: Wem Gott ein Amt giebt ꝛc. ist mit diesem Vorberichte im Jännermonate des tausend siebenhundert und funfzigsten Jahres in die vermischten Schriften zum Vergnügen des Verstandes und Witzes, als ein Versuch eingerückt, und im Jahre tausend siebenhundert und acht und vierzig gefertigt worden.

von seinen Vorältern und von seinen eignen Umständen einstreut, verdienen angemerkt zu werden. Es sind nützliche Anecdoten zur Lebensbeschreibung des unsterblichen Don Quixots, die wir noch zur Zeit in keiner von allen Auflagen gefunden haben. Der Verfasser erzählt uns, daß der berühmte Stallmeister Sancho Panßa von Mancha sein Urältervater gewesen sey. Da er nach dem Tode seines Ritters der witzigste und weiseste Kopf in ganz Mancha gewesen; so habe er sich durch eben diesen Wiz und seine weisen Sprüchwörter viel Feinde gemacht. Er habe geglaubt, den Barbier und den Geistlichen des Orts übersehen zu können, und deswegen habe er sich lieber in der Gesellschaft seines Esels und seiner übrigen Familie eingeschlossen, als daß er mit jenen die alte Freundschaft hätte fortsezen sollen. Dieses sey der Grund zu seinem Unglücke gewesen. Der Geistliche habe unter die Leute gebracht, daß Herr Sancho kein alter Christ sey, und kein Schweinfleisch esse. Die Inquisition sey aufmerksam gemacht worden, und habe ihn zum Feuer verdammt, weil sie gefunden, daß er vernünftiger gedacht, und weiser gesprochen, als die alten Christen ihres Landes damals zu denken und zu reden gewohnt gewesen. Der rechtschaffene Sancho sey also wirklich verbrannt, und der erste Märtyrer der Sprüchwörter geworden. Dieses Unglück habe seine ganze Familie zerstreut. Des Herrn Verfassers Aeltervater, welcher sich durch seine hohen Gemüthsgaben schon bis zur Würde des untersten Schulzens im Flecken Mancha empor geschwun-

geschwungen gehabt, habe sich entschossen, lieber seinem Vaterlande, als seinem angebohrnen Verstande zu entsagen. Er sey mit seinem reichen Vorrathe von Sprüchwörtern nach Lissabon geflüchtet. Aber auch bis dahin habe ihn der heilige Haß des Geistlichen von Mancha verfolgt; und nur durch ein Wunder sey er den Händen der Inquisition entronnen und in die Niederlande gekommen, wo er sein Leben wizig und kümmerlich zugebracht, und eine zahlreiche Familie hinterlassen. Hier giebt der Herr Verfasser noch viele Nachrichten von seiner Familie an, die aber vielleicht nur ihm wichtig sind. Wir können mit seiner Erlaubniß nicht unerinnert lassen, daß er bey dieser Gelegenheit den Stolz seines Vaterlandes ein wenig zu sehr verräth. Er will behaupten, daß die Niederländer ihren meisten Wiz seiner Familie zu danken hätten. Ja er treibt diese lächerliche Einbildung so hoch, daß er glaubt, verschiedene ihrer größten Kunstrichter hätten die Geschicklichkeit, andre mit ihren lateinischen Wahrheiten zu betäuben, bloß der Erfindung seines Urältervaters zu danken; als dieser, wiewohl mit unglücklichem Erfolge, die Kunst gelehrt, zu schreyen, wie ein Esel. *)

Die Umstände, welche der Herr Verfasser endlich von seinem eignen Leben beygefügt, können uns auch gleichgültig seyn. Nur dieses verdient angemerkt zu werden, daß er sich zu J...., einem Städtchen in West-

*) S. Don Quixotte 6. Buch 25. Cap.

Westphalen, aufhält, und bey einer mäßigen Einnahme so lange ruhig leben und Bücher schreiben will, bis er seine Verbesserung findet.

Die drey lezten Seiten seines Schreibens bestehen in den gewöhnlichen Autorcomplimenten, wo man durch eine edle Gleichgültigkeit und Verachtung aller gewinnsüchtigen Vortheile, die Großmuth des Verlegers zu reizen sucht. Das ganze Werk möchte ungefähr ein halbes Alphabet ausmachen. Die Sprüchwörter, die der Herr Verfasser ausgeführt hat, sind diese: **Wem Gott ein Amt giebt, dem giebt er auch Verstand. Jung gewohnt, alt gethan. Gut macht Muth. Ehrlich währt am längsten. Kleider machen Leute. Gedanken sind zollfrey. Die Ehen werden im Himmel geschlossen. Alte Liebe rostet nicht. Ein Quentchen Mutterwiz ist besser, als ein Centner Schulwiz. Frisch gewagt, ist halb gewonnen;** u. a. m.

Der Verleger zweifelt, daß dieses Buch Beyfall finden werde, da man es außerhalb Westphalen schwerlich verstehen, am wenigsten aber das Feine davon einsehen könne. Er will daher nur eine Probe davon liefern, und die beyden Artikel: **Wem Gott ein Amt giebt, dem giebt er auch Verstand:** und **Kleider machen Leute,** als einen Versuch abdrucken lassen. Von der Aufnahme dieses Auszugs wird das Schicksal des ganzen Werks abhängen. Sollte dieser, wider Vermuthen, Beyfall finden; so ist er entschlossen, diese Abhandlung einer Sammlung andrer solcher Schriften vordrucken zu lassen.

Wem

Wem Gott ein Amt giebt, dem giebt er auch den Verstand.

Wenn irgend ein Sprichwort ist, dessen Wahrheit durch die tägliche Erfahrung bestätigt wird; so ist es dieses, wenn man sagt: Wem Gott ein Amt giebt, dem giebt er auch den Verstand. Da ich Gelegenheit gehabt habe, die Verfassung meines Vaterlandes sehr genau kennen zu lernen, so getraue ich mir sehr wohl zu behaupten, daß wenigstens zwey Drittheile meiner Mitbürger ihren Verstand nicht eher erlangt haben, als bis sie das Amt bekommen; und kaum ein Drittheil ist ich weis nicht durch was für einen Zufall, vor der Erlangung des Amts mit Verstande begabt gewesen. Ich sage mit gutem Vorbedacht: Kaum ein Drittheil. Denn ich muß noch für diejenigen ein wenig Plaz lassen, welche die Ausnahme von dem Sprichworte machen, und das Amt zwar seit langer Zeit, noch bis diese Stunde aber nicht den geringsten Verstand haben.

Ich finde von unserm Sprichworte verschiedene Lesarten. Ein sehr altes Manuscript, welches, wie ich aus einigen Umständen vermuthe, zu Heinrich des Voglers Zeiten geschrieben worden, liest ausdrücklich: Wem Gott ein Amt giebt, dem giebt er Verstand; und dieser Lesart habe ich mich bedienet. Die meisten der neuern Schriftsteller sagen hingegen nur: Wem er ein Amt giebt rc. Beyde Lesarten haben ihren guten Grund, und beyde sind in ihrer Art merkwürdig. In den damaligen rohen und unaufgeklärten Zeiten war es noch hier und da Mode, daß Gott die Aemter gab, und daher läßt sich die Art zu reden, wem Gott ein Amt giebt, noch wohl entschuldigen. Itzt braucht man diese Weitläuftigkeit nicht mehr; und man hat Mittel gefunden, die Aemter zu erlangen, ohne daß man nöthig hat, Gott mit der Austheilung derselben beschwerlich zu fallen. Dieses mag auch Gelegenheit gegeben haben, das alte Sprüchwort einiger maßen zu ändern. Inzwischen muß ich doch zum Ruhme unsrer Zeiten erinnern, daß man wieder anfängt, die alte Lesart hervor zu suchen, und aus einer andächtigen Höflichkeit so zu thun, als habe man das Amt von Gott, ob man sich gleich in Acht nimmt, derer über rechtsverjährte Zeit wohlerlangten Gerechtsamen sich zu begeben, und das Amt von Gott zu erwarten, da man es näher haben kann. Ich freue mich, so oft ich jemanden also reden höre, von dem ich sonst sehr wohl weiß, daß ihn die göttliche Fügung am wenigsten beunruhiget. Es ist dieses ein Zeugniß, daß die Religion bey uns noch nicht ganz abgekommen ist. Man darf mir nicht einwenden, daß diese Art von Gott zu reden nur ein Ehrenwort sey: Ich glaube es selbst; aber das thut nichts.

Dieses hat mich bewogen, das Sprüchwort nach seiner alten Lesart beyzubehalten, und ich habe mich deutlich genug darüber erklärt, ohne zu besorgen, daß mich diejenigen, welche stärker denken, als der fromme Pöbel, für einen Quäker halten werden.

Ich

Ich nehme es also für bekannt an, daß Gott das Amt gibt. Es hebt dieser Sat dasjenige gar nicht auf, was man aus der Erfahrung darwider einwenden möchte. Recht wahrscheinlich ist es freylich nicht; aber ein guter Ausleger weiß alles zusammen zu reimen.

Ich halte mich in einem sehr kleinen Städtchen auf, und doch ist es noch immer groß genug, meinen Sat zu behaupten. Außer dem Nachtwächter weiß ich niemanden, welcher auf eine erlaubte Weise zu seinem Amte gekommen wäre. Er würde, als ein alter wohlverdienter und abgedankter Soldat, haben verhungern müssen: (denn dieses ist immer die gewiße Belohnung derer, welche sich für das Vaterland verstümmeln lassen;) wenn er nicht zu diesem wichtigen Posten zu eben der Zeit erhoben worden wäre, als die Bürgerschaft so weit gebracht war, daß sie ihn als einen Hausarmen ernähren sollte. Man machte ihn ohne sein Ansuchen zum Nachtwächter, und sein Beruf muß wohl rechtmäßig seyn, weil er den Amtmann nicht bestochen hat, und von keinem Rathsherrn ein Vetter ist. Dieses ist der einzige Mann in der Stadt, der sein Amt auf eine billige Art erlangt hat, und im Vorbeygehen muß ich auch erinnern, daß er zugleich der einzige in unserm Orte ist, welcher den Verstand eher hatte, als das Amt.

Mit den übrigen ist es ganz anders beschaffen. Der Stadtschreiber hatte, als Advocat, das Unglück, daß er wegen seiner Geschicklichkeit, die verschiedene

B 5   Obere

Obere aus Unverstand Betrügerey nannten, in die Inquisition kommen sollte. Seine Sache war so beschaffen, daß er nach dem Eigensinne altväterischer Rechte gewiß den Staupbesen wurde bekommen haben: Aber ein Edler Wohlweiser Rath sah die unvermeidliche Folge davon ein. Der größte Theil von ihnen stund in einer so genauen Verbindung mit ihm, daß sie gewiß an seinem Staupbesen hätten Antheil nehmen, und des regierenden Herrn Bürgermeisters Hochedeln am Galgen ersticken müssen, wenn man diesen wackern Mann nicht den Händen der blinden Gerechtigkeit entrissen hätte. Man überlegte mit der Frau Amtmänninn die Sache genau, und eine Kleinigkeit von etlichen Ellen brabanter Spizen legte seine Unschuld dergestalt an den Tag, daß er sich mit Ehren von seinem Handel befreyt sah. Der Frau Bürgermeisterinn war der Hals ihres theueren Gemahls so lieb, daß sie vor Freuden nicht eher ruhete, bis diesem angefochtnen Manne die Gerechtigkeit der Stadt, und das Wohl der ganzen Bürgerschaft anvertraut, und er ungesäumt zum Stadtschreiber erwählt wurde. Ein jeder seiner Vorgesezten glaubte, er sey diesen Dienst sich selbst schuldig, weil ein jeder wünschte, daß man sich bey dergleichen besorglichen Fällen auf gleiche Weise seiner annehmen möchte.

Wie der Amtmann zu seinem Dienste gelangt, weiß die ganze Stadt. Er hatte durch seine patriotischen Bemühungen es so weit gebracht, daß ganze Dörfer wüste, und eine ansehnliche Menge nichts-
würdi-

würdiger Bauern mit Weib und Kind Bettler geworden waren. Die Beute, die er dabey gemacht, sezte ihn in den Stand, unverschämter zu seyn, als sein Vorfahr, welcher einfältig genug war, sich einzubilden, daß man es mit dem Landsherrn nicht redlich meinen könne, wenn man es nicht zugleich mit den Unterthanen redlich meine. Er stürzte diesen gewissenhaften Tropf, und bemächtigte sich seines Amts auf eine Art, welche zu gewöhnlich ist, als daß man sie tadeln sollte.

Es sind nicht mehr als zween Priester in unsrer Stadt, der oberste wäre vielleicht noch izt Candidat, wenn er nicht die Geschicklichkeit besessen hätte, alle diejenigen zu verkleinern, und ihre Lebensart verdächtig zu machen, welche mit ihm um ein geistliches Amt ansuchten. Er meinte es aber mit seiner christlichen Gemeine so gut, daß er sich den Capellan zu seinem Collegen selbst aussersah, und ihm dazu beförderlich war, weil die natürliche Dummheit dieses lieben Mannes ihm vortheilhaft zu seyn schien, und weil er das Herz hatte, des Herrn Pastors Jungfer Muhme zu heirathen, welcher sehr viel daran lag, einen dummen Ehmann zu haben.

So gar bis auf den Küster erstreckt sich in meinem Städtchen diese Art des Berufs. Denn weil er in der ganzen Gegend den besten Brantwein brennt; so hat es der Kirchenvorsteher vor billig gehalten, ihm das Küsteramt, und die Unterweisung der Jugend anzuvertrauen.

Diese

Diese wenigen Exempel beweisen schon genug, wie wunderbar oftmals die Wege sind, zu einem Amte zu gelangen. Die Ausschweifung würde überflüßig seyn, wofern ich nicht versichern könnte, daß der Stadtschreiber, der Amtmann und die Geistlichen in Gesellschaften niemals von ihrem Amte reden, ohne Gott mit darein zu mengen, der es ihnen gegeben haben soll.

Diejenigen, welche sich dieses Sprüchwortes: Wem Gott das Amt giebt, dem giebt er auch den Verstand auf eine bequeme Art zu bedienen wissen, sind als ein überzeugender Beweiß wider diejenigen Lästerer anzuführen, welche uns vorwerfen, daß in unsern Zeiten das Zutrauen auf die göttliche Vorsorge nur gar zu matt geworden, und fast gänzlich abgekommen sey. Ich freue mich, daß ich hier eine Gelegenheit finde, das Christenthum meiner Landsleute zu vertheidigen, und ich erwarte dafür alle Erkenntlichkeit. Denn ich nehme eine Sache über mich, bey der auch der beste Advocat verzweifeln würde.

Ich finde besonders dreyerley Gattungen Leute, welche dieses sagen. Es sind entweder diejenigen, durch welche, nach ihrer Sprache zu reden, Gott die Aemter austheilt, oder es sind die selbst, welche die Aemter bekommen, oder es sind endlich die, welche als Zuschauer über die wunderbare Führung und Besezung der Aemter erstaunen.

Die lezten fühlen dabey in ihrem Herzen den freudigen Trost, daß Gott, welcher nach ihrer Meinung uung so vielen Narren Aemter giebt, auch sie nicht unversorgt laßen, und wenn sie versorgt sind, auch sie alsdann mit dem nöthigen Verstande ausrüsten wird, den sie nicht haben, und den sie ohne ein Wunderwerk auch nicht zu erlangen hoffen. Diese Betrachtungen zeugen von ihrer Demuth, und sie beschämen dadurch eine unzählige Menge Leute, welche doppelt unglücklich sind, da sie keinen Verstand haben, und ihn doch nicht vermissen.

Noch weit stärker aber ist das Vertrauen zur göttlichen Vorsorge bey denenjenigen, welche die Pflicht auf sich haben, die Aemter zu besezen. Bey verschiedenen von ihnen würde ihr Betragen unsinnig seyn; man würde sie für Betrüger, für heimliche Verräther ihres eignen Vaterlandes, für die gefährlichsten Bösewichter halten, wenn man sieht, wie unbedachtsam sie bey der Besezung der Aemter verfahren. Aber man darf nur denken, daß sie überzeugt sind: Wem Gott das Amt giebt, dem giebt er auch den Verstand; so ist dieser Widerspruch gehoben. Sie können dieses mit einer desto gewissern Zuversicht hoffen, da sie an ihren eigenen Personen ein so erstaunendes Wunder erfahren, und nach dem glaubwürdigen Zeugnisse aller ihrer demüthigen Clienten gegenwärtig die verständigsten Männer, die weisesten Väter der Stadt sind, ungeachtet sie vor der Erlangung ihres Amts die unverständigsten Narren waren. Diese wichtige Erfahrung wirket in ihnen eine wahre Freudigkeit, so oft sie ein Amt besezen müssen.

Ich

Ich weiß nicht, ob irgend ein Amt wichtiger ist, als das Amt eines Seelsorgers. Die üble Besezung eines solchen Amtes kann eine ganze Gemeine unglücklich machen, und das Verderben von mehr als einer Nachkommenschaft nach sich ziehen. Wenigstens würde ich sehr unruhig seyn, wenn ich für die Besezung eines solchen Amtes sorgen sollte. Aber wie glücklich sind nicht diejenigen, welche sich darauf verlassen, daß der Verstand sich schon mit dem Amte finden werde.

Ich habe vor wenigen Tagen das Schicksal gehabt, einer Priesterwahl auf dem Lande beyzuwohnen. Der Kirchenpatron hatte in kurzer Zeit das Unglück erfahren, daß ihm sein Pfarrer, und bald darauf, welches noch weit wichtiger war, sein Schäfer gestorben war. Einen guten Schäfer zu finden, welcher das Vieh sorgfältig wartete, die Kunst verstünde, Krankheiten zu heilen, und welcher bey seinem Amte ehrlich wäre, diesen ausfindig zu machen, war freylich eine schwere Sache, die alle mögliche Behutsamkeit erforderte. Denn, wenn eine Schäferey durch Verwahrlosung ausstirbt; so ist dieses manchem Gerichtsherrn weit empfindlicher, als wenn durch ein unexemplarisches Leben, oder durch Unachtsamkeit des Pfarrherrns die Hälfte der Bauren zum Teufel fährt. Und, ökonomisch davon zu urtheilen, hat der Gerichtsherr Recht.

Ich kam eben zu der Zeit an, als mein Landedelmann einen geschickten Schäfer ausfindig gemacht, und in seine Dienste genommen hatte. Er erzählte mir

mir dieses mit Freuden, und that dabey viele gute Wünsche für seine Schäferey. Morgen, fuhr er fort, morgen müssen sie noch bey mir bleiben, mein neuer Pfarrer thut die Anzugspredigt, und wir wollen tausend Spaß mit ihm haben. Da ich ein Bürger bin, der die Art zu leben noch nicht recht weiß, und da mir die Einfalt meines Urältervaters immer noch anhängt; so kann ich nicht läugnen, ich erschrack ungemein über die edle Gleichgültigkeit meines Wirths. Ich erwartete den folgenden Tag mit Ungeduld; ich kam in die Kirche, und erstaunte, als ich einen grossen schwarzgekleideten Körper auf die Kanzel steigen sah. Sein Gang, seine Miene, seine Bewegung mit den Händen, seine Sprache selbst war so pöbelmäßig, daß ich den Kirchenpatron im Verdacht hielt, er habe aus einem leichtsinnigen Scherze seinen Reitknecht verkleidet, und der Gemeine vorgestellt. Ich sagte ihm meinen Zweifel. Allein er lachte mit solcher Heftigkeit über mich, daß ihm der Bauch schütterte. Mein Reitknecht? sagte er endlich. Zerreiß mich der Teufel, wenn es nicht mein Informator ist! Er ist ein Magister, und nicht ungeschickt. Er will noch heuer ein Gesangbuch für mein Dorf zusammen drucken lassen, und es meiner Gemahlinn zueignen. Er ist ein guter Narr; ich wollte Holz auf ihm hacken. Ein vortreflicher Charakter, dachte ich bey mir selbst, und schwieg ganz beschämt still. Ich hörte ihm zu, weil ich sonst nichts zu hören hatte, und hielt bey seinem albernen Gewäsche eine Stunde lang geduldig aus.
Ich

Ich getraue mir indessen ohne Eigenruhm zu behaupten, daß dasjenige, was mein lieber Urältervater, Sancho Pansa, mit seinem Esel geredet hat, weit vernünftiger gewesen ist, als dieses neuen Seelsorgers heilige Rede an seine Gemeine war. Wir eilten aus der Kirche aufs Schloß. So gleich stellte sich unser Seelenhirt auch ein, und das erste Compliment, das ihm der gnädige Herr, zum Glückwunsche bey dem Eintritte in die Stube machte, war, daß er sagte: Komm er, komm er, Herr Magister, trink er das Glas Branntwein, es ist ihm sauer geworden; aber er hatte auch, der Teufel hole mich! gepredigt wie ein Superintendent. Nur das verfluchte Schmälen gewöhne er sich ab, das leide ich mein Seele nicht; Und wenn er einmal auf mich schmält: so soll mich der Donner erschlagen, wenn ich ihn nicht über die Kanzel herunter werfen lasse, daß er die Beine in die Höhe kehrt. Da! trink er! und darauf trank der theure Kirchenvater lächelnd auf einen Zug ein großes Glas aus. Wir setzten uns zu Tische; ich war dem ungeachtet ganz kleinmüthig, und sah die armen Bauren als eine verrathene Heerde an. Ich aß wenig. Weis er denn, Herr Magister, sagte der Edelmann, wofür ihn Herr Pansa angesehen hat? Für meinen Reitknecht! Das wundert mich nicht, rief der schon halb trunkene Pfarrer aus. Die Diener des Herrn sind den rohen Weltkindern immer ein Anstoß, und Herr Pansa hat noch ketzerisches Blut in seinen Adern. Wäre er, wie seine Aeltern, verbrannt worden; so hätte unsere

sere Religion auch einen Verächter weniger. Ich
entfärbte mich über diesen Unsinn, und war eben
im Begriffe, ihm nach seiner Narrheit zu antworten,
als unser Wirth merkte, daß sich dieser Auftritt mit
Verdruß endigen würde. Er unterbrach mich mit
einem Deckelglase, und brachte es seinem Pfarrer auf
die Gesundheit aller hübschen Mädchen zu, welcher
redlich Bescheid that; und auf diese Weise ward
bis gegen den Abend fortgefahren. Ihre Wohler-
würden hatten das Vergnügen, zu sehen, daß Ihro
Gnaden nebst dem Gerichtsverwalter trunken unter
den Tisch sanken, ohne daß er selbst auf eine merkli-
che Art unvernünftiger geworden wäre, als er schon
vor Tische war. Ich schlich mich fort, weil ich
merkte, daß er einen Religionsstreit mit mir anfangen wollte. Am folgenden Morgen fragte mich der
Gerichtsherr, was ich nun eigentlich von seinem
Pfarrer hielte? Ich halte ihn, sagte ich, für einen
Mann ohne Verstand, ohne... Ach, sagte er, was
Verstand! Wem Gott ein Amt giebt, dem giebt er
auch Verstand! Er ist mein Informator gewesen, ich
habe ihm die Pfarre schon lange versprochen, und
um deswillen hat er meine Kinder für ein Spottgeld
unterrichtet. Was ich verspreche, das halte ich als
ein Cavalier. Der Kerl wird schon werden. Saufen kann er, wie ein Teufel! Hier verstummte ich
auf einmal. Ich sahe, daß der Herr das Wohl und
die Unterweisung seiner Kinder nicht für so wichtig
gehalten, als die Ersparung einiger Thaler Geld;
ich schloß, daß er es mit seinen Bauern nicht so

boßhaft, als ich anfangs geglaubt, meynen müßte, weil er ihnen einen Mann zum Lehrer gab, dem er seine eignen Kinder anvertrauet hatte; daß er noch immer glaubte, Gott habe dieses Amt seinem Pfarrer gegeben: und daß er gewiß hofte, er werde den Verstand, der ihm fehlte, schon zu rechter Zeit aus der Hand des Herrn empfangen.

Ich habe mich bey der Erzählung dieses Abentheuers länger aufgehalten, als ich Willens gewesen, und als es vielleicht einigen meiner Leser lieb seyn wird, welche von der Ehrwürdigkeit des geistlichen Standes eben so orthodoxe Begriffe haben, als der neue Pfarrer. Aber es schien mir um desto nöthiger hievon etwas umständlicher zu reden, je leichter es nunmehr zu begreifen seyn wird, wie es komme, daß man bey der Besezung andrer Aemter, welche nicht die Seele, sondern nur den Leib, oder den Beutel der Unterthanen betreffen, so sorglos seyn, und nach allem eher, als nach dem Verstande und der Geschicklichkeit der Candidaten, fragen kann. Alle Stände sind voll von Beweisen meines Sazes. Ich habe nicht den Vorsaz für mein iztlebendes Vaterland zu schreiben; sonst würde ich mit leichter Mühe noch hundert Exempel anführen können.

Es ist noch übrig, daß ich von der zwoten Gattung der Menschen ein paar Worte sage, denen unser Sprüchwort bey allen möglichen Fällen zum kräftigsten Trost gereichet. Es sind dieses diejenigen, welche Aemter suchen. Sie sind so vorsichtig, daß sie keine mühsame Untersuchung anstellen, ob sie auch den

nöthigen

nöthigen Verstand haben, der zu den Aemtern erfordert wird. Eine solche Untersuchung verriethe ein Mißtrauen, welches ihrer männlichen und gesezten Religion zuwider, dem geliebten Vaterlande aber sehr schädlich wäre. Denn dem Vaterlande liegt sehr viel daran, daß diese Herren Aemter kriegen; und wenn sie sich nicht eher darum bewerben sollten, als bis sie von ihrem Verstande und ihrer Fähigkeit innerlich überzeuget wären, so würde, ungeachtet unsers sehr bevölkerten Landes, eine grosse Menge Aemter unbesezt bleiben müssen. Und was wäre dem Vaterlande wohl nachtheiliger, als dieses? Sie ängstigen sich daher gar nicht mit dergleichen kindischen und unpatriotischen Fragen: Wo werden wir den Verstand hernehmen? Der dem Vieh sein Futer giebt, der wird auch für ihren Verstand sorgen; und sie geniessen bey dieser wahrhaften Gemüthsruhe eben diejenige wahre Glückseligkeit, die ein Mastschwein hat, welches um Weihnachten feist ist, ohne daß es den Sommer über für seine Mastung gesorgt hat. Wenn ich drey Candidaten beysammen stehen sehe; so kann ich ohne die Liebe des Nächsten zu beleidigen, gewiß glauben, daß zween davon keinen Verstand haben, und bey dem dritten ist es noch vielmals ungewiß. Unsere Aeltern sind gemeiniglich gegen die Vorsorge des Himmels so erkenntlich, daß sie bey der Erziehung ihrer Kinder nicht den geringsten Vorwiz bezeigen, wenn es auf die Frage aukömmt, ob ihre Kinder auch Gelegenheit haben, ihren Verstand so zu bilden, daß er dereinst zur Uebernehmung eines Amts und zu deſſen würdiger Bekleidung fähig iſt. Es wäre dieſes unverantwortlich. Ihre Väter dachten eben ſo, und dennoch haben die Kinder dieſer Väter Aemter bekommen, ohne daß jemand die unbeſcheidene Frage aufzuwerfen das Herz gehabt, ob ſie auch Verſtand genug beſäßen. Solche Kleinigkeiten geben ſich von ſich ſelbſt. Sie haben nunmehr Verſtand genug, und ſie haben zu viel Verſtand, als daß ſie in dieſem Falle wegen ihrer eignen Kinder bekümmert ſeyn ſollten. Ja ſie machen ſich ein Gewiſſen daraus, und ſie ſind deswegen zu loben. Es iſt unverantwortlich, die Natur in ihrem Laufe zu ſtören, oder in ihrem Werke zu meiſtern. Sie haben wohlgeſtalte Kinder gezeugt, und die wenigſten male war es ihre Abſicht, ſie zu zeugen. Die Natur hat ſie ohne ihre Vorſorge ſo wohlgeſtalt hervorgebracht. Und da der Körper das Vornehmſte an dem Menſchen, wenigſtens heut zu Tage, iſt; ſo überlaſſen ſie auch der gütigen Natur lediglich die Bildung des Verſtandes; als eines ſehr zufälligen, und nicht unentbehrlichen Theils des Menſchen. Ich kenne den Sohn eines vornehmen Officiers. Er iſt noch in ſeiner zarten Kindheit von achtzehn Jahren; deswegen hat der gnädige Papa noch nicht ſo grauſam ſeyn, und ihn der Aufſicht der Franzöſinn entreiſſen wollen, welche ihn noch alle Morgen anziehen und waſchen muß. Er iſt ein vortreflicher Kenner von der Nähterey, und verſteht die Schattirung der bunten Naht beſſer, als irgend ein Sohn eines Officiers. Der Koch iſt ein Sudler gegen ihn. Er weis alle Gericht richte zu beurtheilen, er kocht selbst die schmackhaftesten Speisen, und unter der ganzen Armee ist niemand, der die Pasteten so leckerhaft backen kann, als dieser junge Herr. Wäre er der Sohn eines Unterofficiers, oder elenden Gemeinen; so würde man ihn, nach der Gewohnheit des bürgerlichen Pöbels, zu einer Kenntniß des Christenthums, der nöthigsten Wissenschaften, und der Welt angeführt, und durch beständige Arbeit zu seinen künftigen Diensten abgehärtet haben. Aber so niederträchtig erzieht man den Sohn eines grossen Officiers nicht. Aus Liebe zum Vaterlande schont man diesen theuren Körper; zu seiner Gemüthsergötzung läßt man ihn kochen, nähen und sticken. Er ist ein junger feuriger Herr, welchen man nicht zu früh anstrengen muß, wenn es ihm nicht gehen soll, wie den jungen hizigen Ochsen, welche sich leicht verrücken, wenn man sie zu jung einspannt. Seine gnädige Mamma hat mit einem mütterlichen Vergnügen zugesehen, mit was für einer edlen Unverschämtheit er nur ohnlängst dem Kämmermädchen in den Busen griff, und sie ist vor Lachen bald ausser sich gekommen, als ihr die alte Französinn, bey der dieser zarte hoffnungsvolle Knabe beständig aus billiger Vorsorge im Bette liegen mußte, vor etlichen Wochen klagte, daß er sie des Nachts nicht mehr ruhig schlafen ließe. Der lose Schelm! sagte die zärtliche Mutter, und nunmehr glaubte sie, daß es Zeit wäre, ihn in die Welt zu lassen. Sie überlegte die Sache mit ihrem Gemahle. Man kaufte ihm eine Compagnie, und bey der ersten Gelegenheit wird

wird dieser allerliebste Sohn eine Anzahl bärtiger und tapferer Männer, die unter ihm stehen, wider den Feind anführen. Er hatte kaum eine Stunde lang den Ringkragen umgehabt, als er recht eigentlich spürte, wie ihm der Verstand, der zu einem solchen Commando gehört, aus dem Magen in alle Glieder des Leibes drang. Er kann fluchen wie der älteste Musketier, er säuft wie ein Corporal, hat sich schon zweymal mit dem Lieutenant geschlagen, seinem Obersten sich einigemal widersezt, und alles gethan, was man von ihm hat hoffen können. Nur keine Maitresse hat er noch; doch wird er nächstens für eine sorgen, damit er seinem Herrn Vater in allem gleich werde. Ist nicht dieses alles ein Beweis, daß der Verstand mit dem Amt kömmt? Und hätte wohl jemand geglaubt, daß bey einer solchen Erziehung derjenige mit so vieler anscheinenden Hoffnung für sein Vaterland fechten sollte, welcher, menschlichem Ansehen nach, nur gebohren war, für sein Vaterland zu kochen?

Wie glücklich muß das Land seyn, in welchem ein Ueberfluß von solchen Personen vorhanden ist, bey denen man ungewiß bleibt, ob sie sich besser vor die Spitze ihrer Truppen, oder hinter dem Nährahm schicken!

Indessen muß ich gestehen, daß nicht der Militärstand allein sich dieses Vorzugs rühmen kann; sondern daß wir durch die weise Sorglosigkeit unsrer Aeltern und Vorgesezten, und durch die natürliche sich selbst gelassene Dummheit des größten Theils unsrer

hoff-

hoffnungsvollen Jugend, denenjenigen glücklichen Zeiten sehr nahe gekommen sind, wo man einen Candidaten, welcher die nöthige Geschicklichkeit und den Verstand eher hat, als ein Amt, bald als ein Wunderthier für Geld in Messen sehen lassen wird. Ich bin verschiedenen werthen Freunden, welche in meiner Gegend wohnen, für das Vergnügen, das ich in ihrem erbaulichen Umgange täglich geniesse, so vielen Dank schuldig, daß ich mir ein Gewissen daraus mache, diese Abhandlung zu schliessen, ohne sie im Vorbeygehen ein wenig zu verewigen, und der Nachwelt ihre Verdienste um das Vaterland nach meinem Vermögen kenntbar zu machen.

Cajus ist werth, daß ich ihn zuerst nenne. Seinen wahren Nahmen muß ich verschweigen, um seine Bescheidenheit nicht zu beleidigen. Vielleicht aber findet man ihn nächstens im Anhange der Zeitungen, nebst einer genauern Beschreibung seiner Person und Kleidung. Denn wenn er in seinem Vorhaben glücklich ist, wie seine Anstalten nicht anders vermuthen lassen; so wird man das Vergnügen haben, ihn entweder unter dem Galgen, oder doch aus einem Steckbriefe kennen zu lernen. Es sind ihm landesherrschaftliche Cassen anvertraut. Ob er nun gleich weder schreiben noch rechnen kann; so kennt er doch das Geld sehr gut, und ist in seinem Amte so unermüdet, daß er nirgends keine Reste, ausser in seiner Casse, leiden kann. Unter andern Wohlthaten des Himmels, welche dieser wackre Mann verdient, ist diese nicht die geringste, daß er einen Sohn erzogen hat,

hat, welcher recht zum Galgen gebohren zu seyn scheinte Als ein unschuldsvoller Knabe von zwölf Jahren empfand er seinen innerlichen Beruf, und bediente sich mit vieler Geschicklichkeit einer Gelegenheit, seiner Mutter einen Theil ihres Geschmeides zu entwenden. Zweymal hat er bey zunehmenden Jahren seinem werthgeschäzten Herrn Vater die Casse erbrochen. Im ganzen Städtchen ist keiner, der mit einer so wizigen Art die Schnupftücher aus der Tasche ziehen kann, als er thut. Diese Beschäftigungen haben ihm von Jugend auf nicht so viel Zeit gelassen, etwas zu lernen, und ich kann es ihm ohne Ruhm nachsagen, daß er izo, da er zwanzig Jahr alt ist, seinen Namen nicht zu schreiben weiß, noch das geringste von Rechnungssachen versteht. Dieses hat seinen Papa ganz natürlicher Weise auf die Gedanken gebracht, daß es sehr wohl gethan seyn würde, sich den lieben Sohn adjungiren zu lassen. Und ich sehe nicht die geringste Schwierigkeit, welche diese väterliche Absicht hindern sollte. Wem Gott ein Amt giebt, dem giebt er auch den Verstand; und da der Herr Vater so lange Zeit sein Amt hat verwalten können, ohne ehrlich zu seyn, so hoffe ich gewiß, der Herr Adjunctus wird es mit der Zeit noch höher bringen.

Der Pachter von einem benachbarten Landgute hat einen Sohn, welcher so dumm ist, als man es nur verlangen kann. Sein Vater hat viel Einsicht, und ist daher im Stande gewesen, sich mit einer Menge gelehrter Männer bekannt zu machen, welche
so

so viel er hat wahrnehmen können,' in ihrer Jugend wenigstens so dumm gewesen sind, als sein Sohn, und noch izo dem Verstand eines Pachters nicht gleich kommen. Da sich sein Sohn zu gar nichts schickt; so hat er dem gnädigen Herrn sein Anliegen erzählt, und beyde sind einmüthig darauf gefallen, der Junge soll ein Doctor werden. Und er fängt auch nunmehr an, ein Doctor zu werden. Der Vater schmeichelt sich, daß ihm Gott gewiß mit der Zeit eine Professur, und sodann wenigstens so viel Verstand geben werde, als, seiner Meynung nach, zu einem Canonicat erfordert wird. In der That sehe ich nicht, was ihn in seinem frommen Vertrauen stören sollte.

Der Organist in einem Marktflecken, der ungefähr eine halbe Meile von mir liegt, hat einen Sohn, der wohl gewachsen ist, reiche Westen trägt, über alle Sachen ein entscheidendes Urtheil fället, und nichts gelernt hat. Der Vater, der den Sohn väterlich bewundert, wünscht sehr, ihn als Hofmeister bey einem Jungen von Adel zu sehen. Er glaubt, daß er alle Fähigkeiten besitze, die dazu erfordert werden, und ich glaube, daß er in kurzem eine einträgliche Hofmeisterstelle bekommen wird. Es ist wahr, daß er von allem dem nichts versteht, was ein junger Cavalier lernen soll. Er ist auch niemals, so wenig, als iezo, im Stande gewesen, sich selbst zu regieren. Er ist, wie ihm einige mürrische Leute nachsagen, in seinen Ausschweifungen niederträchtig, in seiner Wirthschaft unordentlich, in seinen Urtheilen pöbelhaft. Was schadet das? Wie viel junge Herren

Herren würden allein auf Reisen gehen müssen, wenn diese Eigenschaften hinderten, ein Hofmeister zu seyn! Genug, er spielt gut l'Hombre; er kann die Kunst, mit vieler Unterthänigkeit einen gnädigen Rock zu küssen; er ist unverschämt; und hat er gleich keinen Verstand: so wird sich das schon geben.

Weil vielleicht einige nicht begreifen möchten, warum ich mich bey einer so ausgemachten Sache, als das Sprüchwort ist: Wem Gott das Amt giebt, dem giebt er auch den Verstand, so lange aufgehalten habe; so will ich hier den Schlüssel dazu geben. Es betrift meine eigne Leibes- und Seelenruhe, und es liegt mir viel daran, daß alle Leute von der Wahrheit dieses Sprüchworts überzeugt sind. Man hat mir unter der Hand angetragen, Balletmeister an einem gewissen Hofe zu werden. Es sind viele Vortheile bey dieser Station, und mancher große Gelehrte verdient in seinem Leben so viel nicht bey aller sauern Mühe mit seinem Kopfe, als ich sodann unter Tanzen und Springen in einem Jahre mit meinen Füßen verdienen könnte. Ich bin um deswillen nicht ganz abgeneigt, die Stelle anzunehmen. Es ist wahr, es scheint nicht, als wenn mich die Natur zu einem Tanzmeister erlohren hätte. Mein linker Fuß ist ungeheuer dick; auf dem rechten hinke ich ein wenig; die rechte Schulter ist etwas höher, als die linke; auf dem einen Auge habe ich einen Stern, auf dem andern schiele ich; die Arme sind durch die englische Krankheit sehr verwachsen, und weil ich einen Ansatz zur Wassersucht habe, so zweifle ich fast, daß ich solche hohe Capriolen werde machen können, als mein seliger Urältervater machte, da er geprellt ward. Inzwischen verzweifle ich nicht ganz. Wenn es ausgemacht ist, daß Gott demjenigen Verstand giebt, dem er ein Amt giebt; so ist es eben so leicht zu hoffen, daß er einem Krüpel gesunde Gliedmaßen geben wird, den er zum Tanzmeister machen will. Es gehört, dünkt mich, noch weniger dazu, als wenn aus einem gebohrnen Narren ein verständiger Mann werden soll. Und wenn ich auch wider Vermuthen ein Krüppel bliebe; so würde doch das gemeine Wesen von einem gebrechlichen Tanzmeister bey weitem nicht so viel Schaden zu besorgen haben, als es von einem Manne befürchten muß, der zu einem öffentlichen Amte ungeschickt, und bey dessen Verwaltung ohne Verstand ist. Mit einem Worte, ich halte den Antrag für einen rechtmäßigen Beruf. Ich werde ihn also wohl annehmen; und der geneigte Leser wird gar künftige Messe das Vergnügen haben, eine systematische Abhandlung von den Regeln der Tanzkunst von mir zu erhalten. Verstehe ich gleich nicht daß geringste davon; so habe ich doch das Recht, mir eine gütige Aufnahme meines Werks mit eben der Zuversicht zu versprechen, mit welcher sich so viele Schriftsteller schmeicheln, die sich zum Bücherschreiben so wenig schicken, als ich mich zum Tanzen. Was mich noch abhält, meine endliche Erklärung von mir zu geben, ist die Furcht vor dem Hofe. Es geschieht zuweilen, daß die vornehmsten

Damen

Damen einen wunderlichen Appetit haben, und mein scarronischer Körper stellt mich vor ihren verführischen Liebkosungen nicht in völlige Sicherheit. Ich weiß mehr Exempel, daß ein plumper Stallknecht die Stelle eines liebenswürdigen Gemahls vertreten müssen. Ich wäre des Todes, wenn ich mich in solche gefährliche Umstände verwickelt sehen sollte. Denn keusch bin ich, wie meine Väter, und diese unzeitige Keuschheit hat mich mehr, als einmal um mein Glück gebracht. Ich will es überlegen. Ein Balletmeister zu seyn, wäre gleichwohl eine hübsche Sache.

Kleider machen Leute.

In diesen drey Worten liegt eine unerschöpfliche Weisheit verborgen. Sie sind der Schlüssel zu den erstaunlichen Begebenheiten des menschlichen Lebens, welche so vielen, und den Philosophen am meisten, unbegreiflich vorkommen. Sie sind das wahre, das einzige Mittel, alle diejenigen Glückseligkeiten zu erlangen, um welche sich ein g oßer Theil der Menschen vergebens bemühet. Thoren sind es, welche sich und andern weiß machen, daß nur die wahren Verdienste, die Liebe zum Vaterlande, die Redlichkeit, daß nur die Tugend glückselig, und uns zu wahrhaftig g oßen und berühmten Leuten macht. Wie unverantwortlich und grausam sind unsre Moralisten zeither mit uns umgegangen! Was brauchen wir alle diese ängstlichen

Bemü-

Bemühungen? Kleider, glückselige Erfindung! nur Kleider machen das, was Tugend und Verdienste, Redlichkeit und Liebe zum Vaterlande vergebens unternehmen. Nunmehr ist mir nichts so lächerlich als ein schlechter Mann in einem schlechten Aufzuge; und das ist mir ganz unerträglich, wenn ein solcher Mann darum, weil er ehrlich ist, angesehen und bewundert zu seyn verlangt. Wie lange muß er sich durch Hunger und Verachtung hindurch winden, ehe er es nur so weit bringt, daß er von Leuten, welche ihre Kleider vorzüglich machen, einigermaßen gelitten wird! Eine ängstliche Bemühung, seinen Pflichten Gnüge zu thun, bringt ihn in dreyßig Jahren zu der Hochachtung nicht, zu welcher er durch ein prächtiges Kleid in vier und zwanzig Stunden gelangen kann. Man stelle sich einen solchen Mann vor, welcher mit seinen altväterischen Tugenden und einförmiger Kleidung sich in eine Gesellschaft von vornehmen Kleidern zum erstenmale wagt. Er muß sehr glücklich seyn, wenn ihm der Thürsteher nicht den ersten Schritt ins Haus verwehrt. Drängt er sich auch bis in das Vorzimmer, so hat er sich noch durch eine Menge von Bedienten durchzuarbeiten, wovon ihn die meisten lächerlich finden, viele gleichgültig ansehen, und die billigsten gar nicht merken. Er verlangt Seiner Excellenz aufzuwarten. Man antwortet ihm nicht. Er verlangt Seiner Excellenz unterthänig aufzuwarten. Ein Lakey weist ihn an den andern, und keiner meldet ihn an. Er steht beschämt am

Camine

Camine, und steht allen im Wege. Er sieht endlich den Kammerdiener. Er bittet gehorsamst, ihm die hohe Gnade zu verschaffen, daß er seiner Excellenz seine ganz unterthänigste Aufwartung machen dürfe. Komme der Herr morgen wieder; es ist heute Gesellschaft im Zimmer!... = Aber wäre es nicht möglich=... Kurz, Nein! Seine Excellenz hätten viel zu thun, wenn sie jede Bettelvisite annehmen wollten; der Herr kann morgen wieder kommen. Da steht der tugendhafte, der ehrliche der gelehrte Mann, der Mann von großen Verdiensten, welcher sich redlich, und mühsam nährt, seinem Fürsten treu dient, hundert Leute durch seinen guten Rath glücklich gemacht hat, mit ängstlicher Sorgfalt die Rechte gedrückter Wittwen und Waisen schüzt, niemanden um das Seinige bringt; da steht der rechtschaffenste Patriot. Sein schlechter Anzug drückt alle Verdienste nieder. Er schleicht sich beschämt zur Thüre, um sich der Verachtung des Vorzimmers zu entziehen. Man stößt ihn mit Gewalt von derselben weg, man reißt beyde Flügel mit einer ehrfurchtsvollen Beschäftigung auf, alle Bediente kommen in Bewegung, alle richten sich in eine demüthige Stellung, der Kammerdiener fliegt ins Zimmer seines Herrn; es wird Lärm darinnen, man wirft die Karten hin. Seine Excellenz eilen entgegen, und wem? einem vergoldeten Narren, welcher die Treppe herauf gefaselt kömmt und den Schweiß seines betrognen Gläubigers auf der Weste trägt. Sein Kopf, so leer er ist, wird

bewun-

bewundert, weil er gut frisirt ist; sein Geschmack
besteht in der Kunst, sich artig zu bücken. Hätte
er Verstand, so würde er alle sechzehn Ahnen beschämen, und nur aus kindlicher Hochachtung gegen seine Vorfahren hat er sich in Acht genommen,
verständiger zu werden, als sie gewesen sind. Sein
Herz ist boshaft, so vieles ihm seine vornehme Dummheit zuläßt. Er hat das Geringste nicht gelernt,
womit er dem Vaterlande, oder sich selbst dienen
könnte; und womit er jemanden dient, das sind
leere Gnadenversicherungen. Er borgt, er betrügt,
er küßt, er pfeift, er lacht, spielt gern und unglücklich, und Seine Excellenz freuen sich mit offenen Armen über die Ehre seines Zuspruchs. Nun
ist unser redlicher Mann ganz vergessen, und es ist
ein Glück für ihn, daß er noch ohne Schaden aus
dem ehrfurchtsvollen Gedränge entrinnen, und die
Treppe hinunter kommen können. Es geschieht
ihm recht. Der Thor! Warum hat er nicht bessere Kleidung und geringere Verdienste?

Man thut der Welt unrecht, wenn man sagt,
daß sie bey den Verdiensten rechtschaffener Männer
unempfindlich, und blind sey. Sie ist es nicht;
aber man muß ihr die Augen durch eine äusserliche
Pracht öffnen, und sie durch ein vornehmes Geräusch aufwecken. Kann die Welt etwas dafür,
daß sich ein großer Geist in ein schlechtes Kleid ver-
steckt? Die Welt ist eine Schaubühne, und auf der
Schaubühne halten wir nur diejenigen für Prinzen,
welche fürstlich gekleidet sind. Nicht alle haben die

Geduld,

Geduld, den lezten Auftritt, und die Entwickelung des Spiels abzuwarten.

Man stelle einmal die Billigkeit der Welt auf die Probe, und vertausche die Kleider.

Eure Gnaden werden sich gefallen lassen, das schwarze Kleid dieses ehrlichen Mannes anzuziehen, und seine etwas bejahrte Perücke aufzusezen. Wie dumm sehen Eure Gnaden aus! Die dreiste und unverschämte Miene ist mit einem male verschwunden. Aller Wiz, dessen ein prächtiges Kleid fähig war, ist verlohren. Man führe ihn in die Loge; in eben diejenige Loge, in welcher er so vielmal der artige Herr, der allerliebste artige Herr, der schalkhafte Baron gewesen. Er kömmt. Er macht seine Verbeugung noch immer so gut, und ungezwungen, als sonst. Man lacht darüber. Er will die Hand küssen; man stößt ihn fort. Die Damen murmeln unter einander, und ärgern sich über die Unverschämtheit des gemeinen Menschen. Man hält ihn für einen Informator, welcher bey seinen gnädigen Herrschaft nicht gut thun, und etwas mehr seyn wollen, als ein gemeiner Bedienter. Er fängt an zu reden. Wie abgeschmackt, wie pedantisch redet er! Er wird ungedultig, und flucht ein sacre bleu! Man lacht über den Narren, und läßt ihn durch die Heyducken als einen wahnwizigen Kerl hinausstossen.

Nunmehr erscheint der redliche und verdienstvolle Mann in der Loge, welcher die prächtigen Kleider des entlarvten Barons angezogen hat. Er erscheint das erstemal darinnen, und thut ein wenig blöde. Man

Man findet seine Blödigkeit angenehm, und hält ihn für einen Fremden, dessen Sittsamkeit bewundert wird. Die Damen danken ihm auf eine gnädige Art, und die Fächer rauschen ihm mit Beyfall entgegen. Man bietet ihm einen Stuhl an, und er setzt sich mit Anstand nieder. Eine jede fragt ihre Nachbarinn, wer dieser Herr seyn müsse? es kennt ihn keine. Sie lassen sich in ein Gespräch mit ihm ein; er redet bescheiden. Man beurtheilt die Oper; er beurtheilt sie mit, und sein Urtheil findet Beyfall. Die Sänger werden gelobt, er lobt sie mit Geschmack. Man redet vom Hofe, er kennt die Welt; man redet von Staatssachen, man findet seine Gedanken sehr fein; man redet Böses von den übrigen Logen, er schweigt, und auch sein Stillschweigen wird gebilligt, weil man ihn für einen Fremden hält, welcher noch ganz unbekannt, oder zu bescheiden ist, in einer fremden Gesellschaft auf eine boshafte Art witzig zu seyn. Die Oper ist zu Ende. Er hat die Gnade, seine Nachbarinn an die Kutsche zu führen. Er thut es mit einer ungezwungenen Wohlanständigkeit. Er darf die Hand küssen, und seine Excellenz wünschen, indem sie fortfahren, daß der gnädige Herr wohl ruhen möge. Glückselige Veränderung! Der gnädige Herr! der, welcher nur vor wenig Stunden noch beschämt am Camin stand, und allen Bedienten lächerlich war, ist izo die Bewunderung der ganzen Gesellschaft! Man erkennt seine Verdienste; denn man sieht seine prächtige Kleider.

Da wir bloß den Kleidern den entscheidenden Werth unsrer Verdienste zu danken haben, so scheue ich mich nicht zu gestehen, daß ich wenig Persohen mit so viel Ehrfurcht ansehe, als meinen Schneider. Ich besuche seine Werkstatt oft, und niemals ohne einen heiligen Schauer, wenn ich sehe, wie Verdienste, Tugenden und Vernunft unter seinen schaffenden Händen hervorwachsen, und theure Männer durch den Stich seiner Nadel aus dem Nichts hervorspringen, so, wie das erste Roß an dem Ufer muthig hervor sprang, als Neptun mit seinem gewaltigen Dreyzack in den Sand stach.

Vor etlichen Wochen gieng ich zu ihm, und fand ihn in einem Chaos von Sammet und reichen Stoffen, aus welchem er erlauchte Männer und Gnaden schuf. Er schnitt eben einen Dommherrn zu, und war sehr unzufrieden, daß der Sammet nicht zureichen wollte, den hochwürdigen Bauch auszubilden. Ueber dem Stuhle hiengen zwo Excellenzen ohne Aermel. Einer seiner Gesellen arbeitete an einem gestrengen Junker, welcher sich von seinem Pachter zwey Quartale hatte vorschießen laßen, um seine hochadelichen Verdienste in der bevorstehenden Messe kenntlich zu machen. Auf der Bank lagen noch eine ganze Menge junger Stuzer; liebenswürdge junge Herrchen, und seufzende Liebhaber, welche mit Ungeduld auf ihre Bildung, und die Entwickelung ihres Wesens zu warten schienen. Unter der Bank stack ein grosses Packt schlechter Tücher und Zeuge für Gelehrte, Kaufleute, Künstler und

und andere niedere Geschöpfe. Zween Jungen, welche noch nicht geschickt genug waren, saßen an der Thüre, und übten sich an dem Kleide eines Poeten. Ich stund bey dem Meister, hielt den Hut unterm Arme, und blieb länger als eine Stunde, in eben der ehrfurchtsvollen Stellung, welche ich annehme, wenn ich in Gesellschaft vornehmer und grosser Männer bin. Mein Schneider ist in dergleichen Fällen schon von mir ein solches ehrerbietiges Stillschweigen gewohnt, daß er mich nicht weiter um die Ursachen befragt. Er weiß die Hoachtung, welche ich für die wunderthätigen Kleider habe. Sie ist billig. Nur die Kleider sind es, welche wir an den meisten Grossen verehren. Und weil uns der Körper, so in diesen verdienstvollen Kleidern steckt, gleichgültig, und von keiner Wichtigkeit scheint; so verbindet uns unsre Pflicht, auch alsdann eine demüthige Miene anzunehmen, wenn wir diese Kleider ohne ihre zufälligen Körper sehen.

So erhaben meine Gedanken sind, wenn ich den erstaunenden Wirkungen meines Schneiders in seiner Werkstatt zusehe: so kleinmüthig werde ich im Namen des größten Theils meiner vornehmen Landsleute, so oft ich bey einer Trödelbude vorbeygehe. Diese ist in Ansehung der Kleider eben das, was uns Menschen die Begräbnisse sind. Hier hört aller Unterschied auf. Oftmals sehe ich in der Trödelbude den abgetragenen Rock eines wizigen Kopfs sehr vertraut neben dem Kleide eines reichen Wuchrers liegen, und es ist wohl eher geschehen, daß die Weste eines Dorf-

schulmei-

Schulmeisters über dem Sammetkleide seines Prälaten gehangen hat. Noch betrübter ist es, wenn diese prächtigen Kleider die Hochachtung der Menschenmaschine, die in selbigen gesteckt, überleben. Man hat mir einen reichgestickten Rock gezeigt, welcher die Bewunderung der ganzen Stadt, und der besingungswürdige Gegenstand vieler hungrigen Musen gewesen; endlich aber doch vor der Unbescheidenheit seiner Gläubiger in diese Trödelbude flüchten müssen.

Ehe ich diesen Artikel schliesse, muß ich noch etwas erinnern. Ich bin so billig gewesen, und habe gewiesen; daß Kleider Leute und Verdienste machen; zur Vergeltung dieser Bemühungen verlange ich wieder etwas, das eben so billig ist.

Diejenigen, denen zum Troste ich dieses Sprüchwort ausgeführt und bekannter gemacht habe, und die keine Verdienste weiter besizen, als welche sie dem Ansehen ihrer Kleider zu danken haben, werden so gerecht seyn, und die Ehrenbezeugungen, welche diesen Kleidern gemacht werden, niemals auf ihre Rechnung annehmen. Sie gehen sie nichts an, und es ist wirklich ein unverantwortlicher Raub, wenn sie sich der Hochachtung bemächtigen, die man ihren Kleidern schuldig ist. Sollte ich wider Vermuthen erfahren, daß man diese meine Vermahnung nicht in Acht nähme, und wie es bey den meisten geschehen, fortführe, die Verdienste der Kleider sich anzumaßen; so werde ich und meine Freunde sie öffentlich demüthigen. Wir werden die Sprache der Complimenten ändern, und wenn wir einem

solchen

solchen Manne begegnen, niemals anders zu ihm sagen, als: Mein Herr, ich habe die Gnade, Ihre Weste meiner unterthänigsten Devotion zu versichern. Ich empfehle mich Ihrem gestickten Kleide zu gnädiger Protection. Das Vaterland bewundert die Verdienste Ihres reichen Aufschlags. Der Himmel erhalte Ihren Sammetrock der Kirche und unsrer Stadt zum Besten noch viele Jahre u. s. w.

N. S. In diesem Augenblicke erfahre ich etwas, von dem ich nicht weis, ob ich es wünschen, oder nicht wünschen soll. Denenjenigen zur Warnung, welche mit den Verdiensten ihrer Kleider so, wie ich oben gedacht, zur Ungebühr groß thun, will ich dieses Geheimniß im Vertrauen entdecken, und es bleibt noch zur Zeit unter uns. Man hat einen Vorschlag gethan, daß der Handlung zum Besten in die neue Kleiderordnung ein Artikel eingerückt werden möge: „Daß niemand ein reiches oder „seidenes Kleid anziehen solle, bis er es bezahlt „habe, und ein jeder solle zu dem Ende allezeit die „Quittung von dem Schneider und Kaufmanne bey „sich tragen.„ Was soll das für ein Lärm werden! und wie viel angesehene Kleider werden vor unsern Augen verschwinden! Der Vorschlag ist so vernünftig und billig, und der Handlung so zuträglich, als einer seyn kann; aber er ist, wie mich dünkt, ein wenig zu grausam. Sehr viele, gewiß sehr viele, welche weder Geld noch Verdienste besitzen, und ihr Ansehen bloß auf Unkosten der Kaufleute und ihrer Gläubiger bisher erhalten haben, verlieren dadurch, daß man ihnen die geborgte Pracht der Kleider nimmt, zugleich mit einem male alles, was sie vorzüglich, groß, liebenswürdig, und ansehnlich gemacht hat. Was soll aus diesen guten Leuten werden? Wie todt wird es künftig in ... und bey vornehmen Versammlungen seyn!

Antons Pansa von Mancha
Fortsezung
seiner
Abhandlung von Sprüchwörtern.

Vorbericht. *)

Herr Anton Pansa von Mancha ist über die Nachricht sehr aufgebracht worden, welche ihm der Verleger von der gleichgültigen Aufnahme und dem schlechten Vertriebe seiner Abhandlung von Sprüchwörtern gegeben hat. Er bedient sich des allgemeinen Rechts der Autoren, und spricht allen seinen Lesern ohne Barmherzigkeit den guten Geschmack, und auf allen Fall den Verstand ab. Er glaubt Recht dazu zu haben, weil er überzeugt ist, daß der Fehler nicht an ihm liege. Und dennoch ist er so großmüthig, daß er seinen Lesern Zeit zur Besserung lassen, und es noch einmal versuchen will, ob er sie ganz verlohren geben, oder vielleicht noch hoffen soll. Er hat den Verleger gebeten, die Abhandlung von dem Sprüchworte: Ehrlich währt am längsten, einzurücken. Er verspricht sich hiervon einen bessern Erfolg, weil dieses praktischer ausgeführt sey, als die ersten beyden Sprüchwörter. Fände wider alles Vermuthen auch dieser Versuch keinen Beyfall, so will er entweder seine Hand von

---

*) Ward in der Monatschrift, in welche man dieses Sprüchwort im Jahre 1750. zum Versuche eingerückt, demselben vorgedruckt.

dem verstockten Publico ganz abziehen, und nicht eine Zeile mehr in seinem ganzen Leben schreiben; oder er will zwey Sprüchwörter ausführen, davon das eine wider den Staat, und das andere wider die Religion gerichtet seyn soll, um seinen Verächtern und unwizigen Lesern zu zeigen, daß er, auch ohne ihren Beyfall, Geschicklichkeit genug habe, sich durch diejenige Wege berühmt und unsterblich zu machen, welche nach dem izigen allgemeinen Geschmacke, und die sichersten sind, bey einem kleinen Verstande und noch geringerm Wize vor andern bemerkt zu werden.

Ehrlich währt am längsten. *)

Ich speißte in der lezten Ostermesse in einem Gasthause, und kam an einen Tisch zu sizen, wo ich mir die Gesellschaft nicht sonderbarer hätte wählen können. Sie bestund aus einem Kaufmanne, welcher zween sehr vortheilhafte Bankerote gemacht hat, und izo in weit bessern Umständen steht, als seine betrognen Gläubiger. Der zweyte war ein Regimentsquartiermeister, der vor einiger Zeit die sämtlichen Regimentsgelder verspielt hatte, und ohne den vollgültigen Vorspruch seiner jungen und schöngebildeten Schwester gewiß würde haben hängen müssen. Der dritte war der Spieler, der ihm diese Gelder abge-

---

*) Dieses Sprüchwort ist ebenfalls im Jahre 1748. gefertigt, und im Jahre 1750. der obenbenannten Monatschrift eingeschaltet worden.

abgewonnen hatte, und nunmehr in der Messe aus bewegenden Ursachen seine Bekanntschaft von neuem suchte. Der vierte war ein Mann ohne Charakter, welcher aus einem benachbarten Lande hatte flüchtig werden müssen, weil er die ihm anvertrauten Mündel um das ihrige gebracht, und in die elendeste Armuth gestürzt hatte. Der fünfte war ein Beamter welcher mit dem Ministerio sehr unzufrieden war, daß es ihn abgesezt, und seine Caution eingezogen hatte, und zwar um einiger Kleinigkeiten willen, da er mehr nicht versehen, als daß er die Depositengelder zu seiner eignen Nothdurft verwendet. Der sechste endlich war ein Doctor Juris, und ehedem berühmter Rechtsconsulent, welcher einige Jahre im Zuchthause zugebracht hatte, und dem nunmehr die Praxis auf Lebenszeit untersagt war. Ich habe die Ursache davon niemals errathen können; sie muß aber sehr wichtig gewesen seyn: denn wegen alltäglicher, und gemeiner Betrügereyen sind die Advoten nicht gewohnt, ins Zuchthaus zu kommen. Ich habe angemerkt, daß dieser Doctor sich beständig zu obiger Gesellschaft hielt, und es schien, daß sie ihn auf den Fall ernährten, dafern einer oder der andere von ihnen eine Defension pro avertenda tortura brauchte, wovor sie nicht eine Stunde sicher waren. In dieser vortreflichen Gesellschaft brachte ich einige Stunden nicht ohne Erbauung zu. Aus ihren Gesprächen konnte man gleich abnehmen, daß es Männer wären, welche die große Welt kannten, und alles, was sie redeten, sprachen sie mit einer so dreißten Freymüthigkeit,

müthigkeit, daß ein Fremder nimmermehr darauf gefallen seyn würde, daß dieses Leute wären, welche nur so lange noch frey herum giengen, als es der Himmel und die Obrigkeit erlaube.

Mitten unter den Gesprächen von verschiedenen Materien ihres Handwerks, ergriff der bankerote Kaufmann ein Glas, und brachte die Gesundheit aus: Ehrlich währt am längsten! Ich erschrack, weil ich glaubte, es sey eine Satire auf die ganze Gesellschaft. Noch grösser aber war mein Erstaunen, als ich sah, daß die ganze Gesellschaft die Messer fallen ließ, nach den Gläsern fuhr, und mit einmüthiger Stimme rief: Ehrlich währt am längsten!! Sie hatten unter dem Trinken bemerkt, daß ich bey dieser Gesundheit stuzte, und mein Glas etwas langsamer austrunk, als sie. Sie spotteteten darüber, und fragten mich nach der Ursache meiner Unentschlüssigkeit, die ich dabey gezeiget hatte. Ich war nicht Willens, ihnen die Wahrheit zu sagen, weil ich weiß, daß niemand gefährlicher ist, als ein Schelm, der ehrlich seyn will. Ich wandte daher vor, daß ich bey mir selbst nachgedacht hätte, wo dieses Sprüchwort herkäme, und wie weit es gegründet wäre. Wissen Sie das nicht? rief der bankerote Kaufmann; das will ich Ihnen sagen. Alle Sachen, die man nicht sehr braucht, währen am längsten; dann sie werden am wenigsten abgenuzt. Dieser Ladenwiz brachte unsern ganzen Tisch in Bewegung; und die ehrliche Gesellschaft konnte sich kaum vor Lachen fassen. Sie haben, hohl mich der Teufel! Recht, schwur der

Regi-

Regimentsquartiermeister, und lachte von frischem so stark, daß man kaum die Musikanten hören konnte. Der Spieler, welcher noch etwas feiner war, schien damit nicht zufrieden zu seyn, sondern verlangte eine genauere Bestimmung des Worts ehrlich, nicht darum, wie er sagte, als ob er nicht wüßte, was ehrlich wäre, sondern weil er sich in keinen Streit einlassen wollte, bevor ein jeder in der Gesellschaft seine eigentliche Meynung davon gesagt hätte, damit nicht die ganze Sache zulezt auf einen Wortstreit hinaus laufen möchte. Verba valent, sicut nummi, antwortete der geflüchtete Vormund. Ich weiß nicht, was hier zu Lande Mode ist. Bey uns währt ehrlich am längsten, weil es eine Gesundheit ist, und Gesundheiten trinkt man, weil man dabey Gelegenheit hat, einmal zu trinken, nicht aber, daß man pedantische Untersuchungen darüber anstellen wolle. So gar pedantisch nicht, als Sie meynen, versezte der Doctor. Das Wort ehrlich wird in zweyerley Verstande gebraucht: terminative und applicative. Was ehrlich terminative heißt, das weiß auch der Pöbel, und weil er mehr davon nichts weiß, so ist er eben der Pöbel. Applicative ehrlich sind diejenigen, welche eine Sache cum grano salis ansehen. Und da alles, was in der Welt ist, dem Menschen zum Besten erschaffen ist; so ist auch die Ehrlichkeit dem Menschen zum Besten gegeben. Sie ist ein Mittel, zu unserem Zwecke zu gelangen. Sobald wir finden, daß sie unserm Zwecke zuwider ist, so wäre es eine Thorheit, sich ungeschickter Mittel zu bedienen; und

diese

diese Thorheiten begeht niemand, als der Pöbel, der nicht versteht, quid juris. Und das von Rechtswegen, rief der abgesezte Beamte, und suchte durch eine ernsthafte Amtsmiene seinem gesprochenen Urtheile das Gewicht zu geben. Ich war der einzige, der seine Meynung noch nicht gesagt hatte. Man verlangte sie von mir, und ich antwortete, daß diese Gesundheit nichts mehr sagen wollte, als die, wenn man trinkt: Es gehe dem Könige und dem Lande wohl! Ich wäre in Gesellschaft gewesen, wo diese Gesundheit von Leuten getrunken worden wäre, welche den König und das Land betrogen hätten. Das läßt sich hören, meynten sie, und der Amtmann gähnte. Eine dicke Tyrolerinn, welche meiner kritischen Gesellschaft in die Hände fiel, unterbrach unsre Wortforschung, und wir giengen aus einander.

Sobald ich in mein Quartier kam, suchte ich meinen verhungerten Patrioten auf, der mit mir in einem Hause wohnt. Ich kletterte nicht ohne Lebensgefahr fünf Treppen hinauf, wo er in einer Kammer unter dem Dache wohnt. Ich traf ihn eben bey der Abendmalzeit an, da er einen Hering voll Verdruß über die verderbte Welt, doch mit ziemlichem Appetit verzehrte. Ich erzählte ihm die Ursachen meines so späten Besuchs, über den er sich zu wundern schien. Ich machte ihm eine Beschreibung von meiner Gesellschaft, und von den neuen Wahrheiten, die ein jeder von ihnen bey dem Sprüchworte ausfündig gemacht hatte.

„Da

„Da sehen Sie es, sagte er; nun werden Sie
„mir bald Recht geben. Sie sind nur zufälliger
„Weise in eine Gesellschaft von sechs Personen ge-
„kommen, wo nicht ein ehrlicher Mann dabey ge-
„wesen, und wo der ehrlichste verdient, in der Büt-
„teley, und nicht auf diesem Saale zu essen. Habe
„ich nun wohl unrecht, daß ich alle Gesellschaften
„so sorgfältig meide? Wer noch ein redliches Herz,
„und einen Tropfen patriotisches Blut in Adern hat,
„der kann dergleichen Frevel ohne innerlichen Jam-
„mer nicht ansehen. Diese ganze Gesellschaft nährt
„sich von den erpreßten Raubereyen unglückseliger
„Mitbürger, welche kaum Wasser und Brod zu der
„Zeit haben, da ihre Henker beym Weine und bey
„den niedlichsten Speisen, über die Ehrlichkeit der
„unterdrückten Unschuld spotten. An den Pranger
„sollte man diese Nichtswürdigen stellen; aber nein!
„man verehrt sie noch, man schmeichelt ihnen, und
„jeder sucht seinen Antheil von ihrer gemachten
„Beute zu erhaschen. Man giebt ihnen Gelegenheit,
„ihre Boßheit noch höher zu treiben, man erhebt
„sie zu Ehrenämtern, man besoldet sie wohl für ihre
„Spizbübereyen, und läßt dagegen andre in Kum-
„mer und Elend schmachten; redliche Männer,
„welche ihr Leben fürs Vaterland aufopfern, ihren
„lezten Blutstrofen für den König und die Unter-
„thanen mit Freuden hingeben würden; aufrichtige
„Patrioten läßt man verhungern. Ich rede nicht
„von mir, noch von dem Unrechte, das man mir
„bey meinen redlichsten Absichten angethan hat. Ich
„übersehe

„übersehe es mit Großmuth, und habe gelernt, mit
„meinen Umständen zufrieden zu seyn. Wie gesagt,
„ich rede nicht von mir, noch von meinen übelbe-
„lohnten Verdiensten. Niemals aber kann ich gleich-
„gültig bleiben, wenn ich höre, daß die Unschuld
„darbt, und die Verruchten sich blähen. Durchge-
„hen Sie unsre Stadt izo, da in der Messe Leute
„von allen Orten zusammen kommen. Suchen Sie
„mir den redlichen Patrioten, den Mann, dessen
„größter Ruhm in der Ehrlichkeit besteht, den
„Mann ohne Falschheit. Suchen Sie ihn; aber
„übereilen Sie sich nicht. Der geringste Krämer,
„welcher sein ganzes Vermögen auf dem Rücken
„herum trägt, ist abgerichtet, den andern durch
„Freundlichkeit, durch Zureden, durch ungestümes
„Bitten zu betrügen: und daß dieser nur in Kleinig-
„keiten betrügt, davon hält ihn nicht sein Gewissen,
„nein sein Unvermögen, seine Armuth hält ihn ab.
„Er geht niemals vor dem Laden eines großen
„Kaufmanns vorbey, ohne eifersüchtig zu seyn,
„daß dieser oder seine Altern ein größeres Vermö-
„gen zusammenbetrogen haben, als er jemals hoffen
„kann. Inzwischen thut er doch in seinem Herzen
„die Gelübde, sich und seinen Kindern zum Besten,
„so lange zu betrügen, bis er auch ein angesehe-
„ner Kaufmann werden kann. Kleine Schelme
„entschuldige ich noch immer eher, als Schelme von
„Stande; diese schaden mehr, und werden seltner
„bestraft. Noch diesen Vormittag habe ich einen
„elenden Kerl in das Gefängniß führen sehen, wel-
„cher

„cher aus Hunger, und wie ich nachdem erfuhr,
„aus äusserster Bedürfnis, worinnen er sich mit sei-
„ner Frau, und einigen unerzognen Kindern befin-
„det, sich hatte gelüsten lassen, einem königlichen
„Beamten die Börse aus der Tasche zu ziehen. Dieser
„merkte den Diebstahl, ergriff ihn bey den Haaren,
„und hielt ihn so fest, bis die Stadtwache dazu
„kam. Der Kerl verdient seine Strafe, es ist wahr;
„ich kenne aber auch den Beamten, welcher der
„größte Bösewicht im Lande ist, und unter dem
„scheinbaren Vorwande, das Landesherrschaftliche
„Interresse zu beobachten, Steuern und Gaben der
„Verfassung gemäß einzutreiben, und die Justiz zu
„befördern, eine ganze Pflege seufzender Untertha-
„nen mit seiner legalen, und schreibenden Bande
„plündert. Das Geld, welches der Unglückselige
„ihm entwenden wollte, war ein Theil der erpreßten
„Beute; und wenn alle diejenige, welche zu diesem
„Raube das Ihrige beytragen müssen, die Frey-
„heit gehabt hätten, diesen ungerechten Haushalter
„auch so, wie er seinem Diebe that, in gefängliche
„Haft zu bringen, so würden hundert Hände nicht
„zugereicht haben. Mit einem Worte: Kleine Diebe
„überliefert man der strafenden Gerechtigkeit, vor
„Hauptdieben zieht man den Hut mit Ehrfurcht
„ab. Das ist noch nichts; die Zeiten werden noch
„viel schlimmer werden. Unsre Jugend ist schon
„itzt so boßhaft, als ihre Väter; wie weit wird sie
„es künftig bringen? In den ersten Jahren gewöhnt
„man die Kinder zur Verstellung, bey zunehmen-
„dem

„dem Alter wird eine Falschheit daraus, welche
„in den männlichen Jahren in eine berufsmäßige
„Betrügerey ausbricht. Aber sie sehen es nicht
„besser in dem Hause ihrer Aeltern, wo der Vater
„alle diejenigen, mit denen er zu thun hat, die
„Mutter den Vater betrügt, und wo es bey einer
„so verderbten Zucht die Kinder so weit bringen,
„daß sie im Stande sind, Vater und Mutter zu
„betrügen! Herr Panßa, ach lieber Herr Panßa,
„was für eine Nachwelt; was für Zeiten werden
„daraus werden! O wie glücklich ist derjenige,
„welcher sie nicht erlebt! Und wie glücklich sind wir
„beyde, die wir nach dem ordentlichen Laufe der
„Natur den größten Theil unsrer Jahre in dieser
„falschen betrügerischen Welt schon durchgelebt ha-
„ben! Wie blind ist die Welt! Wie wenig versteht
„sie ihr wahres Glück! Wir suchen tausend Ab-
„wege, dasjenige Glück zu erlangen, welches unsre
„Zufriedenheit befördern soll. Wir arbeiten uns
„durch eine nicht zu übersehende Menge von Wider-
„wärtigkeiten durch; wir ertragen Frost und Hize;
„wir stellen uns der größten Beschimpfung, den
„empfindlichsten Vorwürfen unsers eignen Gewis-
„sens blos, und warum dieses alles? Damit nach
„unserm Tode, oder wohl gar noch bey unserm
„Leben die Welt sagen möge: Das war ein
„Schelm. Mit welcher Gemüthsruhe, mit was
„für Zufriedenheit würden unsre Tage vorbey flies-
„sen, wenn wir um nichts besorgt wären, als den
„Namen eines ehrlichen Mannes, eines rechtschaf-
„fenen

„fenen Patrioten zu erlangen! Dazu gehört die
„Unruhe, die Mühe, die Gefahr bey weitem nicht,
„welche erfodert wird, ein Betrüger zu heissen.
„Wir dürfen nur reden, wie wirs meynen, thun,
„was wir versprechen, und andern diejenige Billig-
„keit wiederfahren lassen, die ein ieder von dem
„andern erwartet. Wir sind überzeugt, daß wir
„uns nicht glücklich machen können, ohne die Bey-
„hülfe unsers Mitbürgers. Wir sind niederträchtig
„genug, solche mit den größten Schmeicheleyen zu
„verlangen. Wir versprechen ihm dagegen alle
„Dienstfertigkeit, alle Freundschaft von unsrer Seite,
„und haben doch die Absicht, ihn zu betrügen.
„Unser Mitbürger denkt auch so. Er schmeichelt
„uns, er verspricht uns, er schwört uns Freund-
„schaft und Redlichkeit zu. Wir betrügen beyde
„einander. Keiner traut dem andern. Wir scheuen
„uns einer von dem andern. Keiner erlangt sein
„Glück, welches von einer beyderseitigen Hülfe ab-
„hängt. Und wenn auch der eine vor uns zu sei-
„nem grossen Endzwecke, zu seinem gesuchten Glücke
„gekommen zu seyn scheint; so ist es gewiß nur
„derjenige, welcher den andern an Bosheit und
„Schelmereyen übertroffen hat. Aber dieses Glück
„ist mit einer beständigen Angst und Sorge ver-
„knüpft. Alle Augenblicke muß er gewärtig seyn,
„daß ihn ein andrer darum bringt, welcher in der
„Kunst zu betrügen ihn übertrift. Und dieses ge-
„schieht allemal. Wie ruhig muß ein Mann seyn,
„welcher das Vermögen hat, andern redlich zu die-

Rab. Sat. IV. Th. E „nen,

„nen, und ihnen mit Freuden dient! Es bittet ihn
„ein andrer redlicher Mann um seine Hülfe. Er
„hilft ihm durch einen aufrichtigen Rath, durch
„einen zu rechter Zeit eingelegten Vorspruch bey
„den Obern, er hilft ihm mit seinem Vermögen,
„und macht dadurch ihn, und seine ganze Familie
„glücklich. So viele er glücklich gemacht hat, so
„viele aufrichtige Freunde hat er sich erworben.
„Alle eifern um die Wette, erkenntlich zu seyn, und
„sein Glück wieder zu befördern. In allen Gesell-
„schaften rühmen sie diesen ehrlichen Mann; wider
„alle seine Feinde vertheidigen sie ihn. Sie warnen
„ihn, so bald sie merken, daß etwas zu seinem
„Schaden geschmiedet wird. Sie wagen ihr ganzes
„Vermögen daran, ihn von dem Unglücke zu retten,
„das ihm bevorsteht. Sie freuen sich, wenn er
„ihm entgangen ist. Und wenn auch, wie es immer
„geht, die Bosheit ihn auf einige Zeit niederdrückt;
„so beweinen sie sein Unglück mit redlichen Thrä-
„nen, und erwarten den Augenblick mit ängstlicher
„Ungeduld, welcher niemals aussen bleibt, die
„Unschuld zu retten, und die Redlichkeit zu krönen.
„Sind die Vortheile so wichtig, wenn Privatper-
„sonen es ehrlich mit einander meynen; wie viel
„größer muß die Zufriedenheit bey denenjenigen
„seyn, welche das Glück auf einen Posten gestellt
„hat, wo sie viel tausend Menschen bloß durch ihre
„Redlichkeit glücklich machen können? Ein jeder,
„der ihm begegnet, und den er auch nicht kennt, ist
„sein Freund und Beschützer, weil er durch seine

Ver-

„Vermittelung einen Theil des Glücks erlangt hat,
„welches er einem ganzen Lande zuströmen lassen.
„Tausend Familien liegen täglich auf den Knien,
„und beten für das Wohl eines solchen Mannes.
„Tausend sind untröstbar, wenn ihn Neid und Ver-
„leumbung von dem Posten verdrängen, den er so
„rühmlich bekleidet hat. Doch wie ruhig muß ein
„solcher redlicher Patriot den lezten Augenblick sei-
„nes Lebens erwarten, wenn er sich so vieler groß-
„müthigen Thaten bewußt ist; wenn er weiß, daß
„ein ganzes Land bey seinem Grabe Thränen weint,
„Thränen, welche von Dankbegierde und von Liebe
„herrühren! Kostbare Thränen! wenn er glauben
„kann, daß nicht einer unter dem Volke ist, wel-
„cher nicht willig seyn sollte, mit seinem Leben das
„Leben des redlichen Mannes, dieses Vaters des
„Vaterlandes zu erkaufen; wenn er gewiß hoffen
„kann, daß noch die Enkel seiner Mitbürger durch
„ihn glücklich werden müssen! Wie unendlich kostbar
„ist eine Minute von dem Leben dieses wackern
„Mannes, gegen eine lange Reihe nagender Jahre,
„in denen sich ein vornehmer Bösewicht ängstigen
„muß, welcher Seufzer der Unterthanen erpreßt,
„die Armuth der Stadt verschwendet, und sein un-
„gewisses Glück auf das Unglück ganzer Familien
„baut! Unter den tiefsten Verehrungen flucht ihm
„der Mund der gedrückten Unschuld, und fleht den
„Himmel um Rache wider diesen Betrüger an. Selbst
„diejenigen, welche bey seinem Ueberflusse = = und
„trunkenen Ehrfurcht = = das prächtigste Leichenge-

E 2

„rüste

„rüste ... und allenfalls eine gekünstelte ... sie
„sehen jenes als ein Schavot an ... der verfluchte
„Ueberrest des Bösewichts ... wenn ich bedenke,
„daß zweyerley Umstände ...,,

Ich weiß nicht mehr, was mein Patriot in seinem
Eifer gesagt hat. Ich schlief ganz natürlicher Weise
über seiner Predigt ein. Selbst die letzten Vater-
landsgedanken hörte ich nur halb im Schlafe. Ich
habe sie so gebrochen hergesezt, wie ich sie hörte,
und ich schlief so lange fort, bis mich der Wachsstock
an die Finger brannte. Ich erwachte darüber, und
hörte, daß er immer fortredete. Er hatte vor grossem Eifer nicht gemerkt, daß ich eingeschlafen war.
Ich war nicht im Stande, mich zu ermuntern. Ich
stund auf, und sagte: Ja; ja, auf diese zweyerley
Umstände kommt es freylich an, und wünschte ihm
eine gute Nacht. Sie sind schläfrig, wie ich merke,
antwortete er; morgen wollen wir weiter davon reden, und ich will Ihnen das Buch hinunter bringen, wovon ich izo gedacht habe. Schlafen Sie
wohl!

Ich bin mit dem übertriebenen Eifer meines Patrioten nicht allemal zufrieden. Er sieht die Welt
an, wie es die alten Betschwestern machen, welche
über alle Sünden seufzen, weil man ihren abgelebten
Jahren die Gelegenheit benimmt, mit zu sündigen;
ich aber mache es, wie eine bejahrte Buhlschwester,
welche auch unter den Runzeln hervor liebäugelt,
und nicht eifersüchtig ist, wenn andere sich vergnügen. Ich finde diese Gelassenheit meiner Gesundheit

sehr

sehr zuträglich. Die meiste Zeit bin ich mit der Welt wohl zufrieden. Ich mache es, wie ich es auf dem Postwagen mache, wo ich niemals mißvergnügter bin, als wenn ich allein fahre, und wo ich mich mit einem jeden Reisenden, der neben mir sizt, in Bekanntschaft und Gespräche einlasse, wenn er auch ausserdem so beschaffen ist, daß ich zu Hause seine Gesellschaft gewiß meiden würde.

Ich bleibe dabey, daß es nirgends ehrlicher zugeht, als in der Welt, und daß man sehr behutsam seyn muß, wenn man andern ihre Redlichkeit streitig machen will. Wie viel gehört dazu einen Gelehrten zu überführen, daß er nichts versteht? Keine Frauensperson, sie mag auch noch so frey leben, ist eine Hure, ehe sie zu Falle kömmt. Sollte es etwas so leichtes seyn, einem nachzusagen, daß er nicht redlich, daß er ein Schelm sey? Ich will beweisen, daß nur wenig Menschen diesen Titel verdienen, und daß es mehr Redliche in der Welt giebt, als man immer glauben sollte.

Den ganzen Grund meines Beweises seze ich darauf: Vor unsern Gerichten darf kein Dieb zum Strange verurtheilt werden, wenn er nicht sein Verbrechen gesteht, und dessen überführt ist. Da nun, wie bekannt ist, die Richter die billigsten Leute in der Welt sind: so haben wir Ursache, diese Gerechtigkeit nachzuahmen. Jeder Mitbürger hat sich in dergleichen Fällen als einen Richter, und seinen verdächtigen Nächsten als einen Delinquenten anzusehen, welcher eher nicht verdammt werden darf, bis er seiner Unredlichkeit überführt ist; noch mehr, bis sein eignes Geständniß da ist, daß er ein Schelm sey. Dieses ist der Grund, worauf ich den ganzen Bau meines Beweises seze, und mich dünkt, er ist fest genug.

Es giebt nur wenig Elende, welche ihre Betrügereyen vor Gerichte gestehen, und weil sie so thöricht sind, so werden sie andern zum Exempel bestraft. Wie viele Männer werden künftig, vielleicht wider ihr eignes Vermuthen, als redliche Männer gelten, da ich nicht zulasse, daß jemand ein Schelm sey, der es nicht selbst gesteht? und ich wollte fast wetten, daß nicht ein einziger unter ihnen so treuherzig seyn werde dieses zu gestehen.

Wenn meine Leser von dieser grossen Wahrheit überzeugt sind, wie ich hoffe, daß sie es durch einen so klaren Beweis nunmehr seyn werden; so können sie sich in die grosse Welt sicher wagen, ohne zu befürchten, daß ihnen ein Schelm begegnen werde. Ich verspreche mir eine ansehnliche Belohnung für diese Entdeckung, da ich mich einer unzähligen Menge Männer annehme, deren Redlichkeit bisher ziemlich verdächtig gewesen ist. Sie dürfen sich nur hüten zu gestehen, daß sie Betrüger sind, so wird es ihnen nichts schaden, wenn sie auch ihrer Betrügereyen sonnenklar überführt wären.

Ich bin schon so glücklich gewesen, durch diese heilsame Erfindung mir einen Vornehmen von Adel zum Freunde zu machen, welcher aus Verzweiflung im Begriffe war, zu gestehen, daß er ein Betrüger
sey,

sey, weil es ihm alle Welt unter die Augen sagte.
Er hatte seiner Gemahlinn ein ansehnliches Vermögen mit Spielen und liederlicher Gesellschaft verschwendet, und sich dennoch immerzu des Namens eines redlichen Gemahls und zärtlichen Vaters angemaßt, ob es sich gleich zulezt zeigte, daß er keines von beyden gewesen war. Er hatte Gelder aufgenommen, und bey Cavalierparole versprochen, sie wieder zu bezahlen. Seine schriftlichen Versicherungen und Wechsel schloß er allezeit mit den Worten: Leiste gute Zahlung, und nehme Gott zu Hülfe. Dem ungeachtet war weder seine Cavalierparole, noch die eidliche Versicherung vermögend gewesen, ihn zu bewegen, daß er seine einfältigen Gläubiger bezahlt hätte. Der Concurs brach aus. Kein einziger, ausgenommen der Richter erhielten dabey, was sie zu fordern hatten. War etwas natürlicher, als daß alle Welt sagte, daß dieser Cavalier ein unredlicher Gemahl, ein grausamer Vater, ein zu verabscheuender Betrüger sey? Im ganzen Lande gab man ihm diesen Titel. Ich habe ihn gerettet! Ich warnte ihn, nicht das geringste einzugestehen. Einen Theil der Wechsel schwur er großmüthig ab, und für die übrigen Schulden waren Unglücksfälle genug da, auf welche er sich berufen konnte. Die Welt hat es mir, vornehmlich aber der Geschicklichkeit seines Advocaten, zu danken, daß sie nunmehr einen ehrlichen Mann mehr hat. Und wenn, wie die Rechte sagen, derjenige der Ehrlichste ist, welcher seine Ehrlichkeit unter den Händen des Scharfrichters, und

bey

bey der Tortur behauptet hat; so ist niemand ehrlicher, als mein Cavalier, wider den schon fünf Volumina Acten zeugten, daß er ein Betrüger sey, und welcher doch nunmehr, Troz allen Gesezen, in Sicherheit ist, daß niemand, ohne einen Injurienproceß zu bekommen, es wagen darf, ihn also zu nennen. Kurz, er gestund es nicht, und darum blieb er der ehrliche Mann, der er vorher gewesen war. Es besteht diese Ehrlichkeit nicht etwan nur in einer blossen Einbildung. Nein, der ganze benachbarte Adel ist davon überführt. Er behauptet nach, wie vor, einen ganz ansehnlichen Charakter, den er sonst führte. Er heißt noch immer Seine Gnaden. Selbst diejenigen, die er betrogen hat, wenn ich mich der Sprache des bürgerlichen Pöbels bedienen darf, sind genöthiget, zu bekennen daß sie unterthänige Diener von ihm sind; sie empfehlen sich seiner hohen Protection demuthsvoll. Sein Pfarrer bittet alle Sonntage öffentlich Gott für sein kostbares Leben. Man sieht ihn mit Vergnügen, wenn er in Gesellschaft kömmt, und räumt ihm eine Stelle ein, welcher sich ein gemeiner Mann, wenn er auch noch so ehrlich wäre, niemals anmaßen dürfte. Er bleibt der artige Herr, der er sonst gewesen ist. Die gnädigen Fräulein lächeln, wenn er ihnen die Hände küßt. Der Landadel erkundigt sich, ob etwas zu seinem gnädigen Befehle sey. Er borgt wieder, er verpfändet seine Cavalierparole von neuem; mit einem Worte, er ist der ehrlichste Mann von der Welt; er, welcher schon ein rechtskräftiger Betrüger war! Und woher

alles

alles dieses? Er gestund seine Betrügereyen nicht, und blieb ehrlich!

Die Klagen der Milzsüchtigen sind allgemein, daß unter Freunden weder Treue noch Glauben, noch Redlichkeit mehr sey. Diese Klagen sind ungerecht. Wenigstens werden sie künftig überflüßig seyn. Denn durch meine liebreiche Vermittelung wird es nunmehr so weit kommen, daß man nicht mehr wissen wird, wo man mit allen Freunden hin soll. Ich verlange niemanden für einen falschen Freund zu halten, der es nicht zugesteht, daß er es ist. Es ist billig, was ich verlange, und nur mir hat man es zu danken, daß künftig alles von Freunden wimmeln wird. Glückselige Zeiten, welche unsre Vorfahren nicht erlebten, und um welche uns jener kleinmüthige Weise sehr beneiden würde, welcher sich nicht einmal getraute, ein kleines Häuschen voll Freunde zusammen zu bringen! So weit wird es kommen, daß man sich nicht sicher auf die Gasse wagen darf, ohne zu besorgen, daß man unter den zärtlichen Umarmungen redlicher Freunde ersticke.

An keinen Ort gehe ich lieber hin, als in Auerbachs Hof zu Leipzig. Das ist in der Messe der rechte Sitz von Freundschaft! Wie küßt man, wie umarmt man einander! Sonst glaubte man vielleicht, es wären Vorstellungen, falsche Complimente, kaltsinnige Freundschaftsbezeugungen, wohl gar gefährliche Schmeicheleyen; wie gesagt, sonst glaubte man vielleicht dieses. Aber von der nächsten Messe an, wird man ganz andere Meynungen hegen, da ich die

E 5   Welt

Welt so überzeugend belehrt habe, daß keiner ein falscher Freund heissen könne, der es nicht selbst gestehe.

Ueberhaupt habe ich angemerkt, daß der Mensch unter allen Thieren am artigsten zu leben weiß. Wir freuen uns, wenn wir einander gesund sehen, wenn wir erfahren, daß es uns wohlgeht. Wie viel Wünsche verschwenden wir bey dem Wechsel des Jahrs, bey feyerlichen Tagen, und sonst! Ein Fremder, der zum erstenmale zu uns kommt, sollte schwören, daß das ganze Land mit unterthänigen, mit gehorsamen, mit ergebensten Dienern bevölkert, und nicht einer darunter wäre, welcher dem andern etwas zu befehlen hätte. Es ist wahr, man hat uns Schuld gegeben, daß dieses alles nichtsbedeutende Worte wären; daß derjenige den meisten Hochmuth besässe, der am unterthänigsten grüßte, und daß die im Herzen uns gemeiniglich verflüchten, welche uns mit dem Munde das meiste Gute wünschten. Diese Beschuldigungen sind ungerecht, und ich hoffe, sie werden wegfallen, so bald mein Grundsaz wird bekannt und allgemein werden. Es ist ohnedem unverantwortlich, von der Freundschaftsbezeugung und den Complimenten so leichtsinnig zu urtheilen, als viele bisher gethan haben. Der Mensch, wenigstens der Mensch, der, nach unsrer Art zu reden, zu leben weiß, hat ausser den Complimenten, so gar wenig Vorzüge vor den übrigen Thieren. Will man ihm auch diese Vorzüge rauben; wie unglücklich wird er seyn! Und will man ihm gar zur Last legen, daß er diese Vorzüge nur gebrauche, andre zu betrügen, und unglücklich

lich zu machen; wie tief sezen wir alsdann den Menschen unter das Vieh herab! Hätte ich wohl etwas rühmlichers thun können, als daß ich die Ehre des größten Theils des menschlichen Geschlechts auf eine so überzeugende Art gerettet habe?

Weil die Gelehrten die wenigsten male unter die Menschen gerechnet werden, welche zu leben wissen; so muß ich ihrer bier ausdrücklich gedenken. Sie sind mir eben die Verbindlichkeit schuldig, welche ich von den übrigen Theilen vernünftiger Creaturen erwarte. Man hat die meisten von ihnen in dem Verdacht gehabt, daß sie in ihrer Art so wenig redlich sind, als andere. Künftig darf man ihnen diesen Ruhm nicht streitig machen, und das haben sie mir zu danken. Nunmehr können sie von ihrer grossen Belesenheit, von ihrer Unpartheylichkeit, von ihrem Eifer für das gemeine Beste, von dem wichtigen Nuzen reden, mit welchem sie durch ihre Schriften ein ganzes Land beseligen. Man ist schuldig, es ihnen zu glauben. Keiner wird mehr ein Pedant seyn, der es nicht selbst von sich sagt; keiner wird sich des Vorwurfs einer dummen Unwissenheit wider seinen ausdrücklichen Willen befürchten dürfen. Alle Vorreden werden untrügliche Zeugnisse ihrer wichtigen Verdienste, ihrer gründlichen Wissenschaften, und ihrer Demuth werden, welche man bisher für lächerliche Großsprechereyen gehalten hat; und alle Zueignungsschriften werden unpartheyische Denkmäler ihrer Ehrfurcht gegen ihre Mäcenaten seyn, welche zeither niemand lesen mögen, weil man in dem Vorurtheile
stund,

stund, daß es niederträchtige und eigennüzige Schmeicheleyen wären.

So weit kann ich allein es bringen, und wie
glücklich wäre die Welt, wenn ein jeder sich des gemeinen Wesens so sorgfältig annähme, als ich es
thue, da ich bewiesen habe, daß keines Menschen
Ehrlichkeit uns eher verdächtig seyn darf, bis er
uns das Gegentheil selbst zugesteht!

Der geneigte Leser wird mir großgünstig erlauben,
daß ich mich hier ein wenig erhole. Dieser Beweis
von der Ehrlichkeit meiner Mitbürger ist mir sehr
schwer geworden. Es war ein verzweifelten Handel,
den ich unternahm, und ich habe mich ganz aus dem
Athem demonstrirt. Aber was thut man nicht dem
Vaterlande zum Besten?

Nun will ich wieder fortfahren. Da ich diese,
grosse Wahrheit ausgeführt, und fest gestellt habe
daß niemand ein Schelm ist, als wer es selbst von
sich gesteht; so wird es meinen Lesern nicht mehr
paradox vorkommen, wenn ich behaupte, daß ehrlich am längsten währt. Dieses giebt uns den
Schlüssel zu tausend Begebenheiten, bey welchen man
lieber den Himmel einer Ungerechtigkeit und zaudern-
den Rache beschuldigen möchte. Ich will hier ein
alphabetisches Verzeichniß der berühmtesten Männer
unsrer Zeit einrücken, von denen, ausser ihnen, alle
Welt versichert, daß sie die größten Schelmen und
Betrüger sind, und die doch in so vergnügten und
glücklichen Umständen leben, daß sie nicht nöthig
haben, auf dergleichen Vorwürfe zu achten, welche

ihnen

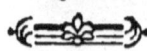

ihnen ohnedem, wegen ihrer in Händen habenden Gewalt, niemand ins Gesicht sagen darf. Sie werden wir verzeihen, daß ich ihre Nahmen der Welt bekannter mache. Da sie es niemals zugestehen, daß sie Betrüger sind, so zweifle ich nicht eine Minute an ihrer Ehrlichkeit. Sie haben sich einer des andern nicht zu schämen, weil. gewiß einer so ehrlich ist, wie der andere, und ich habe gegen ihre Glücksumstände so viele Hochachtung, daß ich mir nichts vortheilhafters wünschen kann, als ihr hohes Wohlwollen und ihre Freundschaft. Ich werde mich der Kürze, so viel möglich ist, und so viel es ohne Abbruch der Wahrheit geschehen kann, befleißigen.

Seine Hochwürden Gnaden — — —
— — — — — — — —
— — — — — — *)

Bey

---

*) So geht es, wenn man uns Autoren nicht die gehörige Freyheit läßt, die für die schönen Wissenschaften doch so unentbehrlich ist. Ich bin mit der Einrichtung gar nicht zufrieden, daß man erst alle Bücher muß censiren lassen. Ich bin im Namen meines Verlegers ganz untröstbar, daß mir hier eine der schönsten und wichtigsten Stellen weggestrichen worden ist. Ich hatte das alphabetische Verzeichniß nach den drey Hauptständen eingetheilt. Jeder Stand nahm etliche Bogen ein, und ich versprach alle Jahre noch eine kleine Nachlese von den jungen Betrügern, welche uns jährlich zuwachsen. Es hätte dieses auch alle Messen etliche Bogen betragen können; und mein unglückseliger Verleger hatte schon einen vortheilhaften Ueberschlag

Bey dieser Gelegenheit muß ich eine Thorheit bekennen, welche vielleicht nur um deswillen noch zu vergeben ist, weil ich sie so aufrichtig bekenne. Ehe ich noch die vortheilhafte Wahrheit ausfindig gemacht,

schlag gemacht, wie viel er verdienen würde, wenn er in zwanzig Jahren das ganze Werk in Format des Theatri Europæi zusammen drucken ließe. Aber leider! die ganze Rechnung war vergebens: Aller triftigen Vorstellungen ungeachtet war es nicht möglich, es durch die Censur zu bringen. Ich meines Orts verliere am wenigsten dabey. Mein Entschluß ist schon gefaßt. Künftige Messe will ich dieses Verzeichnis als ein besonders Werk zu Basel in groß Octav drucken lassen. Auf jedes Exemplar werden zwey und vierzig Kreuzer pränumerirt. Für jede Nachlese, welche ordentlich kommen soll, werden zwölf Kreuzer bezahlt. Wer zehen angesehene und glückliche Betrüger mit ihrem umständlichen Charakter einsendet, erhält ein Exemplar auf Schreibpapier umsonst. Geht das Werk gut ab, wie ich gewiß hoffe; so verspricht der dasige Verleger bey der neuen Auflage die vornehmsten Betrüger in Kupfer stechen zu lassen. Es wird mir ein Gefallen geschehen, wenn man mir von Zeit zu Zeit Nachricht giebt, was der eine oder der andere für ein Ende genommen hat. Es kann geschehen, daß viele davon auf dem Rabenstein sterben, oder sich selbst erhängen; und es soll mir lieb seyn, weil ich dadurch Gelegenheit erhalte, dieses Werk lustig, und zugleich erbaulich zu machen, da ich mir Mühe geben werde, von einem jeden derselben die Umstände seines Todes und seiner Aufführung dabey, so genau als möglich ist, zu beschreiben.

macht hatte, daß keiner ein Schelm sey, der es nicht selbst bekenne, und daß alle Leute ehrlich wären, welche es von sich selbst sagten; so war ich mit der ganzen Welt mißvergnügt. Beständig fand ich an meinen Mitbürgern etwas zu meistern. Es kam mir vor, als gienge man mit vereinten Kräften darauf um, wie man die Ehrlichkeit ohne alles Erbarmen völlig ausrotten wollte. Es gieng mir, wie es abergläubischen und furchtsamen Leuten geht, welche immer Gespenster sehen, wo keine sind. Ich glaubte, daß man in diesem Unternehmen schon sehr weit gekommen wäre, und es sey hohe Zeit, sich der guten Ehrlichkeit anzunehmen, wenn es nicht in kurzem ganz vergebens seyn sollte. In diesem unbedachtsamen Eifer sezte ich mich nieder, mein Vaterland aus dem Verderben zu retten, es koste auch, was es wolle. Ich glaubte sehr weislich zu handeln, wenn ich mehr als eine Wunde auf einmal verbände, und nahm mir daher vor, besonders drey Sachen zu vertheidigen, deren, wie ich glaubte, sich kein Mensch mehr annehme. Mit einem Worte, ich entwarf eine Schrift, worinnen ich meinen verirrten Mitbürgern sehr patriotisch zu Gemüthe führte, wie unrecht sie thäten, daß sie das sechste Gebot aufheben, die Ehrlichkeit ganz und gar vertilgen, und den Sonntag abschaffen wollten. In kurzer Zeit hatte ich so viel zusammen geschrieben, daß es ein ziemliches Octavbändchen hätte werden können, wenn es gedruckt worden wäre. So weit kann sich ein Mensch vergehen, der die Welt nicht kennt; und so vieles Unrecht

recht kann man seinem Nächsten anthun, wenn man, von Vorurtheilen eingenommen, ihn nur nach dem Aeußerlichen beurtheilt! Zu meinem größten Glücke fand ich keinen Verleger. Sie entschuldigten sich alle: das Werkchen würde nicht gehen, es würden sich keine Käufer finden, man würde es für eine Schrift wider den Staat ansehen, und es sey gefährlich, dergleichen Verlag zu unternehmen. Ich würde viele von den Grossen beleidigen, wenn ich mich des sechsten Gebotes so öffentlich annähme; ich würde dadurch die Armee wider mich aufbringen, und unsere studierende Jugend würde noch sehr glimpflich urtheilen, wenn sie mich für einen traurigen Pedanten hielte. Selbst viele von denen, welche das sechste Gebot Berufs wegen noch dann und wann erwehnen müßten, würden mirs in ihrem Herzen wenig Dank wissen. Wider die Abstellung des Sonntags zu eifern, sey gar vergebens. Der Sonntag bleibe wohl ohne meine Predigt, und es sey noch niemand darauf gefallen, ihn abzuschaffen, so wenig als den Montag, und noch viel weniger. Es liege den Leuten an Beybehaltung des Sonntags gar zu viel. Die Hälfte von den vornehmen Leuten werde krank werden, wenn kein Sonntag mehr seyn sollte, weil man an keinem Tage mit mehrerer Bequemlichkeit Pillen einnehmen könnte, als am Sonntage. Unser Frauenzimmer verlöhre gar zu viel, wenn man ihnen den Sonntag entzöge, weil sie an diesem Tage am besten sich putzen, am bequemsten mit einander plaudern, und den Anzug einer ganzen Gemeine,

welche

welche sie sonst nur stückweise richteten, beurtheilen, und am sanftesten schlafen könnten. Ein grosser Theil der Stadt, welcher die Woche über nur im Verborgnen müßig gehen müßte, hätte an diesem Tage die christliche Gewissensfreyheit, es öffentlich zu thun, und thäte es mit Vergnügen, weil dieses der einzige wesentliche Umstand ihrer Religion wäre, durch welche sie sich von den blinden Heiden unterschieden, daß sie an diesem Tage müßig giengen. Sollte meine Absicht etwann diese seyn, den Leuten die Feyer des Sonntags nach dem Exempel unsrer ungesitteten Vorfahren anzupreisen; so möchte ich es nur selbst verlegen, oder es dem Waisenhause in Halle geben: denn bey uns würde sich sogar der Sezer ein Gewissen daraus machen, dergleichen oft aufgewärmtes Gewäsche zu drucken. Was ich mit der Ehrlichkeit haben wollte; das verstünden sie gar nicht, und liessen sich auch nicht darauf ein, weil sie sich nicht getrauten, so viel damit zu verdienen, als Papier und Druckerlohn betragen würden.

Das waren ohngefehr die Antworten, welche mir fast in allen Buchläden gegeben wurden, als ich mit meinem kostbaren Werke hausiren gienge. Ich verlangte nicht einmal etwas für meine Arbeit; aber auch umsonst, welches fast unglaublich ist, wollte es kein Verleger annehmen. Ein einziges unter ihnen war noch so billig, und bot mir zur Vergeltung Scrivers Seelenschaz an, wofern ich den Vorschuß auf meine Gefahr thun, zwey hundert Exemplar für baares Geld annehmen, für die zweyte

Auflage nichts verlangen, und für alle Verantwortungen stehen wollte.

So empfindlich mir damals diese abschläglichen Antworten fielen; so sehr erfreue ich mich izo drüber. Ich habe die Welt seit dem viel besser kennen lernen. Noch auf dem Todbette würde ich mich über das Unrecht geängstigt haben, das ich meinem Vaterlande angethan hätte, und ich bekenne izo vor der ganzen Welt meine jugendliche Uebereilung andern zum Exempel, welche eben so thöricht denken, als ich damals dachte. Die eifrigen Abhandlungen zur Vertheidigung des sechsten Gebots habe ich mit eignen Händen in den Camin geworfen, und sie verdienten eine dergleichen Strafe. Die einzige Deduction von dem unentbehrlichen Nuzen der Ehrlichkeit habe ich zu meiner eignen Warnung noch aufgehoben, damit ich mich in künftigen Zeiten daran spiegeln, und nicht wieder in die Versuchung fallen möge, etwas so kindisches zu schreiben. Man kann es als eine öffentliche Abbitte und Ehrenerklärung ansehen, und mir eben die Gerechtigkeit wiederfahren lassen, die jener heilige Heuchler verdiente, wenn ich meine gelehrte Jugendsünden auf eine anmuthige und lesenswürdige Art bekenne. Ich will bey dieser Gelegenheit etliche Stellen davon bekannt machen, und ich versichere meinen Leser, daß ich über dieses voreilige Beginnen mehr Thränen vergossen habe, als nach meinem alten Wahne Betrüger in der Welt waren. Eine erstaunende Menge Thränen! Ich wiederhole es noch einmal, izo bin

ich

ich ganz anders gesinnt; izo weiß ich, daß diese Welt die beste ist; izo weiß ich, daß niemand verdient, ein Schelm genannt zu werden, welcher es nicht selbst bekennt.

Nach diesem abgelegten Glaubensbekenntnisse will ich einige Stellen davon hier einrücken:

— — — — — — — — — — — —

— — — — — — — — — und dieses wären also die wichtigsten Ursachen, warum ich der Meynung bin, daß man das sechste Gebott als ein Ceremonialgesez ansehen, und es noch einige Zeit, bis sich die äusserlichen Umstände ändern, beybehalten möge.

Es wird freylich mehr Beredsamkeit erfordern, zu beweisen, daß die Ehrlichkeit unentbehrlich sey, und daß ihre Beybehaltung in unser ganzes Leben, und in unsre ökonomische Glückseligkeit einen so merklichen Einfluß habe. Dennoch verzweifle ich nicht ganz an meinem Vorhaben, und ich schmeichle mir gewiß, da ein jeder nur auf seinen Nuzen sieht, so werde auch ein jedweder seines eignen Nuzens wegen meinen heilsamen Lehren und Vermahnungen Beyfall geben. Es betrift hier nicht, wie bey den ersten Puncten, die Seligkeit eines Menschen. So viel bescheide ich mich wohl, daß ich von etwas wichtigerm handeln muß, wenn ich den Beyfall meiner Leser gewinnen will, und daß man mit jenem nur Kinder, und alte Weiber zu fürchten macht. Ich rede auch von etwas wichtigerm; ich rede von ihren zeitlichen Vortheilen, von der Vermehrung ihres Vermögens, von der Befestigung ihres Glücks, mit einem Worte, von allem dem, was uns in der Welt am nöthigsten, und vor allen Dingen am liebsten ist; von dem rede ich. Wem dieses am Herzen liegt, und ich hoffe, es liege allen am Herzen, der höre auf mich. Durch mich, durch meine Vorstellungen, durch meine wohlgemeinten Bemühungen, soll er groß, soll er angesehen, soll er glücklich werden. Ich verlange nicht zu viel von ihm. Ich will nur haben, daß er die Ehrlichkeit nicht als eine gleichgültige Sache ansehen, daß er den Ruhm eines ehrlichen Mannes nicht ganz verachten soll. Vielleicht scheint dieses Ansinnen noch vielen etwas zu hart; ich will mich näher erklären.

Ich würde ihrer menschlichen Schwachheit zu viel zumuthen, wenn ich verlangen wollte, daß sie wirklich ehrlich seyn sollten. Es gehört die Ehrlichkeit unter diejenigen Tugenden, welche man wie die Gebeine der Heiligen anbetet, ohne den Heiligen selbst nachzuahmen. Ich sage schon sehr viel, daß ich dieses einräume, und ich meyne nur die mittlern Zeiten, in welchen man mit der Ehrlichkeit noch viel Ceremonien machte. Izo ist es freylich so weit gekommen, daß derjenige ein wiziger Kopf heißt, der mit der Religion spottet, und niemand zu leben weiß, welcher nicht über die Ehrlichkeit lacht. — — In allen Ständen, in allen Gesellschaften, wo ich hinsehe, finde ich Leute, welche mit der Ehrlichkeit ihren Scherz treiben, wie mit einer alten Mode, und welche noch sehr billig seyn wollen, wenn sie
dieselbe

dieselbe noch denenjenigen zulassen, welche ihr Stand oder ihr Alter nöthigen, sich an die alten Moden zu halten, und die, ohne eine lächerliche Eitelkeit zu begehen, es nicht wagen dürfen, die neuern Moden nachzumachen. —— —— ——

Hierinnen geht man zu weit! Man schadet sich selbst! Da ich so billig bin, und unmögliche Sachen von ihnen nicht verlange: da ich ihnen nicht zumuthe, ehrlich zu werden, sondern nur haben will, daß sie ehrlich scheinen mögen; so kann ich dieses als ein Recht von ihnen verlangen. Nicht meinetwegen verlange ich dieses: nein, ihres eignen Nuzens wegen wünsche ich es. Man verspotte die Ehrlichkeit nur nicht öffentlich; nur öffentlich schäme man sich nicht des Namens eines ehrlichen Mannes! Dieses verlange ich; mehr nicht. Man mache es mit der Ehrlichkeit, wie es ein wohlgezogener Jüngling mit einem ehrwürdigen Alten macht, wenn er ihm begegnet. Er grüßt ihn, ohne sich viel um ihn zu bekümmern. Aber er grüßt ihn, um nicht ungesittet zu scheinen. Nur darum bitte ich! Bitte ich wohl zu viel? Die Ehrlichkeit ist alt genug, sie ist ehrwürdig genug, daß wir ihr einige äusserliche Höflichkeiten erzeigen. Freylich ist sie zu alt, und zu mürrisch, als daß wir ihren täglichen Umgang, und eine nähere Bekanntschaft mit ihr wünschen sollten; das ist meine Absicht gar nicht. Ein jeder ist sich selbst so viel schuldig, daß er den äusserlichen Wohlstand in Acht nehme, daß er auf diesem Theatre die Maske eines ehrlichen Mannes vor das Gesicht halte, daß er nicht

F 3   öffentlich

öffentlich mit der Ehrlichkeit spotte. Verlange ich denn etwas, das unbillig ist, oder das uns zu schwer fallen sollte? Uns die wir von Natur zur Verstellung geneigt sind? Da ich, wie ich hoffe, meinen Lesern deutlich genug erklärt habe, wie wenig ich ihnen zumuthe, und wie billig das ist, was ich von ihnen bitte; so will ich auch mit wenigem zeigen, wie groß der Vortheil ist, den sie zu erwarten haben, wenn sie meinem Rathe folgen. —— —— —— ——

Allen Ständen, Leuten, die es am wenigsten glauben, Leuten, die von Betrügerey leben, diesen ist die Ehrlichkeit, oder welches einerley ist, der Schein der Ehrlichkeit am unentbehrlichsten. —— —— ——

Ich will mit meinen Beweisen bey den Richtern und Advocaten anfangen. Von denen rede ich nicht, welche wirklich ehrlich sind, und es giebt deren noch verschiedene unter ihnen. Da diese die Ehrlichkeit gar zu hoch treiben, und lieber bey einem redlichen Gewissen verhungern, als bey einem angenommenen Scheine der Ehrlichkeit groß und reich werden wollen; so haben sie meiner Ermahnungen nicht nöthig. Ich rede nur von dem grossen Haufen —— —— ——

Wer sich auf die Physionomie versteht, dem rathe ich, des Mittags von eilf bis zwölf Uhr vor unsere Gerichtsbänke zu gehen. Hier wird er einen Trupp Männer finden, welche alle Priester der Gerechtigkeit heissen, und worunter doch viele sind, welchen man

an

an ihren hungrigen Mienen ansieht, daß sie nur da stehen, um die armen Clienten zu belagern, und der gedrückten Unschuld aufzulauren. Sie sind so wenig besorgt, ihre Absichten zu verbergen, daß man ihnen den Galgen an der Stirne ansieht, von dem sie andere retten wollen. In allen ihren Schriften, in ihrem mündlichen Verfahren, von dem Provocationssaze an bis auf die Liquidationes, findet man vielmals nicht den geringsten Schein der Redlichkeit. Wie wenig meynen sie es mit sich selbst gut! wie viel glücklicher würden sie bey ihrer Praxi seyn, wenn sie sich angewöhnen könten, wenigstens von aussen ehrlich zu scheinen! Das Erste, was sie ihren Clienten fragen, ist gemeiniglich dieses, ob er schwören könne? ob er Geld habe? Wie viele werden dadurch abgeschreckt, welche noch einiges Gewissen, und wenig Geld haben! Würden sie nicht viel weiter kommen, wenn sie mehrere Gleichgültigkeit für ihren eignen Nuzen blicken liessen; wenn sie thäten, als wollten sie sich der gerechten Sache ihrer Clienten nur darum annehmen, weil ihre Sache die gerechte Sache wäre; wenn sie wider die Bevortheilung des Gegenparts, wider die Sportelsucht des Advocaten, wider die vortheilhafte Langwierigkeit der Processe eiferten? Ihre Clienten würden bey diesen einschmeichelnden Reden betäubt werden, und mit Vergnügen den Beutel offen halten, um diesen wackern Rechtsgelehrten, diesen Vater der Wittwen und Waisen, für seine redliche Absichten tarmäßig zu bezahlen: Da im Gegentheile bey vielen ihre Unverschämtheit, ihre so wenig ver-

stellte Begierde nach Gelde, die traurige Ursache ist, die ein nur einiger maßen vorsichtiger Client sich scheuet, den Weg Rechtens zu ergreifen, und sich lieber mit einigem Schaden vergleichen, als mit seinem völligen Untergange den Proceß gewinnen will. Diese Weisheit, ich will es nur gestehen, habe ich nicht von mir selbst: Sie gründet sich auf die Erfahrung eines meiner Freunde, welcher weit ehrlicher aussieht, als er ist, und er befindet sich ungemein wohl dabey. —— —— —— —— ——
Die Richter, denn die Richter sind auch Menschen, würden durch den angenommenen Schein der Ehrlichkeit viel leichter zu hintergehen seyn, und bewogen werden, ein gutes Urtheil zu sprechen, anstatt daß sie, um den Vorwurf zu vermeiden, die Ungerechtigkeit ablegen müssen, von welcher viele von ihnen ausserdem so gar abgesagte Feinde nicht sind. Sie sind schon etwas behutsamer. Bey einer Gerechtigkeit liebenden Miene sind sie immer im Stande, alles, was sie sagen, von Rechtswegen zu sagen, und sie sind in der Kunst, sich zu verstellen, so gesezt, daß sie auch in dreyßig Jahren noch, denn so lange währt gemeiniglich der geringste Proceß, eben die ehrliche Miene beybehalten, welche sie gleich anfangs machten, als der Krieg Rechtens befestigt ward. Ich finde um deswillen bey den Richtern wenig zu erinnern, und es sind nur einige, welche sich so unvorsichtig bezeigen, daß man es ihnen gleich an dem Maule ansehen kann, daß sie mit den Advocaten einstimmig geworden sind, sich in die Beute zu theilen. Diese wenigen werden

werden sich ohne mein weiteres Erinnern an dem Exempel anderer erbauen, und vorsichtiger werden, damit sie, obschon nicht ehrlich, doch reich werden mögen. ———

Auf der Börse, (man wird mich vielleicht auslachen, daß ich so etwas behaupte, aber es sey drum!) auf der Börse, sage ich, ist die Ehrlichkeit beynahe unentbehrlicher, als irgendwo ——— — Was ich hier sage, ist freylich kein allgemeiner Satz.

Man darf nur eine Stunde lang in einer solchen Gesellschaft seyn, so wird man von dem, was ich behaupte, überzeugt werden. Mir ist es so gegangen. Ich war vor einiger Zeit an einem Orte, wo verschiedene zusammen kamen, von denen man mich versicherte, daß sie angesehene Kaufleute wären. Sie traten mit einer rechnenden Miene und einem so zerstreuten Gesichte in das Zimmer, daß ich mir, ehe ich wußte, wer sie wären, nichts gutes zu ihnen versahe. Ich nahm meinen Geldbeutel in Acht, und verbarg meine Uhr, weil ich sie für Leute hielt, welche auf dergleichen Sachen ihre Absicht haben. Ich fand mich, zu meinem Vergnügen, in meiner Furcht betrogen. Ein Glas Wein machte sie offenherzig. Der eine erzählte, wie viel er bey einem unmündigen Verschwender gewonnen habe, dem er auf die Versicherung, daß sein reicher Vater nicht lange mehr leben könne, ein ansehnliches Capital zu seinem nothdürftigen Plaisir, wie er es nannte, theils an baarem Gelde, theils an verschiedenen Waaren, und theils an altem, doch ganz brauchbarem Hausgeräthe vorgeschossen habe. Ein andrer zog eine Bilance vor, nach welcher er dreyßig Procent gewinnen könnte, wenn er auf künftige Messe Bankrott machte, wobey er versicherte, daß keiner von den Anwesenden, noch von ihren Correspondenten, sondern nur einige Mündel, einige abgelebte Wittwen, die das Geld ohnedem nicht zu genießen wüßten, drey bis vier Geistliche, und etliche benachbarte von Adel Einbuße haben sollten. Noch ein anderer erzählte den Profit, den er mit Caßenscheinen gemacht, welche er einigen abgedrungen, die Wechselzahlung gehabt hätten. Weil sich dieser unter die Gelehrten rechnet, und in der That noch etwas mehr versteht, als einen Frachtzettel zu schreiben; so las er uns den Plan einer Abhandlung vor, in welcher er aus dem Lichte der Vernunft erwiesen, und mit Exempeln bestätigt hatte, daß man so viel Procent nehmen dürfe, als man bekommen könne. Statt einer Vorrede waren die Vortheile ausgeführt, deren man sich bedienen kann, wenn man ohne Beunruhigung seines Gewissens, einen Wechsel abschwören wolle. Den Schluß machte ein weitläuftiges Verzeichniß aller möglichen Unglücksfälle, die ein jeder zu seinem Behuf anziehen könne, welcher einen ehrlichen Bankerott, sich und seiner Frau zum Besten, machen wolle. Ich freue mich, wenn das Werkchen wird zu Stande kommen. Der geschickte Herr Verfasser wird es selbst verlegen, und er hat ausgerechnet, daß er wenigstens drey tausend vier hundert und sechs und fünfzig Exemplare vertreiben

ben wolle, wenn sich ein jeder von seinen Freunden, welcher sich eines oder des andern dieser glücklichen Handgriffe mit gutem Vortheile bedient, ein Exemplar davon an sich zu kaufen, entschliessen sollte. Ich weiß nicht, wie es kam, daß er mich für einen holländischen Juden ansahe. Meine Miene, welche freylich die vortheilhafteste eben nicht ist, mochte ihn betrogen haben. Ohne weiter zu fragen, ob ich wirklich ein holländischer Jude sey? bat er mich, so viel Exemplare, als ich könnte, unter meine Freunde zu vertheilen. Er versprach mir drey Groschen vom Gulden Rabatt, und versicherte mich, daß ich binnen Jahr und Tag mit leichter Mühe fünf hundert Gulden dadurch verdienen könnte. Zu meiner Aufmunterung gestund er mir im Vertrauen, daß er noch ein Werk unter der Feder habe, welches den Titel führe: Praktische Anweisung, wie die Handelsbücher geschickt zu verfälschen wären, und worinnen der wahre Nuzen gezeigt würde, den eine Handlung habe, wenn zweyerley Handelsbücher geführet würden. Er machte mir die Schmeicheley, daß er gewiß glaubte, ich würde sehr geschickt seyn, ihm bey Verfertigung dieses Buchs beyzustehen, und bat mich sehr verbindlich darum. Ich sah mich genöthigt, ihm zu bekennen, daß ich kein Kaufmann, am wenigsten ein holländischer Jude wäre. Er, und die ganze Gesellschaft erschracken darüber, und ich merkte, daß ihre unvorsichtige Offenherzigkeit sie gereute. Sie drehten ihr Gespräche, so viel als möglich war, ab, und redeten von gleichgültigen Dingen, von den verfallnen Münzsorten,

sorten, von den schweren Imposten, und von den verderbten Zeiten. —— —— ——

Damit ich zeige, wie gerecht ich in meinen Urtheilen bin; so muß ich hier öffentlich bekennen, daß nur wenige sind, welche den Mangel ihrer Ehrlichkeit auf eine so außnehmende Art bloß geben. Die meisten bekennen durch ihre täglichen Handlungen das, was jene mit dem Munde bey einer trunkenen Vertraulichkeit gestunden. Welche von beyden die ehrlichsten sind, kann ich nicht wohl entscheiden.

Anderweitige Fortsezung.

Alte Liebe rostet nicht.

Wer nicht die eigentliche Bedeutung einer jeden Silbe von diesem Sprüchwort genau bestimmt, dem wird es eben so gehen, wie es mir eine lange Zeit gegangen ist. Er wird sich wundern, daß man hat einen Saz zum Sprüchworte machen können, dem die Erfahrung alle Tage widerspricht. Sind wohl unter zehn Ehen fünfe, wo die alte Liebe nicht gerostet ist? Und auch unter diesen fünfen sind wenigstens drey, wo die Liebe doch nicht gar zu alt ist.

Diese anscheinenden Widersprüche werden wegfallen, wenn man diese Wahrheiten annimmt, daß eine Liebe von vier Wochen schon eine alte Liebe, und im Ehestande ein Jahr schon eine Ewigkeit ist. Seze ich dieses zum voraus; so wird man, wie ich hoffe, noch

noch hin und wieder Exempel finden, wo eine alte Liebe von vier Wochen, und eine ewige Liebe von einem Jahre noch nicht gerostet sind. Freylich darf man die Sache nicht höher treiben; aber das ist auch die Absicht unsers Sprüchworts nicht.

Man wird solches noch allgemeiner machen können, wenn man es nicht von der Liebe verheyratheter Personen versteht. In der That glaube ich auch, daß es wider die wahre Bedeutung des Wortes, und wider den Sprachgebrauch ist, wenn man die Liebe auf diese Art verstehen will. Für den Ehestand gehört Pflicht, und für unverheyrathete Personen Liebe.

Es wäre eine grosse Uebereilung von meinen Lesern, wenn sie glaubten, daß ich diese Einschränkung blos aus einem misvergnügten Andenken wagte, welches bey mir von einer übelgewählten, und unglücklichen Ehe herkomme. Es ist vorbey, und ich habe meiner Frau alle Beleidigungen vergeben, da sie so billig gewesen, und gestorben ist. Ich habe nicht nöthig, mich weiter zu entschuldigen. Der allgemeine Gebrauch unsrer Sprache ist für mich die beste Entschuldigung. Ich will nur noch ein paar Exempel anführen.

Vor Liebe sterben! Von wem sagt man das, als von jungen Personen, die sich noch nicht verheyrathet haben? Ein verliebtes Paar: Sind das Mann und Frau? Eine ewige Liebe zuschwören: Thut man das nicht vor der Verbindung? Die Liebe ist blind: Gewiß nicht in der Ehe; denn alsdann sieht eines des andern Fehler nur gar zu genau.

Er

Er schmachtet vor Liebe. Wer? Der Mann? Ja wohl der Mann; aber vor Liebe zum Kammermädchen. Das laß ich gelten! Und die gnädige Frau? Die ist rasend verliebt — — — in den Heyducken. Tausend Redensarten wollte ich anführen, wo das Wort Liebe nur von unverheyratheten, niemals von verehlichten Personen, oder in diesem Falle nur poetisch und methaphorisch gebraucht wird. Wenn man dieses eingeräumt, so ist unser Sprüchwort gerettet, und es bleibt allemal wahr, daß alte Liebe gegen Personen, die sich nicht verheyrathet haben, niemals rostet.

Aber auch bey verehlichten Personen findet es seinen Plaz, wenn die Liebe von andern Sachen, als von der Frau oder dem Manne verstanden wird. Mein reicher Nachbar, ein Mann, der niemals denkt, als wann er Geld zählt, hat seine Frau nur aus Liebe zu ihrem Vermögen geheyrathet. Diese Liebe dauert nunmehr ins vierzigste Jahr, und rostet nicht, so alt sie auch ist. Er liebäugelt gegen das Geld seiner Frau noch eben so zärtlich, als er es im ersten Jahre that. Seine Frau ist vergessen; schon vor neun und dreyßig Jahren vergessen. Er würde sich gar nicht mehr darauf besinnen, daß sie seine Frau wäre, wofern sie ihn nicht alle Tage durch ihr eigensinniges Zanken daran erinnerte.

Macht es Climene besser? Sie liebt — Ihren Mann? Nichts weniger. Sie liebt die Pracht, welche sie, in Ansehung des Ranges, führen darf, den ihr Mann bekleidet. Sie heyrathete; nicht ihn, denn

denn sie hatte bey aller Eitelkeit doch zu viel Geschmack, einen Mann zu heyrathen, den die vornehmen Ausschweifungen seiner Jugend eckelhaft gemacht hatten; sie heyrathete seinen Wagen mit sechs Pferden, und sechs Bedienten. Diese Pracht liebt sie noch itzt so sehr, als in der ersten Woche ihrer Vermählung. Ihr Mann, das hochgebohrne Vieh, folgt den gewohnten Ausschweifungen nach, und ist viel zu galant, als daß er seine Frau ein einziges mal daran erinnern sollte, daß er ihr Mann sey. Climene haßt ihren Mann, und liebt seine Equipage. Eine Liebe, die gewiß nicht eher rosten wird, als bis man ihren stolzen Rest auf einem prächtigen Trauerwagen zur Ruhe bringen wird!

In diesem Verstande will ich wohl glauben, daß alte Liebe auch bey verheyratheten Personen nicht rosten wird.

Wider den Rost der Liebe zwischen verehlichten Personen ist ein abwechselnder Zank ein bewährtes Mittel. Durch eine beständige Aussöhnung wird die Liebe immer neu. Eheleute, die sich die Fehler nicht sagen, welche sie an einander wahrnehmen, nähren, bey dieser verstellten Zurückhaltung, beständig einen Groll, welcher die Liebe nicht aufkommen läßt. Aber ein werthes Paar, das sich aus voller Lunge zankt, und sich die Fehler ohne Verschonung vorwirft; das ist immer geneigt, sich bald zu versöhnen. Nun ist ihnen das Herz leicht. Sie haben beyde ihre Fehler erfahren; sie sind von Zanken ermüdet, sie schweigen beyde stille. Der Mann, welcher mit zornigen Schritten

ten in dem Zimmer auf und ab gieng, ſteht ſeine ſchöne Hälfte in einem Winkel bittre Thränen vergieſſen. Er iſt zwar das Haupt, und hat ein Recht zur Herrſchaft, welches ihm Schrift und Geſeze geben; aber ein paar weibliche Thränen ſchwemmen dieſes ganze prächtige Gebäude der Herrſchaft vom Grunde weg. Er bleibt vor ihr ſtehen: mein Kind, ſagt er: aber ſie bleibt ſtumm, und nunmehr verdoppeln ſich ihre Thränen, da ſie die Reue ihres Mannes merkt. Er naht ſich ihr, und nimmt ihre beleidigte Hand, die ſie trozig zurücke zieht. — Aber mein Engel! und er bemächtigt ſich mit einer zärtlichen Gewalt dieſer rebelliſchen Hand. Nun verdoppelt ſich das Schluchzen. Der Mann ſoll es empfinden, wie ſehr ſeine unſchuldige Frau beleidigt worden iſt; denn eine Frau, die ſich mit ihrem Manne zankt, iſt allemal unſchuldig. Er ſezt ſich neben ſie; ſie weint noch. Er ſchlägt ſeinen Arm ganz bußfertig um ihren Hals; ſie ſieht ihn mit einem Blicke an, der Vergebung hoffen läßt. Er küßt ihre Hand, und ſie ſeufzet. Er küßt ihren Mund, und die Thränen vertrocknen. Sie küßt ihn wieder; doch mitten unter dem Küſſen murrt ſie noch zärtlich über das erlittene Unrecht. Er weiß ſie ganz zu beruhigen. Und nun wundern ſie ſich beyde, wie es möglich geweſen, daß ſie ſich über eine ſolche Kleinigkeit haben zanken können. Sie lieben ſich beyde ſo empfindlich, als in den erſten vier und zwanzig Stunden ihrer Ehe. Nun ſchwören ſie einander zu, ſich ewig und ohne Verdruß zu lieben: Und zanken ſich doch in den nächſten vier und zwan-

zig

zig Stunden noch einmal, versöhnen sich auf eben
diese Art noch einmal, und schwören noch einmal.
Auf diese Art bleibt ihre Liebe immer neu; sie kann
nicht rosten, denn sie fangen alle vier und zwanzig
Stunden von neuem an, sich zu lieben. Ein solcher
Zank ist in der Ehe, wie ein fruchtbares Gewitter
im Sommer.

Vielleicht wundert man sich, warum ich dieses
Bild so sorgfältig ausgemalt habe? Es ist eine
Schmeicheley, die ich meinem Wirthe schuldig bin,
welcher auch auf dergleichen Art übermorgen funf
und zwanzig Jahr im Ehestand lebt. Er und seine
Frau lieben sich so herzlich, wie die Kinder; sie
zanken sich aber auch so. Zwölf Jahre hat er sich
mit ihr gezankt, zwölf Jahre mit ihr ausgesöhnet,
und ein Jahr ungefähr rechnet er auf die Zeit, wo
sie beyde geschmollt haben. Diese beständige Abwech-
selung hat ihm seinen Ehestand so neu gemacht, daß
er seine Frau noch diese Stunde nicht überdrüßig ist.
Er liebt sie von ganzem Herzen; und sollte sie sterben
- - ich wünsche es dem ehrlichen Mann nicht - - -
aber sollte der Himmel über sie gebieten; er würde
untröstbar, ganz untröstbar seyn. Wenigstens in
den ersten vier Wochen würde er nicht wieder heyrathen.

Ich habe oben gesagt, daß die Liebe, welche nicht
rostet, vornehmlich nur von der Liebe unverheyra-
theter Personen zu verstehen sey. Mich dünkt, ich
habe diese Wahrheit schon deutlich genug erwiesen;
aber zum Ueberfluß will ich will noch ein paar Ge-

Rab. Sat. IV. Th. G schichte

ſchichte erzählen, welche ſie ganz unumſtößlich machen ſollen.

Meine alten Landsleute, die Spanier, ſind wohl unſtreitig diejenigen, die bey ihrer ernſthaften Liebe am beſtändigſten lieben. In Buentara, einem Städtchen am pyrenäiſchen Gebürge, lebten, unter der Regierung Ferdinands, zwo junge Perſonen, die ſich ſchon im erſten Jahre zwar kindiſch, doch vorzüglich liebten. Diego und Iſabelle waren ihre Namen. Beyde waren die einzigen Erben ziemlich reicher Kaufleute. Die Aeltern ſchienen mit dem vertrauten Umgange ihrer Kinder ſehr wohl zufrieden zu ſeyn. Die Liebe macht vor den Jahren verſtändig und alt; daher kam es, daß unſer junges Paar ſchon in denen Jahren, wo andre Kinder noch nicht aufhören zu ſpielen, ſich ernſthaft liebten, und eine ewige Treue ſchwuren. Der junge Diego ſaß halbe Nächte unter dem Erker ſeiner Gebieterinn, und krazte ihr, nach der Gewohnheit des Landes, auf der Cither ſeine Liebe vor. Dieſes Vergnügen dauerte nicht lange. Ein unglücklicher Zufall machte, daß ſein Vater auf einmal ſein ganzes Vermögen und ſeine Freyheit verlohr. Iſabellen rührte dieſer Umſtand nicht mehr, als ſie das Unglück eines Freundes rühren mußte. In ihrer Liebe machte es keine Aenderung; und weil ſie großmüthig genug war, ſo gab ſie ihrer Mutter zu verſtehen, daß ſie nunmehr durch Beſchleunigung der Heyrath die beſte Gelegenheit habe, dem Diego zu zeigen, wie uneigennüzig ihre Liebe ſey. Der Vater, ein vollkommener Kaufmann, war ganz andrer Meynung.

nung. Er rechnete nach, und fand, daß Diego nicht liebenswürdig genug sey. Seine Tochter zwang er, einen reichen Wittwer zu heyrathen, dessen kränklicher Körper alle Hofnung machte, daß er bald sterben würde. Der unglückliche Diego hatte das Versprechen der Aeltern, und das Herz der Isabelle vor sich; aber er war zu arm, als daß der Richter seine Ansprüche hätte billig finden sollen. Es war ihm unmöglich, länger an diesem Orte zu leben. Er floh in seinem achtzehnten Jahre aus seinem Vaterlande; und Isabelle, die nur ihr sechzehntes Jahr erreicht hatte, war bey einem sehr zärtlichen Abschiede zu tugendhaft, ihm etwas mehrers zu erlauben, als die Hoffnung, daß sie ihn ewig lieben werde. Diego suchte, nach den Regeln der spanischen Romane, seinen Tod im Kriege. Diesen fand er nicht; aber dafür eine traurige Gefangenschaft, welche ihn hinderte, seiner Freundinn Nachricht von sich zu geben. Isabellens unglückliche Ehe dauerte nicht länger, als acht Jahre, da ihr eifersüchtiger Tyrann starb, und ihr das Andenken vieler mißvergnügten Stunden, zugleich aber auch ein ansehnliches Vermögen verließ, welches durch den Tod ihres Vaters um die Hälfte vermehrt ward. Nun war sie Herr von ihren Schäzen, und ihrer Hand. Sie suchte ihren Diego; aber es war unmöglich, einige Nachricht von ihm zu erlangen. Zehen Jahre lang erwartete sie seine Rückkunft, nach dem Beyspiele einer zärtlichen Penelope; welche Geschichte aber so sonderbar ist, daß nicht einmal die Dichter das Herz gehabt haben, sie für etwas anders, als für eine Fabel auszugeben. Endlich bekam Isabelle die schreckliche Nachricht, daß ihr Diego schon vor fünfzehn Jahren in einem unglücklichen Treffen geblieben sey. Sie weihte seinem Andenken die redlichsten Thränen, legte seinetwegen öffentliche Trauer an, und ließ sich sodann durch das Zureden ihrer Freunde bewegen, sich wieder zu verheyrathen. Inzwischen hatte Diego das Glück gehabt, aus seiner Gefangenschaft zu entkommen. Er erfuhr in Barcellona, daß Isabellens Tyrann gestorben, und ihre Hand noch frey sey. Er flog nach Buentara, und der Unglückliche vernahm, daß seine Geliebte, nur vor einigen Wochen, eine neue Wahl getroffen habe; aber zugleich erfuhr er auch, zu seiner grossen Beruhigung, mit wie viel Sehnsucht Isabelle seine Rückkunft erwartet, und sich zur neuen Heyrath eher nicht entschlossen habe, bis man ihr seinen Tod versichert. Er wagte es nicht, sie zu sprechen; denn er hörte, ihr Mann sey so eifersüchtig, daß man selbst in Spanien seine Eifersucht tadelte. Er gab ihr schriftlich die Versicherung von seiner alten unverrosteten Liebe; und eben dergleichen Versicherung erhielt er von ihr. Er ließ ihr bey seinem Abschiede wissen, daß er in die amerikanischen Colonien gehen würde, sein Glück durch den Handel zu versuchen. Isabelle war untröstbar. Diego fand in Amerika sein Glück, und gelangte durch eine Heyrath zu grossen Schäzen. Er lebte mit seiner Frau sehr zufrieden, und wußte an ihr nichts zu tadeln, als daß sie nicht Isabelle war. Diese hatte sechs Jahre unter der Tyranney ihres Eifersüchtigen geseufzet, und ihr Unglück alsdann doppelt empfunden, wenn es ihr einfiel, daß es ihre eigne Wahl gewesen, und daß sie mit ihrem Diego hätte glücklich leben können, wenn sie nur noch einen Monat mit dieser Wahl angestanden. Der Tod war zum zweyten male so gefällig, sie aus diesem Joche zu reissen. So bald die Zeit vorbey war, welche, nicht die Liebe, sondern der Wohlstand zur Trauer erforderte; so gab sie sich Mühe, zu erfahren, ob Diego noch lebe. Sie erfuhr gar bald, daß er in Mexico sey. Man wußte nichts von seiner Heyrath; und vor heftiger Liebe vergaß sie, sich darnach genauer zu erkundigen. Eben diese Liebe verhinderte sie, auf den Zweifel zu fallen, ob sie wohl ihrem Diego im vierzigsten Jahre noch eben so reizend seyn werde, als sie es im sechzehnten gewesen war. Sie eilte von den Füssen der pyrenäischen Gebürge nach Mexico, in Begleitung eines ihrer nahen Verwandten, der ein Kaufmann war. Sie kam gesund an, und war trunken von zärtlicher Hoffnung, daß sie wenigstens nunmehr die Glückliche werden würde, welche sie seit dreyßig Jahren zu seyn gewünscht. Eben war sie im Begriffe, ans Land zu steigen, als sie ihren Diego an dem Ufer gehen sah, um dessen Arm sich ein Frauenzimmer sehr vertraulich geschlungen hatte. Sie glaubte zu träumen; die Knie zitterten ihr, und sie fiel in die Arme ihres Vetters zurück. Ohnmächtig? Ja freylich! Was wäre das für ein Roman, wo die Heldinn nicht wenigstens einmal ohnmächtig würde? Endlich erholte sie sich; sie klagte ihr Unglück ihrem Vetter, dem die Ursachen dieser verliebten Wallfahrt nicht ganz unbekannt waren. Der Schluß ward gefaßt, daß sie sich verborgen halten, und mit dem nächsten Schiffe nach Cadix zurück gehen solle. Es geschah dieses nach wenigen Tagen, die sie anwandte, von dem Glücke ihres angebeteten Freundes genaue Erkundigung einzuziehen. Sie hielt sich während derselben sehr sorgfältig verborgen, und er hatte keine Vermuthung, daß ihm diejenige Person so nahe sey, welche vielleicht allein vermögend gewesen wäre, so viel bey ihm auszuwirken, daß ihn die getroffene Verbindung mit seiner liebenswürdigen Frau gereuet hätte. So großmüthig war Isabelle, ihrem Diego eine Unruhe zu ersparen. Sie blieb in Cadix, in dem Hause ihres Verwandten. Sie that dieses, um demjenigen näher zu seyn, der ihr Herz hatte: So würde ich sagen, wenn ich einen förmlichen Roman schriebe. Aber, weil ich den nicht schreibe, so will ich aufrichtig gestehen, daß ich es nicht weiß, warum sie es that. Hier brachte sie dreyzehn Jahre in einer todten Einsamkeit, unter den zärtlichsten Seufzern nach ihrem Diego zu. Ihr Verwandter gab ihr mit jedem Schiffe Nachricht, daß er gesund und vergnügt lebe: sie freute sich über sein Glück, und vergoß stille Zähren, daß nicht sie dieses Glück mit ihm theilen sollte. Die beständig wiederholten Nachrichten, daß die Frau des Diego gesund sey, benahmen ihr alle Hoffnung, und brachten sie auf die frommen Gedanken, in ein Kloster zu gehen. Die Widerwärtigkeit, die sie in der Welt

Welt ausgestanden hatte, und der Kummer, der ihr freundschaftliches Herz nagte, machte ihr diesen Einfall angenehm und ernstlich. Der Geistliche, dem sie die Sorge für ihr Seele anvertrauet hatte, ermunterte sie noch mehr dazu, und freute sich, daß er dem Himmel ein geheiligtes Opfer, und dem Kloster eine reiche Wittwe zuführen sollte. Binnen der Zeit hatte Diego so viel Reichthümer erworben, daß er, ob er schon ein Kaufmann war, doch glaubte, er habe genug. Er wünschte sich, solche in seinem Vaterlande ruhig zu genießen, und wer Lust hat, Böses zu denken, der kann glauben, daß er es auch darum wünschte, um sein Leben in der Gesellschaft der unvergeßnen Isabelle zu beschliessen. Er eröffnete sein Vorhaben seiner Frau, und diese widersprach ihm nicht; denn in der neuen Welt hatte man vor zweihundert Jahren verschjedene Exempel, daß die Weiber den Männern nicht widersprechen. Sie begaben sich beyde zu Schiffe, und näherten sich glücklich den Küsten von Spanien. Nun werden meine Leser den Ausgang dieser Geschichte bald argwohnen können. Vielleicht sind sie für mich besorgt, was ich mit seiner Frau anfangen will, in deren Gesellschaft er nach seinem Vaterlande zurücke kehrte? Der Sache ist bald abzuhelfen. Sie sind noch hundert Meilen von Cadix entfernt. Vielleicht kömmt ein Sturm, vielleicht ein Seeräuber? Aber sie nähern sich der Küste glücklich! sie erblickten den gewünschten Hafen schon von Ferne. Was soll ich mit der Frau anfangen? • • • Gut; sie muß sterben! • • • • • Diego, den der Anblick seines Vaterlandes von neuem belebte, hatte in der letzten Nacht das unvermuthete Unglück, daß sein Weib, das er in der That mehr liebte, als ein Weib, in seinen Armen starb. Dieser Vorfall nöthigte ihn, einige Monate in Cadix zu bleiben. Er hörte in verschiedenen Gesellschaften den Ruhm einer heiligen Isabelle, welche der Ueberfluß ihrer zeitlichen Güter nicht abhalten könne, den Ueberrest ihrer Jahre der Andacht und dem Kloster zu widmen. Die Neugier, und vielleicht ein unbekannter Trieb, bewegte ihn, diese fromme Heldinn kennen zu lernen. Er sah sie, und er glaubte, er sähe die Mutter seiner angebeteten Isabelle. Sein Herz schlug ihm; er betrachtete sie genauer, und zitterte vor Freuden; denn er sah, daß sie wirklich seine Isabelle war. Er näherte sich hier mit bebenden Schritten, und redete sie stammelnd an. Isabelle nahm die Brille von ihrem ehrwürdigen Gesichte, und in dem Augenblicke sagten ihr das Herz und die Augen, ihr Diego sey es. Sie sank vor ... nein, das war zu viel. Verliebte Wittwen von sechs und fünfzig Jahren sinken nicht mehr in Ohnmacht. Sie blieb also stehen. Sie freute sich, ihn zu sehen, wie sich eine Schwester über die unerwartete Ankunft eines geliebten Bruders freuet. Sie erkundigte sich nach der Ursache seiner tiefen Trauer, und erfuhr eine Neuigkeit, bey der ihre Runzeln errötheten. Diego wiederholte einige Tage hinter einander seinen Besuch. Er war frey. Isabelle hatte den Schritt noch nicht gethan, der sie genöthiget hätte, eine Gelübde zu

halten,

halten, die ihr nunmehr gewiß eben so unerträglich würde gewesen seyn, als sie einem feurigen Kinde von fünfzehn Jahren ist, welche der Geiz des Vaters, und der Haß einer eigennützigen Stiefmutter dem Herrn opfert. Diego und Isabelle gestunden also einander, da sie sich noch beyde eben so liebten, wie vor vierzig Jahren. Nun war keine Hinderung weiter im Wege, welche sie abhalten konnte, ihre Liebe öffentlich zu gestehen. Sie reisten nach Buentara, und sahen einander noch eben so zärtlich an, als sie vor vierzig Jahren einander geküßt hatten. Wenn Diego recht jugendlich vergnügt seyn wollte: so sezte er sich mit seiner Cither unter eben den Erker, unter welchem er in seiner Jugend geseufzet hatte. Hier spielte er zu Ehren seiner Isabelle den horchenden Enkeln die rührenden Lieder vor; über welche ihre Großväter so oft eifersüchtig geworden waren. Sein Glück dauerte nicht lange; er starb; und hinterließ Isabellen, als eine Wittwe von ein und sechzig Jahren, welche über diesen Tod so untröstbar war, daß sie, wie man mich gewiß versichern wollen, sich nach seinem Tode niemals hat entschliessen können, wieder zu heyrathen. Ist wohl ein Beweis in der ganzen Welt stärker, als dieser, daß alte Liebe nicht rostet?

Ich habe meinen Lesern zum Beweis dieses Sazes, noch ein Exempel versprochen. Es ist, wie ich hoffe, eben so erbaulich, wenn es gleich nicht so merkwürdig, und so weitläuftig ist.

Auf der hohen Schule zu Leyden habe ich dem Begräbnisse einer ehrwürdigen Jungfer beygewohnt, welche

welche sich nicht eher, als im siebenzigsten Jahre durch den Tod in einer Liebe hatte stören lassen, die sich im vierzehnten Jahre angefangen hatte. In diesem Jahre stund sie, da sie einen jungen Baron von gutem Hause kennen lernte, der sich in Leyden seiner Studien wegen aufhielte. Brigitta liebte ihn, so bald sie ihn sah. Es war ihre erste Liebe, und die erste Liebe eines jungen Mädchens ist gemeiniglich so heftig, daß sie sich schwerlich verbergen läßt. Am wenigsten hatte sie in Willens, solche vor dem Baron zu verbergen. Diese jungen Herren verstehen sehr oft auf Universitäten die Sprache der Augen besser, als die Sprache des Lehrers. Der Baron glaubte, seine müßigen Stunden, und deren hatte er täglich vier und zwanzig, nicht besser anwenden zu können, als wenn er mit dem hübschen Bürgermädchen tändelte. Das arme Kind liebte ernsthaft. Sie schwur, ihn ewig zu lieben; dem Baron war es nichts neues, eben so zu schwören. Die leichtgläubige Brigitta war vor Vergnügen ganz ausser sich. Aber die Zeit kam, wo der Baron nach Hause gehen mußte. Er verließ die Universität, schwur beym Abschiede noch hundertmal, und vergaß Brigitten. Diese Unglückliche hatte den Baron zu vertraut geliebt; die Folgen davon waren ihr, und ihrer Familie beschwerlich. In kurzem erfuhr sie, daß der Baron gleich nach seiner Zurückkunft geheyrathet hatte. Diese Nachricht verdoppelte ihre Thränen; aber sie hörte nicht auf, ihn zu lieben, auch alsdann, da sie ihn ganz ohne Hoffnung liebte. In dieser Einsamkeit waren zwanzig

Jahre

Jahre vorbey gegangen. Der Sohn ihres Meineidigen kam auf eben die hohe Schule, und fand Gelegenheit, Brigitten kennen zu lernen. Es giebt Gesichter, die so frisch sind, daß sie auch noch in ihrem vier und dreyßigsten Jahre einen jungen Menschen reizen können, der zum ersten male in die Welt kömmt. Ja oft reizen sie mit besserm Erfolge, wenn ihre Annemlichkeiten mit einer künstlichen Coquetterie verbunden sind. Brigitta war entzückt, den Sohn desjenigen vor ihren Füssen zu sehen, den sie noch nicht vergessen hatte, und den sie nunmehr in seinem Sohne zu lieben glaubte. Sie liebte den jungen Baron, und liebte ihn so ernstlich, wie den Vater: doch mit dem Unterschiede, daß sie ihn allein schwören ließ, und selbst nicht schwur. Die Erfahrung hatte sie seit der Zeit gelehrt, daß ein Universitätsroman länger nicht, als höchstens drey Jahre dauert. Izt sah sie der Entwickelung ihres Romans ganz gelassen entgegen, und nuzte die kurze Zeit sehr vorsichtig. Sie ließ ihn endlich aus ihren Armen, nicht mit der wilden Empfindung einer jungen Liebhaberinn, sondern mit der ernsthaften Zärtlichkeit einer liebreichen Mutter, welche ihren Sohn von sich läßt, ohne Hoffnung zu haben, ihn wieder zu sehen. Die Thränen, welche sie bey dem Abschiede vergoß, waren Thränen, welche sie dem Andenken seines Vaters weihete. Der junge Baron machte es, wie sein Vater. Er sezte sich auf seine Güter, heyrathete, und vergaß Brigitten, welche an ihn immer mit Vergnügen, und an seinen Vater nicht ohne Seufzer

ger dachte. Unter einer bequemen Ruhe, die ſie bey ihrem anſehnlichen Vermögen ſich verſchaffen konnte, war ſie in ihr neun und fünzigſtes Jahr getreten, da ſie erfuhr, daß der Enkel ihres noch angebeteten Barons, und der Sohn ihres noch unvergeßnen Liebhabers auf die hohe Schule gekommen ſey. Es gieng ihr nahe, da man ihr zugleich die Nachricht gab, daß dieſe Familie durch verſchiedenes Unglück in gänzlichen Verfall gekommen ſey. Dieſes war eine Urſache mehr, warum ſie verlangte, den jungen Baron kennen zu lernen. Sie wollte gegen ſich ſelbſt eine Liebe verbergen, die bey ihren Jahren lächerlich war; ſie beredete ſich alſo, es ſey nur ein freundſchaftliches Mitleiden, welches ſie dem Andenken ſeines Vaters und ſeines Großvaters ſchuldig ſey. Aber ſie betrog ſich ſelbſt. Es war die uralte Liebe zu ſeinem Großvater, und die alte Liebe zu ſeinem Vater, daß ſie die Freundſchaft des Enkels ſuchte. Dieſes unſchuldige Kind war in ſeinem ſiebzehnten Jahre. Der Mangel nöthigte ihn, eingezogen, demüthig und fleißig zu ſeyn. Brigitta machte ſich dieſen glücklichen Umſtand zu Nuze. Sie wußte es durch ihre Freunde ſo einzurichten, daß der Baron die Zimmer von ihr miethete, und an ihrem Tiſche ſpeißte. Der tägliche Umgang, und die mütterliche Vorſorge der Brigitte, wirkte bey dem unerfahrnen Baron eine gewiſſe Empfindung, die er Dankbarkeit nannte. Seine Verſorgerinn hatte noch in ihrem neun und fünfzigſten Jahre einigen Reſt derjenigen Annehmlichkeit übrig, welche ſeinem Großvater ſo gefährlich
gewe-

gewesen war. Der tägliche Umgang mit ihr machte ihn gegen diesen Rest empfindlich. Mit einem Worte: ehe die drey Universitätsjahre völlig verflossen waren, so bewies Brigitta durch ihre Geschicklichkeit den wahren Satz, daß gemeiniglich junge Liebhaber ihre ersten Zärtlichkeiten in den Armen einer alten Buhlerinn verschwenden. Sie empfand in diesem angenehmen Augenblicke ein dreyfaches Vergnügen, daß sie bey den Schmeicheleyen des Enkels sich mit einem mals aller der Entzückungen erinnerte, welche sie in den Umarmungen des Vaters und des Großvaters genossen hatte. Damit meine Leser nicht die geringste Unwahrscheinlichkeit in dieser Geschichte finden; so muß ich errinnern, daß die Mutter der Brigitte keine frostige Niederländerinn, sondern von Caen war. Werden meine Leser nunmehro noch einen Augenblick zweifeln können, daß alte Liebe nicht rostet?

Ehe ich schliesse, will ich noch eine Anmerkung machen. Ich kenne Leute, welche glauben, daß die Liebe einer unverheyratheten Mannsperson gegen ein verehlichtes Frauenzimmer die empfindlichste und dauerhafteste Liebe sey. Die Ursachen, die man davon anführen wollen, sind bekannt; man weis auch solche durch verschiebne Exempel erheblich zu machen, da eine solche Liebe sich erst nach vielen Jahren mit dem Tode geendigt hat. Es kann seyn; und dennoch bin ich einer ganz andern Meynung. Die Provinz Grenada hatte in vorigen Zeiten verschiedne besondere Rechte, die ihren Ursprung noch von den barbarischen Mauren haben möchten. Unter solchen war ein schreckliches

Gesetz,

Gesez, welches dergleichen Liebe auf diese Art bestrafte. Ward eine Frau oder ein Man eines solchen Umganges überzeugt, so trennte man zuvörderst die Ehe, nöthigte den ungetreuen Theil, diejenige Person, welche sie wider die Geseze geliebt hatte, so fort zu heyrathen; und eine solche Ehe konnte nimmermehr wieder getrennt werden. Ich läugne es nicht, diese Gerechtigkeit ist entsezlich. Gegen diese sind alle andre Strafen, so unnatürlich sie auch zu seyn scheinen, doch nur ein Spiel. Man stelle sich einmal eine unglückliche Mannsperson vor, welche auf eine solche Art genöthiget wird, eine Frau auf ewig zu heyrathen, die sie nur wegen ihrer Laster liebt. Hat dieser Umgang schon einige Zeit gedauert, so ist der eckelhafte Ueberdruß die natürliche Folge; und izt soll er gezwungen werden, seinen Ehestand mit eben dem Widerwillen anzufangen, mit dem ihn andere beschliessen. Er kennt schon die Untreue seiner izigen Frau: Hat er wohl den geringsten Grund zu glauben, daß sie ihm getreuer seyn werde? Er hat sie alle Vortheile gelehrt, ihren ersten Mann zu betrügen; nun wird sie diese wider ihn anwenden. Er weiß das, und darf ihr nicht einmal Vorwürfe darüber machen, ohne sich selbst zu verdammen. Eine Eifersucht von dieser Art muß eine Hölle, und ihm desto schrecklicher seyn; denn er fühlt, daß er sie verdient hat. Ein jeder Blick von seinen Bekannten ist für ihn eine Spötterey. Man flieht seinen Umgang, wie den Umgang eines Unglücklichen, der wegen seiner Verbrechen auf die Galeeren geschmiedet ist.

Vielleicht

Vielleicht wäre seine Strafe ihm nur halb empfindlich, wenn seine ungetreue Frau eben so sehr dadurch gezüchtiget würde: Aber er empfindet sie ganz allein, da diese sich ihren Ausschweifungen ohne die geringste Sorge überlassen darf. Denn nunmehr ist sie dafür sicher, wegen ihrer Untreue jemals von ihrem izigen Manne getrennt zu werden, welchen die Geseze ganz hülflos lassen, da er der erste gewesen ist, der sie gegen ihren vorigen Mann untreu gemacht hat.

Ich will nicht wünschen, daß dieses Gesez auch unter uns deutschen Christen eingeführt werden möge. Was für eine jämmerliche Verwüstung würde dieses unter unsrer galanten Jugend anrichten! Was für Zerrüttungen würden daraus in den ansehnlichsten Familien entstehen! Was für unnatürliche Ehen würden daraus erwachsen, wenn Seine Excellenz die Tochter des Verwalters, und der Kutscher die gnädige Frau heyrathen müßte? Deutschland würde zur Hölle, die Hälfte der Häuser würde zu Zuchthäusern werden. Die traurigsten Proben davon habe ich bey verschiedenen Ehen gesehen, wo die Mannspersonen ohne einigen Zwang der Geseze, die verwegne Uebereilung begangen haben, sich mit derjenigen Frau zu verheyrathen, welche sie beym Leben des ersten Mannes zur Untreue verführt hatten. Nicht eine einzige ist vergnügt gewesen. Der Mann war unter ihnen der glücklichste, der zuerst starb. *)

Ich

*) Man sieht wohl, daß Herr Anton Panßa dieses in Westphalen geschrieben hat. Wäre er in Sachsen gewesen;

Ich habe für nöthig angesehen, mich hierbey etwas länger aufzuhalten, da diese Nachricht zu einem neuen Beweise dienen konnte, daß alte Liebe hauptsächlich nur bey unverheyratheten Personen nicht rostet, bey dem Zwange der Ehe aber sehr leicht verrostet.

Eine Hand wäscht die andere.

In diesem Sprüchworte liegt der Grund aller geselligen Pflichten, und aller daraus entspringenden Glückseligkeit der Menschen. Unsere Philosophen mögen gleich ganze Lasten moralischer Quartanten auf einander häufen, so werden sie doch darinnen weiter nichts sagen können, als was uns dieses einzige Sprüchwort lehrt. Wer dieses in seinem ganzen Umfange kennt, und mit der Vorsicht eines vernünftigen Mannes ausübt; der kann seines Glücks gewiß seyn. Er wird bey mittelmäßigen Gaben groß, und, wenn er auch Fehler hat, doch bey jedermann beliebt seyn. Versäumt er aber die grosse Pflicht, auf die uns dieses Sprüchwort weist; so ist er unvermeidlich verlohren. Ohne diese Tugend scheint uns der größte Prinz nur ein verächtlicher Verwalter fremder Güter zu seyn, der auf Rechnung sizt. Der Staatsmann wird zum Finanzenpachter, der Finanzenpachter

wesen; so würde er es mit mehrerer Einschränkung behauptet haben: denn in Sachsen, wo man zu leben weiß, giebt es noch hin und wieder solche glückliche Ehebrecher.

ter zum Pedanten, und der Pedant zum Kloze, wenn er vergißt, daß er auch für andre lebt, und daß er nicht glücklich seyn kann, ohne vorher andre glücklich zu machen, oder mit unserm Texte zu reden, wenn er vergißt, daß keine Hand sich selbst waschen könne.

Ich gebe mir bey aller Gelegenheit Mühe, zu zeigen, daß wir Menschen so verderbt nicht sind, als es uns der finstre Eigensinn eines milzsüchtigen Moralisten bereden will. Ich behalte mir vor, dieses in einer besondern Abhandlung zu thun, und freue mich, daß ich alsdann mein menschenfreundliches Amt ausüben, und diejenigen, welche entweder durch traurige Vorurtheile eingenommen, oder doch auf die Tugenden andrer Menschen so aufmerksam nicht sind, als ich es bin; daß ich diese überführen kann, wie ängstlich unsre Nebenmenschen sich angelegen seyn lassen, in allen Ständen die große Pflicht zu erfüllen, welche mein Sprüchwort predigt.

Izo bitte ich mir nur die Erlaubniß aus, einige Betrachtungen über die gewöhnlichsten Ursachen anzustellen, welche die Menschen bewegen, andern zu dienen.

Hierzu gehört mehr nicht, als eine nur mittelmäßige Aufmerksamkeit auf die Handlungen, welche täglich um uns herum vorgehen; so wird man sehen, daß beynahe alle Dienstgefälligkeiten, welche ein Mensch dem andern leistet, vornehmlich in der Absicht geschehen, sich selbst einen noch grössern Dienst zu leisten. Eine Pflicht, die uns die Natur lehret!

Der Philosoph erfindet neue Wahrheiten, lauter neue, wichtige Wahrheiten; aber seine Schüler und der Verleger müssen sie bezahlen. Der Advocat zankt sich und lästert für unsre gerechte und ungerechte Sache; etwann nur aus Liebe zu uns? Nein, er liquidirt. Umsonst tödtet kein Arzt. Der Poet bewegt Himmel und Hölle, seinen Mäcenat zu vergöttern; warum? Das weiß sein Mäcenat wohl.

Dieses ist nur ein einziger Blick, den ich meine Leser auf die Handlungen einiger Stände thun lasse, und zwar solcher Stände, deren Vortheil es schlechterdings verlangt, allen Leuten, mit denen sie zu thun haben, gleich Anfangs die Ursachen deutlich zu sagen, warum sie eigentlich dienstfertig sind.

Wie viel neue Beweise meiner grossen Wahrheit würden wir finden, wenn wir uns die Mühe nicht wollten dauern lassen, mit einer genauern Aufmerksamkeit auch diejenigen Handlungen der Menschen zu betrachten, welche ganz uneigennüzig zu seyn scheinen!

In einem kleinen Städtchen, drey Meilen von mir, wohnt ein Mann, der sich von guten Werken nährt. Er verlies eine volkreiche Stadt, und zog an diesen öden Ort, wo seine liebreiche Verdienste gegen den Nächsten etwas besser bemerkt werden, als unter jenem Getümmel. Er erquickt von Zeit zu Zeit einige arme Familien durch kleine Wohlthaten, die er ihnen durch verschiedene Umwege zufliessen läßt. Er wird es niemals gestehen, daß sie von ihm kommen. Sein Gesicht hat er gewöhnt, zu erröthen, so bald man

man ihm merken läßt, daß man nur ihn für diesen unbekannten Vater der Wittwen und Waysen hält. Er betheurt uns, er sey dieser Glückliche nicht, welchem der Himmel so vieles Vermögen anvertrauet habe, daß er andern wohlthun könne. Er betheuert dieses; aber nimmermehr wird er es euch verzeihen, wenn ihr seinen Betheurungen glaubt. Er weiß die Personen sehr vorsichtig zu wählen, durch die er seine guten Werke aussäet. Allzu verschwiegen dürfen sie nicht seyn. Er macht sie geschwäzig, indem er sie beschwört, ihn nicht zu verrathen. Mit einem Worte! Seine Hand rauscht im Stillen, um bemerkt zu werden. Thut er dieses ohne Vortheil? Nichts weniger. Hundert erwirbt er mit Hunderten. Selten wird ein Testament einer reichen Betschwester oder eines bußfertigen Wucherers eröffnet, in welchem nicht die ansehnlichste Summe diesem Manne zufällt, der nichts für sich, sondern alles für die nothleidenden Armen besizt. Die einträglichsten Aemter überläßt man ihm, da man niemanden kennt, der sie so uneigennüzig verwalte. Die reichsten Familien halten es für einen Seegen, sich mit seiner Familie zu verbinden. Könnte dieser Heuchler, denn ein Heuchler ist er, ich kenne ihn besser; könnte er durch Strassenraub mehr verdienen, als er durch seine guten Werke verdient? Dieser fromme Mäckler ist bey seinem heiligen Wucher, den die Geseze auf keine pro Cent einschränken, so lange sicher, als er sich hütet, daß der eigennüzige Heuchler nicht entdecket wird.

Ich fühle es, ich werde zu ernsthaft. Ich predige Busse, und hatte mir vorgesezt, zu lachen! Ich will nicht weiter an diesen Elenden denken. Meine Leser werden vielleicht mehr Vergnügen darinnen finden, wenn ich ihnen durch einige Exempel zeige, wie allgemein diese Wahrheit sey, daß eine Hand die andre wäscht, und wie sorgfältig unsre Mitbürger andern Gefälligkeiten erzeigen, um ihren eignen Nuzen desto mehr zu befördern.

Macht Plaz! Hier kömmt ein armer Bauer, welcher unter der Last eines Scheffel Mehls gebückt zu seinem Richter kriecht. Seine Frau begleitet ihn mit sorgsamen Blicken, und trägt einen Theil des rechtlichen Beweises in ihrer Schürze. An der linken Hand führt sie den ältesten ihrer Söhne, welcher schon stark genug ist, zwo Hüner zum Opfer zu schleppen. Armer Freund! wo willst du hin? wessen Hand willst du waschen? Wer ist dein Gegenpart? — Einfältiger Tropf! Für so viele Hände soll dieses Wenige: Den Augenblick begegnete mir dein Widerpart in einer Kutsche mit sechs Pferden, in welche er ein ganzes Vorwerk aufgeladen hatte. — Die Gerechtigkeit deiner Sache? wie thöricht denkst du? Ehrlich, wie ein Bauer, aber eben so dumm! Eine gefüllte Börse thut mehr, als Pergament, und zwanzig Zeugen. Und darüber wunderst du dich noch? Nein, mein gutes Weib, mit Thränen macht ihr es nicht aus! Was soll des Amtmanns Frau mit diesem elenden Flachse machen? — Ja, das glaube ich wohl, daß es euch sauer wird, so viel bey eurer

Armuth

Armuth zu entbehren; aber, mein Kind, fünf Schragen Holz! bedenkt es nur selbst, fünf Schragen hartes Holz! Wie geschwind wird hier euer Flachs in die Höhe lodern!... Nun meinethalben! Wenn ihr glaubt, es besser zu verstehen, so geht immer hin. Ich wünsche euch Glück!

Der Mann daurt mich. Er hat ein ehrliches Herz, er hat eine gerechte Sache; aber Geld hat der Narr nicht. Inzwischen habe ich doch aus seinen Reden so viel angemerkt, daß er von der Wahrheit unsers Sprüchworts: Eine Hand wäscht die andere, völlig überzeugt ist. Die Hüner sollten dem Schreiber. "Aber warum eben diesem?„ fragte ich. Ja Herr, sagte der Bauer, er steht gut bey der Frau Amtmannin. "Und das Mehl?„ Das kriegt des Bürgermeisters Frau. "Aber wie kömmt diese dazu?„ Hum! Unser Herr Amtmann kann sie wohl leiden.

Die Logick unsers Bauers ist gar nicht unrecht; Aber der Nachdruck fehlt seinen Schlüssen. Der Bauer den Schreiber, dieser die Amtmännin, diese ihren Mann; auf der andern Seite, der Bauer die Bürgermeisterinn, und diese den Amtmann. So waschen diese Hände einander in der schönsten Ordnung; und gar weibliche Hände, die waschen scharf!

Und doch verliert der arme Bauer gewiß. Er hat einen zu wichtigen Gegner. Dieser badet gar. Seine eigennüzige Aufmerksamkeit erstreckt sich bis auf die geringsten Personen, von denen er vermuthen kann, daß sie einen Zutritt zu demjenigen haben, der angesehen und wichtig genug ist, sein Glück zu hindern. Der Gerichtsdiener ist der erste, welchen er auf seine Seite zu bringen sucht. Dieser elende Mensch, so gering er ist, hat dennoch sehr vornehme Fehler. Er ist hochmüthig; denn er hat keine Verdienste. Er liebt den Trunk; zwar trinkt er nur Brantwein; aber wäre er Rath, so würde er sich in Rheinweine berauschen. Er liebt die Geschenke so sehr, wie sein Herr. Unser vernünftiger Beklagte weiß sich dieses alles zu Nuze zu machen. So bald er aus dem Wagen steigt, grüßt er mit einer besondern Freundlichkeit den Gerichtsdiener, der ihn an der Thüre hungrig erwartet. Er drücket ihm die Hand, und in dem Hause des Richters ist die Hand eines Beklagten niemals ledig, wenn sie drükt. Da er die Hand des Allerniedrigsten mit so vieler Aufmerksamkeit wäscht; so kann man selbst errathen, wie legal er die übrigen schmiert, auf deren verdientes Wohlwollen, und erkauften Ausspruch weit mehr, als auf die unmündigen Geseze, der Ausschlag seines Processes ankömmt. Von dem untersten Schreiber bis auf den obersten Richter, überzeugt er durch proportionirliche Geschenke alle von der Ungerechtigkeit des verarmten Klägers. Sie bearbeiten sich nunmehr unter einander selbst, sich von der Billigkeit der Sache dieses freygebigen Beklagten zu überführen. Einer arbeitet an dem andern, wie bey einer Uhr ein Rad in das andere greift. Der erste Druck, wodurch Beklagter den Gerichtsdiener bewegt, bringt die ganze grosse Maschine der Gerechtigkeit in Bewegung.

gung. Das ist die Wäsche der Gerechtigkeit, von der ich nicht nöthig haben werde, noch mehr zu sagen, da nicht leicht einer von meinen Lesern seyn wird, dem nicht die eigne Erfahrung Gelegenheit giebt, meinen Saz weiter auszuführen.

Ich will nicht hoffen, daß jemand so kurzsichtig seyn, und glauben wird, das Sprüchwort: eine Hand wäscht die andere, sey nur ein juristischer Terminus, der weiter nicht vorkomme, als in Gerichtsstuben. Auf dem Markte, in der Küche, beym Katheder, überall findet man ihn; in dem schmuzigen Zimmer eines finstern Pedanten ist er eben so gemein, als unter dem freundschaftlichen Gewäsche in fürstlichen Vorzimmern.

Eifersucht, bittre Vorwürfe und kritische Grobheiten sind die Fehler, die man uns Schriftstellern gemeiniglich Schuld giebt. Man thut uns unrecht; denn, nach einer andern Art von Geschöpfen, sind wir Autores unstreitig diejenigen Creaturen, die einander am liebsten trauen, und sich unter einander gemeinschaftlich die Hände waschen. Ein Scribent, welcher der Welt angepriesen seyn will, wird nicht leicht ermangeln, mit einer collegialischen Vertraulichkeit sich vor demjenigen zu beugen, welchen seine kunstrichterliche Monatschrift in das Recht gesezet hat, für andre zu denken. Unser grosser Aristarch .... so spricht der Stolz des demüthigen Autors, der von seiner Grösse überzeugt genug ist, der aber wegen der Unwissenheit der Welt den angesehenen Mann zu seinem Herold machen will. Er kriecht

kriecht bettelnd zu dessen Pulte, und streichelt ihm die richtende Hand. Dieser müßte ein Herz von Bley, und Dinte in Adern haben, wenn er bey der Erniedrigung seines Collegen frostig und unempfindlich bleiben sollte. Wir haben abermals das Vergnügen, unserm Vaterlande zu der gründlichen Gelehrsamkeit des schon durch viele Schriften verewigten, und unsern wizigen Nachbarn schrecklich gewordenen Herrn N. Glück zu wünschen ꝛc. ꝛc. ꝛc. So muß es in den nächsten vier Wochen heissen, und heißt es nicht so, so gnade der Himmel unserm grossen Aristarch! Der gebückte Autor wird sich in die Höhe richten; er wird auf seinen angebeteten Herold verachtend herabsehen, und der Welt vorschreyen, wie stolz und unwissend dieser partheyische Richter sey, welcher sich anmasse, die Schlüssel der Ewigkeit an sich zu reissen.

Auf diese Art waschen die Gelehrten einander die Hände. So loben sie sich, und so schimpfen sie sich. Denn das muß man wissen, daß sie in beyden gleich stark sind. Aber die Unsterblichkeit ist auch hier das Geringste, worüber man kämpfet. Sollte dieses nicht dergleichen Heftigkeiten entschuldigen, da man gegen die Kutscher so nachsehend und billig ist, welche sich oft, über weit geringere Sachen, beynahe noch größre Grobheiten sagen?

Ich finde in den Archiven meiner Familie einen Aufsaz, welcher den Titel hat: Kirchengeschichte von Mancha. Mein Urältervater hat ihn nicht geschrieben; so viel weiß ich, und das wissen alle dieje-

diejenigen, die seine Geschichte gelesen haben: Denn er war einer von den grossen Geistern, welche nichts schrieben, und desto mehr dachten. Ich halte es für die Hand seines Eidams Pedro, oder auch seiner Marie. Dem sey wie ihm wolle; denn diese und viele andere Familien-Kritiken sind gemeiniglich nur denen wichtig, welche zur Familie gehören: Genug, es ist eine Kirchengeschichte von Mancha. Aber freylich nicht von Mancha allein; denn meine deutschen Leser werden den Spaniern die Gerechtigkeit wiederfahren lassen, daß jene eben so wohl, als ihre Scribenten, ihre Bücher durch fremde Sachen, die zum Buche nicht gehören, zu einer ehrwürdigen Dicke zu bringen wissen. In dieser Kirchengeschichte also werden die Wege und Wendungen erzählet, welche die Geistlichkeit in den glücklichen Zeiten des Don Quixots angewendet hat, zu ihren Aemtern und Pfründen zu kommen. Die Erzählung hebt vom Erzbischoffe zu Toledo an, und geht bis auf den Küster zu Mancha. Die Nachricht vom Pfarrer in Mancha ist eine der lesenswürdigsten; denn keiner von allen hat so viel Hände und auf so vielerley Art gewaschen, als er, um sich in den geistlichen Schafstall einzudrängen. Selbst die Ausgeberinn des Don Quixots, als eines Gerichtsherrns vom Orte, hat einen grossen Antheil an dem göttlichen Rufe. Bey denen, welche nur die geistlichen Rechte, und nicht die Kunst zu leben wissen, würde die Erzählung dieses Berufs ziemlich Aergerniß erwecken. Ich kann auch nicht läugnen, daß sie mit vieler Bitterkeit vor-

getragen

getragen ist, und eben dieses bringt mich auf die Vermuthung, daß sie der Eidam, Pedro, geschrieben habe, den der Pfarrer sehr verfolgte, weil er auch ihn für einen neuen Christen hielt. Meine Begierde, niemanden zu beleidigen nöthigt mich, hiervon weiter nichts zu sagen. Da ich mich zu einer andern Kirche gewendet habe; so würde die römische Geistlichkeit es für eine rachsüchtige Verläumdung auslegen. Aber eben diese Vorsicht nöthigt mich, von den Geistlichen derjenigen Kirche nichts zu erwähnen, zu welcher ich übergetreten bin; denn auch diese sind eben so geneigt, diejenigen zu Kezern zu machen, welche das Herz haben, ihren Beruf zu untersuchen; und doch ist ihr Beruf nicht allemal erbaulich.

Wer die wichtige Kunst, die Hände zu waschen, in ihrer Vollkommenheit sehen will, der muß auf diejenigen Achtung geben, welche die grosse Welt vorstellen. Die wenigen Exempel, die ich bisher angeführt habe, sind nur Kleinigkeiten, welche unbemerkt bleiben, so bald man seine Aufmerksamkeit auf diejenigen richtet, welche ihre Geburt, oder auch eben so oft ihre Einbildungen über andre erhebt. Eine jede Handlung, die sie vornehmen, wenn man sie recht betrachtet, ist nichts anders, als die Beschäftigung, andern die Hände zu waschen, damit sie die ihrigen wieder waschen mögen. Eine Verbeugung verlangt eine Gegenverbeugung; ein unterthäniger Diener fordert einen ganz unterthänigen Diener heraus. In öffentlichen Gesellschaften redet man von demjenigen Gutes, den man in seinem Herzen, oder

in

in der Gesellschaft weniger Freunde so sehr verachtet, als er es verdient. Warum? die Unverschämtheit dieses Mannes kann uns bey dem gefährlich seyn, der unser Glück in seinen Händen hat. Er soll wieder Gutes von uns reden. Der eigennüzige Rath, den man in seiner Stadt kennen wird, so bald ich ihn eigennüzig nenne, verspielt in einem Abende mit einer gelassenen Miene hundert Ducaten an die Gemahlinn des Präsidenten. Man wundert sich; aber man weiß nicht, daß er im Begriffe ist, mit Erlaubniß des Präsidenten, sein Amt zu verkaufen, und sich für seinen zehenjährigen patriotischen Müßiggang eine Pension von hundert Ducaten zu erbitten. Er wird sie gewiß erhalten; denn die Gemahlinn versteht das Spiel, und sie ist Präsident.

Die Gastfreyheit des fürstlichen Beamten sezt euch in Verwunderung! Er ist prächtig; alle, die mit ihm speisen wollen, empfängt er mit offnen Armen; er läßt den Wein in euern Keller schaffen, ohne daß ihr es vorher wißt. So lange er auf der Messe zu Frankfurt sich aufhält, so lange ist seine Tafel die offene Tafel für alle Diener seines Prinzen, und für alle ihre Freunde. Ist das nicht von einem Pachter unerhört? Ja wohl! aber wißt ihr nicht, daß der Prinz tractirt, und niemals der Beamte? Wer soll es nun wagen, und dem Prinzen den Betrug verrathen; ohne sich selbst um so viele nahrhafte Mahlzeiten zu bringen, und ohne den Haß so vieler auf sich zu laden, welche unmöglich reden können, da sie das Maul voll haben? Leben und leben lassen!
Damit

Damit beruhigen sie ihr Gewissen, und werden fett.

Aus diesem kurzen Abrisse kann man sehen, daß in dem Sprüchwort: Eine Hand wäscht die andere, die Philosophie des Hofs, und alles begriffen ist, was der Mensch braucht, sein Glück zu machen.

Wie können also diejenigen verlangen, glücklich zu seyn, welche zu ungeschickt, oder zu eigensinnig sind, die Vorschriften dieses Sprüchworts zu beobachten? Es giebt Leute, welche, nach ihrer Art zu reden, sich ein Gewissen daraus machen, dergleichen Mittel zur Beförderung ihres Glücks anzuwenden. Sie erwarten es mit aufgesperrtem Maule. Dieser stolzen Unbewegsamkeit wissen sie verschiedene Namen zu geben, die ehrwürdig genug sind, die aber sogleich verschwinden, wenn man genauer auf sie Achtung giebt. Der Hochmuth ist wohl die gemeinste Quelle davon. Sie kennen ihre Verdienste; sie verlangen also, daß sie die Welt auch kennen und belohnen soll: und thut sie es nicht, so ist es ein Unglück für die Welt, welche diese grossen Verdienste nicht zu gebrauchen weiß. Sie sehen, daß andere, welche, wie sie glauben, gar keine Verdienste haben, dennoch empor kommen, da sie durch allerley Dienstbeflissenheit diejenigen auf ihre Seite zu bringen wissen, bey denen es steht, ihr Glück zu machen. Dieses sehen sie mit neidischen Augen; aber uns wollen sie bereden, daß sie sich schämen, so niederträchtige Wege zu wählen. Fehlt es ihnen wirklich an Geschicklichkeit und Verdiensten, so gewinnen sie wenigstens dadurch, daß sie der ver-

derbten

derbten Welt die Schuld geben, welche Verdienste nicht kennt, nicht sucht, und nicht belohnet. Bey vielen ist die Unterlassung der Pflicht, andern die Hände zu waschen, ein unvorsichtiger Eigennuz. Sie bevortheilen ihre Obern vielleicht eben so sehr, als diejenigen, welche leben und leben lassen: aber sie wollen diese Vortheile allein geniessen, und wenn sie, wie es nicht fehlen kann, darinnen von denen gestört werden, welche allemal gerecht sind, wenn sie nicht einen Theil von der Beute bekommen, so klagen sie den Himmel an, daß dieser nicht, zur Rettung der Unschuld, ihren hungrigen Feinden den Mund gestopft habe. Eine Sache, die sie selbst hätten thun könnnen, ohne sie vom Himmel zu erwarten!

Jung gewohnt, alt gethan!

Ich bin noch bis auf gegenwärtige Stunde ungewiß, ob ich dieses Sprüchwort für wahr halten, oder glauben soll, daß es, wo nicht gar ungegründet, doch bey uns wenigstens ganz aus der Mode gekommen sey.

Alle Weltweisen, in der unendlichen langen Reihe, vom grossen Sokrates bis auf unsern kleinen — *) tummeln sich mit dieser alten Wahrheit, an der sie innerlich selbst zweifeln, weil ein Philosoph gar selten die moralischen Wahrheiten glaubt, die er andern lehrt.

Und

*) Eine jede philosophische Secte hat die Freyheit, diese Lücke auszufüllen.

Und wo soll ich den Beweis von der Wahrheit dieses Sprüchworts hernehmen, wenn mir die Philosophen heucheln, wenn mir die Aufführung der halben Welt bezeuget, daß man es für ungegründet hält, und wenn ich so viel Menschen vor mir sehe, die in ihrem Alter etwas ganz anders thun, als sie in ihrer Jugend gewohnt gewesen sind?

Glaubte die Welt, daß die ersten Angewohnheiten der Jugend einen unvermeidlichen Einfluß in den übrigen Theil des Lebens hätten; so würden diejenigen, denen die Natur, oder die Obrigkeit, die Erziehung der Jugend auferlegt, sehr unverantwortlich handeln, daß sie diese Pflichten mit der Gleichgültigkeit erfüllen, die man fast in allen Familien, und in den meisten Schulen wahrnimmt. Weil aber die Welt diese Folgen nicht glaubt; so ist es sehr billig, diesen Leichtsinn zu entschuldigen, der nunmehr ohnedem eine Art des Wohlstandes, und eine Hauptregel von derjenigen Kunst geworden ist, die heut zu Tage die Kunst zu leben heißt. Ich habe schon bey einer andern Gelegenheit das Vergnügen gehabt, die Einsicht der Menschen zu loben, welche sich die Pflichten der Erziehung so bequem zu machen wissen, und der guten Natur alles überlassen, ohne sich mit einer vorwitzigen Verwegenheit in ihre Wirkung zu mengen.

Wie mühsam ist man, junge Hunde zur Jagd, junge Pferde zur Pracht und zum Nutzen, und verschiedene Thiere in Zeiten an Bewegungen und Töne zu gewöhnen, die uns belustigen können! Es würde ganz

ganz vergebens seyn, dergleichen Unterweisungen alsdann erst vorzunehmen, wenn diese Geschöpfe zu alt geworden sind; ja es würde gar lächerlich seyn, wenn man diese Sachen und Dienste von ihnen fordern wollte, ohne sie dazu anzugewöhnen. Alles dieses räume ich ein; aber was will man daraus folgern? Etwann dieses, daß man mit der Jugend auch so mühsam und sorgfältig verfahren müsse? Das heißt die Vorzüge der Menschheit beleidigen, und vernünftige Geschöpfe bis zum Viehe herabstossen.

Nur die Vernunft unterscheidet uns Menschen von dem unvernünftigen Viehe; müssen wir etwan diesen Unterschied erst durch die Erziehung erlangen? Müssen wir erst durch Regeln vernünftig werden? Wie wenig würden wir von dem Viehe in den ersten Jahren unterschieden seyn, da wir noch keiner Lehren und Erziehung fähig sind! Ich erschrecke, wenn ich diesem verwegenen Gedanken weiter nachdenke. Sonst dachte ich auch so, ich läugne es nicht; ich war so einfältig zu glauben, daß die Erziehung Menschen mache, daß ein Mensch ohne vernünftige Erziehung wenig von dem Viehe unterschieden sey. So dachte ich sonst, aber nicht länger, als bis ich die Welt kennen lernte. Ich schäme mich nunmehr meiner bürgerlichen Einfalt.

Poeten werden gebohren: das räumen alle Gelehrte ein; Und warum nur Poeten allein? Warum denn nicht auch Bürgermeister, Magnificenzen, Hochwürdige Gnaden, Excellenzen, und Väter des

Vater

Vaterlandes? Ist es nicht zu pedantisch, wenn man glaubt, nur an Poeten verschwende die Natur ihre mütterliche Vorsorge, und sey gegen diejenigen geiziger, ohne welche die gebohrnen Poeten gewiß verhungern müßten? Welches Geschöpf ist in der Natur wohl wichtiger; Ein Poet, oder ein Mäcenat? Ein Mann, der wizig ist, oder ein Mann, der Geld hat? Und doch wird jener gebohren, und dieser soll erst durch Kunst erzwungen werden?

Es folget also hieraus, daß die Natur alles thut, daß die Erziehung ganz überflüßig, wenigstens in dem Falle nicht nöthig ist, wo man nur die vornehme Absicht hat, angesehen, groß und reich zu werden; mit einem Worte, wo die Geburt uns in die glücklichen Umstände sezet, daß wir Verstand und Tugend entbehren können.

Ich kann den ungeschickten Einwurf noch immer nicht verschmerzen, den man mir oben von der nöthigen Abrichtung unvernünftiger Thiere gemacht hat. Gesezt nun auch, es wäre nöthig, die Jugend eben so mühsam zu unterrichten; folgte denn hieraus, daß man davon eben den Nuzen, wie bey den Thieren, haben könnte, und daß es der Kosten und Mühe wohl werth sey, die man darauf wenden muß?

Sagen Sie mir einmal, gnädiger Junker, was ist Ihnen lieber, Ihr Pferd, oder Ihre Gemahlinn, Ihr Hünerhund oder Ihr Sohn? Wahrhaftig, ich müßte Sie nicht kennen, ich müßte nicht eine Stunde lang bey Ihnen gewesen seyn, wenn ich nicht wüßte, daß Ihnen Pferd und Hund lieber sey, als Frau
und

und Kind. Wie edel denken Eure Gnaden; wie unendlich ist Ihre Einsicht über die niedrigen Vorurtheile des unadelichen Pöbels erhaben! Ich erinnere mich mit unterthäniger Ehrfurcht derjenigen Messe noch sehr wohl, da Sie Ihren Apfelschimmel kauften. Sie boten den guten Rath aller Ihrer Freunde auf, Sie brauchten drey Tage Zeit, ehe Sie sich zu diesem Kaufe entschliessen konnten, und nunmehr sind Sie von Ihrem guten Kaufe so entzückt, daß Sie uns Stunden lang mit den Tugenden Ihres Apfelschimmels unterhalten. Von Ihrer Gemahlinn reden Sie desto weniger, und sind sehr zufrieden, wenn andere Leute Sie nicht daran erinnern. Sie verbanden sich mit ihr ohne lange Ueberlegung, ohne sie genau zu kennen, und kennen sie noch itzt nicht. Es ist auch eben nicht nöthig: Denn sie heyratheten sie weder zum Umgange, noch zur Wirthschaft, sondern nur, Lehnsfolger zu bekommen. Diesen grossen Endzweck haben Sie erlangt; die Güter bleiben bey der Familie, und Sie haben alles gethan, was man von Ihrer Klugheit erwarten können. Es ist wahr, Ihre Gemahlinn ist liebenswürdig, sie ist tugendhaft, sie nimmt sich des Armuths, und besonders ihrer Unterthanen an, so viel sie kann, sie ist großmüthig, ohne stolz zu seyn, sie ist eine liebreiche und sorgfältige Mutter, eine gute Christinn — Geduld, gnädiger Junker! wie verdrüßlich sehen Sie aus! Ich will nicht ein Wort mehr von Ihrer Gemahlinn sagen — was das für ein Apfelschimmel ist! Wie die Schenkel arbeiten! er geht, als wenn er tanzte? welch ein niedlicher Kopf! Ein ganz vortrefliches Gebäude! — Sind Sie nun wieder besänftigt, gnädiger Herr? Wie freundlich Sie lächeln! Aber, nur noch ein einziges Wort von Ihrem jungen Herrn — Nein, gewiß nicht mehr, als nur ein einziges Wort. Er wächst heran; die Jahre kommen, wo er eine anständige Erziehung nöthig hat. Sie müssen ihm einen Hofmeister halten. Gelehrt soll er nicht werden: das wird er ohnedem so geschwind nicht; nur darf er nicht so unwissend bleiben. Er muß Sprachen lernen, er muß fechten und tanzen lernen; Sie müssen ihn unter fremde Leute thun, damit er die Dorfluft entwohnt. — O! Sie verstehen mich unrecht, gnädiger Herr, lassen Sie mich nur ausreden. Ich meines Orts halte es ja gar nicht für nöthig: Ich kenne Ihren alten Adel wohl. Er braucht in der That alle die Pedantereyen nicht, da haben Sie völlig recht: aber, der Hof — verstehen Sie mich — es ist freylich schlimm genug, aber es ist einmal so: Der Hof will schlechterdings haben, daß unsere Cavaliere noch zu etwas mehrerm zu gebrauchen sind, als Füchse zu graben; Vernünftige, gelehrte, geschickte Männer will er haben, und nicht adeliche Bauern. Der Hof sagt das; ich sage es ja nicht. Es kostet etwas Geld; freylich kostet es Geld; aber was Sie an seine Erziehung wenden, ist ihm nüzlicher, als was er von Ihnen erbt. Lassen Sie alle Jahre ein paar hundert Thaler mehr — Mein Gott, wie können Sie so hizig seyn! — Sa! Perdrix! apporte! apporte! Das ist ein prächtiger Hünerhund! Wie schön

schön er behangen ist! Wie schön er gezeichnet ist!
Der muß theuer gewesen seyn, und ihnen viel kosten,
ehe er so vollkommen abgerichtet worden ist ‚ . .‚
Zehn Louisd'or? Ist das möglich? Aber dafür ha-
ben Sie auch einen Hünerhund, der Ihrem Revier
Ehre macht?

Was glauben meine Leser? Hat mein Dorfjunker
nicht recht? Ich sollte es wohl meynen. Und wenn
es nun nach seinen Grundsäzen wahr ist, daß ein
Fräulein, auch ohne alle Erziehung eine rechtschaffene
Frau, und eine redliche Mutter werden, daß ein
junger Edelmann die Vorrechte seines Adels behaupten kann, ohne in demjenigen unterrichtet zu werden,
was man Sitten, Wohlstand, und Gelehrsamkeit
nennt; wenn dieses wahr ist: Wozu sind uns denn
die kostbaren Leute nöthig, die uns alles dieses erst
lehren sollen? Und wenn der Adel sich an der Vorsorge der Natur genügen läßt, ohne an seinem Verstande zu künsteln; was wollen denn wir Bürger uns
unterstehen, der Natur durch eine sorgfältige Erziehung zu Hülfe zu kommen? Das ist ein strafbarer
Vorwiz!

Ich habe Leute gesprochen, die meinen gnädigen
Dorfjunker von seiner ersten Jugend an gekannt haben. Bey ihm ist alles lauter Natur. Sein Vater
war ein alter guter Biedermann, so unwissend wie
seine Ahnen, und eine wahre Zierde Deutschlands,
wenn er mit seiner Nachbarschaft soff. Dieser ehrliche Vater ließ es unserm Junker Hanns weder an
Essen noch Trinken fehlen, welche liebreiche Vorsorge

der Himmel dergestalt segnete, daß er schon im achten Jahre starke dauerhafte Knochen kriegte. Nun sezte er ihn auf ein Pferd. Im neunten Jahre schoß dieser hoffnungsvolle Junge seinen ersten Hasen, zur Freude der ganzen hohen Familie. Diese Ritterübung trieb er bis in zwölfte Jahr, da sich der Vater entschloß, ihm zu allem Ueberfluß so viel Unterricht geben zu lassen, als nöthig war, seinen Namen zu schreiben, und geschriebenes zu lesen. Der Schulmeister quälte ihn ein ganzes Jahr damit; er war schon ziemlich weit in beyden gekommen, als der Vater starb. Nun hatte die Pedanterey ein Ende. Die Vormünder wollten die Kosten nicht weiter dran wenden, und in der That schickte sichs auch nicht, daß so ein ansehnlicher Landstand in die Schule gieng. Was er als Erb-Lehn- und Gerichtsherr zu wissen nöthig hatte, verstund er nach ihrer Meynung schon Er konnte essen, trinken, schlafen, reiten, hezen, die Bauern prügeln, den Pfarrer tummeln, wider den Hof eifern, und bey einem gnädigen Fräulein schlafen; um deswillen ließ er sich mündig sprechen, nahm die Güter an, und heyrathete. Sollte man wohl glauben, daß Junker Hanns bey dieser Erziehung derjenige geworden ist, den seine Nachbarn wegen seiner guten Tafel lieben, wegen seiner vortreflichen Pferde und Hunde, als einen Mann von guter Einsicht bewundern, und wegen der Unvorsichtigkeit, mit welcher er bey Tische wider die Regierung eifert, als einen Patrioten anbeten? Vermuthlich hätte er alle diese Vorzüge nicht, wenn

er

er ärmer gebohren, und sorgfältiger erzogen worden wäre!

Ich glaube, was ich bisher angeführet habe, wird hinreichend seyn, zu beweisen, daß man, wenigstens in der grossen Welt, eine mühsame Erziehung der Jugend für überflüßig hält; daß man glaubt, die Natur bilde die Gemüther schon selbst, ohne diese Erziehung, daß man sich die geringste Sorge nicht macht, es werden die übeln Angewohnheiten der Jugend einen Einfluß in die männlichen Jahre haben; mit einem Worte, man werde das im Alter thun, was man in der Jugend zu thun gewohnt ist.

Wer noch einen Augenblick daran zweifelt, der gebe sich die Mühe, und prüfe die Kinderzucht seiner Bekannten. Zwey Drittheile von ihnen bekräftigen meinen Saz, und das übrige dritte Theil gehört zur Ausnahme, die keine Regel macht.

Am allermeisten bestätigt die Erfahrung, daß das Sprüchwort: Jung gewöhnt, alt gethan, gar keine allgemeine Wahrheit sey.

Der Graf N. N. war bis in sein zwanzigstes Jahr unter der strengen Zucht eines harten und eigensinnigen Vaters, einer abergläubischen Mutter, und eines pedantischen Informators. Der Vater wollte ihn mit Ohrfeigen zwingen, politisch, und ein Staatsmann zu werden; die Mutter prügelte ihn zum Christen, und der traurige Informator blöckte ihn bey jeden Donatschnizer menschenfeindlich an. Was waren die Folgen dieser Zucht? Er war sehr

jung

jung an die Bücher und zum Gebete gewöhnet: Hätte man nicht glauben sollen, daß er sich bis in sein Alter damit beschäftigen würde? Nichts weniger. Der unvermuthete Tod seines Vaters veränderte diesen ganzen Plan. Er war im ein und zwanzigsten Jahre mündig, und zugleich Herr von weitläuftigen Gütern, ohne von seiner Mutter und dem Hofmeister abzuhangen. Nun fühlte er, daß er ohne Zügel war. Diese Freyheit war ihm ganz neu; er wußte sich nicht darein zu schicken. Die vernünftige Mittelstrasse zwischen einer pedantischen Sklaverey und einer ausschweifenden Freyheit hatte man ihn niemals kennen gelehrt. Von jener riß er sich mit einer jugendlichen Wildheit los; in diese stürzte er sich blindlings. Den Hofmeister jagte er auf eine schimpfliche Art von sich, und verschwur zugleich alles, was zur Gelehrsamkeit und zu den schönen Wissenschaften gehört. Diesen Schwur hielt er Zeitlebens so heilig, daß er dümmer starb, als er gebohren war. Seine Mutter konnte er nicht lieben; er scheute sich noch immer vor ihr, aber er flohe sie. Und da er merkte, daß er sich vor ihr weiter nicht zu fürchten hatte, so fieng er an, sie zu verachten, und endlich spottete er ihrer Heiligkeit auf eine unanständige Weise. Er konnte es nicht vergessen, daß er zum Gebet so oft geprügelt worden war. Wie ruhig war er nun, da ihn niemand weiter dazu zwang! Noch einige Zeit fuhr er fort, in den gewöhnlichen Stunden zu beten; so wie ein Rad sich noch einige Minuten durch die Gewalt des lezten Drucks bewegt.

Nach

Nach und nach ward er in seiner maschinenmäßigen Andacht gleichgültig. Ein übelgewählter Umgang machte ihn in kurzem leichtsinnig. Die Gesellschaft roher Jugend brachte ihn so weit, daß er über die Religion lachte, und endlich fiel er einem jungen Engelländer in die Hände, der in London ein Narr, und in Deutschland ein witziger Freygeist war; dieser zeigte ihm auf die lustigste Art von der Welt, daß die ganze Religion ein Gespenst für kriechende Geister, nur für den gemeinen Mann, nicht für erlauchte Grafen sey. Was konnte unserm unglücklichen Grafen angenehmer seyn, als diese Entdeckung, welche seinen innerlichen Haß gegen die ihm eingeprügelte Religion rechtfertigte! Ohne weiter nachzudenken, umarmte er seinen Engelländer, trank Punsch, und spottete über die christliche Dummheit, die einen Gott glaubt. So bald er diesen wichtigen Schritt gethan hatte, so bald waren ihm alle Verbrechen geringe, zu denen er hingerissen ward. Sein ganzes Leben war nur ein Gewebe von niederträchtigen Bosheiten, und lasterhaften Ausschweifungen, die ihn sehr frühzeitig dem Tod entgegen führten. Er starb endlich mit der Angst eines Menschen, der sich wider die innern Regungen seiner Seele so lange Mühe gegeben hat, sich und andere zu bereden, daß kein Gott sey. Dieser Elende, welcher seine erste Jugend unter gelehrter Pedanterey und einer übertriebenen Frömmigkeit zugebracht hatte, lebte, und starb endlich als ein Verächter der schönen Wissenschaften, und als ein Feind der Religion. Er war erzogen, wie

J 4   Julian;

Julian; und wie Julian starb er, nur unwissender und nicht so vornehm verstockt!

Was für ein Lärm entsteht unter meinem Fenster? Ich höre eine gebietrische Stimme trotziger Heyducken, welche das Volk nöthigen, auszuweichen. Wer sitzt in dieser vergoldeten Särfte? Sejan! Wollen eure Excellenz nur einen Augenblick verziehen; ich brauche Ihr Bild.

Dieser prächtig gepuzte Klumpen Fleisch beschäftigt die Hände von sechs Bedienten; und noch vor zehn Jahren glaubte man, er sey gebohren, andere zu bedienen. Damals machte ihn die Armuth demüthig. Er hat alles das vergessen, und kennt auch die nicht mehr, denen er die Hände küßte, wenn er von ihrer Großmuth seinen nothdürftigen Unterhalt erhielt. Er war dienstfertig und sparsam; der Sejan, der izt mit einer finstern Strenge diejenigen beleidigt, denen er seinen Dienst versagt, und auch die mit seinem Stolze demüthigt, denen er seinen Dienst nicht hat abschlagen können. Seine Sparsamkeit war eine Folge des Mangels, und keine Tugend. Izt lebt er im Ueberflusse, er verschwendet also bey aller Gelegenheit, aber nur da nicht, wo er durch eine mäßige Freygebigkeit großmüthig und edel seyn könnte. Die Verfolgungen, welche seinen Vater unschuldiger Weise trafen, erweckten in ihm einen billigen Abscheu vor der Ungerechtigkeit der Obern; er flehte den Himmel mit Thränen um Hülfe an: und izt läßt er unschuldiger Weise die Strenge seiner Rache unzählige Unglückselige empfinden,

den, die vor ihm mit thränenden Augen stehn, und ihm in ihrem jammernden Herzen fluchen. Er war in seiner Jugend im Schoosse der Musen erzogen; Nun schämt er sich ihrer, sieht verächtlich auf sie herab, und erröthet, wenn man ihn erinnert, daß er gelehrt gewesen sey. Durch eine vernünftige Erziehung brachte man ihm die Hochachtung für die Religion bey, die ein jeder haben muß, wenn er ein guter Bürger, und ein rechtschafner Mann seyn will. Er verlangt beydes weiter nicht zu seyn. Für die Religion ist er itzt zu groß; er giebt sich Mühe, sie zu verachten, weil sie ihm nicht zuläßt, daß er seine Bosheiten ruhig geniesse. Mit einem Worte: Sejan war in seiner Jugend demüthig, dankbar, dienstfertig, auf eine anständige Art sparsam, mitleidig; sein Herz war freundschaftlich, seine Seele edel; er war zu allen Tugenden angewöhnt, und eben daher liebenswürdig. Itzt, da er vornehm und älter geworden, nun ist er dieses alles nicht mehr, man haßt ihn.

Das ist Ihr Bild, gnädiger Herr! Kennen Sie sich? Ich will Sie nicht länger aufhalten. Tragt ihn fort!

Der Unglückselige! Wie sehr wäre ihm zu wünschen, daß er noch in seinem Alter das thun möchte, woran er in seiner Jugend gewöhnt worden ist.

Kennen Sie den Greis, welcher dort auf dem Markte unter den Buden herumschleicht, und sich in den alten blauen Mantel gehüllet hat? Grüssen Sie ihn, er kann Ihnen nicht danken; denn er trägt

J 5 unter

unter dem Mantel in beyden Händen die Käse und
die Wurzeln, die er selbst eingekauft hat, um sich
die Woche hindurch nothdürftig davon zu nähren.
Wie reich glauben Sie wohl, daß er sey? Urtheilen
Sie nicht nach seiner verhungerten Miene, und noch
weniger nach den zerrissenen Kleidern, die ihm an
dem Leibe verfaulen. Er hat zehen tausend Thaler
auf Hypothecken, und noch überdieß so viel baares
Geld, daß er der halben Stadt auf Pfänder leiht.
Und noch ist alles dieses nicht vermögend, ihm die
ängstliche Sorge zu benehmen, daß er in seinem acht
und sechzigsten Jahre gar leicht Hungers sterben
könne. Seine nächsten Anverwandten müssen neben
ihm darben. Er läßt sie nichts von seinen Schäzen
geniessen: denn er glaubt, der Himmel habe sie nicht
ohne weise Ursachen so arm werden lassen; und den
Absichten des Himmels sich zu widersezen, das hält
sein frommer Geiz für eine grosse Sünde. Er weiß,
daß seine Anverwandten auf seinen Tod ängstlich
warten; um deswillen hält er sie für seine gefährlichsten Feinde. Weil er gehöret hat, daß man in jenem
Leben weder Nahrung, noch Kleider braucht; so
wünschte er sich freylich wohl ein sanftes und seliges
Ende, wenn er sich nur nicht vor den Begräbnißko-
sten so sehr fürchtete. Das kann er gar nicht begreifen, was die liebe Obrigkeit denkt, daß sie den Geistlichen zuläßt, so viel Unkosten für ein kleines Grab
zu fordern. Die Erde ist ja des Herrn, wie er immer seufzet; und ihm würde es daher einerley seyn,
ob man ihn auf den Kirchhof, oder auf den Anger
begrübe,

begrübe, wenn es nur ohne Unkosten geschehen könnte.
Seiner Schwester Sohne, einem vernünftigen und
geschickten Manne, hat er den Fluch gegeben, weil
er wider seinen Willen ein tugendhaftes Mädchen ohne
Geld geheyrathet hat; und da dieser aus einer guten
Absicht, und seine Freundschaft wieder zu gewinnen,
ihn zu Gevattern bat, so schwur er, ihn zu enter-
ben, und war durch nichts zu besänftigen, als durch
die Erklärung, daß er kein Pathengeld geben, und
für die Erziehung des Kindes auf keine Weise sorgen
sollte. Den Wein flieht er, wie die Pest; wenigstens
auf seiner Stube flieht er ihn. Wenn er ein Mädchen sieht, so schüttelt er den Kopf, und dankt dem
Himmel mit gefalteten Händen, der ihm ein keusches
Herz gegeben hat, welches alle üppige und kostbare
Laster verabscheuet. Die Kleiderpracht ist ihm was
schreckliches; man kann es wohl aus seinem Anzuge
sehn. Auch alsdann eifert er darwider, wenn junge
Verschwender ihre gestickten Kleider bey ihm verse-
zen. Er thut dieses allemal mit einem jüdischen
Wucher, und doch hält er es für Gott gefällige
Werke, weil er dadurch die eitle Jugend ausser
Stand sezt, sich durch Hoffarth in Kleidern zu versündigen. Nach der Verschwendung ist ihm das Spielen die grösste Sünde. Liegt ihm ein Kartenblatt im
Wege, so weicht er mit zitternden Schritten aus;
denn er glaubt, daß der Teufel dahinter stecke, und
auf seine arme Seele laure. Länger als ein Jahr
kann die Welt nun nicht mehr stehen; das hat er
mir gestern selbst geklagt, da man ihn beredet hatte,

daß

daß ein starker Schoß von den Köpfen, ohne Ansehn des Alters, und eine erhöhete Abgabe von dem Vermögen entrichtet werden solle. Er bittet Gott, er möchte ihn vor dem nächsten Termine zu sich nehmen; und wenn er ihm ja sein kümmerliches Leben fristen sollte, so könne er doch ganz unmöglich von seinem bischen Armuth was geben, und wenn es auch zum Schwure kommen müßte.

Dieser niederträchtige Greis ist in seiner Jugend der größte Verschwender gewesen. Von seinem fünfzehnten Jahre an hatte er sich in die kostbarsten Ausschweifungen gestürzt. Sein Vater kränkte sich über diesen ungerathenen Sohn und starb. Die Hälfte des hinterlassenen Vermögens reichte kaum zu, die Schulden zu bezahlen, die er bey Lebzeiten seines Vaters durch die hungrige Dienstfertigkeit der Wucherer gemacht hatte. Nunmehr ward die andre Hälfte in der Gesellschaft der lüderlichsten Weibspersonen, und der niederträchtigsten Schmarozer verpraßt. Seine Anverwandten merkten, daß er nur noch einen Schritt bis zur äussersten Armuth zu thun hätte, und ihnen hernach zur Last fallen würde. Sie stellten dieses der Obrigkeit vor, und man brachte ihn, als einen Verschwender, in das Zuchthaus. Die kostbaren Kleider, und das prächtige Hausgeräthe, so noch übrig waren, verkaufte man, und machte ein Kapital daraus, wovon er sehr nothdürftig leben sollte.

Auf diese Art brachte er sechzehn Jahre zu, als ein Vetter von ihm in Batavia starb, und ihm ein

ansehn-

ansehnliches Vermögen hinterließ. Man hatte nun keinen Vorwand weiter, ihn eingeschlossen zu halten: Er ward frey gelassen, und von diesem Augenblicke an hat er so gelebt, wie er izt lebt.

Wer hätte glauben sollen, daß aus diesem unsinnigen Verschwender ein so niederträchtiger Wucherer werden sollte?

Hier habe ich unter so vielen hundert Exempeln nur drey gewählt, welche, wie ich glaube, hinreichend seyn werden, deutlich zu beweisen, daß die Wahrheit des Sprüchworts: Jung gewohnt, alt gethan, gar nicht allgemein ist.

Und dieses deutlichen Beweises unerachtet, bin ich niemals zweifelhafter gewesen, als izt, da ich Gelegenheit gehabt habe, weiter nachzudenken, und mich unter meinen Mitbürgern aufmerksamer umzusehen.

Es sind mir so viele in die Augen gefallen, welche die guten und bösen Angewohnheiten ihrer Jugend, bis in ihr hohes Alter, hartnäckig beybehalten haben. Und wenn man auch beym erstern Anblicke zuweilen glaubt, eine Aenderung an ihnen zu finden; so wird man doch bey einer genauern Untersuchung merken, daß es eben die Leidenschaften, eben die Angewohnheiten ihrer Jugend, nur unter einem andern Anstriche sind: So wie das Gesicht des Greises in Ansehung der Hauptlineamente noch eben das Gesicht ist, das der Jüngling gehabt hat; die Runzeln haben ihm nur ein anderes Ansehen gegeben.

Wer

Wer sollte glauben, daß die Frau Richardinn, diese alte Betschwester, noch in diesem Augenblicke eben die feine Buhlerinn ist, die sie vor fünf und zwanzig Jahren war? Damals schminkte sie sich, um schön zu sehen; izt thut sie es nicht; um den heuchlerischen Ruhm einer frommen und einfältigen Christinn zu erlangen. Ihre schmachtenden Blicke, flatterten in Gesellschaften, und in der Kirche herum um neue Eroberung zu machen: Diese Bewungen sind ihre Augen einmal gewohnt; sie können noch izt nicht ruhen, und weil die verderbte Welt diese matten Augen nicht weiter bemerken will, so wälzen sie sich andächtig herum, und sehen gen Himmel. Man gebe einmal auf sie Achtung, wenn sie in ihrem Betstule kniet, den sie aus ihrem alten Triebe, bewundert zu werden, mitten in der Kirche, und vor den Augen des Priesters gemiethet hat; man gebe nur einige Minuten auf sie Acht. Wenn die ganze Versammlung stille ist, so wird man hören, daß sie mit den grossen silbernen Schlössern ihres Gebetbuchs eben so künstlich rauscht, als sie es in jungen Jahren mit dem Fächer that. Vor vierzig Jahren seufzete sie; sie seufzet noch izt. Damals sang sie verbuhlte Lieder, und lachte: Was soll sie nun thun? Sie singt noch, und weint, nicht über ihre Sünden, nein, über ihre Runzeln. Als ein junges Mädchen richtete sie den Puz, die Mienen, die unschuldigsten Handlungen anderer Mädchen; denn aus Hochmuth wollte sie allein gefallen: Hat sie wohl eine andere Absicht, wenn sie izt ihren Nächsten verdammt?

Sonst

Sonst gab sie sich Mühe, lebhaft zu scheinen, wenn sie die stärksten Gesellschaften mit ihren gedankenlosen Reden übertäubte, und bey allen Gelegenheiten allein plauderte; hat sie sich vielleicht hierinnen geändert? Nichts weniger. Ihr alter andächtiger Hals überschreyt eine ganze christliche Gemeine, mit ihrem gedankenlosen Singen. Niemand verlangt weiter mit ihr zu reden; sie plaudert also mit Gott, und das nennt sie, Beten. Es ist wahr; sie kleidet sich schlecht, einförmig, und bis zum Eckel unachtsam; gleichwohl erinnern sich noch viele Leute ihrer Eitelkeit, und ausschweifenden Kleiderpracht. Das ist keine Veränderung. Sonst liebte sie den Puz, um ihre Schönheit zu heben; izt wählt sie eine unansehnliche geringe Kleidung, um ihre Häßlichkeit zu verbergen. Mit einem Worte; die abgelebte Frau Richardinn ist immer noch das kleine, eitle, hochmüthige, und boshafte Geschöpf, das sie in dem Frühlinge ihrer Jahre war; der einzige Unterschied ist dieser: In ihrem zwanzigsten Jahre buhlete sie mit der Welt, im sechzigsten buhlt sie mit dem Himmel.

Bey Messalinen, die wir in voriger Woche begraben haben, konnte man viel leichter entdecken, daß sie in ihrem Alter noch eben diejenige war, die sie in ihrer Jugend gewesen. Sie war das seltne Beyspiel einer standhaften Jungfer, welche sich niemals hat entschliessen können, eine Mannsperson ganz und gar zu heyrathen. Dieses hinderte sie nicht, von ihrem vierzehnten Jahre an bis ins vierzigste in einem beständig abwechselnden Ehestand zu
leben.

leben. Der Reiz verschwand mit ihrer Jugend; der Zeit zum Troz malte sie den entflohenen Reiz auf ihre Wangen. Noch auf ihrem Todbette, da ihr Beichtvater zu ihr kommen und ihr den letzten Dienst leisten wollte, den Sterbende verlangen; noch alsdann ließ sie sich den Spiegel vors Bette sezen, schlug den sparsamen Rest ihrer grauen Haare in Locken, druckte zwey kleine verrätherische Muschen zwischen die Runzeln an den Augen; lächelte sich im Spiegel beyfällig an, und schob das Halstuch nachläßig zurück. Durch diese Zubereitung zu ihrem Ende erkältete sie sich, und starb, noch ehe der Beichtvater kam, der beym ersten Eintritt über den unvermutheten Anblick dieser geschmückten Mumie allerdings sehr erschrack.

Da ich noch in Leyden war, starb die Frau meines Stiefbruders. Sie war in der That ein frommes ehrliches Weib, das ihren Mann aufrichtig liebte; aller Welt mit Vergnügen diente, keinen Menschen beleidigte. Den einzigen Fehler hatte sie von ihrer Mutter, die sich sehr gern, sehr sorgfältig, und bey aller Gelegenheit puzte. Aber auch dieser Fehler war noch zu entschuldigen, da sie es weder aus Eitelkeit, noch aus Wollust, sondern blos aus Angewohnheit that, nur, sich zu puzen. Sie war eben so vergnügt, wenn sie andre Frauenzimmer anpuzen könnte. Sie verschwendete nichts; denn ihr Puz war sehr wohlfeil, aber nur immer neu. Von keinem Menschen redete sie in Gesellschaft Böses, aber von Kleidern, von Spizen, von neuen Moden, von dergleichen artigen Tändekeyen redete sie beständig.

Unter

Unter dieser angenehmen Beschäftigung brachte sie ihr sechs und dreyßigstes Jahr heran, da sie in eine unvermuthete Krankheit fiel, die auf einmal so heftig wurde, daß der Arzt aufrichtig gestund, es sey unmöglich, daß sie noch vier und zwanzig Stunden leben könne. Wer sollte diese traurige Bothschaft der Kranken bringen, die so gern lebte, und mit so vielem Geschmacke gelebet hatte? Ihr Mann liebte sie zu sehr, und war in der That allzu sehr bewegt, als daß er im Stande gewesen wäre, ihr den Tod anzukündigen. Der Geistliche sollte es thun. Er that es auch mit der Vorsicht, die man in dergleichen Fällen von einem vernünftigen Manne fordern kann. Er beklagte sie wegen ihrer jählingen Unpäßlichkeit; er machte ihr einige Hoffnung zu ihrer Genesung; zugleich stellte er ihr auch die Möglichkeit eines geschwinden Todes vor; und zeigte aus verschiednen Zufällen, die sie selbst entdeckte, wie wahrscheinlich diese Möglichkeit sey. Bey dieser Vorstellung hielt er sich einige Minuten auf; nach und nach führete er sie unter den angenehmsten Beschreibungen eines sanften Todes auf den Punkt, welcher so kützlich zu sagen war, und als er sie endlich mit so vielen Umschweifen zubereitet hatte, so wagte er es, und eröffnete ihr: Sie müsse sterben. Ich sterben? rief sie, und fuhr in dem Bette auf; ich, in meinem sechs und dreyßigsten Jahre sterben? Was fehlt mir? Bin ich so krank? Wo ist der Medicus? Sie sah sich wild in der Stube um; sie erblickte ihren Mann, und ihre Freunde in der traurigsten Stellung. Das vermehrte

Rab. Sat. IV. Th.   K

mehrte ihre Unruhe. Der Geistliche wollte noch einen Versuch seiner Redekunst wagen; aber sie war ausser sich. Sie fiel ihm mit Ungestüm in die Rede, und hieß ihn schweigen. Ich sterbe nicht: rief sie: Bin ich allein die Sünderinn, die so früh sterben sollte? Sie drückte ihrem Manne die Hände, und bat, er möchte den Geistlichen von ihr gehen lassen, welcher auch so bescheiden war, und in das nächste Zimmer gieng. Inzwischen kam der Arzt. So bald er herein trat, rief sie ihm mit einer röchelnden Stimme entgegen: Ist es wahr? Muß ich sterben? Der Arzt schwieg, und zuckte die Achseln. Sie verstund diese traurige Sprache. Verräther! durch Ihre Verwahrlosung sterbe ich! Das sagte sie mit einer ihr ungewöhnlichen Wuth. Der Arzt wollte ihr nach dem Pulse greifen: Sie stieß ihn von sich, und hüllte den Kopf in das Bette. Was sollten wir nun anfangen? Wir sahen aus ihren Bewegungen die Angst der Verzweiflung, mit der sie rang. Der Arzt versicherte uns, daß dieses ihren Tod beschleunige, und daß sie, bey diesen heftigen Erschütterungen ihres Körpers, kaum noch eine Stunde leben könne. Wir waren ausser uns. Endlich trug man es mir auf, sie zu besänftigen. Ich nahm mir vor, mir ihre Neigungen zu Nuze zu machen, und ihr den Tod so gepuzt zu zeigen, als es möglich seyn wollte. Ich näherte mich ganz gelassen ihrem Bette. Sie schlug die Augen auf und sah mich schüchtern an. Sind Sie auch ein Bote des Todes? Ja! ich will sterben, ich Unglückliche, ich will gern sterben. Das sagte

sie

sie mit knirschenden Zähnen. Vielleicht ist diese Furcht noch zu früh: war meine Antwort. Meynen Sie, Herr Schwager, sollte ich wohl noch leben können? Ist diese Furcht noch zu früh? Sie sind doch ein rechtschaffener Freund von mir; mit Ihnen kann man doch vernünftig reden. Glauben Sie in der That noch, daß Hoffnung übrig ist? Aber schmeicheln Sie mir nicht. Bey dieser Anrede merkte ich gar deutlich, daß ihre Seele die lezten Kräfte sammlete, die Freude auszudrücken, die sie über ein längeres Leben hatte. Ich bemächtigte mich dieses vortheilhaften Augenblickes, sezte mich an ihr Bette, und faßte sie bey ihrer sterbenden Hand. Ich zeigte ihr, daß vielleicht noch Hoffnung zum Leben übrig seyn könnte, daß wir es alle so sehr wünschten, als sie es selbst kaum wünschen könne, daß ich als ihr wahrer Freund ganz untröstbar seyn würde, wenn sie sterben sollte. Ich hoffte, es solle nicht geschehen. Weil aber doch ein vernünftiger Mensch sich auf alle Fälle müsse gefaßt halten; so bäte ich sie, mir zu sagen, wie sie auf diesen unverhofften Fall wünschte, im Sarge angekleidet zu seyn. Ich hatte diese Worte kaum ausgesprochen; so fühlte ich an ihrer Hand, daß der Puls stärker schlug. Ihre halbgebrochnen Augen bekamen wieder etwas von ihrem vorigen Feuer; sie lächelte mich mit einer christlichen Gelassenheit an, drückte mir die Hand, und sagte: Wie Gott will! Wir sind alle sterblich! Und wenn ich ja sterben soll, o beschwöre ich Sie bey Ihrer Freundschaft, lassen Sie bey meiner Beerdigung nichts fehlen. Der

Satz

Sarg muß von eichenem Holze seyn; aber Herr Schwager, ja nicht so einen schlechten fleckichten Sarg wie ihn die Stadtrichterinn hatte. Lassen Sie ihn so glatt bohnen, als es die kurze Zeit erlaubt. Hier fuhr sie, fast eine halbe Stunde, mit einer innerlichen Zufriedenheit fort, mir die Beschlagung des Sarges, dessen Bedeckung, die Anzahl der Lichter, so um den Sarg stehen sollten, die Leichenprocession, die Trauer für die Bedienten, die monatlichen Veränderungen, die ihr Mann bey seiner Trauer im ersten Jahre beobachten sollte, mit einem Worte, die geringsten Kleinigkeiten vorzuschreiben, die ich nicht verstund, und die ich unmöglich merken konnte. Sie war vom langen Reden sehr entkräftet: ich bat sie, sich zu schonen. Lieber Gott, antwortete sie seufzend, lassen Sie mich immer reden; vielleicht habe ich kaum noch eine Viertelstunde zu leben. Diese will ich noch anwenden, mich zu meinem Ende zu bereiten. Denn sehen Sie nur, Herr Schwager, ich habe alles bey mir sehr vernünftig überlegt. Da mich Gott von meinem Manne und meinem lieben Kindern im sechs und dreyßigsten Jahre, ja wohl in der Blüthe meines Alters dahin reißt, so wird man es mir bey meiner Jugend nicht für eine Eitelkeit auslegen können, wenn ich rothen Atlaß zum Kissen nehme. Auf eben diese Art soll auch der Sarg ausgeschlagen werden. Ich fühl', daß ich matt werde, ich kann kaum mehr reden. Wie flüchtig ist doch unser Leben! — Hier ruhte sie einige Minuten, und ich gab einen Wink, daß man den Geistlichen wieder

holen

holen möchte. — Also, mit rothem Atlaß ausgeschlagen; das waren meine Gedanken, Herr Schwager. Dort in jener Commode, im mittelsten Fache rechter Hand, bey meinem neuen Fächer — Den haben Sie wohl noch nicht gesehen, Herr Schwager? Sie sollen ihn gleich sehen — dort liegt ein Stück silberne Spitzchen. Mit diesen wollen wir die Kissen, und den Atlaß im Sarge besezen, alles bogenweise; sehn Sie auf mich, Herr Schwager, so, wie ichs Ihnen hier weise; (und sie wies mir es mit Fingern auf dem Bette) aber so, ja nicht anders, und die Bogen bey Leibe nicht zu klein, es ist sonst gar kein Geschmack darinnen. Die Haare soll mir meine Schwester frisiren lassen, so, wie ich sie vor vier Wochen trug, als ich Gevatter stund; nur nicht zu weit ins Gesichte; man sieht wie eine Eule aus. Mein Sterbekleid aber — Hier trat der Geistliche ins Zimmer. Kommen Sie, Herr Beichtvater, kommen Sie zu mir her. Gott hat mir die Gnade gegeben, daß ich mich auf alle Fälle fassen können. Vielleicht fristet mir der Himmel das Leben noch; inzwischen will ich doch, als eine gute Christinn, mich zu meiner Hinfahrt bereiten. Der Geistliche war über diese geschwinde Veränderung erstaunt, und schickte sich an, seine Kranke die lezte Handlung eines sterbenden Christen verrichten zu lassen. Ich wollte mit den übrigen aus der Stube gehen, und sie allein lassen; aber sie hielt mich fest beym Rocke, und sagte, ganz sachte zu mir: Sie müssen bey mir bleiben; ich habe noch verschiedenes mit Ihnen zu reden. Ich
blieb

blieb also bey ihr, und bewunderte nunmehr ihre wahre Standhaftigkeit, mit welcher sie die Vermahnung des Geistlichen hörte, und ihren Tod mit einer zuversichtlichen Gelassenheit zu erwarten schien. Ueber dieser andächtigen Handlung mochte wohl eine halbe Stunde verstrichen seyn. Ihre Freunde traten wieder ins Zimmer, und sie war so matt, daß sie in eine Ohnmacht fiel. Durch viele Mühe kam sie wieder zu sich selbst. Sie fragte, wo ich wäre? Und ich stund bey ihr; aber die Augen waren schon trübe. Sie faßte mich wieder bey der Hand: Nur noch ein Wort, Herr Schwager; denn ich fühle es, es wird bald das Lezte seyn. Zu meinem Sterbekleid also nehmen Sie weissen Atlaß; so rein sie ihn kaufen können. Wir wollen es mit silbernen Spizen besezen, von dem Muster, wie ich auf meiner neuen Andrienne habe — Gerechter Gott! Die Andrienne werde ich nun auch nicht wieder anziehen; was sind wir elende Menschen doch mit allen unsern weitaussehenden Anschlägen! — Meine Wäsche — Hier fiel sie in eine neue Ohnmacht; aber sie erholte sich geschwind wieder: denn sie hatte mir noch zu sagen, daß sie nicht wüßte, was sie für Schuhe anziehen sollte. Ich schlug ihr in der Angst vor, sie sollte die Brautschuhe nehmen; allein sie schüttelte mit dem Kopfe, und sagte: Die altväterische Schuhe! Endlich wählte sie ein anders Paar Schuhe, ich weiß nicht mehr, welches. Die dritte Ohnmacht überfiel sie. Es kostete viel Mühe, ihre fliehende Lebensgeister zurück zu bringen: Endlich gelung es dem Arzte.

Sie

Sie erwachte, aber die Sprache hatte sie verlohren. Sie winkte ihrem Manne, den sie zärtlich umarmte. Man führte ihre beyden Kinder ans Bette, denen sie die Hand auflegte, und einige Thränen dabey fallen ließ. Gegen die Anwesenden machte sie eine freundschaftliche Bewegung, die die Stelle eines Abschiedes vertrat. Wir waren alle aufs äusserste gerührt. Ich mußte noch einmal zu ihr treten: Sie versuchte zu reden; aber es war ihr unmöglich. Sie wies etliche mal zwischen die Brust, und ward ungeduldig, daß ich sie nicht verstehen konnte. Sie wiederholte diese Zeichen noch einmal, und drückte die zusammen geballte Hand zwischen die Brust. Nun verstund ich sie, und sagte: Einen Strauß meynen Sie, Sie sollen ihn recht schön haben! Sobald ich dieses gesprochen hatte, lächelte sie mich dankbar an, drückte sich die Augen selbst zu, und verschied.

Sicht man wohl oft so ein ruhiges Ende, als das Ende dieser Heldinn war! Noch ihre lezte Miene war ein Beweis, daß man das im Alter, und im lezten Augenblicke des Lebens thut, was man in der Jugend sich angewöhnt hat.

Diese drey Exempel sind so überzeugend deutlich, daß ich nicht Ursache haben würde, noch weitläuftiger meinen Saz zu beweisen, daß das Sprüchwort: Jung gewohnt, alt gethan, eine ziemlich allgemeine Wahrheit sey. Aber ich darf hierbey nicht stehen bleiben. Diese Exempel sind alle drey von dem weiblichen Geschlecht entlehnt. Dadurch würde ich mich den empfindlichen Vorwürfen einer meiner Freun-

Freundinnen in Cleve bloß stellen, welche mir immer Schuld giebt, daß ich mich in meinen Reden und Schriften zu sehr an dem Frauenzimmer versündige. Sie lobt mich mit Beyfalle, wenn sie findet, daß ich keinem Stande und keinem Alter schmeichle. Die Gelehrten, den Soldatenstand, auch die Geistlichen, alle überläßt sie mir: Ja, gewisser Ursachen wegen, würde sie gern sehen, wenn ich weniger behutsam mit den Obern verführe; denn sie ist eine hizige Patriotinn, und ihr Mann ist kein Freund von Steuern und Gaben. Aber, das kann sie durchaus nicht leiden, daß ich das Frauenzimmer zu oft, und, wie sie glaubt, immer nicht auf eine Art erwähne, die für eine Schmeicheley angesehen werden könne. Darüber eifert sie mit einer Heftigkeit, die dem Zanke sehr nahe kömmt. Sie würde mich böse machen, wenn sie nicht schön aussähe: Aber, ihr kleiner Mund bekommt einen ganz neuen Reiz, wenn er schmält; ihre Augen sind auf eine besondere Art angenehm, wenn sie ein wenig grimmig werden. Ich liebe diese kleine Kunstrichterinn in der wilden Unordnung, worein sie die Liebe zu ihrem Geschlechte sezt. Ich werde mich wohl noch weiter auf diese Art versündigen. Ich würde gar zu viel verlieren, wenn ich sie nicht wider mich erzürnte. Wie reizend wird sie mit ihren weissen Zähnen knirschen, wenn sie diese Stelle so unvermuthet in meinen Sprüchwörtern findet! Ich habe ihr gedroht, daß ich ihre Partheylichkeit der Welt verrathen wollte, wenn sie nicht aufhörte, mich mit ihrer Kritik zu martern. In der That hat sie bey ihren

tugend-

tugendhaften Vollkommenheiten gar nicht Ursache, sich der Fehler ihres Geschlechts anzunehmen. Sie sollte bedenken, daß ihr Geschlecht die Hälfte der Welt ausmacht; so würde sie selbst nachrechnen können, daß ich niemals zween tugendhafte, oder zween lächerliche Charaktere malen kann, ohne den einen von dem Frauenzimmer zu borgen. Gleichwohl entschuldige ich bey ihr diese Vorurtheile. Sie thut nichts, als was der größte Theil der Leser thut, welche zwar geschehen lassen, daß man aller Fehler spottet, aber alsdann die Stirne runzeln, wenn man den ihrigen zu nahe kömmt. Sehn Sie, Madame, wie billig ich bin. Und damit ich Sie noch mehr beruhige; so will ich dieses Sprüchwort nicht eher schließen, bis ich einige Exempel angeführt, daß auch bey uns Mannspersonen die Thorheiten der Jugend noch im Alter ihre volle Kraft unverändert behalten. Können Sie wohl mehr von mir verlangen, Madame? Ich küsse Ihnen die Hände!

Der ungerechte Herkommann, dieser Vater der Sporteln, und Hohepriester der Chicane, wird auf dem Rathhause unvergessen seyn, so lange man noch einen Schelm nennt. Den ersten Schritt, den er in die hohe Schule that, den that er in das Haus eines Mannes, welches von den Thränen der Wittwen, und dem geraubten Brode der Waisen erbaut war. Dieser geschworne Feind der Gerechtigkeit empfieng ihn, als den hoffnungsvollen Sohn seines würdigen Freundes, mit offenen Armen. Ich darf nicht vergessen zu erwähnen, daß der Vater unsers

Herkommanns im Gefängnisse gestorben war, und dieses um einer Kleinigkeit willen: Mit einem Worte, er hat ein paar falsche Wechsel gemacht; in der That war dieses unter allen seinen Verbrechen das kleinste. Herkommann entdeckte seinem neuen Vater gar zeitig die grossen Gaben, die in ihm noch unausgebildet lagen. Ohne sich auf der Universität lange mit dem zu martern, was man Theorie nennt, schritt er gleich im ersten Jahre zur Praxi. Es vergiengen nicht vier Monate, so war er im Stande, alle Hände nachzumahlen. Bey müßigen Nebenstunden übte er sich in der Geschicklichkeit, Siegel nachzudrücken, und Briefe unvermerkt zu öffnen. Damit er einige Nahrung haben, und desto mehr aufgemuntert werden möchte; so lehrte ihn sein Gönner die einträgliche Kunst, Zeugnisse abzulegen, und brachte ihn in kurzem dergestalt in die Kundschaft, daß er der ganzen Gegend, in allen möglichen Fällen, und wo es nur verlangt ward, mit seinem Zeugnisse gegen die Gebühr diente. Hiervon hatte er einen dreyfachen Nuzen: Er verdiente Geld; er ward so unverschämt, als nach den Grundsäzen seines Lehrers ein Advocat seiner Art seyn mußte; und endlich lernte er zugleich durch eigne Erfahrung, wie man Zeugen abrichtet. Diese zween lezte Vortheile bringen noch mehr ein, als alle Titel aus den Pandeckten. Nunmehr fand ihn sein Lehrer fähig, der Gerechtigkeit den Krieg anzukündigen, und zu practiciren. Seinen ersten Proceß verlohr er. Sein Gegner war ein Advocat, der geschickt, ehrlich und unerschrocken war: Sein Richter

Richter war einsehend und unpartheyisch. Unser Herkommann war noch nicht abgehärtet, und unverschämt genug, vor den Augen eines gerechten Richters, und eines Gegners, den die Wahrheit muthig machte, die augenscheinliche Ungerechtigkeit seiner Sache zu vertheidigen. Er konnte sich nicht fassen: der Richter überführte ihn seiner Bosheit; sein Client verlohr seine Ansprüche, und sein baares Geld; der unglückliche Herkommann aber schlich beschämt nach Hause, und klagte seinem Meister den traurigen Ausgang seines ersten Angriffs. Dieser erfahrne Mann munterte ihn auf. Er gestund ihm, daß es schwer sey, vor den Augen eines unpartheyischen Richters, und eines erfahrnen Gegners, eine ungerechte Sache gelassen zu vertheidigen: Zugleich aber versicherte er ihn, es sey ein sehr seltnes Phänomenon, einen solchen Richter, und einen solchen Gegner beysammen zu finden. Muth müsse er fassen, dem Richter beständig widersprechen, seinen Gegner durch persönliche Vorwürfe und Grobheiten erhizen; mit einem Worte, wenn er sie nicht mit der Bindigkeit der Beweise überführen könne, so müsse er sie durch die Stärke seiner Lunge überschreyen. Oft lernt ein junger Feldherr durch den Verlust einer Schlacht mehr Kriegskunst, als durch den vortheilhaftesten Sieg: Unserm Herkommann wiederfuhr eben dieses. Durch sein Unglück ward er groß. Bisher hatte er sich vornehmlich nur dieses angelegen seyn lassen, wie er die unbequemen Regungen eines ersterbenden Gewissens niederdrücke, und sein Gesicht gewöhne,

wöhne, niemals zu erröthen: Nun arbeitete er auch an seiner Lunge, und arbeitete mit einem so glücklichen Erfolge, daß er mit der Dreistigkeit eines alten legalen Betrügers in kurzer Zeit den Richter betäubte, und den Gegentheil überschrie. Nunmehr ward er allen Richterstuben schrecklich, und in der ganzen Gegend als ein grosser Advocat berühmt. Wittwen und Waisen zitterten vor seinem Namen; aber allen denen war er eine sichre Zuflucht, welche verdienten, gehangen zu werden. So seltne Verdienste sind einer seltnen Belohnung würdig. Der alte getreue Wegweiser unsers Herkommanns erstaunte über den geschwinden Fortgang dieses jungen Rabulisten. Er freute sich über dieses Werk seiner Hände, und liebte ihn, wie ein reissender Wolf seine Jungen liebt. Die Erfahrung hatte ihn gelehrt, wie wenig Zeit dazu gehöre, sich reich zu plündern. Schon im Geiste stellte er sich die Grösse, und die Reichthümer seines muthigen Herkommans vor. Zur Belohnung seiner ihm geleisteten Dienste, wollte er sein Glück mit dem Glücke dieses hoffnungsvollen Mannes verbinden: Er gab ihm also seine einzige Tochter. Die vertraulichste Einigkeit der Strassenräuber ist von keiner Dauer, und nimmt oft ein blutiges Ende. Herkommann, und sein Schwiegervater waren beyde zu boshaft, als daß sie lange Zeit mit einander in einem Hause ruhig leben konnten. Ihre Feindschaft brach mit Heftigkeit aus; sie verklagten einander vor dem Richter. Die ganze Stadt war aufmerksam, wie bey dem rasenden Kampfe zwoer grimmiger Bestien.

sten. Herkommann, welchen die Chicane vorzüglich liebte, wie das Glück junge Helden liebt, und alten untreu wird; Herkommann, den sein Schwiegervater zum Raube eingesegnet, und zum Betrüger abgerichtet hatte, dieser undankbare Herkommann bestritt ihn mit seinen eignen Waffen, und siegte. Er war so geschickt, daß er seinen Schwiegervater um das Haus, und um sein ganzes Vermögen brachte. Er ließ ihn elendiglich verhungern. Nun war ihm weiter nichts im Wege, ungehindert zu würgen. Er that es dreyßig Jahr lang, und verwüstete die ganze Gegend. Das war ihm noch nicht genug: Auch nach seinem Tode wollte er noch schaden. Er machte ein Testament, welches seine Erben in die größte Verbitterung und in Processe stürzte, die ihnen nicht allein die Erbschaft zernichteten, sondern auch noch ihr eignes Vermögen kosteten. Herkommann that also in seinem Alter das, woran er sich in seiner Jugend gewöhnt hatte. Er war ein junger Bösewicht, ein alter Räuber, und auch nach seinem Tode noch ein schändlicher Betrüger. Es fällt mir noch eine merkwürdige Handlung seiner standhaften Bosheit ein. Wenig Stunden vor seinem Tode entschloß er sich, des Wohlstandes wegen den Beichtvater zu sich kommen zu lassen. Dieser segnete ihn endlich ein, und beym Einsegnen merkte Herkommann, daß er contrebantes Tuch zum Priesterrocke hatte. Er ließ den Fiscal rufen, gab es an, und starb.

N. N. ward durch den Tod seiner Aeltern der unwürdige Erbe eines ansehnlichen Vermögens. Sein rechtschaffener Vater kannte ihn genauer, als viele Väter ihre Kinder nicht kennen. Er hatte gemerkt, daß sein Sohn, von den ersten Jahren an, das Geld, das man ihm in die Hände gab, auf die niederträchtigste Art verschwendete. Er bemühte sich, den Folgen davon durch ein sehr sorgfältig eingerichtetes Testament vorzukommen. Diese Sorgfalt war vergebens. In der verabscheuungswürdigsten Gesellschaft von eigennützigen Freunden, von Spielern und Huren brachte er seyn Vermögen durch, ohne es selbst zu geniessen. Itzt lebt er von den Almosen seiner Freunde. Weder die Verachtung der ganzen Stadt, noch die nagende Armuth, noch eine Zeit von fünfzig traurigen Jahren sind vermögend gewesen, ihn vernünftig zu machen. An seine rasenden Ausschweifungen denkt er mit Vergnügen, und versichert mit den schrecklichsten Flüchen alle, die es hören wollen, daß, wenn sein Vater heute stürbe, er noch heute Anstalt machen würde, das ererbte Vermögen mit eben der wilden Art zu zerstreuen, wie er es vor dreyßig Jahren gethan habe.

Veit Knollius war des Verwalters Sohn, und in seinem Dorfe der gelehrteste Bauerjunge. Seine zärtliche Mutter war erkenntlich; drum lobte ihn der Schulmeister am Sonntage. Das machte den albernen Buben hochmüthig; er verachtete die andern Knaben, welche nicht so fix lesen und schreiben konnten. Es war ihm unleidlich, wenn ihm einer von seinen Mitschülern wiedersprach, und da ihm die Natur, ausser seinem grossen Verstande, auch grosse
Fäuste

Fäuste gegeben hatte, so prügelte er auf die armen
Jungen despotisch los. In dieser Gemüthsverfassung
kam er auf eine Stadtschule, wo er alle Tage gelehrter, und alle Tage unbescheidner ward. Auf hohen
Schulen brachte er es in der Grobheit immer weiter.
Er war unermüdet fleißig, um andern ins Gesichte
sagen zu können, daß sie unwissender Pöbel wären.
In kurzem sagte er dieses seinem eignen Lehrer; und
damit er die Freyheit erlangen möge, es öffentlich
behaupten zu dürfen, so öffnete er sich den Weg zur
Katheder, und wies der Welt im schönsten Lateine,
dessen sich in Rom kein Bootsknecht hätte schämen
dürfen, daß alle seine Collegen unwissende Esel, und
deutsche Ochsen wären, und daß nur einer von den
Musen gesand wäre, seinem blinden Vaterlande die
Augen zu öffnen, und den hochmüthigen Ausländern
einen Mann entgegen zu sezen, der Knollius heiße.
Es waren einige Theile der Gelehrsamkeit, um die
er wahre Verdienste hatte; seine Feinde selbst konnten
ihm das nicht absprechen; Aber auch seine beste
Freunde mußten gestehen, daß diese Verdienste durch
seine Eigenliebe und beleidigende Grobheiten dergestalt
verdunkelt würden, daß er allen unerträglich sey,
und ein unpartheyischer Richter immer unschlüßig
bleibe, ob man mehr Ursache habe, ihn hochzuschä-
zen, oder ihn zu verachten. Diese Aufführung,
welche sogar die Kritici in den Niederlanden für un-
böslich hielten, erregte ihm viele heftige Gegner.
Man griff ihn von allen Seiten unbarmherzig an,
und zeigte ihm theils mit einer ernsthaften Gelassenheit

heit, theils mit beissender Bitterkeit, theils aber in seiner eignen groben Sprache, daß er der gelehrteste Limmel seiner Zeit sey. Bey allen diesen Anfällen blieb er muthig stehen. Er war von seinen Verdiensten so trunken, und von der dankbaren Ehrfurcht, die ihm die späteste Nachwelt bezeigen würde, so gewiß überzeugt, daß er die vernünftigen und unvernünftigen Vorwürfe mit gleichem Hochmuth verachtete. Grotius und Bayle waren grosse Männer gewesen, und eben um deswillen waren sie den feindlichen Spöttereyen ihrer neidischen Gegner ausgesezt. Dieses war sein Trost; aber er besann sich nicht, daß auch Bav und Mäv verspottet worden waren. Unser großer Knollius hatte in lateinischen Büchern gelesen, daß die ungesittesten Männer durch die Liebe menschlich und bescheiden worden waren. Dieses nannte er weibisch. Er flohe also den Umgang mit Frauenzimmer: er heyrathete nicht, er liebte niemals, und flüchtete sich vor der Liebe hinter seine fürchterlichen Folianten, um nicht menschlich und gesittet zu werden. Denn nun hofte er, zur Vergeltung seiner Unempfindlichkeit, ein desto größerer Gelehrter, seinen Feinden nun schrecklicher, und unsterblicher zu werden. Unter dergleichen menschenfeindlichen Beschäfftigungen ist er alt worden. Man will der Nachwelt seinen Ruhm überlassen, und fängt daher schon izt an, ihn zu vergessen. Diese Verachtung fühlt er nicht. Noch schreibt er muthig fort. Es fehlt ihm nicht ganz an Schülern und Bewunderern, so unbescheiden er auch ist. Die junge grobe Brut giebt

seinem

finem gelehrten Hochmuthe immer neue Nahrung. Er zieht sie für die Nachwelt heran, so, wie er erzogen worden ist. Er braucht sie bereits zu kleinen kritischen Streifereyen, und segnet sie in seinem väterlichen Schooße, wenn sie mit Schlägen zurück gejagt werden. Es ist zu befürchten, daß unser Knollius noch lange lebt; man kann aber gewiß glauben, daß er sich niemals ändern wird, da er sich in fünfzig Jahren nicht geändert hat. Schon auf dem Dorfe bey seinem Vater war er der unerträgliche Bube, der mit Fäusten darein schlug, wenn ihm widersprochen ward: Noch in diesem Augenblicke ist er eben so ein kritischer Bengel, und verfolgt alle die mit seinen gelehrten Grobheiten, die so unbedachtsam sind, ihm zu widersprechen. Ich freue mich, daß ich auch unter dem gelehrten Pöbel Männer finde, die die Wahrheit meines Sprüchworts beweisen.

Diejenigen, welche eine bürgerliche Erziehung, oder der Mangel, oder der Geitz, oder der Hochmuth, oder alle die Umstände zusammen nöthigen, zu arbeiten, diese sind immer ungerecht genug, zu behaupten, daß der Müßiggang eine sehr leichte Sache sey, daß aus demselben viel Schaden für das gemeine Wesen entstehe, und daß es ihnen ganz unbegreiflich sey, wie ein vernünftiges Geschöpfe Geduld genug haben könne, sein ganzes Leben, von den ersten Jahren an, bis in das höchste Alter, in einem ununterbrochenen Müßiggange zuzubringen. Auf diese Vorwürfe will ich nur mit wenigem im Namen der Müßiggänger antworten, da es zu viel

Arbeit, für sie seyn würde, wenn sie es selbst thun sollten.

Es ist ungerecht, zu sagen, daß der Müßiggang eine leichte Sache sey. Man betrachte nur die unruhige Wirksamkeit der Seele, welche sich beständig beschäftigen, beständig mit neuen Vorwürfen unterhalten, niemals, so gar im Schlafe, nicht ruhen will. Wie viel Arbeit gehört dazu, die geschäftige Seele in eine ruhige Unempfindlichkeit einzuwiegen? Wie schrecklich muß einem Menschen, der des Müßiggangs noch ungewohnt ist, die traurige Aussicht in das Leere des langen Tages seyn, welchen er beym Erwachen anfängt? Er wird es durch die Zeit gewohnt; Er gähnt dem Tage entgegen, nährt seinen Körper, sucht sich in Gesellschaft andrer Müßiggänger zu zerstreuen, und freut sich, wenn die erquickende Stunde kömmt, wo er sich vor dem Getöse der arbeitenden Welt in sein Bette flüchten kann. Wie dieser Tag ist, so sind die vielen tausend Tage, die er zu leben hat. Bey einer solchen gedankenlosen Einförmigkeit würde sich ein Engelländer hängen; aber ein sich selbst gelassener Deutscher wird dabey fett. Ist der Müßiggang so leichte, warum fliehen ihn diejenigen so sehr, die dergleichen Vorwürfe machen?

Also ist es nicht leicht, müßig zu gehen; ich will aber auch beweisen, daß aus dem Müßiggange nicht allein gar kein Schaden für das gemeine Wesen entsteht, sondern daß solcher demselben ungemein vortheilhaft ist. Die Stärke eines Landes besteht in der Nahrung, das ist ausgemacht; die meiste Nahrung

rung ist da, wo das meiste verzehrt wird, das ist auch ausgemacht; und nirgends wird mehr verzehrt, als wo viel Müßiggänger sind. Verlanget man davon Beweis? Ich will es nicht hoffen. So bald ein Müßiggänger aufsteht, so bald fängt er an zu verzehren; und kaut noch in dem Augenblicke, da er sich, obwohl spät, zu Bette legt. Von den zwölf Stunden, die er wachte, werden achte mit Essen und Trinken zugebracht, und da er niemals ißt, wenn ihn hungert, und niemals trinket, wenn ihn dürstet, so sind es nur theure Speisen und kostbare Getränke, die er wählt, seinen Geschmack zu reizen. Ein Mann, der durch Arbeit sein Brod verdient, lebt die meisten Tage über sparsam, und verthut gemeiniglich nur wenige Groschen. Ein Müßiggänger hingegen, dessen Vater ihm das Brodt verdient hat, wird mehr Thaler verzehren, als jener Groschen braucht. Nun rechne man selbst nach, (denn itzt rede ich nur mit denen, die rechnen) welcher von beyden dem Vaterlande am meisten nüzlich sey. Ich will weder von dem übrigen Aufwande in Kleidung, im Spielen, noch von dem kostbaren Viehe reden, das gemeiniglich ein vornehmer Müßiggänger zu seiner Gesellschaft unterhält. Man sieht hieraus deutlich, wie unentbehrlich die Müßiggänger dem Commerze sind. Das wird man wohl ohne mein Erinnern verstehn, daß ich nicht vom Pöbel, oder armen Müßiggängern rede; eben darum sind diese zur Arbeit verdammt, weil sie Pöbel und arm sind; nur von denen rede ich, welche entweder den guten Einfall

L 2   gehabt

gehabt haben, sich von reichen Müttern gebähren zu lassen, oder denen die Vorsicht des Himmels eine reiche Frau gegeben, oder welche die vornehme Kunst verstehen, das Vermögen andrer Leute zu verzehren.

Außer diesem Nuzen, welcher dem Vaterlande durch dergleichen Müßiggänger in Ansehung des Consumo, wie man es kunstmäßig nennt, zuwächst, ist auch noch ein Vortheil, den die arbeitenden Mitbürger zu geniessen haben. Dadurch, daß jene zu groß sind, als daß sie arbeiten sollten, bleiben Aemter genug übrig, durch welche diese ihr Brod verdienen können: Und wenn auch, wie es oft geschieht, vornehme Müßiggänger wichtige Aemter bekleiden; so hat doch der Himmel, der alle seine Gaben so weislich eintheilt, gemeiniglich dasjenige, so er durch den Rang, und das Vermögen an sie verschwendet, ihnen wieder am Verstande abgebrochen, und dadurch sie in die Nothwendigkeit gesezt, diejenigen zu Hülfe zu rufen, welche für sie und ihr Amt, gegen billige Bezahlung, Verstand genug haben.

Was ich hier mit wenigem berühret habe, ist weiter nichts, als ein kurzer Entwurf eines weitläuftigen Buchs, welches ich künftig unter dem Titel: Die schwere Kunst müßig zu gehen, dem geliebten Vaterlande liefern werde, wenn mir der Himmel mein Leben und meine rechte Hand fristet. Izt also will ich davon weiter nichts sagen, und nur diejenigen freundschaftlich warnen, welche immer so übereilend sind, auf den Müßiggang zu schmälen, und die Müßiggänger zu verachten; ohne zu bedenken,

ken, daß sie unrecht haben, und sich der Feindschaft so vieler Erlauchter und Hochwürdiger Müßiggänger aussezen.

Der lezte Vorwurf ist noch zu beantworten übrig. Es können nemlich meine Gegner nicht begreifen, wie ein vernünftiges Geschöpf Geduld genug habe, sein ganzes Leben von den ersten Jahren an, bis in das höchste Alter, in einem ununterbrochenen Müßiggange zuzubringen. Ich kann es nicht läugnen, mir war es anfänglich auch ganz unbegreiflich; ich fragte also Seine Excellenz, den Herrn Baron von ***, einen meiner größten Gönner und Beförderer, darum, welcher nunmehr, durch die Gnade des Himmels, und seines ererbten Vermögens, zwey und siebenzig Jahre rühmlichst müßig gegangen ist. Er lag eben auf dem Canapee, und rauchte Taback, da ich ihm meinen Zweiffel vortrug. Allein er lächelte mich mit seiner faulen Miene an, und sagte: Sind Sie auch so ein Narr, Herr Panßa? Wissen Sie das noch nicht? Nach Tische will ich es Ihnen sagen, wenn ich Zeit haben werde. Aber bis izt hat er noch keine Zeit gehabt; und er wird verdrüßlich, wenn ich ihn an seine Versprechen erinnere. Ich muß also warten, bis die glückliche Stunde kömmt, wo er sich die Zeit nehmen wird, mir das grosse Geheimniß zu entdecken. Bis dahin müssen sich meine Leser gedulden; ich kann ihnen nicht helfen.

Damit ich aber doch etwas thue, so will ich der Welt eine kurze Nachricht von diesem patriotischen Müßiggänger geben. Sein Vater, welchen die

Nachbarschaft nur unter dem Namen des alten Junkers kannte, war wegen seiner Wuchereyen berühmt. Er hielt die empfindlichsten Vorwürfe aus, um ein pro Cent mehr zu gewinnen. Sein Haus war ein Magazin von Geräthe, und andern Sachen, welche die Nothdürftigen in dasiger Gegend bey ihm, als Pfänder, versezten. Durch beständige Processe gewann er beynahe mehr, als sein Advocat; er stritt mit allen Nachbarn, und brachte die ansehnlichsten Familien an den Bettelstab. Mit einem Worte; er scharrete ein erstaunendes Vermögen zusammen, welches er seinem einzigen Sohne, meinem größten Mäcenaten hinterließ. Dieser kam auf die Welt, da sein Vater schon fünf und sechzig Jahr alt war. Die Feinde seiner Mutter, einer jungen und liebenswürdigen Frau, hielten seine Geburt für sehr problematisch, und machten seinen Vater, nicht so wohl durch die Vorstellungen, daß er ein Hahnrey seyn könnte, als vielmehr dadurch unruhig, daß er einen ziemlichen Theil seines Vermögens auf die Erziehung dieses ungehosten Kindes würde verwenden müssen. In dieser ängstlichen Ungewißheit blieb er fast ein halbes Jahr, da er endlich merkte, daß dieses Kind sehr wenig Nahrung zu sich nahm, und wenn es am heftigsten weinte und schrie, dennoch den Augenblick beruhigt ward, und munter lächelte, so bald man mit einem Beutel voll Geld klirrte. Diese Sparsamkeit, und dieser natürliche Hang zum Gelde überzeugte ihn, wider alle Vorwürfe der Natur, daß dieses Kind sein leiblicher Sohn sey. Er freute sich

über

über dse Entdeckung; er nahm sich großmüthig vor, seinem Sohne eine anständige Erziehung zu verschaffen, und ihn schreiben und rechnen zu lehren.

Dieses liebenswürdige Kind gab gar zeitig die deutlichsten Merkmale von sich, daß ihn die Natur erschaffen habe, nichts zu thun. Er schlief beständig, und niemals ruhiger, als an der Brust seiner Amme. Mit dem ersten Jahre wollte man ihn entwöhnen; aber es war ihm viel zu mühsam, zu kauen: man sah sich daher genötigt, ihn bis ins dritte Jahr zu stillen. Bis ins zehnte Jahr gängelte man ihn, weil er niemals lernen wollte, allein laufen, sondern beständig im Stuhle sizen blieb. Um diese Zeit fieng er auch an zu reden, aber sehr langsam; und noch izt ist seine Sprache so lallend, wie die Sprache eines Kindes; denn er glaubt, es entkräfte ihn zu sehr, wenn er ordentlich und vernehmlich rede. Des Wohlstandes wegen hielt man ihm einen Hofmeister, welcher sehr scharfen Befehl hatte, das gute Kind nicht zu übertreiben, am wenigsten strenge zu halten. Es blieb ihm also weiter nichts zu thun übrig, als dieses, daß er seinen Schüler früh um sehn Uhr aufweckte, bis um zwölf Uhr anziehen ließ, über der Tafel für seine Nahrung sorgte, nach Tische sich neben das Canapee sezte, und von dem kleinen Junker, so lange er Mittagsruhe hielt, die Fliegen abwehrte, hernach Caffee mit ihm trank, ein paar Stunden spazieren gieng, um ihn zum Abendessen vorzubereiten, und wenn auch dieses überstanden wär, ihn endlich zu seiner Ruhe brachte. Dieses waren die

L 4

tägli-

täglichen Beschäftigungen seines Hofmeisters. Wie viele geschickte Hofmeister würden in der Welt seyn, wenn man auch so billig wäre, von ihnen weiter nichts zu fodern, als was der alte Junker von diesem foderte! Ungeachtet dieser spielenden Art zu unterrichten, war doch unser junger Herr schon im achtzehnten Jahre so weit gekommen, daß er buchstabiren konnte. Um deswillen schickten ihn die Vormünder auf die hohe Schule, wo er drey Jahre lang schlief und aß; und nach rühmlichst absolvirten akademischen Studien, wie ihm alle Professores und Weinschenken bezeugten, mußte er auf Reisen gehen. Man packte ihn also, unter der Begleitung eines alten Kammerdieners, und eines erfahrnen Kochs, in einen sehr bequemen Reisewagen, und fuhr ihn fast zwey Jahre, in Deutschland, Frankreich, und den Niederlanden herum. Alsdann ließ ihn seine gnädige Mama nach Hause kommen, um zu sehen, wie sich ihr einziger lieber Sohn in fremden Landen gemästet habe. Man wog ihn den Augenblick, da er vom Wagen stieg, denn man hatte ihn bey seiner Abreise gewogen; und da fand man ihn, zum unaussprechlichen Vergnügen seines hohen Hauses, zwanzig Pfund schwerer, als vor zwey Jahren. Den nächsten Sonntag darauf mußten alle Bauern Gott danken, der diese Reise so augenscheinlich gesegnet hatte. Es gab in der Nachbarschaft leichtsinnige Gemüther, welche über diesen zwanzigpfündigen Segen spotteten; aber ich glaube nicht, daß sie recht thaten. Wie viele von unsern jungen Edelleuten

gehen

gehen in fremde Länder, und haben von ihren kostbaren Reisen so vielen Nuzen bey weitem nicht, als dieser hatte! Durch den Tod seiner Mutter, welcher kurz darauf erfolgte, sah sich unser Junker genöthigt, die Verwaltung der Güter selbst zu übernehmen. Weil er aber noch izt eben die gemächliche Lebensart führte, die er unter der Aufsicht seines Hofmeisters geführt hatte; so war es ihm nicht zuzumuthen, daß er sich um die Einnahme und Ausgabe selbst bekümmern sollte. Er trug also diese gemeine Arbeit einigen seiner Bedienten auf; und weil er sieht, daß ihm weder am Essen, Trinken, noch einiger Art der Bequemlichkeit etwas abgeht, so ist er mit ihrer Verwaltung sehr wohl zufrieden. Sie werden reich, und er wird fett. Das ist alles, was er wünscht, denn dazu ist er zu faul, daß er geizig seyn, und erst mühsam untersuchen sollte, wo seine Bedienten in so kurzer Zeit zu einem ansehnlichen Vermögen gelangen können. Er hat sich niemals entschliessen können, zu heyrathen; denn seine Lehensfolger haben ihm bey aller Gelegenheit die schrecklichsten Vorstellungen gemacht, wie mühsam der Ehestand sey. Die schwerste Arbeit, die er in seinem Leben unternommen, und glücklich ausgeführt hat, ist diese, daß er in seinem fünfzigsten Jahre Baron geworden ist. Aber auch diese hat ihn tausendmal gereut, wenn er an die unruhigen Zeiten des fürchterlichen Bernhards von Gallen zurück gedacht, und sich die Möglichkeit vorgestellt hat, daß bey einem allgemeinen Aufgebote der Ritterschaft er vielleicht mit aufsizen, und

L 5 als

als Baron sich an die Spitze stellen müsse, da er außerdem, als ein gemeiner Edelmann, sich in dem dicksten Haufen unbemerkt verbergen können. Denn der Blutdurst ist sein Fehler nicht, ob er sich schon niemals ohne Harnisch malen läßt; und aus Liebe zur Ruhe, und einer guten Gemächlichkeit, bittet er Gott brünstig um die Erhaltung des lieben Friedens. Vor drey Wochen hat dieser ehrwürdige Greis sein zwey und siebenzigstes Jahr angetreten, und den billigen Vorsaz gefaßt, den Rest seiner Tage in Ruhe zuzubringen. Zu dem Ende hat er sich ein geraumes Canapee mit Stahlfedern machen lassen, in welchem er von zehn Uhr des Morgens, bis Abends um acht Uhr wohnt, und unter Essen, Trinken und Tobackrauchen, in der Gesellschaft einiger artigen Möpse, seinen Tod ruhig erwartet. Das Einzige, was ich wünsche, ist dieses, daß ihm der Himmel nur so lange noch sein theures Leben fristen möge, bis er mir und meinen Lesern die schwere Frage aufgelöst hat, wie es möglich sey, daß ein vernünftiges Geschöpfe Geduld genug habe, sein ganzes Leben, von den ersten Jahren an bis ins hohe Alter, in einem ununterbrochenen Müßiggange zuzubringen? Sollte ihn aber der Tod dahin raffen, ehe wir dieses von ihm erführen; so wird uns doch sein ungeschäftiges Leben zu einem Beweise dienen, daß auch ein Müßiggänger in seinem Alter nichts thue, da er in seiner Jugend nichts zu thun gewohnt gewesen ist.

Der Saz ist sehr richtig, daß man schon in dem Knaben den Mann erblickt, und aus den Handlungen

gen der Kinder mit einiger Zuverläßigkeit prophezeihen kann, was für eine Rolle sie bey zunehmenden Jahren, und im Alter spielen werden. Mein Onkel ist ein alter Winkelschulmeister, und hat sich durch seinen Fleiß so beliebt gemacht, daß ihm fast die halbe Stadt ihre Kinder zur Unterweisung anvertraut. Dieser Gelegenheit bediene ich mich, Betrachtungen anzustellen. Ich bin beständig unter diesen Kindern, die ich mir durch kleine Gefälligkeiten verbindlich zu machen gewußt habe. Da sie mich gewohnt sind, und ich bey allen ihren kindischen Thorheiten freundlich bleibe; so verstellen sie sich in meiner Gegenwart nicht, und ich erlange dadurch das Vergnügen, mit einem prophetischen Auge in die Nachwelt unsrer Stadt zu sehen, und für sie tausend gute und schlimme Folgen zu entdecken, die andern, welche nicht so aufmerksam sind, ganz verborgen bleiben. Ja, ich bin so weit gekommen, daß ich mir getraue, mit einer ziemlichen Gewißheit zu bestimmen, was wir in fünfzehn Jahren für neue Secten in der Kirche haben werden, wie es mit der Handlung stehen wird, welche Art von Wize alsdann Mode seyn wird, und ob die Aemter auf dem Stadthause eben so unachtsam, und mit eben der Ungeschicklichkeit, wie izt, werden verwaltet werden. *) Ich habe hiebey eben die Belustigung, die ein Mensch hat, der mit einem Sehrohre

*) Der Verleger erinnert hiebey, daß Herr Anton Pansa dieses in J....., einem Städchen in Westphalen schreibt, wie im Eingange dieser Sprüchwörter angemerkt worden ist.

rohre meilenweit neue Aussichten und Gegenden entdeckt, die denen ganz unbekannt bleiben, welche bey ihren schwachen Augen nur wenige Schritte vor sich hinsehen können. Da ich, als ein wahrer Menschenfreund, niemals ein Vergnügen allein geniessen kann; so will ich auch dieses mit meinen Lesern theilen, und ihnen von einigen Knaben die Charaktere beschreiben, die ich an ihnen entdeckt habe. Sie können solche als moralische Aufgaben ansehen; denn ich überlasse ihnen das Urtheil, was für ein Mann aus einem jeden dieser charakterisirten Knaben werden dürfte.

Christoph, der Junge eines Hufschmidts, hat niederhangende Augenbraunen, unter denen er tückisch hervor guckt. Er spricht wenig mit andern Jungen; mit sich selbst aber redet er beständig. Wenn er allein zu seyn glaubt; so streichelt er sich mit einer schmeichelhaften und beyfälligen Art auf den Backen, und heißt sich den grossen Christoph. Wenn er zween Jungen auf der Gasse beysammen sieht; so glaubt er, daß sie mit Bewunderung von den Vocabeln reden, die er gestern in der Schule gelernt hat. Er weiß mit einer wohlausgesuchten Unachtsamkeit den Donat, oder ein anderes Schulbuch vor der Werkstätt seines Vaters liegen zu lassen, damit die Vorbeygehenden merken sollen, daß in diesem Hause der gelehrte Junge wohnt, der lateinisch lernt. Vor ein paar Wochen warf dieser Bube dem Capellan vor, daß er in der Kinderlehre den Spruch unrichtig gebetet habe, und so bald er nach Hause kam, erzählte er es seiner

Mutter,

Mutter, mit grossem Geschreye, daß er den Spruch besser beten könnte, als der Magister. Schreiben kann er noch nicht, denn er ist erst neun Jahr alt: dem ungeachtet schmiert er sich beständig Dinte an den Finger, damit die Bürger glauben sollen, Schmidts Christoph könne schon schreiben. Ja er geht so weit, daß er Dintenflecken in die Wäsche macht; und als ihm seine Mutter unlängst dieses mit ein paar Ohrfeigen verwies, so war der kleine Schurke so boshaft, daß er sie mit einer verächtlichen Miene ansah, und ihr vorwarf, sie rede, wie der unwissende Pöbel, der es auch nicht besser verstehe. Nichts thut er lieber, als daß er mit der Feder ein Blatt Papier voll krizelt, und mir sodann mit einer tiefen Verbeugung solches überreicht, wobey er mich allemal mit den Worten anredet: Nach Stand und Würden geehrter Leser. Ich gebe ihm gemeiniglich dafür einige Kreuzer, und lasse mir erklären, was er eigentlich geschrieben haben wolle. Im Anfange schrieb er nichts als Gesangbücher. Hierbey hätte er gar wohl können stehen bleiben, da es ehrwürdige Männer giebt, die auf die Unsterblichkeit einen Anspruch machen, wenn sie die christlich singende Gemeine mit einem vermehrten, und verbesserten Gesangbuche irre gemacht haben: Aber mein ehrgeiziger Christoph gieng weiter. Denn da er das kleine a. b. c. schreiben konnte; so schmierte er einen Bogen in Quart voll, und sagte, er überreiche mir den ersten Band seiner Herzenspostille. So viel muß ich ihm nachrühmen, daß ich diesen Bogen durchsehen konnte,

ohne

ohne zu gähnen, und ohne zu schlafen; ich vergaß aber damals, ihm seine gewöhnlichen zween Kreuzer zu geben, welches den Buben dergestalt ärgerte, daß er allen Leuten sagte: Herr Anton Panßa ist ein Feind der Geistlichen, und kann nicht einmal Geschriebenes lesen. Noch weit schlimmer gieng es in voriger Woche einem von seinen Mitschülern, welchem er einen vollgekrüzelten Zettel wies, und ihn bereden wollte, es sey ein Kalender, den er geschrieben habe. Weil aber dieser arme Knabe in seiner Einfalt sagte, das wäre nur ein Wisch, und kein Kalender; so drückte ihn Christoph unter sich, (denn handfest ist Christoph) und prügelte ihn unbarmherzig, damit er gestehen sollte, es sey ein Kalender; und weil er das nicht thun wollte, (denn gemeiniglich sind die Leser eigensinnig,) so kniete er ihm auf den Leib, und wollte ihn mit geballter Faust zwingen, das Blatt zu fressen; ja er stopfte es ihm bereits ins Maul, als ich unverhoft dazu kam, und den unschuldigen Knaben rettete. Was glauben meine Leser, was wird wohl aus diesem Christoph mit der Zeit werden?

Der Herr Fiscal, mein Nachbar, hat zween rothköpfigte Jungen, über die ich mir viel Sorge mache. Der älteste wird ungefähr fünfzehn Jahr alt seyn. Er weiß mit einer gefälligen Art sich in allen Häusern einzuschmeicheln, und dieses thut er nur in der Absicht, seiner neugierigen Mutter ins Ohr zu sagen, wo frische Kuchen gebacken werden, in welcher Familie Caffeebesuch erwartet wird, ob es wahr ist, daß jener Nachbar seine Frau prügle, und was eigentlich

die

die Ursach seyn müsse, warum diese oder iene Frau ihre Magd mit Ohrfeigen aus dem Dienste gejagt hat. Alle diese gleichgültigen Zeitungen gewinnen in dem Munde dieses kleinen Spions ein boshaftes Ansehen; und er hat sich von seiner horchenden Mutter bereits alle die vielbedeutenden, und richtenden Mienen angewöhnt, welche sie bey der Anhörung eines neuen Mährchens macht. Diese Mienen machen seine Erzählungen doppelt gefährlich, weil man dabey lachen muß. Kann er seiner Mutter keine neuen Klätschereyen von andern Familien erzählen, so geht er in fremden Häusern herum, und macht seine eigne Mutter lächerlich.

Der andere Junge, welcher erst vor ein paar Monaten ins vierzehnte Jahr getretten ist, scheint mir noch weit gefährlicher zu seyn. Er hat durch seine Schmeicheleyen das Herz meines Onkels, seines Schulmeisters, so einzunehmen gewußt, daß er die Schule mehr regiert, als mein Onkel. Schon itzt ist er ein vollkommener Tartüffe. Er begeht alle Bosheiten, deren ein Knabe von seinem Alter fähig ist, und dennoch heißt ihn der Schulmeister beständig seinen lieben Sohn, sein bestes Kind. Er hat ihm um deswillen aufgetragen, in seiner Abwesenheit auf die übrigen Knaben Achtung zu geben, und es ihm treulich zu hinterbringen, wenn einer oder der andere nicht stille sizt, und kindische Ausschweifungen begeht. Dieses Amt macht den Buben dem ganzen Haufen schrecklich, und er mißbraucht es eben so, wie mancher fürstliche Bediente, dem die Aufsicht über einen Theil

des

des Landes aufgetragen ist. Die Jungen, die ihn vordem gerauft, oder ihm den Hut vom Kopfe geschmissen haben, verfolgt er unbarmherzig. Eine Rache ist ihm zu wenig; dadurch wird er noch nicht besänftiget: er rächt sich, so oft er kann. Merkt er, daß einer von ihnen Nüsse, oder Aepfel im Schubsacke hat, so stellt er ihm so lange nach, bis er ihn auf einem Versehen ertappt; und alsdann ist nichts möglich, diesen Unglückseligen von der Anklage zu retten, als wenn er ihm seine Nüsse und Apfel aufopfert, die er gleichwohl mit der grossen Miene eines Richters annimmt, welcher sich bestechen läßt, und doch auf den Schein einer unpartheyischen Gerechtigkeit eifersüchtig ist. Seine Leichtfertigkeit geht so weit, daß er anfänglich die boshaftesten Streiche anstellt, und sodann mit der heuchlerischen Miene, als ob es ihn bitterlich gereue, sich selbst anklagt, um seine Gespielen in Strafe zu bringen. Wenn einer von ihnen wegen einer That gezüchtiget werden soll, deren er noch nicht überwiesen ist; so ist dieser verrätherischer Bube allemal bereit, wider ihn zu zeugen. Findet er gar keine Gelegenheit, diesen oder jenen zu verklagen; so reißt er selbst einige Blätter aus dessen Buche, und verklagt ihn wegen dieser Unordnung beym Schulmeister. Vor kurzem ward er über einer solchen Bosheit ertappt. Der ganze Haufe seiner Mitschüler wachte wider ihn auf, und öfnete dem alten Lehrer die Augen, und entdeckte diesem eine ganze Menge von Bosheiten, die er bisher niemals hatte glauben wollen. Mein Alter gerieth in

die

die grimmige Wuth eines verspotteten Lehrmeisters. Er faßte ihn bey den Hosen, und stäupte ihn vor den Augen der jauchzenden Schüler, von denen einige so dienstfertig waren, ihn zu halten, um ihn die Strafe besser fühlen zu lassen. Was sollte der arme Inquisit thun, da er überzeugt war, und sich weder entschuldigen, noch retten konnte? Er hielt seinen Schilling bußfertig aus, kroch zu den Füssen seines beleidigten Lehrers, gestand sein Verbrechen, versprach Besserung, und bat es ihm mit Thränen ab. Das that er, um das Vertrauen dieses leichtgläubigen Alten, und seinen vorigen Posten wieder zu erlangen, damit er sich an denen rächen könne, welche itzt über ihn triumphiret hatten. In wenig Tagen war er wieder der vertraute Liebling, der er sonst gewesen. Nun ist er seinen Mitschülern weit gefährlicher, als jemals. Es ist keine Art der Verfolgung, die er nicht wider sie ausübt. Mein Onkel ist ein Liebhaber von jungen Tauben; der Bösewicht weis das, und dreht ihnen allen in einer Nacht die Hälse um. Den Morgen darauf wird eine scharfe Untersuchung angestellt. Unser Tartüffe tritt auf, und zeiht die That dem Sohne eines Barbiers, dessen unversöhnlicher Feind er ist, weil dieser bey der grossen Execution ihm die Hosen gehalten hatte. Was für Ungerechtigkeiten wird dieser Knabe in zwanzig Jahren begehen, wenn er Stadtschulze werden sollte!

Ich rauche in müßigen Stunden eine Pfeife Taback bey einem Würzkrämer, welcher eine ziemliliche Anzahl Kinder hat. Unter diesen bin ich besonders auf zween Knaben und ein Mädchen aufmerksam.

Der älteste von ihnen ist ein stilles und fleißiges Kind, welches alle Tage seinen Spruch lernt, weil ihm die Mutter für jeden Spruch einen Pfenning giebt. Er bekömmt auch bey andern Gelegenheiten einige Groschen in seine Sparbüchse, die er sehr sorgfältig sammelt, an statt daß seine übrigen Geschwister ihr Geld vernaschen. So oft er aus der Schule kömmt, zählt er nach, ob er sein Geld noch beysammen hat. Er ist in der Kunst, reich zu werden, schon so weit gekommen, daß er einigemal den Bettelleuten den Kreuzer, so er ihnen bringen sollen, untergeschlagen, und ihnen nur einen Heller vor die Thüre gebracht hat. Ein alter Bürger, sein Pathe, der auf Pfänder leiht, hat unaussprechliche Freude über die gute Wirthschaft dieses Knabens. Um ihn besser aufzumuntern, und zugleich seinen Scherz mit ihm zu haben, borgt er ihm von Zeit zu Zeit gegen schriftliche Versicherung einige Groschen auf ein paar Wochen ab, und zahlt sie ihm sodann in neuen Münzen, mit einer starken Interesse zurück. Dadurch ist der Junge schon so weit gekommen, daß er von Agio, von pro Cent, von Versicherung, vom Wechselrechte plaudert.

Sein jüngerer Bruder ist ein munterer Kopf, und zugleich der feinste Bösewicht, den man unter Kindern von zwölf Jahren suchen kann. Er borgte ihm einige Kreuzer ab, und versprach ihm nebst richtiger

Be-

Bezahlung, die Interessen an Kuchen und Obste zu geben. Er zahlte auch die Interessen einige Tage richtig, weil er beredt genug war, seinen übrigen Geschwistern solche abzuschwazen. In kurzem waren sie diese Freygebigkeit überdrüßig. Die Interessen blieben also auſſen, und der Gläubiger drang auf die Bezahlung. Was ſoll unſer junger Schuldner in dieſer Angſt thun? Er hat von dem alten Nachbar geſehen, daß man ein Blatt Papier giebt, welches ein Wechſel heißt: Er thut daher ſeinem wuchernden Bruder den Vorſchlag, daß er ihm das übrige Geld gegen Wechſel auch leihen ſolle, verſpricht ihm dafür, nebſt reichen Intereſſen, alle Zahlpfennige, die er von den andern Jungen gewinnen werde, und nebſt den Zahlpfennigen alle Tage einen Apfel. Dieſe Vorſchläge gefallen; der ältere Bruder leiht ihm, in der Hoffnung eines ſo anſehnlichen Gewinnſtes, die ganze Sparbüchſe, und erhält dafür ein mit Dinte beſchmiertes Zeddelchen, ungefähr von der Gröſſe, wie die Wechſelbriefe des Pathens geweſen waren. Endlich rückte die Verfallzeit heran; aber da war keine Möglichkeit, weder Capital, noch Intereſſen zu bezahlen. Der betrogene Gläubiger klagte es ſeinen Aeltern, und beſcheinigt ſeine Forderung mit dem ausgeſtellten Wechſel, von dem aber ſein Bruder durchaus nichts wiſſen wollte. Ich war eben zugegen. Der Vater lachte über dieſe leichtfertigen Betrügereyen; ich aber erſchrack ungemein, weil ich bey beyden die Folgen überſah, die ihre Wucherey und ihre Verſchwendung in künftigen Jahren haben würde.

würde. Inzwischen entschied sich, auf meine Pare‐
re, der ganze Concurs mit ein paar Ohrfeigen, die
Kläger und Beklagter zu gleichen Theilen bekamen.

Ich war aber doch neugierig, zu erfahren, wo
dieser kleine Bankerottirer das erborgte Capital hin
gethan hätte; und die Schuld kam auf seine jüngere
Schwester, welche der Knabe unendlich liebte. Diese
hatte ihm mit guten Worten, oder im Spielen, oder
auch unterm Vorwande, sich einige Tändeleyen zu
kaufen, das meiste von dem geborgten Gelde abzu‐
schwazen gewußt, und, wenn er etwann einmal un‐
erbittlich war, ihm gedroht, der Mutter zu entdecken,
daß er einen Theil davon vernascht habe. Ich er‐
staunte über diese gewinnsüchtige Bosheit, so sehr
ihre Mutter darüber lachte. Ich drang mit Ernst
darauf, daß das Mädchen vorgefordert werden
mußte. Sie trat ganz unerschrocken in die Stube,
laugnete die ganze Anschuldigung, fuhr ihrem dienst‐
fertigen Bruder, der sie verrathen hatte, nach den
Augen, und trozte auf ihre Unschuld. Endlich ward
ihre Sparbüchse geholt, und hier fand man das
Corpus delicti. Ich, als ein strenger Richter, that
den Ausspruch, daß sie dem ältern Bruder das Geld
wieder geben, und ihm einen Theil seines übrigen
Verlusts ersezen sollte. Sie zitterte über mein Ur‐
theil, daß ich sogleich selbst vollzog, und sie bezeigte
sich dabey so jämmerlich, als sich die Frau eines
bankerotten Kaufmanns kaum bezeigen kann, welche
durch ihren Aufwand und Eigennuz ihn in dieses
Unglück gestürzt hat, und wider alle Landesgeseze
und

und Gewohnheiten nunmehr angehalten werden soll, mit ihrem zusammengeplünderten Vermögen die betrognen Gläubiger zu bezahlen.

Ich hoffe, es soll meinen Lesern nicht schwer fallen, zu errathen, was für Rollen diese drey Geschwister in ihren ältern Jahren spielen werden.

Ich vergnüge mich oft durch die Unterredung mit einem Knaben, der bereits in seinem dreyzehnten Jahre alle Eitelkeiten eines Theatermarquis hat. Er beschäftigt sich beständig mit der Erhaltung seiner glatten Haut, er lockt seine gelbe Haare sorgfältig, und kleidet sich so reinlich, als es die Armuth seiner Aeltern erlaubt. Er lächelt immer, er verliert niemals seine kleine erobernde Miene, und so gar alsdann sieht er noch süsse und zärtlich aus, wenn er meinem alten Onkel in seine stäupenden Hände fällt. So bald er einige Kreuzer zusammen gespart hat, so kauft er sich ein Bändchen, oder eine andere dergleichen Tändeley. Er geht sehr ehrerbietig und geheimnißvoll damit um; und wenn er endlich die andern Jungen neugierig gemacht hat, so läßt er sich mit vieler Mühe das Geheimniß ablocken, daß dieses Bändchen ein vertrautes Geschenk von Nachbars Lieschen sey. Er geht oft in Gedanken, sieht traurig aus, und seufzet; zu einer andern Zeit stolpert er triumphirend durch die Gasse, und läßt die armen Mädchen verzweifeln. Ich bin sein Vertrauter. Er entdeckt mir alle Anfälle, die die Mädchen auf ihn thun, und weil ich weiß, daß diese Art von Narren nicht leicht anders, als durch die Zeit zu bessern ist, so lasse ich ihn ruhig in dieser Narrheit, damit er nicht in eine noch grössere fallen möge. Die einzige Sorge, die ich mir dabey mache, ist seine Dreistigkeit, mit welcher er sich in die Gesellschaft von Mädchen drängt, bey denen er oft, und besonders seit einigen Wochen so unverschämt wird, daß die Mädchen im Ernste anfangen, ihn lieb zu gewinnen. Eine von ihnen, die ungefähr in seinem Alter seyn wird, ist schon so weit verführt, daß sie ihn vorgestern sehr vorsichtig auf die Hand schlug, und den losen Christel hieß.

Damit ich diesen siegenden Corydon ein wenig in der Demüthigung erhalte; so bediene ich mich der Großsprecherey eines andern Knaben, den ich wider ihn zum Nebenbuhler aufheze. Dieser besizt bey der größten Feigherzigkeit dennoch, wie gewöhnlich, die Gabe, alle Welt zitternd zu machen. Wenn er auf der Gasse geht, so drückt er seinen Strohhut tief ins Gesicht, ist in seinem Anzuge unordentlich, und fährt allen Jungen in die Haare, die schwächer, oder noch furchtsamer sind, als er. Er ist so sinnreich, daß er sich alle Vorfälle zu Nuze machen, und neue Beweise seiner Tapferkeit daher nehmen kann. Er mag nun von der Treppe herab fallen, oder von der Mutter blau geprügelt worden seyn, so erzählt er die Sache allemal zu seinem Vortheile, und versichert seine Mitschüler mit männlichen Schwüren, daß er diese Striemen bekommen, als er ein gewisses Mädchen, das er nicht nennt, einem gewissen Jungen, den er auch nicht nennen will, vor einer

einer gewissen Hausthüre, die sie wohl selbst errathen würden, abgejagt, und sie im Triumph nach Hause geführt habe.

Ich hoffe, durch diese Exempel bewiesen zu haben, daß zwischen dem Knaben und dem Manne kein Unterschied ist, als die Grösse, und daß man schon aus seinen kiudischen Handlungen die Thorheiten, oder auch die Bosheiten bestimmen kann, durch die er sich bey zunehmenden Jahren lächerlich, oder verhaßt machen wird.

Meine Leser werden sich eine ganz besondere Art des Vergnügens verschaffen, wenn sie mit kritischer Aufmerksamkeit, eben so, wie ich es in der Schule meines Onkels thue, auf ihren eignen Familien, oder auf die Kinder anderer Leute Acht haben, und urtheilen, was sich die Nachwelt von diesen jungen Bürgern zu versprechen habe. Vielleicht hat so dann die Aufmerksamkeit auch den Nuzen, daß man die Fehler dieser Kinder durch eine desto sorgfältigere Erziehung zu bessern sucht.

Gut macht Muth.

Da das Geld alle Verdienste in sich begreift, deren ein Mensch fähig ist; so ist auch nichts natürlicher, und billiger, als der Stolz eines Menschen, welcher dergleichen baare Verdienste besizt. Dieser einzige Umstand macht den wesentlichen Unterschied zwischen einem vernünftigen Geschöpfe, das reich, aber geizig ist, und zwischen einem Maulesel, der die Schäze seines Herrn auf dem Buckel trägt. Dieser versteht die Kraft seiner Schäze nicht, und eben um deswillen hängt er die demüthigen Ohren: Jener versteht die Verdienste, die auf dem Gelde ruhen, und deswegen verachtet er die Armen.

Das Urtheil der ganzen Welt rechtfertigt den Stolz des Reichen. Er wird geliebt; man bemüht sich, seine Freundschaft zu gewinnen; man verehret, man vergöttert ihn. Er ist von geringem Herkommen; aber er ist reich. Seine Aufführung ist so niederträchtig, wie seine Erziehung; aber er ist reich. Wenn er lacht, so lacht er wie ein Thor, und wenn er seine wichtige Amtsmiene annimmt, so sieht er wie ein Narr; aber er ist reich. Seine Bosheit, mit welcher er das Armuth niederdrückt, seine Ungerechtigkeit verdient den Strang: Kleinigkeiten! Nur ein Mensch, der die Welt nicht kennt, wird so einfältig urtheilen. Gargil, denn ich weiß es doch, du meynest Gargilen, Gargil, der Sohn des vergeßnen Tagelöhners, ist hochgebahren, wohl gesittet, wizig in seinem Scherze, und verehrungswürdig in seinen Geschäften; ein Vater der Armen, ein Patriot! Denn Gargil ist ein Herr von Millionen!

Aber ein Unglücksfall, oder die Gerechtigkeit, welche nie zu spät erwacht, raubt diese Millionen dem trozigen Gargil, und macht ihn ärmer, als sein Vater war: Was glaubt die Welt nun von ihm? Man erschrickt über seinen Fall; man verflucht sein Andenken, und morgen ist er vergessen!

Ein

Ein sichrer Beweis, daß man alle diese Schmeicheleyen seinem Gelde, und nicht eine einzige seiner Person gemacht hat. That Gargil wohl unrecht, wenn er sich Mühe gab, seine Schäze zu häufen, wenn er nur auf seine Schäze stolz war; wenn er zweifelte, ob Arme unter die vernünftigen Geschöpfe gehörten, die seine Achtung und Vorsorge verdienen könnten?

Ich habe angemerkt, daß man wider diejenigen, welche wie Gargil denken und sammeln, die unbarmherzigsten Spöttereyen vorbringt. Nie ist der Gelehrte und der Ungelehrte in seinen Vorwürfen bitterer, als wenn er wider den Geiz und die Reichen eifert. Mich dünkt, es ist hierbey eine sehr grosse Ungerechtigkeit. Nicht Gargil, sondern die Welt ist an allen diesen Thorheiten Schuld. Hätte man mehr Hochachtung für die Tugend; rühmte man denienigen, als einen verehrungswürdigen Mann, welcher durch seine Vorsorge tausend Familien glücklich zu machen sucht, welcher an seinen eignen Vortheil zulezt, und zuerst an das Wohl derjenigen denkt, die seiner Aufsicht empfohlen sind; wüßte die Welt diese Verdienste nach Würden zu schäzen: So würde Gargil sich eben so viel Mühe gegeben haben, tugendhaft, mitleidig und großmüthig zu seyn. Es ist allemal leichter, tugendhaft zu seyn, als durch Laster sich empor zu schwingen. Die beruhigende Zufriedenheit, welche ein Tugendhafter bey seinen Handlungen empfindet, ist der angenehmste Lohn, von welchem der Lasterhafte nichts weiß, und dessen Grösse ihm doch, mitten in seiner Pracht, die empfindlichsten Vorwürfe macht. Aber Gargil verlangte, groß und angesehen zu werden; und er kam in eine Welt, welche nur die blendenden Reichthümer verehrte, die stillen Tugenden eines redlichen Herzens aber für bürgerliche Vorzüge hielt. Wer hatte nun die meiste Schuld? Gargil, oder die Welt.

Diese ungerechten Vorurtheile der Welt sind Ursache, daß die Tugend allemal schüchtern zurücke tritt, und in dem Getümmel der reichen Thoren sich verdrängen lassen muß. Ein Mann, der die Pflichten gegen Gott, und seinen Fürsten kennt, der diese Pflichten sorgfältig beobachtet, der sie andre lehrt, der durch diese Lehren und seine Exempel dem Staate tausend gute Bürger schafft: Dieser rechtschaffne Mann lebt unbemerkt, und stirbt unbeklagt; denn er ist arm. Er hatte nicht Muth genug, sich der Welt zu zeigen: denn seine und andere Erfahrung hatte es ihn gelehrt, daß die Welt ihn verachten müsse, so bald sie ihn erblicke.

Es kann dieses genug seyn, zu beweisen, daß das Sprüchwort: Gut macht Muth, sehr gegründet ist. Zugleich habe ich die Ursache davon angeführt; und weil ich eben nicht nöthig habe, auf die Reichen eifersüchtig zu seyn, so bin ich so gerecht gewesen, zu zeigen, daß die Schuld nicht so wohl an den Reichen, als an den Vorurtheilen der Welt liegt Mit einem Worte: Ich glaube, ich habe alles gethan, was man von einem unpartheyischen Moralisten verlangen kann. Nun will ich auch die andere
Seite

Seite von meinem Sprüchworte ansehen, und meine Betrachtungen über diejenigen mittheilen, welche ohne Gut muthig genug, und in Gesellschaften vielmals weit unerträglicher sind, als ein hochmüthiger Reicher.

Wer ist der schmutzige Cynicker, welcher dort an seinem Pulte die Nägel kaut, und mit einer bittern Wuth lächelt? Es ist der Sittenrichter, welcher die Welt verachtet, um sich an der Verachtung der Welt zu rächen. Sein zerißner Mantel bedeckt ein stolzeres Herz, als unter manchem Ordensbande nicht bedeckt liegt. Er ist eben derjenige, der am meisten wider die eifert, welche Verdienste nicht belohnen, da sie doch die Gewalt hätten, ihn aus seinem gelehrten Staube hervorzuziehen. Ihm fehlt Geburt, und Glück, und Geschicklichkeit, sich durch Fleiß und gefälligen Umgang beliebt zu machen. Er spottet also über die Pracht der Grossen, und nennt sie glänzende Thoren, um einen Vorzug verächtlich zu machen, der ihm mangelt. Haben diese Reichen ein Vorrecht vor ihm, glücklich zu seyn? Versteht wohl einer von ihnen die gelehrten Sprachen, die unser Timon besser versteht, als seine Muttersprache? Die Sitten der Griechen sind ihm bekannter, als die Sitten der Zeiten, in denen er lebt. Wagt es einmal, und laßt euch mit ihm an seinem Pult in eine Unterredung ein: Er wird eure Unwissenheit beschämen; er wird euch mit Syllogismen stumm machen, die ihr nicht einmal zu nennen wißt. Ihr werdet auf seiner Studierstube eben so unwissend und albern vor ihm da stehen, als er in eurem Vorzimmer vor euch zittert. Sind dieses nicht Verdienste genug, welche belohnt werden sollen, welche dem Timon ein Recht geben, bey seiner gelehrten Armuth stolz zu seyn, und Muth genug zu haben, die Eitelkeit der prächtigen Elenden zu verachten, welche weder Griechisch noch Latein verstehn, welche den Hektor für eine grosse Dogge halten, welche sich einbilden, bündig zu denken, und doch nicht einmal wissen, in welcher Form sie denken, welche bey aller dieser Unwissenheit dennoch das prächtige Glück geniessen, das nur der weise Timon geniessen sollte, wenn der Himmel gerecht, und die Welt erkenntlich wäre? Mitten in seiner Armuth ist Timon so muthig, daß er mit dem Himmel und der Welt zankt, daß er auf sein Elend stolz ist, von welchem er sich nicht los zu wickeln weiß.

Man glaube nur nicht, daß Timon beständig so großmüthig gedacht hat. Der erste Schritt, den er aus der Schule in die Welt that, war, seinen Wünschen und seiner Einbildung nach, der Schritt zu Reichthum und Ehre. Er kroch bettelnd vor den Füssen derjenigen herum, die izo sein pedantischer Stolz verachtet. Er suchte ihren Beyfall auf eine niederträchtige Art zu gewinnen. Er rühmte ihre Verdienste; und ihren Verstand; zwo Sachen, die er ihnen izt gar abspricht. Die Sprache der Götter, welche bey uns der Mißbrauch zur Sprache der Bettler gemacht hat, war diejenige, die er mit ihnen am liebsten redete, weil sie gemeiniglich baar bezahlt wird.

wird, Er beunruhiget die Asche der alten Helden, um wenigstens einen zu finden, mit dem er seinen Mäcenat vergleichen könnte. Nur der Nachwelt sang er dessen Ruhm vor: Die Nachwelt horchte erstaunt, wenn er sang; und sein unempfindlicher Mäcenat schlief darüber ein. Mit einem Worte: Timon erlangte seinen Zweck nicht. Er schmeichelte zwar, aber nicht in der Sprache des Hofs, die Sprache eines Pedanten war es. Dieses machte ihn lächerlich; und weil er nicht leiden wollte, daß man über ihn spottete, und ihn mit seiner Weisheit zum Narren machte, (ein Weg, welcher zu seinem Glücke der nächste hätte seyn können,) so verließ er murrend den undankbaren Hof, verschloß sich bey seinem Pulte, fühlte seinen Hunger, aber auch seinen Werth, hüllte sich also stolz in seine eigne Gelehrsamkeit ein, und verachtete den erlauchten Pöbel; denn so nannte er diejenigen, deren Glück er besungen hatte, und nunmehr beneidete. Zwar anfangs kam es ihm schwer an, etwas zu sagen, was wider seine eigne Empfindung war; aber die fortdauernde Verachtung, und die Gewohnheit, dergleichen täglich zu sagen, hat es bey ihm so weit gebracht, daß er sich beredet, er eifre mit Ueberzeugung, und aus einer philosophischen Großmuth. Nun ist er bey seiner Armuth stolz, und verachtet alle diejenigen, welche in Ansehen und Ueberflusse leben.

Diese Anmerkung ist der wahre Schlüssel zu den meisten Satiren wider den Reichthum, und das Glück der Großen. Die-

Diejenigen, welche reich gewesen, und durch verschiedne Unglücksfälle arm geworden sind, gehören auch zu denen, die wider den Reichthum eifern. Sie haben ihre Schäze verlohren; aber den Muth haben sie noch behalten, andre zu verachten. Wider die Armen dürfen sie ihre Verachtung nicht äussern; denn sie sind selbst arm geworden: Sie verachten also die Reichen, wie Timon, und mit viel stärkerer Bitterkeit, als er; da sie wirklich dasjenige genossen haben, was jener nur wünschte. Das traurige Andenken ihres vorigen Glücks macht sie wütend, so, wie der Haß eines Renegaten weit unversöhnlicher ist, als der Haß eines gebohrnen Muselmanns.

Von diesen beyden Exempeln von dem Muthe der Armen will ich noch das dritte nehmen.

Ein Mann, der seine Pracht nur durch das erborgte Geld seiner betrognen Gläubiger unterhält, ist, wie mich dünkt, unendlich ärmer, als ein Mann, der gar kein Vermögen, aber auch keine Schulden hat; und dennoch ist der Muth dieses prächtigen Armen weit unerträglicher, als der Muth eines Reichen.

Ich rede hier von jenem Manne, der die vornehme Kunst gelernet hat, die Einfalt, oder auch den Wucher seiner Mitbürger zu nuzen, und Geld zu borgen, ohne das Vermögen, oder auch nur den Willen zu haben, es jemals wider zu bezahlen. Anfangs gab er sich Mühe, sich den nöthigen Credit durch eine ordentliche und eingeschränkte Wirthschaft zu erwerben. Es gelung ihm, und man hielt ihn
für

für reich, weil er beständig über schwere Zeiten, und die geringe Verlassenschaft klagte, die er von seinen Aeltern überkommen hätte. Er läugnete nicht, daß er Schulden habe; allein er brauchte die Vorsicht, daß er im Stillen borgte, und mit vielem Geräusche dadurch alle Schulden bezahlte. Dieses öffnete ihm die Beutel seiner Freunde, seiner Clienten und aller Wucherer. Nun fieng er an, seine Mienen zu ändern. Er verschwendete mit grosser Pracht. Seine Freunde genossen seine Verschwendung, und zogen ihren Beutel zurück. Seine Clienten zuckten die Achseln, und verlohren dadurch ihren Mäcenaten, ihr Geld und ihre Hoffnung. Aber die Wuchrer drängten sich zu ihm, und hoften bey seinem Untergange Beute zu machen, so, wie etwann ein christlicher Räuber am Strande, unter dem Schuze seiner Geseze, unglückliche Reisende plündert, welche an sein Ufer gescheitert sind.

Aber die Wuchrer haben an ihm einen Mann gefunden, der ihrer werth ist. Sie fodern ihr Geld; aber eher werden sie den Proteus fest halten, als diesen Schuldner. Er empfängt sie mit offnen Armen, oder er läßt sich auch verläugnen; er schmeichelt; er ist frostig; er bittet freundschaftlich; er trozt; er küßt sie; er wirft sie auch wohl die Treppe herab; er zeigt ihnen neue Hoffnung, oder auch den grossen Verlust: Alles, wie er es nach Beschaffenheit der Gläubiger und der Zeit für gut befindet. Nun weiß alle Welt, daß er ein Betrüger ist; Aber für desto nöthiger hält er es nunmehr, durch einen

unver-

unverschämten Hochmuth sein schlechtes Spiel zu verstecken. Er wirft sich mit einer stolzen Miene in seinen vergoldeten Wagen, und rollt durch die Gassen der Stadt. Der ehrliche Handwerksmann, dem er den Wagen noch nicht bezahlt hat, bückt sich demüthig vor seinem Wagen, und kaum wird er gesehn. Er fährt vor dem Laden des Kaufmanns vorbey, den er in voriger Messe um das reiche Kleid betrog, das er izt an hat. Der Kaufmann grüßt ihn trozig; aber sein vornehmer Schuldner lächelt ihn freundschaftlich an: denn im künftigen Monate ist grosse Gala, und er braucht ein neues Kleid. In diesem Augenblick kömmt der Prinz gegangen. Unser Hofmann springt aus dem Wagen, küßt ihm die Hand, und sagt ihm eine wichtige Kleinigkeit ins Ohr; der Prinz lächelt und geht fort. Das sieht der unzufriedne Kaufmann. Einen Herrn, den der Prinz anlächelt, muß man zum Kunde behalten. Er grüßt seine Excellenz demüthig, und bedauert, daß seine Waaren ihm gar nicht mehr anständig sind. Dieser eigennüzige Wunsch wird endlich in Gnaden erhört, und ein neues Kleid ausgenommen, und ihm zwar kein Geld, aber neue Versicherung vom Schuze und hohen Wohlwollen gegeben. So muthig ist dieser Elende, welcher weit ärmer ist, als sein Bedienter.

Ich erinnere mich bey dieser Geschichte eines Gesezes, welches, nach unsern Familiennachrichten, mein Urältervater, Sancho Pansa, seinen glücklichen Unterthanen zu Barataria geben wollte. Schon am ersten Tage seiner Regierung hatte er wahrgenommen,

wie

wie nachtheilig dem gemeinen Wesen dergleichen
Schuldner sind, welche durch ihre Person, und ihre
Art zu leben, dieser Betrügerey ein verführendes Ansehen zu geben wissen. Der Handwerksmann verliert
seinen nothdürftigen Unterhalt, und wird wider seinen
Willen unter einer Last von Schulden gedruckt, die
er niemals bezahlen kann, und doch ehrlich zu bezahlen wünscht, weil er ein armer Handwerksmann ist.
Der Credit, welcher in einer Handlung so unentbehrlich ist, verliert sich, so bald es erlaubt ist, ungestraft
zu betrügen. Die Geseze werden stumm, und endlich verachtet. Der grosse Sancho sah dieses, und
stampfte dreymal mit seinen krummen Füssen; und
dreymal strich er sich zornig den Bart, und schwur
bey der heiligen Hermandad, dieses schändliche Geschlecht zu demüthigen, ja, wo möglich, von seiner
Insel zu vertilgen. Er würde es gewiß gehalten
haben; aber diese Feinde waren ihm zu mächtig.
Man erfuhr sein Vorhaben; und die größten Häuser verschwuren sich wider ihn. Mit einem Worte:
der patriotische Sancho mußte fliehen. Die Welt
weiß diese traurige Geschichte seiner Flucht: mir ist
es zu empfindlich, sie zu erzählen. Aber ich, als sein
Nachkomme, bin es seinem Andenken schuldig, das
Project bekannt zu machen, das ich wegen dieses
rühmlichen Vorhabens unter meinen Papieren finde.
Er wollte nämlich, daß die Gläubiger eines solchen
allgemeinen Schuldners aus der Casse des Landes
bezahlt werden sollten; aber dafür sollten diese los-
gekauften Schuldner Knechte des Landes seyn; nie-

Rab. Sat. IV. Th.   N   mals

mals die Freyheit haben, den Hut auf der Straße
aufzusezen, und wenn ihnen einer von ihren alten
Gläubigern begegnete, diesem, und wäre es auch der
geringste Handwerksmann, kniend die Hand küssen,
und seine Befehle erwarten.

So groß mein Eifer für die Gerechtigkeit ist, so
nahe geht es mir doch, wenn ich an dieses unglückliche Project denke. Ohne dieses würde Sancho Regent geblieben seyn. Seine Herrschaft wäre ohne
Zweifel erblich, seine Kinder würden Grandes und
Bischöffe geworden seyn, und ich — wenigstens
würde ich doch nicht nöthig gehabt haben, mich
als Autor so kümmerlich zu nähren!

Ehen werden im Himmel geschlossen.

Dieses Sprüchwort wird auf zweyerley Art verstanden. Die erste Art ist zu wichtig, und
allzu ernsthaft, als daß ich in gegenwärtiger Abhandlung weitläuftig davon reden sollte. Der andere Verstand, in welchem es die meisten nehmen,
gehört zu meinen Absichten, und ich will mich darüber erklären.

Schon unsere Vorfahren haben das Geheimniß
erfunden, ihre Thorheiten dem Himmel Schuld zu
geben. Wir sind noch thörichter, als unsre Vorfahren; und, wenn der alte Saz wahr ist, so werden
unsre Nachkommen noch mehrere Thorheiten begehen,
als wir, wo es anders möglich ist. Um deswillen
ist es sehr ersprießlich, daß wir das Geheimniß bey-
behal-

behalten, und auf unsre Nachwelt fortpflanzen. Nichts schmeichelt unsrer Eigenliebe mehr, als das Vergnügen, sich zu entschuldigen, und jemanden auszufinden, dem wir unser Vergehen zur Last legen können.

Je grösser dieses ist, desto sorgfältiger sehen wir uns nach einer Ausflucht um. Und da einer von den griechischen Weisen angemerkt haben will, daß in keinen Handlungen mehr Fehler begangen werden, als bey Schliessung der Ehen; so sind diese Thorheiten wichtig genug, daß wir sie dem Himmel Schuld geben. Ein Ueberrest vom Gewissen, welchen man nicht allen Leuten absprechen kann, verhindert uns, auf den Himmel zu lästern; wir finden also wenigstens bey einem innerlichen Murren eine ziemliche Erleichterung, und wir glauben, recht andächtig zu murren, wenn wir sagen, daß unsere Ehen, welche wir öfters auf eine so närrische Art anfangen, im Himmel geschlossen sind. Können also wir etwas für unsere Thorheit? Ist es unser Fehler, wenn wir Narren gewesen sind? Die Ehen werden im Himmel geschlossen! Wir sind völlig entschuldigt.

Dieses ist der wahre Ursprung des Sprüchworts in dem allgemeinsten Verstande.

Die Quellen sind vielerley, aus denen solche Ehen entspringen, deren unglücklichen Ausgang der unschuldige Himmel auf seine Rechnung nehmen soll.

Die Ehen aus Neigung machen die stärkste Anzahl davon aus. Derjenige ist der ●chdeutschen Sprache noch nicht mächtig genug, und kann mich

N 2   also

also nicht verstehen, welcher glaubt, Neigung bedeute so viel, als eine freundschaftliche und vorzügliche Liebe, so sich auf Tugend und Verdienste des geliebten Gegenstandes gründet. Diese Begriffe haben noch itzt einige; es ist wahr, und diese Einige sind beneidenswürdig: Aber unsere Muttersprache ist viel reicher, als daß sie sich auf eine so enge Bedeutung einschränken sollte. Wenn ich sage: Ich habe Neigung gegen dieses Frauenzimmer; so heißt das so viel: Die Augen dieses Mädchens gefallen mir, sie hat einen schönen Mund, ihre runde Hand reizt auch einen Philosophen zum Kusse, sie ist wohl gebaut, ihr Gang edel, ihr Fuß englisch, ihr Verstand — Nein, das war falsch, der Verstand gehört nicht dazu, genug, das Mädchen ist schön, ich liebe sie, ich bete sie an, ich seufze, ich seufze, bis sie mich erhört. Und wenn diese Schöne so fein ist, daß sie die Seufzer dieses schmachtenden Seladons nicht allzu zeitig erhört: so hat sie das gewünschte Glück, seine Frau zu werden. Er hat sie aus Neigung geliebt, und aus Neigung geheyrathet. Noch einige Zeit liebt er auf eben diese Art brünstig. Er wird ihre reizende Augen, ihren schönen Mund gewohnt; er liebt sie noch, ohne sie brünstig zu lieben. Das Feuer der Augen verliert sich; die Liebe zu ihr wird matt. Nun wird er gegen seine Frau gleichgültig; er wird bey dem täglichen Umgange frostig gegen sie. Sie hat nicht Verstand genug, seine Liebe sich zu erhalten. Eine Krankheit stürzt mit den Reste der Schönheit alle Neigung über einen Haufen. Nun ist sie ihm ganz unerträglich.

Er

Er seufzet noch, der unglückselige Seladon; aber er seufzet nicht mehr für seine Schöne. Er seufzet über sich, über die traurige Verwandlung; über den Himmel seufzet er, daß er ihn nicht bey den Haaren von einer Thorheit zurück gezogen, zu welcher ihn seine Neigung riß. Alle Freunde, welche seine Frau nicht vor dem Verfalle ihrer Schönheit gekannt haben, wundern sich über seine lächerliche Wahl. Einer von ihnen ist so vertraut, ihn zu fragen, wie er sich habe entschliessen können, eine Frau ohne Schönheit, ohne Geld, ohne Aufführung, ohne Verstand zu heyrathen? Er zuckt mit den Achseln; die Ehen werden im Himmel geschlossen, antwortete er. Er thut sehr wohl, daß er so antwortet. Soll er etwann sprechen: Diese matte Augen, mein Herr, waren voll Feuer, als ich sie liebte; ihren unwizigen Mund küßte ich mit Entzücken; denn er war schön; ich liebte die schön gemalte Puppe, und war ein Thor, sie zu heyrathen, und war so närrisch, daß ich glaubte, ich heyrathete sie aus vernünftiger Neigung? Nein, dieses offenherzige Geständniß kann man ihm, zu thun, nicht zumuthen. Der Himmel, wie gesagt, nur der Himmel ist Schuld daran! Seladon bleibt vernünftig; nur ist er unglücklich.

Nach diesem Charakter, den ich von ihm gemacht habe, wird seine Frau allein Ursache an dieser unglücklichen Verbindung seyn? Sie hat ihn verführt, sie hat ihn mit ihren flüchtigen Reizungen geblendet. Nein! Sie ist eben so wohl, wie er, zu entschuldigen; sie hat ihn aus Neigung, aus blosser Neigung

gehey-

geheyrathet. Was beym Frauenzimmer Neigung heißt, brauche ich hier nicht zu erklären: Die Bedeutung soll in der neusten Auflage des Frauenzimmerlexicon ausgeführet werden. Es war auf einem Balle, wo sie ihn das erstemal kennen lernte. Er tanzte, und dieses mit der Artigkeit einer Menschen, welcher tanzt, um bewundert zu werden. Ein weisser seidner Strumpf hob den Werth eines wohlgemachten Fusses, und einer beredten Wade. Selinde wird niedergeschlagen; er hat mit ihr noch nicht getanzt. Nun tanzt er mit ihr; sie bewundert ihn. Alles überführt sie von seinen Verdiensten; der Kopf, die Bewegung der Arme, seine Blicke. Er führt sie wieder an ihren Ort, er küßt ihr die Hand. Wie zärtlich küßt der artige Seladon? Er nennt sie eine Göttin. Sie antwortete ihm ganz sittsam in einem schamhaften: Ach nein! Er küßt ihr die Hand noch feuriger, und schwört, sie sey eine englische Schöne! Soll das gute Kind seinem Schwure nicht glauben? Er redet von seelenvollen Augen, von zernichtenden Blicken, von lachenden Grübchen, von Purpur der Lippen, vom blendenden Schnee ihrer runden Hände; und dreymal hat er schon geseufzet, da er dieses sagt. Er schwazt ihr viel zärtliches von Opfern und Herzen vor, und will in Fesseln vor ihren Füssen sterben. Ach nein, mein Herr, sagt sie ganz weichmüthig zu ihm, ach nein; und überläßt ihm ihre Hand, ohne es zu wissen, und ohne etwas weiter zu sagen, als ein stammelndes: O, gehn Sie doch! Sie verspürt in sich selbst etwas

gegen

gegen ihn, das sie Neigung nennt; sie ist ihm gut, dem artigen Seladon. Der Ball endigt sich. Er führt seine Schöne zum Wagen, und ist so geschickt, ihr einen Stab in dem Fächer zu zerbrechen, um das Vergnügen zu haben, ihr morgen mit einer neuen Garnitur aufzuwarten. Der schalkhafte Seladon; so weit hat er es in einem einzigen Abende gebracht!

Wer die Welt nur ein wenig kennt, der wird mir bezeugen können, wie vortheilhaft es einem Liebhaber sey, wenn er zu rechter Zeit einen Fächer zerbricht, und auf eine anständige und freygebige Art diesen Schaden wieder ersezt. Auf eine anständige Art, sage ich, damit es sich derjenige gelehrte Schriftsteller nicht anmasse, der im vorigen Sommer einen Fächer für acht Thaler zerbrach, und dafür dem Frauenzimmer zween Bände von seinen Schriften verehrte, die in seinen Augen einen unendlichen Werth hatten, dem Frauenzimmer aber nur zu Papillioten nüzlich waren.

Nach dieser Ausschweifung komme ich wieder auf unsern Seladon. Man kann glauben, daß ihm sein Sieg nicht schwer gemacht ward. Da er schon am ersten Abend es so weit gebracht hatte., so nahm sich seine Schöne nicht mehr Zeit, lals es die Vorsicht und der Wohlstand erforderte, ihn auf eine verbindende Art der Neigung zu versichern, die sie gegen seine tugendhaften Vollkommenheiten, oder die Wahrheit zu reden, gegen seine artige Person, seinen wohlgewachsenen Körper, seinen gut gestalteten und flüchtigen Fuß, gegen seinen schmeichelhaften Mund, und seine erobernden Blicke empfand. Sie gab ihm ihre Hand, und ward seine Frau.

Und seine Frau mußte sie bleiben, ungeachtet bey einem täglichen Umgange sich mit ihrem Reize auch seine tugendhaften Vollkommenheiten verlohren. Seine artige Person war nicht mehr für sie artig; sein Mund schmeichelte allen Schönen, nur ihr nicht; und seine erobernden Blicke hatten sich in mürrische Blicke eines mißvergnügten Ehemanns verwandelt. Womit beruhiget sich diese unglückliche? Mit dem Schicksale, welches so grausam ist, daß es den Thoren nicht mit Gewalt verwehrt, Thoren zu seyn, oder, andächtig zu reden, mit dem Himmel, in welchem ihre närrische Ehe soll geschlossen worden seyn!

Es kann dieses genug seyn, den Satz von den Ehen zu erläutern, welche aus Neigung geschlossen werden. Allemal ist es nicht nöthig, daß so vielerley reizende Umstände zusammen kommen, welche zwo junge Personen zärtlich machen. Ein einziger ist oft hinreichend. Eine weisse runde Hand, welche zu rechter Zeit aus den Falten eines schwarzen Sammetmantels einen verrätherischen Ausfall that, hat einen jungen Menschen um seine Freyheit gebracht, der auf seinen flatterhaften Leichtsinn stolz war. Eine volle Brust, welche hinter dem leichten Palatin auf Eroberungen lauerte, hat meinen besten Freund unglücklich gemacht. Ein paar schmachtende blaue Augen sind die ersten Dollmetscher einer Liebe gewesen,

die

die sich nunmehr in die traurigste Ehe verwandelt hat. Meine selige Frau hatte ein paar schwarze Augen, so schwarz, als keine selige Frau in ganz Westphalen! Sie entzückten mich, und machten mir ihre ganze Person angenehm. Ich heyrathete sie; ja wohl heyrathete ich sie! Könnte sie wohl ein paar so schwarze Augen haben, wenn sie nicht der Siz einer tugendhaften, vernünftigen, und zärtlichen Seele wären? So dachte ich bey mir selbst; aber länger als ein Jahr, dachte ich nicht so. Schwarz blieben ihre Augen immer, es ist wahr; aber Tugend, Vernunft, Zärtlichkeit — ja, meine Herren, es ist vorbey! Der Himmel, welcher diese Ehe schloß, hat sich meiner Noth erbarmt; sie ist todt! O wären meine drey Freunde auch so glücklich, die unter dem tyrannischen Joche einer kleinen weißen Hand, einer vollen Brust, und ein paar blauer schmachtender Augen, über die Strenge des Himmels noch izt seufzen müssen!

Alles, was ich hier gesagt habe, wird den Saz bestätigen, daß die meisten Ehen, die aus dem Anblick einer oder mehrerer Schönheiten entstehen, nicht im Himmel, nein, vor dem Spiegel geschlossen werden.

Da ich mit meinem eignen Schaden erfahren habe, was das sagen wolle: so möchte ich, als ein wahrer Patriot, wohl wünschen, daß man sichere Mittel ausfindig machte, diesen gefährlichen Reizungen zu steuern.

Dadurch möchte man dergleichen zärtlichen Uebereilungen wohl schwerlich vorbeugen, wenn man das

Frauenzimmer auf morgenländische Art beständig im Zimmer, oder unter Kappen gefangen hielte. Ja, es würde die Mannspersonen zu verliebten Einbrüchen, und galanten Gewaltthätigkeiten verführen. Die Verhüllung des Gesichts würde nichts helfen; sie würde uns nur neugieriger machen. Der Ellbogen, die Spize von einem kleinen Fusse, würde unter den empfindenden Mannspersonen alsdann eben diese traurige Verwüstung anrichten, welche wir einem ganz aufgedeckten Gesichte Schuld geben.

Wäre es nicht rathsamer, man gewöhnte die Jugend beyderley Geschlechts gleich in den ersten Jahren dazu an, daß sie vertraut mit einander umgehen möchten? Geschieht das nicht schon mehr, als zu sehr? wird man sagen. Nein, so sehr noch lange nicht, als ich will, daß man es thun solle.

Bey dem Umgange junger Leute, den man bisher zugelassen hat, ist eine beständige Art des Zwanges, den man Wohlstand nennet. Es sind nur gewisse Jahrszeiten, gewisse feyerliche Lustbarkeiten, gewisse Stunden des Tages, wo man der Jugend verstattet, mit einander umzugehen. Bey diesen abgemessenen Zusammenkünften bringen die Mädchen alle ihre Reize und Schönheiten in die Waffen, und werden gefährlich. Die jungen Mannspersonen richten ihre ganze Natur und Kleidung auf Eroberungen ein. So bald die ersten Gepränge des Wohlstandes vorbey sind, so seufzen sie ein wenig, werden ziemlich unverschämt, und siegen. Man weiß wohl, wie gefährlich eine Mannsperson ist, die bey einem wohlgebauten

Körper

Körper die vornehme Kunst weiß, mit Anstand unverschämt zu seyn. Es ist also diese Art des Umgangs meinen Absichten mehr hinderlich, als nuzbar.

Ich will, ich wünsche es wenigstens, daß man künftig jungen Personen beyderley Geschlechts, ohne Unterschied der Stunden, ohne die geringste Einschränkung, die Freyheit lasse, sich zu sprechen, und zu besuchen. Hier muß keine argwöhnische Mutter, keine mürrische Tante in den Weg kommen. Dieser Zwang würde dem Besuche eine gewisse Annehmlichkeit geben, deren Folgen gefährlich wären. Wie viel werden manche Mädchen verlieren, wenn man sie überrascht, ehe sie Zeit gehabt haben, ihr Gesicht in Ordnung zu bringen! Nach der Einrichtung, wie junge Leute izt einander besuchen, ist es beynahe nicht möglich, den wahren Charakter eines Frauenzimmers zu entdecken. Sie ist beständig auf ihrer Hut, um artig, um sittsam, um gefällig, um gelassen zu scheinen. Man überfalle sie einmal alsdann, wenn sie noch nicht Zeit gehabt hat, die zornigen Runzeln aus ihrem kleinen heuchlerischen Gesichte zu streichen, welche sich über den Eigensinn ihrer Mutter, über die Unvorsichtigkeit ihres Bedienten, über andere Kleinigkeiten zusammen gezogen haben; alsdann überfalle man sie: So wird man in dem Gesichte seiner huldreichen Göttinn die wütende Miene seiner künftigen Frau sehen. Wie sehr kann das zu unserer Besserung dienen! Würden wir Gelegenheit haben, bey dieser Wahl
vor-

vorsichtig zu werden, wenn wir nicht die Freyheit gehabt hätten, unsere Schöne unangemeldet zu besuchen?

Aber auf diese Art ist dergleichen uneingeschränkter Umgang den Mannspersonen allein vortheilhaft, und für das Frauenzimmer allein verrätherisch? Nichts weniger. Ein Mädchen, das die Freyheit hat, alle Tage Mannspersonen, alle Tage ihren Liebhaber um sich zu sehen, wird sich mit seinen thörichten Schmeicheleyen, mit seinem abgeschmackten Tändeln, mit seinen gedankenlosen Seufzern so bekannt machen, wie mit der Sonne, die alle Tage scheint. In kurzem wird sie gleichgültig dabey werden. Bald wird sie bey allen diesen Possen, bey diesen verliebten Verzückungen, und zärtlichen Sprüngen nichts sehen, nichts hören und gar nichts fühlen. Wieviel hat ein Mädchen schon alsdann gewonnen, wenn sie vor dergleichen Anfällen sicher ist! Die Art, mit welcher diese hirnlosen Buhler stündlich um sie herum faseln, wird ihr erst zur Last, und endlich eckelhaft. Sie wünscht sich einen vernünftigen Umgang. Sie wird immer Mannspersonen genug finden, welche vernünftig, und doch im Umgange artig sind. Von diesen wird sie sich einen Mann wählen, und wird glücklich seyn. Wäre sie es wohl geworden, wenn sie nicht die Erlaubniß gehabt hätte, die Gesellschaft nach ihrem Gefallen zu wählen? Würde sie so leicht Gelegenheit gehabt haben, ihren vernünftigen Mann kennen zu lernen, wenn nicht der tägliche und freye Umgang mit ihren abgeschmackten

Lieb=

Liebhabern, ihr vor den Thorheiten derselben einen Eckel gemacht hätte?

Ich dächte, das wäre genug bewiesen, wie vortheilhaft mein Vorschlag dem gemeinen Wesen sey; wie nöthig es sey, daß junge Leute durch einen täglichen und freyen Umgang sich genau kennen lernen. Ich habe gezeigt, daß man auf diese Art die verstellten Fehler eines Mädchens, und das Lächerliche eines Liebhabers am leichtesten entdecken kann. Wie viel unglückliche Ehen wird man dadurch vermeiden! Denn eben dadurch werden so viel Ehen unglücklich, daß der Mann und die Frau erst nach ihrer Verbindung die Erlaubniß haben, sich täglich, zu allen Stunden, und ganz ohne Zwang zu sprechen. Nun lernen sie erst auf beyden Seiten ihre Fehler kennen, aber zu spät, sie geben sich keine Mühe, sie länger gegen einander zu verbergen, und fangen an, kaltsinnig gegen einander zu werden, und hassen sich endlich als Mann und Frau.

Aber kann nicht ein dergleichen uneingeschränkter Umgang zwischen jungen Personen beyderley Geschlechts vielen gefährlich seyn? Das wäre allenfalls ein Einwurf wider meinen redlich gemeynten Vorschlag. Ich glaube, ich habe ihn schon oben im voraus beantwortet. Zum Ueberflusse will ich hier noch etwas sagen. Gesezt, es kämen aus einem solchen Umgange einige traurige Folgen; so würden diese doch gegen den allgemeinen Nuzen nichts heissen, welchen die ganze Welt daher zu erwarten hätte. Sind einige durch ihre Unvorsichtigkeit unglücklich: so

werden

werden doch tausend glücklich, welche sich vorsichtiger dabey aufführen. Aber auch an diesen wenigen Unglücksfällen ist mein Project nicht Schuld; oder man würde aus eben diesem Grunde das Spazicrgehen, die Bälle, die Comödien, selbst die Zusammenkünfte in Kirchen verdammen müssen. Die billigsten, die unschuldigsten Handlungen werden denen eine Gelegenheit zum Unglücke, welche Thoren sind.

Ich will noch einen Vorschlag thun; man sieht, wie sauer ich mir es werden lasse, mich um meine Landsleute verdient zu machen. Dieser Vorschlag entdeckt mein ganzes patriotisches Herz.

Die Erfahrung lehrt, daß die Menschen alles dasjenige mit einem unruhigen und hizigen Verlangen suchen, was ihnen verboten ist, und im Gegentheile die angenehmsten Pflichten mit Widerwillen erfüllen, zu denen sie ein ernsthafter Befehl ihrer Obern anweist. Kann eine Beschäftigung angenehmer seyn, als diejenige ist, wenn wir unsre Nächsten glücklich machen? Warum wird uns dieses Vergnügen so sauer? Weil es eine Pflicht ist, weil wir es thun sollen. Die Andacht, die Abwartung des öffentlichen Gottesdienstes ist eine von denen Handlungen, die einem vernünftigen und dankbaren Wesen so anständig sind. Wir lassen unser Leben dafür, so bald sie uns bey Strafe des Todes verboten wird; verlangen aber die Landesgeseze, daß wir solche mit Eifer thun sollen, so machen wir die Leichtsinnigkeit, und den Ungehorsam zu einer Art der Galanterie. Nur der dumme Pöbel mag andächtig seyn; für

Vornehme; für Leute, die die Welt kennen, läßt es einfältig, denn durch den Befehl ist es ein Zwang geworden, andächtig zu seyn. Soll ich noch ein Wort von der Ehe sagen? Warum sind die meisten Eheleute so kaltsinnig in ihrer Liebe? Weil ihnen der Priester befiehlt zu lieben.

Diese alten Wahrheiten bringen mich auf den neuen Einfall, daß man jungen Leuten beyderley Geschlechts durch geschärfte Landesgeseze ernstlich anbefehlen soll, von ihrem zwölften Jahre an, täglich, ohne Aufsicht ihrer Aeltern, ohne Verwandten, und ohne den geringsten Zwang mit einander umzugehen, und sich auf eine vertraute uneingeschränkte Art zu sprechen. Wer es von ihnen nicht thut, oder bey diesem Umgange zu vorsichtig ist, der soll in eine namhafte Geldstrafe verfallen seyn. Diese wird ihm künftig von seinem Erbe abgezogen, und an das Waisenhaus gezahlt: Ich müßte mich sehr irren, wenn nicht dieser Zwang dem Frauenzimmer sowohl als den Mannspersonen Gelegenheit geben sollte, in ihrem Umgange nicht zu vertraut, sehr eingeschränkt, und beständig vorsichtig zu seyn; geschähe es auch nur um deswillen, weil sie es nicht seyn sollen. Den täglichen Umgang würden sie zwar nicht vermeiden können, weil sie sich der Ahndung der Geseze zu bloß stellten; aber dieser Umgang würde sehr behutsam, und also ohne gefährliche Folgen seyn, weil die Geseze diese Behutsamkeit zu bestrafen drohen. Man kann hieraus eine Folge ableiten, die alle Gesezgeber sich wohl empfohlen seyn lassen möchten:

Sie

Sie müssen sich nicht so wohl angelegen seyn lassen, ihre Unterthanen tugendhaft, und vernünftig zu machen; es ist ganz unmöglich, dieses durch den Zwang der Geseze zu bewirken: Sie müssen vielmehr darauf sehen, wie sie sich die lasterhaften Reizungen, die Thorheiten ihrer Unterthanen so zu Nuze machen, daß sie wider ihren Willen diejenigen bürgerlichen Pflichten ausüben, welche tugendhafte und vernünftige ohne Geseze thun. Wie wichtig diese Weisheit sey, das habe ich nunmehr durch mein Exempel, und durch die Verordnung bewiesen, die ich in meiner neuen Republik der verliebten Jugend allgemein und geltend zu machen wünsche. Man befehle der flüchtigen Jugend mit Ernst, thöricht zu seyn, so wird sie alle Kräfte daran sezen, vernünftig zu lieben; und man wird keine von den traurigen Folgen befürchten dürfen, welche aus einem uneingeschränkten Umgange ausserdem erwachsen könnten.

Da ich izt mein Herz wegen der übereilten Ehen ausgeschüttet habe, welche sich nur auf den flüchtigen Eindruck der Schönheit gründen; so ist meine Meynung gar nicht, zu behaupten, daß man nicht eben so thöricht wählen könne, wenn man ein häßliches Frauenzimmer heyrathet. Die Schönheit macht nicht tugendhaft; aber die Häßlichkeit eben so wenig. Das ist vielleicht noch der einzige Unterschied, daß ich mit einem schönen Bilde ohne Seele wenigstens einige Minuten vergnügt leben kann, mit einem häßlichen Frauenzimmer ohne Verstand aber, nicht einen Augenblick.

Damit

Damit man finden möge, daß ich den Werth der Schönheit einsehe; daß ich sehr wünsche, es möge ihn ein jedweder mit Vernunft zu schäzen wissen, und daß ich nur damit nicht zufrieden bin, wenn man bloß die Schönheit, und, so bald diese verschwunden ist, gar nichts mehr an der Person liebt: So will ich zwey Recepte geben, welche eine solche Wahl dauerhaft machen können.

Will ein Liebhaber wissen, ob die Schönheit seines Mädchens dauerhaft sey, so sehe er auf das Gesicht ihrer Mutter. So ungefähr wird sein Mädchen in zwanzig Jahre auch aussehen. Wird er dieses Gesicht noch in zwanzig Jahren lieben können? Viele Schönheiten zwingen uns auch alsdann noch zur Hochachtung und Ehrfurcht, wenn sie uns gleich nicht mehr zur Zärtlichkeit bewegen können. Dieses Recept ist für die Mannspersonen.

Für die Frauenzimmer will ich ein Mittel bekannt machen, das ihre Schönheit, und also einen grossen Theil ihres Werths, sehr dauerhaft, und sie ihren Männern lange Zeit schäzbar erhalten soll. Sie müssen sich vor solchen unanständigen Heftigkeiten büten, die ihnen alle Lineamente in Unordnung bringen, und ihnen wirklich ihre ganzen Gesichtszüge verzerren, wenn sie sich dergleichen heftigen Bewegungen zu oft überlassen. Ein hochmüthiges Frauenzimmer, welches ihre kleine Person allen andern vorzieht, läuft Gefahr, sehr geschwind ungestaltet zu werden. Sie bekommt einen steifen Nacken, verrückte Schultern, einen schweren bäurischen Gang,

kurzen Athem; weil sie ihre Brust beständig hervor-
preßt; ihre Unterlippe senkt sich, und sie kann die
Zähne kaum bedecken; ihre Nase verliert die richtige
Stellung, und tritt in die Höhe; ihre Augen werden
grösser, als sie seyn sollten, sie werden starr und
schielend, weil sie nichts mit einer gebührenden Acht-
samkeit, sondern alles nur von der Seite mit halb-
gebrochenen Blicken ansieht. Die Sprache selbst leidet durch den Hochmuth; sie wird unangenehm, weil
sich die Worte wider ihren Willen aus der hohlen
Brust hervor drängen, und durch den für die Gesellschaft nur halb geöffneten Mund brechen müssen. Ein
neidisches boshaftes Mädchen ist in eben der Gefahr,
bald häßlich zu werden. Ihr Kopf senkt sich, und
der Nacken wird niedergekrümmt Die Runzeln des
Alters sezen sich schon in ihren besten Jahren auf
ihrer Stirne fest; sie sieht unter ein Paar niederhan-
genden Augenbraunen wild hervor, und schielt tückisch um sich herum; die Augen werden roth, und
die Wangen gelb; der Mund geifert; mit einem
Worte, sie wird, was der Neid ist, und mit zunehmenden Jahren wird sie noch häßlicher, als man den
Neid malt. So verstellen auch andre ausschweifende
Leidenschaften die Gesichtszüge unsrer Frauenzimmer.
Ich will mich nicht länger aufhalten, sie zu schildern.
Ich überlasse die Beschäftigung der lebhaften Einbil-
dungskraft meiner Leser; es wird ihnen eine ange-
nehme Beschäftigung seyn, wenn sie die traurigen
Trümmer einer Verbuhlten, einer Spielerinn, einer
Geizigen, einer Heuchlerinn malen.

Ich

Ich erinnere mich hier eines meiner Freunde, welcher sich in Utrecht aufhielt, und selbst ein grosser Maler war. Er malte das Bild seiner Frau alle fünf Jahre. Im ersten Jahre seiner Ehe malte er sie, und vielleicht etwas schmeichelhaft; denn im ersten Jahre schmeicheln die Männer ihren Weibern. Dem sey wie ihm wolle; er malte sie so reizend, daß er noch in seinem siebenzigsten Jahre verliebt ward, wenn er dieses Bild ansah.

Fünf Jahre darauf malte er sie noch immer schön, aber nicht so reizend, wie vorher. Mit einem jeden der folgenden fünf Jahre verschwanden einige Reizungen, und also ward das dritte Bild nicht reizend, nicht schön, aber doch angenehm. Dieses Angenehme behauptete sie noch beym vierten Bilde. Seine Frau trat eben in das vierzigste Jahr, als er sie zum fünften male zeichnete. Sie schwur, sie sey gar nicht getroffen; denn sie fand das Muntre der Farbe nicht mehr, und warf dem Manne vor, er habe zu viel Schatten gemalt. Fünf Jahre darauf vermehrte dieser unpartheyische Maler das Bild mit einigen Runzeln über den Augen. Die Frau seufzete, und hatte doch das Herz nicht, ihrem Manne, und ihrem Spiegel zu widersprechen. Sie faßte sich endlich; denn sie war in der That vernünftig. Sie freute sich, daß das nächste Bild eine gesezte, und verehrungswürdige Miene zeigte. Nach fünf Jahren malte er sie wieder, und die Miene ward andächtig. Endlich malte er das lezte Bild, da sie ihrem sechzigsten Jahre sich näherte. Sie scherzte selbst über die viele Mühe, die ihm ihre Runzeln und grauen Haare machten. Sie wies das Bild Kennern, und man versicherte sie, der Maler habe ein Meisterstück von einem schönen alten Kopfe gezeichnet.

Ich erzähle diese Geschichte nicht umsonst. Wollte der Himmel, unsere Weiber ließen sich alle fünf Jahre malen! Wie lehrreich wäre diese Sammlung der Bilder für ihre Töchter! Eine Schöne von sechzehn Jahren würde vielleicht etwas weniger stolz seyn, wenn sie die Bilder ihrer vierzigjährigen Mutter, und ihrer sechzigjährigen Großmutter betrachtete, welche beyde in ihrem sechzehnten Jahre vermuthlich auf ihre Schönheit eben so stolz waren. Vielleicht würde sie über diese großmütterliche Runzeln manchmal ernsthafte Gedanken bekommen, welche einer jungen Schönen sehr erbaulich seyn können. Und wir Mannspersonen, wie vorsichtig würden wir wählen, wie vernünftig würden wir lieben, wenn wir durch eine Reihe von solchen Bildern auf die Vorstellung gebracht würden, ob wir unsre bezaubernde Phillis, noch in vierzig Jahren, mit Runzeln und grauen Haaren, werden lieben können! Was würde gewöhnlicher seyn, als daß ein Liebhaber mitten unter den größten Schmeicheleyen, die er seiner Braut machte, einen Blick in die Zukunft thäte! Er würde seine Göttin

im zwanzigsten Jahre reizend,
im fünf und zwanzigsten schön,
im dreyßigsten angenehm,
im fünf und dreyßigsten noch immer angenehm,

im

im vierzigsten ohne muntre Farbe,
im fünf und vierzigsten mit einigen Runzeln
    an den Augen,
im fünfzigsten gesezt, und verehrungswürdig,
im fünf und fünfzigsten, mit einer andächtigen
    Miene,
und im sechzigsten Jahre, als einen schönen
    alten Kopf,

finden. Aber das seze ich zum voraus, daß seine Frau eben so tugendhaft, eben so vernünftig sey, als die Frau meines Freundes war; außerdem treffen diese Grade nicht ein. Das habe ich doch in der That vergessen, ob die Frau meines Freundes weiß oder braun war: Ich werde dieses dem Ausspruche meiner Leserinnen überlassen; denn mir ist es ganz unmöglich, mich darauf zu besinnen.

Ich habe mich vielleicht zu lange bey diesen Ehen aufgehalten, an denen die Schönheit mehr Antheil hat, als der Himmel. Aber vielleicht entschuldigen mich diejenigen, welche bey den Ehen unsrer Mitbürger so aufmerksam sind, wie ich, und daher auch so, wie ich, angemerkt haben, daß eben diese Ehen diejenigen sind, die dem lieben Himmel die meiste Verantwortung machen. Wir wollen weiter gehen.

Die Ehen, die man aus Eigennuze schließt, werden dem Himmel auch sauer genug. Ich will mich aber wohl hüten, von diesen Ehen gar zu viel Böses zu reden; denn meine Freunde geben mir Schuld, daß, wenn ich mich zum zweytenmale verheyrathen sollte, so würde meine Ehe gewiß nicht im Himmel, sondern im Comptoir geschlossen worden. Ich kann mich bey diesem Vorwurfe beruhigen. Mir, als einem Wittwer, ist es zu gute zu halten, wenn ich ein wenig mehr aufs Nüzliche und Gründliche in der Ehe sehe. Da ich jung war, verführten mich die schwarzen Augen meiner Frau, und ich ward unglücklich genug; da ich so jung nicht mehr bin, so hätte ich wohl Lust, mir eine reiche Frau zu wählen; die Augen mögen sehen, wie sie wollen. Bin ich auch wieder unglücklich bey einer reichen Frau, wie ich es bey einer schönen war; so weiß ich doch zum wenigsten, wo ich Trost suchen soll. Den fand ich bey meiner ersten Frau nicht, sobald ein Jahr vorbey war; denn ihr ganzes Einbringen bestund in zwey schwarzen Augen, bey denen der zärtlichste Ehemann mit der Zeit verhungern kann. Ich habe die Anmerkung gemacht, daß wir Mannspersonen bis in unser zwanzigstes Jahr vor Liebe zappeln, bis ins fünf und zwanzigste dahlen, und bis ins dreyßigste lieben; heyrathet man aber im vierzigsten Jahre, so handelt man Herz um Geld, Zug für Zug. Gezappelt habe ich, auch gedahlt, und vielleicht einige Zeit geliebt: Nun wird man es mir in meinem vierzigsten Jahre nicht übel nehmen können, wenn ich ein wenig ernsthafter verfahre, und sehr genau überrechne, wie viel pro Cent ich mit einem Seufzer verdienen kann. Wer behaupten will, daß man bey den Ehen nicht aufs Geld sehen soll, den halte ich, mit seiner güttgen Erlaubniß, für einen verliebten Pedanten, und wenn er darüber böse wird, so wünsche ich ihm zur

Strafe

Strafe meine Erfahrung. Da waren die Mädchen ohne Geld noch sehr nüzlich, da sie weiter nichts brauchten, als einen Mann: Izt aber, da sie so viele kostbare Kleinigkeiten verlangen, da der Mann nur ein Nebenwerk, und die Pracht die vornehmste Absicht ihrer Liebe ist, izo ist so eine poetische Schäferliebe nicht jedermanns Werk. Man wird mir diese Lästerung vergeben; es fällt mir alle Augenblicke ein, daß ich auch so arkadisch geliebt habe.

Nach dem Vermögen meiner Frau werde ich meine Liebe einrichten. Ich habe nicht Willens, ein Mädchen zu betrügen; ich will also die Taxe von meinem Herzen bekannt machen, und der Welt sagen, wie theuer ich liebe:

2000. Thaler; ich werde nicht gleichgültig seyn;

4000. Thaler, verdienen eine aufrichtige Gegenliebe;

6000. Thaler, eine zärtliche Gegenliebe;

10000. Thaler, eine inbrünstige Gegenliebe;

15000. Thaler eine ewige Liebe;

20000. Thaler; o, Mademoiselle! dafür bete ich Sie an, und sterbe vor Liebe, aber erst nach Ihrem Tode.

Mich dünkt, ich bin noch ganz billig, und darf den Vorwurf nicht befürchten, daß ich die Mädchen übertheure. Denn das wird doch nicht strafbar seyn, daß ich ein wenig spröde und kostbar thue. Das ist immer die Sprache alter Junggesellen, und Wittwer wenn sie auch noch häßlicher aussehen, als ich; aber sie lassen mit sich handeln, die ehrlichen Leute, und ich will mich auch billig finden lassen. Kann man wohl mehr von mir verlangen?

Denenjenigen, welche sich einfallen lassen zu glauben, daß meine Liebe zu eigennützig sey, denen will ich beweisen, daß ich nach der Vorschrift der Natur liebe. Und dieses zu beweisen, brauche ich nichts, als das Vorspiel des Landmanns, welcher unschuldig und natürlich liebt, da ihn weder die Eitelkeit des Hofes leichtsinnig, noch der Eigennuz der Städte niederträchtig macht.

Es werden ungefähr ein paar Monate seyn, als ich auf dem Landgute eines meiner Freunde das Vergnügen hatte zu hören, wie vorsichtig zween Väter um ihre Kinder handelten. Hanns, der Vater des erwachsenen Jungens, der freyen sollte, gieng zu seinem Nachbar, dem reichen Niklas, ans Fenster, und machte ihm seine Tochter feil. Grüß euch Gott, Niklas! sagte der zärtliche Vater; wißt ihr was? Mein Bube soll das Gütchen annehmen, und ich suche ein feines Mensch für ihn, was gebt ihr eurer Tochter mit? Tausend Gulden, mehr nicht, antwortete ihm der Nachbar ganz gelassen. Hum! Nur tausend Gulden: das wäre ja gar nichts. Gebt ihr zwey tausend Gulden, so lasse ich meinem Sohne das Gut heute noch im Amte verschreiben. Seht nur, Gevatter, sprach Niklas, das kann ich mein Seele nicht. Zwey tausend Gulden ist zu viel. Mit einem Worte: zwölf hundert Gulden ist alles, was ich thun kann, und da nicht einen Kreuzer mehr. Je; geht doch, versezte Hanns, ihr sollet euch schämen;

men; so ein hübscher Nachbar im Dorfe! Niklas schüttelte seinen Kopf, und blieb dabey, er könnte nicht mehr geben. Auch nicht fünfzehn hundert Gulden? fragte Hanns ihn traurig. Nein, war die Antwort, mehr nicht, als zwölf hundert Gulden. Nun so behüte euch Gott, Gevatter, so will ich weiter gehen. Sie schieden ziemlich gelassen von einander. Hanns hatte kaum zwanzig Schritte gethan, als er mit einer rechnenden Miene stehen blieb, wieder umkehrte, und an des Niklas Fenster mit seinem Stocke pochte. Gevatter Niklas, noch auf ein Wort! rief er. Wollt ihr auch nicht vierzehn hundert Gulden? Ich kann, straf mich Gott nicht! dabey blieb Niklas. Hanns kehrte sich trozig um, und sagte: Nun! so muß ich denken, daß es Gottes Wille nicht gewesen ist. Lebt wohl!

Wer hat diese Leute diese vorsichtige Art zu lieben gelehrt, wenn es die Natur nicht gewesen ist? Sollte ich wohl so rebellisch seyn, und mich der mütterlichen Stimme der Natur widersezen? Wie vornehm dachte mein Hanns, welcher wohl wußte, daß keine Ehe unter fünfzehn hundert Gulden im Himmel geschlossen werden könnte!

In diesem Augenblick fällt mir ein Aufsaz in die Hände, den ich machte, als ich noch verheyrathet war. Es ist ein Trost für unglückliche Leute, wenn sie andre finden, die eben so unglücklich sind. Ich war damals sehr aufmerksam, Leute kennen zu lernen, die sich bey der Heyrath eben so sehr übereilt hatten, als ich. Ich fand sie, und alle seufzten, wie ich, über den Himmel; keiner von ihnen war Schuld an seiner unglücklichen Ehe: Der Himmel blieb es allein, in dem sie geschlossen waren.

Liste
einiger thörichten Ehen, die auf Rechnung des Himmels geschlossen worden sind.

Balthasar Mennig, mein Nachbar, ein Würzkrämer, und ehrlicher Mann, war dreymal Wittwer geworden, und mißbrauchte die Geduld des Himmels zum viertenmale, da er in seinem neun und funfzigsten Jahre ein artiges Mädchen von siebzehn Jahren heyrathete. Sie war ein Waise ohne Vermögen; sie lebte sehr nothdürftig von der Barmherzigkeit ihrer Muhme, welche sie so sclavisch und eingezogen hielt, daß das gute Kind keine Kirche versäumte, um Leute zu sehen. Mein Alter hatte seinen Kirchenstuhl nur wenige Schritte von dem ihrigen; er freute sich, als ein guter Nebenchrist, über diese fromme andächtige Seele mit weissen Haaren, blauen Augen, und einer blendenden Haut: er vergaß seine Brille herunter zu nehmen, so lange sie vor ihm saß; ja er ward endlich so verliebt, daß er in einer elenden Predigt aushalten konnte, ohne zu schlafen. Er erfuhr ihre Wohnung, ihre Herkunft, und ihre Armuth. Dieser letzte Umstand machte sein Christenthum rege; und weil er sich schämte, noch in seinem hohen Alter verliebt zu seyn, so gab er sich Mühe,

sich

sich zu bereden, daß ihm Gott dieses Mädchen zugewiesen habe, um sie glücklich zu machen. Er hatte es so oft gehört, und vielleicht selbst erfahren, daß eigennüzige Ehen gemeiniglich mißvergnügt ausschlagen; nun wollte er einmal ganz uneigennüzig, und nach seiner großmüthigen Sprache zu reden, ein nackicht Mädchen heyrathen. Er ließ der alten Muhme seine christlichen Absichten entdecken. Man freute sich, und dankte Gott, der für arme Waisen so sichtbarlich sorgt. Das fromme Mädchen ward seine Frau. Wie geschäftigt ist nicht der böse Feind! Kaum hatte sich die junge Frau vier Wochen lang ausgefüttert, prächtig gekleidet, und ihre vorige Noth vergessen; so blies ihr der Teufel, (denn wer sollte es sonst gewesen seyn?) boshaft ein, daß zur Ehe noch etwas mehr, als Essen, Trinken, Kleider, und ein frommer ruhiger Greis von sechzig Jahren gehöre! In ihrer Handlung war ein Ladendiener, welcher der Frau Würzkrämerinn so zu schmeicheln wußte, daß sie sich und Pflicht vergaß, einen ziemlichen Theil des Vermögens mit ihm verschwendete, ihren Mann auf die empfindlichste Art verachtete, und so unvorsichtig buhlte, daß die ganze Stadt darüber lachte. Diese Ehe war im Himmel, und wenigstens in der Kirche geschlossen; das gestunden alle Leute: allein, wo kam der Hahnrey her? Das weiß ich nicht; aber das weiß ich wohl, daß seine Frau einige Monate darauf im Kindbette starb. Mein rechtschaffener Alter hat mir mit der zufriednen Mun-

terlett

terkeit eines ruhigen Gewissens gestanden, daß er an diesem frühzeitigen Tode nicht Ursache sey.

Man weiß die Noth der armen Wittwen. Fast jeder suchte sie zu bevortheilen, und niemand nimmt sich ihrer an. Man wird wenig Exempel finden, daß eine Wittwe sich um deswillen zum zweyten male verheyrathet, um zum zweyten male einen Mann zu bekommen; o nein: um deswillen gar nicht! Nur darum geschieht es, um eine Stüze in ihrer Noth zu haben, und sich einen Freund zu verbinden, der sich ihres Hauswesens annehme, der sie wider die Zunöthigungen ihrer Feinde schüze, mit einem Worte, der ihr Mann sey.

Diese Sittenlehren verstund meine alte Wirthinn aus dem Grunde. Sie war seit zehen Jahren Wittwe, und ihre Feinde gaben ihr Schuld, daß sie bey dem Absterben ihres Mannes wenigstens acht und vierzig Jahr alt gewesen sey. Sie keuchte und zitterte ziemlich mit dem Kopfe: aber ihr Arzt, ein junger artiger Doktor, war so galant, ihr zu beweisen, daß es von einem feurigen und wilden Geblüte herkomme. Sie brauchte eine Brille, es ist wahr; aber es geschah nur, ihre Augen desto schärfer zu erhalten. Mit einem Worte, es fehlte ihr zu ihrer Zufriedenheit weiter nichts, als ein Freund, der für sie sorgte, der sich ihrer annähme, und der ihr ziemlich ansehnliches Vermögen wider die eigennüzigen Nachstellungen ihre Feinde vertheidigte. Dieser Freund hätte können bey Jahren, und wenigstens in ihrem Alter seyn; vielleicht wäre er alsdann vernünftiger

tiger und einsehender gewesen; Aber Vernunft und Einsicht war es doch nicht allein, was sie suchte. Bey einem alten Freunde hätte sie noch einmal können zur Wittwe werden; das wäre für sie was schreckliches gewesen. Sie suchte sich also einen jungen dauerhaften Freund, bey dessen Umgange sie, wenigstens noch vierzig Jahre, ruhig und vergnügt zu leben hofte. Gegen niemanden hatte sie so viel Verbindlichkeit, als gegen ihren jungen Arzt, der ihr feuriges und wildes Geblüte so wohl hatte kennen lernen. Sie bot ihm also ihre Hand an, und mit dieser Hand den ganzen Segen ihres Kastens. Er griff zu, denn er war arm. Er verließ sich auf seine Kunst, und hofte gewiß, sie binnen zwey Jahren zu begraben. Und doch betrog er sich, so selten er sonst die Erben seiner Kranken in dergleichen Fällen betrogen hatte. Seine Frau lebte noch zehen Jahre. Er gab ihr gute und böse Worte, sie sollte sterben, sie starb nicht; er verachtete sie, und aus Demuth blieb sie leben. Endlich wurden sie miteinander so genau bekannt, daß er sie prügelte: Allein dieses machte sie desto munterer, denn sie glaubte, sie, als eine gute Christinn, müsse sich standhaft in ihrem Leiden erhalten. Sie seufzete freylich über ihre unglückliche Ehe; aber sie erwartete Rettung und Hülfe vom Himmel, da sie ihre Ehe gewiß nicht ohne Gebett angefangen hatte. Mit einem Worte, die Frau war unglücklich, und der Mann in der größten Verzweiflung. Zehnjährige Geduld, Verachtung gegen sein ehrliches Gerippe, tausenderley Verdruß, so

gar

gar Schläge waren also nicht vermögend, ihr einen Eckel gegen diese vergängliche Welt zu machen. Sie lebte ihm zum Troze, und alle seine Arzeneyen würden kaum im Stande gewesen seyn, ihre hartnäckige Seele aus dem alten Neste zu jagen, wenn sich nicht der Himmel der Ehen seiner angenommen und zugelassen hätte, daß das unbescheidne Weib ihren siebzigjährigen Hals brach, da sie eben im Begriffe war, ein Fläschgen Aquavit aus ihrer Schlafkammer zu holen.

Unser Herr Doctor Saft war also ein Wittwer. Nun hatte er Vermögen, und nun nahm er sich vor, vernünftiger zu heyrathen: denn das gestund er, daß er das erstemal unvernünftig gewählt hätte. Er glaubte, es fehle ihm weiter nichts, als ein höherer Titel, und die Verbindung mit einer ansehlichen Familie, welche sein Glück auf eine dauerhafte Art befestigen, und ihm das Recht geben könne, eine wichtige Miene zu machen. Er fand beydes; denn Titel sind immer feil, und immer giebt es ansehnliche Familien, mit noch ansehnlichern Schulden; Familien, die sich bey dem Vermögen ihrer Freunde wohl befinden. Herr Hofrath Saft suchte also die Tochter eines geheimen Raths zu erbeuten, welcher an einem kleinen Hofe vornehm genug war, den Ehrgeiz eines Schwiegersohns zu sättigen. Man überwindet sich endlich, ihm die Tochter zu geben, und es sind kaum zwey Jahre vorbey, als der arme Hofrath durch den Stolz seiner neuen Frau zu einer solchen Verzweifung gebracht wird, daß er glaubte, seine erste

Frau

Frau sey ihm noch viel zu früh gestorben. Die Reihe ist nunmehr an ihm, verachtet zu werden. Der meiste Theil seines Vermögens ist durch einen prächtigen Aufwand verschwendet worden. Seine Aeltern merkten nunmehr, daß seine Reichthümer so unerschöpflich nicht sind, als er es ihnen anfänglich zu bereden gesucht hat. Sie fangen an, ihre Uebereilungen zu bereuen, und werfen ihm vor, daß er sie um ihre Tochter betrogen habe. Ihre Tochter glaubt eben das, und sieht dem Augenblicke mit Schrecken entgegen, wo sie die Frau eines Mannes ohne Familie, ohne Sitten, ohne Verstand, und was das allerschlimmste ist, ohne Vermögen bleiben soll. Das einzige Mittel, sich zu retten, ist der Tod ihres Mannes. Sie wünscht es, sie sagt es ihm, daß er sehr wohl thun werde, wenn er stürbe. Alle Kunstgriffe, die er angewendet hat, seiner ersten Frau das Leben verhaßt zu machen, werden itzt verdoppelt, ihn auf eben diesen guten Einfall zu bringen. Fast wünscht er sich selbst diese Art der Erlösung. Er könnte sich, als Medicus, die Mühe erleichtern; aber die Pflicht eines Arztes ist, nur andern in dergleichen Fällen zu dienen. Er lebt also, und erwartet den Tod sehnlich. Der Tod ist taub; denn man weiß schon, wie viel dem Tode daran liegt, daß ein unwissender Medicus leben bleibe. Was soll unser armer Hofrath thun? Was soll seine trostlose Frau thun? Nun fehlt weiter nichts, als daß sie noch die Schläge rächt, die er seiner ersten Frau gegeben: Unter der Hand will man erfahren haben,

daß

daß sie zu ein paar Ohrfeigen Anstalt gemacht hat. Noch lebt er, und ich verlange sehr, den Ausgang dieser Ehe zu erfahren.

N. S. Sie leben noch beyde, da ich dieses schreibe, und beyde noch eben so mißvergnügt. Es geht nun ins achte Jahr, daß seine itzige Frau das schreckliche Werkzeug ist, die Beleidigungen zu rächen, die er seiner alten Wittwe angethan hat.

Zebedäus Schlau hatte in einem gelehrten Buche gelesen, daß eine kluge Frau für ihren Mann eine sehr gefährliche Sache seyn könnte. Er war also so fein, und wählte sich das dümmste Mädchen in der Stadt. Sie war schön, und aus guter Familie. Er machte sich Hoffnung, sie ganz nach seinem Willen zu lenken, da sie so albern war, daß sie kaum einen Willen zu haben schien. Er irrte sich sehr. Ungeachtet ihrer Einfalt, wußte sie doch, daß sie eine Frau war. Ihre Dummheit diente nur dazu, daß sie auf ihre weiblichen Rechte trotziger ward. Das Ansehen ihrer Familie nöthigte den Mann, vorsichtig zu seyn; beleidigen durfte er sie nicht. Durch den Schuz ihrer Anverwandten bemächtigte sie sich nach und nach einer Herrschaft über ihn. Je dümmer seine Frau war, desto schimpflicher war ihm seine Sclaverey. Sie starb sehr jung; ein Unglück, das sonst nur kluge Kinder trift. Ich sprach ihn einige Wochen nach ihrem Tode; er versicherte mich, daß er in seiner ganzen Ehe nur zween vergnügte Augenblick gehabt habe; In der Brautnacht, und bey ihrem Tode.

Da-

Valentin Pinsel, dessen Vater ein berüchtigter Quacker, und die Mutter eine Betschwester gewesen war, hatte sich in den Kopf gesetzt, daß die meisten Ehen um deswillen unglücklich wären, weil bey der Wahl so viel menschliches mit unterlaufe, wie er es nannte, oder nach unserer Art zu reden, weil man mit zu viel Vorsicht heyrathe. Diese Vorsicht hielt er für Sünde. Er wollte also heyrathen, ohne den Himmel zu versuchen. Diesem überließ er die Wahl. Es war an einem Sonntage sehr frühe, als er sich mit vieler Andacht rüstete, der Person entgegen zu gehen, die ihm der Himmel zu seiner künftigen Braut zuführen würde. Diese sollte nach seinem Gelübde, so er gethan hatte, das erste unverheyrathete Frauenzimmer seyn, das ihm begegnen würde. Er blieb an der Kirchthüre stehen, und erwartete sein Glück mit aufgesperrtem Maule. Das erste unverheyrathete Frauenzimmer, so an die Kirchthüre kam, war eine Person von etlichen und zwanzig Jahren, welche bisher so ausgeschweift hatte, daß auch die ungesittetsten Mannspersonen öffentlich sich ihrer schämten. Er wußte dieses, und eben darinnen fand er einen besondern Wink des Himmels. Noch an diesem Tage wurde die Verbindung richtig; und nun werden es beynahe fünf Jahre seyn, daß er der unglücklichste Ehemann, und ein Spott der ganzen Stadt ist. Hätte er wohl eine Thorheit andächtiger anfangen können, als diese? und doch glaubt er noch itzt, daß diese Ehe im Himmel geschlossen sey.

Rab. Sat. IV. Th.   P   Meister

Meister Martin seliger, hat seine Frau aus keiner andern Ursache geheyrathet, als weil sie Christine hieß. Und dieses liebe Christinchen hat ihn auf gut türkisch gepeinigt, bis an sein seliges Ende, welches drey Tage darauf erfolgte, als sie ihm einen Tiegel an dem Kopfe zerschlagen hatte.

N. N. war ein Frauenzimmer von guter Erziehung, welches sie besonders ihrer Mutter zu danken hatte. Diese liebreiche Mutter starb, und überließ die Tochter der Vorsorge ihres Mannes, der weiter keinen Fehler hatte, als diesen, daß er niederträchtig geizig war. Dieser Fehler hinderte das Glück seiner Tochter; denn ihre Liebhaber hatten gemeiniglich auch den Fehler, daß sie keinen geizigen Schwiegervater leiden konnten. Ihre schönsten Jahre, die bey einem Mädchen der Liebe so heilig sind, verstrichen ungenossen. Sie war zu tugendhaft, sich zu vergehen; aber sie war gar zu sehr ein Frauenzimmer, als daß sie bey dieser Verzögerung ganz gleichgültig hätte seyn können. Der Geiz des Vaters verscheuchte ihre Anbeter. Sie ward traurig über die Einsamkeit, die sie um sich herum wahrnahm, und diese Traurigkeit vermehrte sich, wenn sie an die künftigen Folgen dieser Einsamkeit gedachte. Endlich meldete sich ein junger Mensch, der sich vornahm, auf Conto zu lieben, und den Tod ihres Vaters zu erwarten. Er hatte kein Vermögen; das war für einen geizigen Vater Ursache genug, ihm die Tochter abzuschlagen. Diese Schwierigkeit machte ihn nunmehro im ganzen Ernste verliebt. Er versicherte

seine

seine Schöne, daß seine Liebe aufrichtig, und vernünftig, und seine Absichten christlich wären. Bey einem Fraenzimmer von einer frommen und tugendhaften Erziehung, ist diese ehrbare Sprache eben so gefährlich, als bey einem leichtsinnigen Frauenzimmer das Geschenk eines kostbaren und neumodischen Puzes. Ihre Standhaftigkeit fieng an zu wanken. Ihres Vaters Haus war ihr alle Tage unerträglicher, und eben um deswillen fand sie ihren Freund alle Tage liebensürdiger. Eine alte Muhme, (denn die alten Muhmen sind immer die Ehestandsapostel,) diese ihre alte Muhme mischte sich endlich in den Roman, und machte ihr begreiflich, daß eine Ehe zwischen einem jungen wohlgewachsenen Menschen, und der Tochter eines reichen Vaters dem Himmel nicht anders, als angenehm seyn könne. Die vernünftigen Lehren ihrer verstorbenen Mutter erhielten das gute Kind noch einige Tage zweifelhaft. Endlich kam die gefährliche Stunde. Der verdoppelte Eigensinn eines ungerechten Vaters, die Schmeicheleyen eines wohlgebildeten Freundes, den man liebt, die Befehle der Natur, die man in diesen Fällen empfindet, und gern empfindet, und endlich die Predigt einer alten dienstfertigen Muhme, diese Umstände zusammen müssen wohl die Philosophie eines fühlenden Mädchens über einen Haufen werfen. Sie ließ sich entführen, nachdem sie vorher den Himmel sehr andächtig um seinen Beystand angesteht, und ihm vorgehalten hatte, daß diese Ehe durch ihn geschlossen wäre. Um ihr Gewissen noch

mehr

mehr zu beruhigen, räumte sie ihrem Liebhaber die geringste Freyheit nicht ein, bevor sie in dem nächsten Kloster auf die feyerlichste Art getraut waren. Nun war sie Braut und Frau, und zugleich unerachtet ihrer andächtigen Vorsicht, die unglücklichste Frau. Ihr harter Vater war beleidigt, und unversöhnlich. Kaum verflossen acht Tage, als er sich seiner entflohenen Tochter zum Truze wieder verheyrathete, und sein ganzes Vermögen dieser Elenden entzog, welche die Feindschaft ihres Vaters nicht ertragen konnte. Sie lebte mit ihrem Manne nur wenige Jahre, traurig, elend und ohne Hülfe. Der Mangel und Kummer machten dieser übereilten Ehe ein betrübtes Ende. Ein jeder, nur ihr Vater nicht, bedauerte sie; der alten Muhme aber war das ganz unbegreiflich, wie eine Ehe habe so unglücklich seyn können, welche doch durch ihre Vermittelung im Himmel geschlossen worden sey.

Die Ehen, die man auf Schulen schließt, gehören, nach dem angenommenen Verstande unsers Sprüchworts, ganz unstreitig unter die Ehen, die im Himmel geschlossen werden; denn der Verstand hat selten einigen Antheil daran. Und dennoch glaube ich, daß sie sich nach der heutigen Art zu lieben, und zu heyrathen, wohl entschuldigen lassen. Man weiß das deutsche Sprüchwort: Jung gefreyt, hat niemanden gereut. Das Sprüchwort hat Recht. Die Jugend ist zu ausschweifend, zu schwer zu bändigen, man lasse sie heyrathen! Ein Jahr im Ehestande leben, macht weit zahmer, als zehn

zehn moralische Folianten lesen. Kann es wohl jemals einen jungen Menschen gereuen, daß er bey Zeiten vernünftig geworden ist? Die meisten jungen Leute, wenigstens diejenigen, die aus vornehmen Häusern sind, wachsen nur um deswillen groß, damit sie eine Frau nehmen können; So gebe man ihnen doch eine Frau, so bald sie groß genug sind, Vater zu werden. Mit einem Worte: man thut Unrecht, wenn man wider dergleichen Universitätsromane zu altväterisch eifert. Es ist wahr, solche verehlichte Kinder werden selten, vielleicht niemals, eine glückliche und vergnügte Ehe haben: Aber heirathet man denn heut zu Tage nur um deswillen, daß man glücklich und vergnügt leben will? Ich wundre mich sehr, daß man noch itzt solche Einwürfe machen kann, die sich kaum bey unsern einfältigen Vorältern entschuldigen ließen.

Alles dieses führe ich auf Verlangen eines meiner Freunde an, welcher erst sechs und dreyßig Jahre alt, und schon Großvater, und dem ohnerachtet noch bis auf diese Stunde unmündig ist. Ich will seinen kurzen Lebenslauf hier mit den Worten einrücken, wie er mir ihn selbst aufgesezt hat.

Ich war sechzehn Jahr alt, als mich mein Vater nach Duisburg auf die Universität schickte. So lange ich bey ihm im Hause war, hielt er mich strenge. Es geschah dies wider den Willen meiner Mutter. Ich war ihr einziger Erbe; sie liebte mich also sehr zärtlich. Wenn ich fromm und fleißig seyn würde, so sollte ich auch eine hübsche Frau kriegen: dieses war ihr täglicher Segen, welcher von meinem vierzehnten Jahre an so stark in meine Seele wirkte, daß ich immer glaubte, fromm und fleißig genug zu seyn, und immer mit Ungedulb auf eine hübsche Frau wartete. Die Ernsthaftigkeit meines Vaters ward mir unerträglich. Ich gewann meine Mutter, welche auf meine Vorstellung glaubte, ich sey gelehrt genug, auf die Universität zu ziehen; und was sie glaubte, fand mein Vater immer billig, so strenge er sonst war. Ich kam also nach Duisburg, unter den zärtlichen Wünschen meiner Mutter, daß ich recht fromm und fleißig seyn möchte, damit sie mir bald eine hübsche Frau geben könnte. Dieser mütterliche Segen ward mir verdächtig, weil ich drey Jahre vergebens darauf gewartet hatte; ich nahm mir also vor, mich selbst zu segnen. Hierzu fand ich gar bald Gelegenheit, da man aus meinem Aufwande vermuthete, mein Vater sey sehr reich, und da mein Körper liebenswürdig genug gebaut war. Die Tochter eines Kaufmanns gefiel mir; ich machte mit ihr Bekanntschaft, und war vielleicht noch nicht verliebt: aber binnen kurzer Zeit ward ich es im ganzen Ernste, da das Mädchen sehr ehrbar und züchtig that, und mich beständig vor der Eifersucht, und strengen Wachsamkeit ihrer Aeltern warnte, welche unerbittlich grausam gegen sie seyn würden, sobald sie den geringsten Argwohn von unserer Vertraulichkeit fassen sollten. Ich war jung genug, alles dieses zu glauben; und da ich noch schlauer seyn wollte, als die scharfsichtigen Aeltern meiner Schöne; so versprach ich

ich ihr ins geheim die Ehe, heyrathete sie eben so geheim, und genoß das so lange erwartete Vergnügen, welches nach dem Ausspruche meiner Mutter eine Belohnung für ihren fleißigen und frommen Sohn bleiben sollte. Mit einem Worte im sechzehnten Jahre meines Alters, und noch im ersten Jahre meines akademischen Lebens, war ich verliebt, verheyrathet, und Vater. Es war also nicht mehr Zeit, das zu verbergen, was wir gethan hatten. Die Aeltern meiner Frau gaben uns einen liebreichen Verweiß, an statt, daß ich die heftigsten Begegnungen von ihnen erwartete. Diese Nachsicht würde mir unbegreiflich gewesen seyn, wenn ich nicht zu gleicher Zeit gemerkt hätte, daß diese wachsamen, und unerbittlich grausamen Aeltern vom Anfange an, die Vertrauten meiner Frau in ihrer Liebe gewesen wären. Sie nannten es nunmehr einen Jugendfehler, und dankten dem Himmel, der für ihr Kind so väterlich gesorgt hätte. Meine Aeltern hingegen waren ganz untröstlich. Ich gab mir Mühe, meinem Vater begreiflich zu machen, wie vortheilhaft es für mich sey, die Tochter eines reichen Kaufmanns auf eine so feine Art erhascht zu haben; denn das Geld war bey meinem Vater ein Umstand, der viel Thorheiten entschuldigte. Allein meine Vorstellungen fanden kein Gehör. Er wußte bereits mehr als ich; er wußte die schlechten Umstände meiner neuen Familie, welches sich in ein paar Monaten noch besser äusserte, da mein Schwiegervater einen so ungeschickten, und unverantwortlichen Bankerot machte, daß er nicht allein den geringsten Vortheil davon nicht hatte, sondern so gar in die äusserste Armuth gerieth: Einen Bankerott wider alle Regeln der Handlung! Nun war ich und das Geld meines Vaters der einzige Trost dieser Unglückseligen; aber ich blieb es nicht lange. Mein Vater starb; der Hof bemächtigte sich seines Vermögens, welches nicht einmal zureichend war, dasjenige zu ersezen, was man foderte. Sie können glauben, wie sehr mich dieses alles beunruhigte. Ein junger unerfahrner Mensch von siebzehn Jahren, welcher nicht Zeit gehabt hat, das geringste zu lernen, womit er sein Brod verdienen könnte; dieser soll für den Unterhalt so vieler Personen sorgen, und kann sich selbst nicht ernähren! Nunmehr ließ mich es meine Frau empfinden, was für ein schreckliches Verbrechen es sey, kein Geld zu haben. Meine Schwiegerältern hielten mich für den größten Bösewicht; und nun erst fiel es ihnen ein, daß ich ihr armes unschuldiges Kind verführt hätte. Mit einem Worte, ich habe seit achtzehn Jahren unter der strengen Vormundschaft meiner Frau ein trauriges Leben geführt. Gleichwohl hat sie mich immer nothdürftig ernährt; das kann ich ihr nachrühmen. Ich würde kaum begreifen können, wo dieser Segen herkäme; aber der Herr Kammerrath, und der Herr Oberamtmann sind ein paar liebenswürdige Männer, und meine Frau sieht in der That noch reinlich genug aus, christliche und mildthätige Seelen zu erwecken. Diese rechtschaffenen Patrone haben auch für meine älteste Tochter väterlich gesorgt, und ihr in ihrem

sech-

sechzehnten Jahre einen Mann gegeben, der beym Herrn Kammerrathe Verwalter ist, einen feinen frommen gelassenen Mann, wie ich bin, nur noch einmal so alt als ich. Sie leben recht gut miteinander; denn meine Tochter ist das wahre Ebenbild von ihrer Mutter. Sie hat mich auch schon zu einem vergnügten Großvater gemacht, und ihrem guten Manne ein Töchterchen geschenkt, welches dem Vater bis auf die grauen Haare so ähnlich sieht, wie ein Tropfen Wasser dem andern. Ich habe das aus des Herrn Kammerraths eignem Munde; denn mir kam es nicht so vor. Sehen Sie, mein Herr, so lebe ich itzt! Der Himmel, der für eine Frau und für Kinder gesorgt hat, wird auch für Brod sorgen. Er erhalte nur meiner Frau ihre Gesichtsbildung, und dem Herrn Oberamtmanne sein christliches Herz! Ich will mir alles gefallen lassen! Das ist mein Lebenslauf, wie Sie ihn verlangt haben. Leben Sie wohl!

N. N. ist ein unglückliches Opfer von dem Eigennuze ihres Vaters geworden. Sie besaß alle Tugenden einer Weibsperson, und fast keinen einzigen von den Fehlern derselben. Sie war so schön gebildet, daß selbst Frauenzimmer nichts an ihrer Schönheit zu tadeln fanden, und doch war sie dabey so tugendhaft, daß auch die ungezogensten Mannspersonen Ehrfurcht für sie hegten, und in ihrer Gegenwart sich vernünftig aufführten. Mit einem Worte: Sie war das, was alle ihres Geschlechts seyn wollen, und nicht alle sind. Sie war also eines vernünftigen Vaters, und eines bessern Glücks würdig. Ihr unge-

ungerechter Vater hatte die Vormundschaft über einen jungen Menschen gehabt, und diese so eigennüzig verwaltet, daß er mit Zittern an die Zeit gedachte, in welcher ihn die Obrigkeit nöthigen würde, Rechnung abzulegen. Dieser Mündel besaß, ausser einer ansehnlichen Herkunft, und einem grossen Vermögen, die geringsten Eigenschaften nicht, die ihm einiges Vorrecht vor dem Pöbel gegeben hätten. Ein Körper, der nach allen Regeln der Häßlichkeit gebaut war, würde sich haben entschuldigen lassen, wenn seine Seele nicht noch häßlicher gewesen wäre. Von seinen ersten Jahren an hatte man ihm alle Ausschweifungen verstattet. Nach dem Tode der Aeltern fiel er in die Hände des Vormunders, dem sehr viel daran lag, daß er nicht vernünftiger werden sollte. Er gab ihm, so viel er zu seinen Ausschweifungen brauchte, um ihn desto sicherer plündern zu können. Die Jahre kamen endlich, da er auf Reisen gehen sollte; denn zur Schande unsers Vaterlandes kriegen Ausländer mehr Narren, als vernünftige Deutsche zu sehen. Das Ceremoniell erfoderte, ihm einen Hofmeister mit zu geben; unser Vormund wählte ihn selbst: man kann also wohl glauben, daß der Hofmeister nicht vernünftiger war, also sein Untergebener, der nunmehr in die Welt geschickt ward, ohne Wissenschaft, ohne Sitten, ohne Redlichkeit. Nur sein Körper war noch gesund, und gegen die Religion beobachtete er noch den äusserlichen Wohlstand. Nach einigen Jahren kam er zurück, noch unwissender, noch weit ungesitteter, eben so unredlich,

als

als er fortgereist war. Nunmehr war das sein größter Wiz, wenn er öffentlich der Religion spotten konnte: und sobald diese Spöttereyen erschöpft waren, so erzählte er der Gesellschaft alle Krankheiten, die er in Paris ausgestanden hatte, und erzählte aus Ehrgeiz vielleicht noch mehr, als geschehen war.

Er hatte die Jahre erreicht, sein Geld ohne Vormund zu verschwenden. Was sollte dieser nunmehr thun? Seine Tochter sollte unglücklich werden, damit er, als Vater, ehrlich bleiben könnte. Sie gefiel diesem jungen Bösewichte. Anfänglich hatte er die Absicht gar nicht, sie zu heyrathen; er wollte sie nur als ein Cavalier, der zu leben weis, unglücklich machen. Ihre Tugend demüthigte ihn zeitig genug. Er empfand Hochachtung und Ehrfurcht gegen sie; eine Empfindung, die ihm ganz neu war; er wollte sie also heyrathen. Er entdeckte es ihrem Vater, welcher diesen Vorschlag mit Freuden annahm, und seine Tochter auf die grausamste Art zwang, ihm die Hand zu geben. Nun waren die Vormundschaftsrechnungen richtig; seine unschuldige Tochter aber ganz verlohren. Sie lebte nur wenige Jahre mit diesem Unmenschen, der alle Tage verabscheuungswürdiger, und durch seine pöbelhaften Ausschweifungen so ungesund ward, daß er diese Elende in eine Krankheit stürzte, die ihrer Noth ein betrübtes Ende machte. Der Mann freute sich über das Ende seines Ehestandes; der grausame Vater tröstete sich über den Tod seiner Tochter, und war noch unverschämt genug zu glauben, der Himmel habe diese
Ehe

Ehe gestiftet, um seiner Tochter einen reichen Mann zu geben, und ihn als Vormund, vom Galgen zu retten.

William van Baaken aus Saerdam, dachte, wie ein alter Holländer, und faselte, wie ein junger Franzos. Er fand in Spaa Clarimenen, ein Frauenzimmer, welches die grosse Welt kannte, welches die grosse Welt ziemlich genossen hatte, und sehr unzufrieden war, wenn man den Selbstmord der Lucretia entschuldigte. Van Baaken sprach sie zum ersten male auf einem Balle in einer ansehnlichen Gesellschaft. Ihre Mienen waren eben nicht abergläubisch, und dieses machte ihm Muth, ihr einige galante Unstätereyen öffentlich vorzusagen. Vielleicht hätte Clarimene diese lieber in ihrem Zimmer gehört, als auf dem Balle: doch weil des van Baakens Person eben nicht so gebaut war, daß man aus Liebe zu ihm eine Grobheit übersah; so glaubte sie, ihrem guten Namen so viel schuldig zu seyn, daß sie ihren Unwillen darüber äusserte. Er hatte auf Reisen weiter nichts gelernt, als unverschämt zu seyn; er wiederholte also mit lauter Stimme seinen Bootswitz, und bekam dafür von Clarimenen ein paar derbe friesländische Ohrfeigen. Van Baaken ward bestürzt. Er sah es ein, daß er Unrecht gehabt hatte; und weil sein Herz nicht so wohl boshaft, als dummkühn war, so machte ihn dieser Zufall ernsthafter, als er seit seiner Rückkunft von Paris gewesen war. Er hielt diese Ohrfeigen für einen göttlichen Wink, Clarimenen zu heyrathen; denn er schloß von ihrer ge-

äusser-

äusserten Empfindlichkeit auf ihre Keuschheit, von ihrer Keuschheit auf alle übrige weibliche Tugenden, und von diesen auf das seltne Glück, das er in einer Ehe mit ihr zu geniessen haben würde. Er war sehr eifersüchtig; und bey Clarimenen hoffte er, nicht Ursache zu haben, eifersüchtig zu seyn. War etwas natürlicher, als seine Hoffnung, Clarimene, welche als Jungfer eine zärtliche Unstäterey mit ein paar so männlichen Ohrfeigen bestrafte, werde, so bald sie seine Frau sey, diejenigen mit Füssen treten, die die Verwegenheit hätten, ihre eheliche Treue wankend zu machen? So schloß der unerfahrne Mensch! Der Vorwand, ihr die Beleidigung abzubitten, schafte ihm eine nähere Bekanntschaft. Er versicherte sie seiner Hochachtung, seiner Liebe, seiner guten Absichten; und Clarimene, welche sich schon längst einen so reichen und so dummen Mann gewünscht hatte, ließ sich nach einigen unumgänglichen Weigerungen so weit bringen, daß sie ihm die Hand gab. Er heyrathete sie, ehe er von Spaa gieng. Er führte sie in seine Vaterstadt, und rühmte sich seiner erhaltenen Ohrfeigen mehr, als mancher junge Officier seiner Wunden, die er, Gott weiß, wo? bekommen hat. Die ganze Gegend ward begierig, diese wilde Spröde kennen zu lernen. Es gab junge muthige Liebhaber, welche die Sprödigkeit verwegen machte; und wider Vermuthen fanden sie diese Amazone so zahm, wie ein Lamm. Sie war Frau, und hielt also weiter nicht für nöthig, der Welt schrecklich zu seyn, da ihr Glück nun gemacht war. Mit einem
Worte:

Worte: Ehe noch ein halbes Jahr vergieng, wußte das ganze Land, daß sie ihrem Manne ungetreu war. Ihr Mann wußte es selbst, und war ganz trostlos. Er hätte sich die wahrsagenden Ohrfeigen gern noch einmal vom Himmel ausgebeten, wenn dieses ein Mittel gewesen wäre, von seiner Frau wieder los zu kommen; denn nun merkte er beynahe, daß er diesen Wink des Himmels falsch verstanden hatte. Er faßte also einen andern Entschluß: Er flohe im ersten Jahre seines Ehestandes von seiner ungetreuen Tyrannin, und gieng nach Surinam, wo er sich viele Jahre lang aufhielt, bis er erfuhr, daß sie gestorben war, und ihm, ungeachtet seiner Abwesenheit, eine zahlreiche Familie verlassen hatte.

Gedanken sind zollfrey;

und damit bin ich sehr unzufrieden.

In denen neblichten Stunden, wo mein Geist mürrisch ist, wo er nichts denkt, wo er so unwirksam ist, wie der Geist eines trunkenen Finanzenpachters; in diesen traurigen Stunden beurtheile ich die Fehler des Staats, und mache Projecte.

Da ich dieses erinnere, so sollte ich wohl den gemeinen Vorwurf befürchten, daß das Projectmachen meistentheils die Beschäftigung solcher Köpfe sey, welche zu ungeschickt sind, etwas wichtigers zu thun, und welche weder den Willen, noch das Vermögen besitzen, ihre Mitbürger glücklich zu machen, dagegen aber, unter dem scheinbaren Vorwande, die allge-

allgemeinen Einkünfte zu verdoppeln, hungrig und
boshaft genug sind, sich mit dem Schaden der Armuth zu bereichern, und ihr ungewisses Glück auf
das augenscheinliche Elend tausend entkräfteter Familien zu bauen. Allein, ich kann vor dergleichen Vorwürfen ruhig seyn, da ich niemals die Absicht habe,
den geringsten Vortheil von meinen Projecten zu
ziehen, da ich nicht in Willens habe, die öffentlichen
Einkünfte zu vermehren, sondern nur Mittel ausfindig zu machen, wodurch die Kosten aufgebracht werden können, welche nöthig sind, für die Bequemlichkeit dererjenigen unter meinen Mitbürgern auf eine
dauerhafte Art zu sorgen, für welche bisher am wenigsten gesorgt worden ist.

Außer dem guten Zeugnisse, welches mir mein
eignes Gewissen von der Billigkeit meiner Absichten
giebt, rechtfertigt mich noch ein andrer Umstand, der
in der spanischen Geschichte bekannt genug ist. Mein
Urältervater, Sancho Pansa, war einige Zeit Regent der großen Insel Barataria *), und machte
sich in etlichen Tagen durch seine Gerechtigkeit, und
tiefe Einsicht in die Kunst zu regieren, um sein Land
weit verdienter, als viele Prinzen, welche von ihren
Unterthanen und Nachbarn dreyßig Jahre lang ge-
fürchtet, und ewig verabscheuet werden. Von dieser
Zeit an haben wir Nachkommen des glorwürdigsten
Sancho einen innerlichen Trieb zu regieren; und
weil bereits alle Throne und Regierungen besezt
sind, so behalten wir doch, ungeachtet des traurigen

Ver-

*) S. Don Quixot Th. 2. Cap. 44.

Verfalls unsrer Familie, beständig, auch als Privatpersonen noch, den Trieb, die Fehler der Regenten zu beurtheilen, dem Elende, das ein Land dadurch empsindet, abzuhelfen, und allerunterthänigste Projecte zu machen, da wir nicht im Stande sind, allergnädigste Befehle zu geben.

Ich, als der einzige männliche Erbe des unsterblichen Sancho, besitze diesen Familienschatz von einigen hundert Projecten, welche meine Vorfahren, und ich, aufgezeichnet haben. Sie betreffen so wohl wichtige, als geringere Sachen; denn wir haben nicht allein für die nöthige Bevölkerung des Königreichs Spanien, sondern auch für eine bequemere Art, westphälische Schinken zu räuchern, in unserm patriotischen Eifer gesorgt. Ich werde mich sehr billig finden lassen, wenn ich den europäischen Staaten, oder auch Einem Ehrenvesten Rathe des Städleins J***, wo ich mich izt aufhalte, mit meinen gesammelten Projecten dienen kann. Ich hoffe, das großmüthige Anerbieten wird angenommen werden, da nicht der geringste Eigennuz dabey vorwaltet, sondern da ich solches in der Absicht thue, der Welt zu dienen, und mich mit einigen Schritten derjenigen Unsterblichkeit zu nähern, welche mein Erlauchter Vater Sancho, mit seinem getreuen Esel, und vielen grossen Projectmachern des izigen Jahrhunderts, rühmlichst erlanget hat.

Ich verlange nicht, daß man mir auf mein Wort glaube; ich will eine Probe von meinem Versprechen geben. Diese Probe biete ich hiemit vorzüglich dem

heiligen

heiligen römischen Reiche deutscher Nation an, da ich in Deutschland, die meiste Zeit über, meinen Unterhalt gefunden habe, und um deswillen gegen dieses nahrhafte Land erkenntlicher seyn will, als ein großer Theil seiner Nachbarn, welche sich viele Jahre von dem deutschen Brode mästen, und dennoch immer, bey einer stolzen Eigenliebe, undankbar sind.

Mein Project solle alle die unentbehrlichen Eigenschaften haben, die den meisten Projecten fehlen. Es soll, ohne Ansehen der Person, eine durchgängige Gleichheit beobachtet werden; der Arme, und der gemeine Mann soll entweder gar frey gelassen, oder doch am meisten geschont, der Vornehme aber nach Beschaffenheit seiner Umstände, und Absichten, am meisten zur Mitleidigkeit gezogen werden; die innländischen Manufacturen sollen dadurch auf keinerley Art niedergedruckt, und eben so wenig der freye Handel mit den Ausländern gehemmet werden; die Einkünfte von diesem Projecte sollen nicht nur den eigennützigen Händen einiger Privatpersonen zum gemeinen Besten entrissen, sondern vor den Augen des ganzen Landes so vertheilt, und angewendet werden, daß es gewissen preßhaften Personen vorzüglich zu Nuzen gereicht, und dieser Nuzen sich hernach wieder durch das ganze Land zertheilt. Ich will es so einrichten, daß alle diese Einkünfte nur durch wenige Bediente verwaltet werden können, und also dem gemeinen Wesen wenig dadurch entzogen wird. Ich schmeichle mir, daß man bey meinem Projecte nicht nöthig haben wird, die geringsten Zwangsmittel anzuwenden: Es ist für alle Stände so vortheilhaft, daß sich gewiß ein jeder von selbst beeifern wird, seinen Beytrag zu entrichten, und des Vortheils öffentlich zu genießen, den er durch seine Beysteuer erlangt. So gar Ausländer werden sich dazu drängen, und zur Bereicherung unsers Landes die Schäze aus ganz Europa zu uns schleppen, um die Erlaubniß zu erhalten, daß sie an den glücklichen Folgen dieses Projects Antheil nehmen dürfen. Ja, ich will noch mehr thun: Ich will nicht allein keinen Genuß von der Erfindung dieses Projects haben, sondern auch, als ein billiger Contribuent, meinen Antheil selbst dazu erlegen. So großmüthig werden wohl wenig Projectmacher seyn!

Da ich auf diese Art die beträchtlichen Vorzüge meines Projects so deutlich gewiesen habe; so will ich auch nunmehr mit wenigem meine Gedanken sagen, für wen ich eigentlich die Einküufte von diesem gerühmten Projecte bestimmt habe.

Nach der mir angebohrnen politischen Einsicht halte ich es für einen grossen Fehler, daß man zwar diejenigen in Zucht- und Spinnhäusern ernährt, welche durch ihre üble Aufführung in der Republick Unruhen anfangen; gleichwohl für die Ernährung dererjenigen niemals sorgt, welche unter dem scheinbarsten Vorwande, und den prächtigsten Titeln, in dem gemeinen Wesen erstaunende Unordnung anrichten; und dieses blos aus Mangel der Nahrung. Man gebe ihnen Brod, so werden sie aufhören,

dem

dem Lande schädlich zu seyn; denn nur aus Hunger schaden sie.

Dieses deutlicher zu machen, will ich hier einige von denenienigen nennen, für welche ich die Einkünfte meines Projects eben deswegen bestimmt habe, weil die Obrigkeit zu grossem Schaden des Landes für ihren Unterhalt gar nicht sorgt, und sie eben dadurch in die verzweifelte Nothwendigkeit sezt, das zu seyn, was sie sind, und welches sie gewiß nicht seyn würden, wenn sie nur einigermassen Mittel wüßten, sich auf andre Art zu nähren. Die wenigen Beweise, die ich hier anführe, werden von dem grossen Umfange meines Geistes, und meiner grossen Einsicht in die Kunst zu regieren zeugen.

Unmittelbar nach den Raupen und Heuschrecken kommen die Rabulisten; ein gefräßiges Ungeziefer! Man kennet sie; ich habe also nicht nöthig, sie zu beschreiben. Man weiß die allgemeine Verwüstung, die sie in einem Lande anrichten, und doch duldet man sie, und giebt ihnen Ehrentitel: Man scheut sie, und sucht doch ihre Freundschaft. Und erwacht auch einmal die Gerechtigkeit wider sie, und giebt neue Geseze zu ihrer Vertilgung; wer soll darüber halten? Vielleicht die Richter? Viele Richter würden untröstbar seyn, wenn alle Advocaten gewissenhaft wären. Dazu habe ich zu viel Menschenliebe, daß ich glauben sollte, die Bosheit eines Rabulisten sey eine Handlung, deren ein Mensch freywillig, und ohne von der äussersten Noth gedrungen, fähig seyn könne: Zur Ehre meiner Mitmenschen glaube ich das

Q 2 nicht.

nicht. Die größte Verzweiflung muß es seyn, die ein vernünftiges Geschöpf zu einer so abscheulichen Nahrung treibt. Nicht im Himmel, nicht im Herzen, nein, in einem hungrigen Magen, nur in diesem allein, ist die ganze Quelle der Rabulisterey zu suchen. Der Hunger ist es, der Poeten, der Patrioten, der Schriftsteller, der Goldmacher, der Rabulisten schaffet. Ich will diesem Uebel steuern. Von den Einkünften meines Projects soll ein Theil angewendet werden, die Rabulisten zu füttern; dadurch werde ich sie nicht allein von ihrer schändlichen Rauberey abziehen, sondern ich werde aus dem gemeinen Wesen an ihnen solche Mitglieder schaffen, die ihm die wichtigsten Dienste leisten können. Es ist hier der Ort nicht, weiter davon zu reden; im Vorbeygehen will ich nur so viel gedenken, daß ein dergleichen ausgefütterter Rabulist sehr geschickt ist, in der Gerichtsstube Fiscal zu werden. Er kennt die Schwäche der Richter, und die Bosheit der Advocaten. Er wird alsdann alle Partheylichkeit und Rabulisterey am besten entdecken können, so, wie diejenigen die besten Zollbedienten sind, die den Zoll am meisten betrogen haben, ehe sie bankerot wurden. Dieses Capitel aus der Finanz verdient eine besondere Abhandlung, die ich mir vorbehalte.

Für die Freygeister will ich auch sorgen. Sie werden die Einkünfte meines Projects ziemlich erschöpfen: denn sie vermehren sich täglich; aber desto nöthiger ist es auch, daß man ihnen Brod giebt, damit sie Christen werden: denn nur am Brode fehlt
es

es ihnen, und nicht an der innerlichen Empfindung. Unter tausend Freygeistern ist vielleicht nur einer, der mit Ueberzeugung nichts von Gott und der Religion glaubt, und dieser Eine wird gewiß am wenigsten schaden, weil er zu vernünftig ist, seinen Unglauben merken zu lassen, und weil er sich bey seiner Vernunft schämen muß, in der Gesellschaft einer so abgeschmackten Bande Gauckler zu seyn, welche zu dumm sind, von der Religion nichts zu glauben: Denn von der Religion im Ernste nichts zu glauben, das ist weit schwerer, als ein guter Christ zu seyn. Also sorge ich bey meinem Projecte bloß für diese starken Geister, die wider ihre Ueberzeugung, nur aus Hunger Lügen predigen, wie etwann die Zigeuner nur aus Hunger wahrsagen. Ich schreibe gar nicht aus mütterlichen Vorurtheilen, was ich hier schreibe; ich berufe mich auf die Erfahrung, und bitte mir von meinen Lesern nur eine kleine Aufmerksamkeit auf dergleichen Geschöpfe aus, welche so verwegen sind, sich Atheisten zu nennen. Bey allen, ich sage nicht zu viel, wenn ich dieses sage; bey allen werden sie finden, daß ihr Leichtsinn sich bloß aus einem Mangel der Nahrung herschreibt. Ein junger Mensch, der sein Vermögen durchgebracht, dem der wollüstige Müßiggang das Gemüthe zu höhern Beschäftigungen träge gemacht, und die Knochen zur Arbeit entkräftet hat, den das Andenken seiner vorigen Glückseligkeit verzweifelnd, und der gegenwärtige Mangel unverschämt macht, der es nicht gewohnen kann, unbemerkt zu leben, da er nur vor kurzem durch seine

kostba-

kostbaren Thorheiten die Augen der ganzen Stadt auf sich zog; ein Mensch von dieser Art, und deren sind unzählige, wird eine Beruhigung für seinen Hochmuth, und für seinen Hunger finden, wenn er zuerst die innerlichen Vorwürfe seines eignen Gewissens damit übertäuben kann, daß alle heilige und bürgerlichen Pflichten, die uns die Religion predigt, ein eigennütziges Gewäsche der Pfaffen, und daß alle Strafen, mit denen die Offenbahrung die Uebertreter dieser Pflichten so schrecklich bedroht, ein kindisches Mährchen christlicher Weiber sind. Hat er es erst mit sich selbst so weit gebracht; so liegt ihm daran, daß er sein eingeschläfertes Gewissen in dieser Betäubung erhalte, und daß er auch gegen die Welt seine Thorheiten rechtfertige. Am füglichsten geschieht dieses dadurch, daß er sich selbst, und allen, die es hören, und die es auch nicht hören wollen, die neuen Entdeckungen täglich vorsagt, die sein starker Geist aus Schaam und Verzweiflung, wider die Religion erfunden hat. Der Mangel hat ihn so vorsichtig gemacht, daß er vornehmlich diejenigen von ihrem Aberglauben zu belehren sucht, welche am wenigsten Verstand haben, ihm zu widersprechen. Er wird sich am liebsten reiche bejahrte Thoren, und junge Narren aus guten Häusern wählen. Jenen ist es ungemein schmeichelhaft, daß man ihnen bey ihrer reichen Thorheit den Verstand zutraut, wichtige neue Wahrheiten einzusehen, die so viele vernünftige Leute, und ihre eignen Beichtväter nicht einsehen können. Diese kützelnde Eitelkeit thut ihnen so sanft, daß sie

mit

mit freygebigen Händen demjenigen ihren Ueberfluß mittheilen, welcher so großmüthig gewesen ist, ihnen auf eine so bequeme Art, so viel Weisheit, so viel unerhörte Warheit mitzutheilen, die ihr Verstand, so gar ihr Verstand, so leicht hat fassen können. Am besten aber befinden sich unsre predigenden Freygeister bey jungen bemittelten Narren, welche, sobald sie die Religion weiter nicht schreckt, ganz ungestört ihren Ausschweifungen nachhängen können. Sie lassen mit Vergnügen ihren neuen Apostel an allen diesen Ausschweifungen Antheil nehmen; und dieser nimmt ihn sehr gern, weil er sie gewohnt ist, und befindet sich bey diesen jungen Verschwendern am besten, weil die alten bemittelten Thoren, mitten in ihrer Thorheit, noch immer rechnen, und gewisse Ausschweifungen verabscheuen, die ihnen entweder zu theuer, oder für ihre abgelebten Körper zu jugendlich sind. Ich habe hier das Bild eines Freygeistes von der mittlern Classe gemalt. Denn von dem atheistischen Trosse will ich hier gar nicht reden, welche von jenen nur alberne Affen sind, und dasjenige abgeschmackt nachplaudern, was jene bey ihrer mittelmäßigen Einsicht vorschwazen, und welche, ohne zu wissen, was sie eigentlich wollen, starke Geister seyn wollen, weil dieses eine Modenarrbeit ist; welche endlich über Himmel und Hölle spotten, weder Engel noch Teufel glauben, und doch vor jeder alten Frau, die ihnen in Dunkeln begegnet, ein Kreuz machen. Diese kleinen Charlatane muß man weder bestrafen, noch auslachen.

Man

Man muß sie nicht merken; so werden sie schon selbst aufhören, närrisch zu seyn; denn nur darum sind sie es, damit sie nicht ganz unbemerkt in der Welt seyn wollen. Diese überlasse ich der Ruthe ihrer Ammen, oder der Faust des Vormunds. Nur für die mittlere Classe sorge ich; und diese Vorsorge ist desto wichtiger, je größer der Schade ist, den ihre eigennützigen Schwärmereyen der Welt, und vornehmlich der jungen flatterhaften Welt zuziehen. Vielleicht habe ich mich zulange bey dieser Stelle aufgehalten. Ich bitte meine Leser um Vergebung. Es war nöthig, weil nicht alle die Genealogie der Atheisterey von dieser Seite kennen; weil keine Thorheit gefährlicher ist, als die, welche man für Verstand hält; und weil ich es genau bestimmen mußte, welche Art von Freygeistern eigentlich von meinem Projecte ernährt werden solle. Nunmehr wissen diese, wer sie künftig ernähren wird; und ich hoffe gewiß, sie werden sich schämen, wider ihre eigene Ueberzeugung Narren, und wider ihren natürlichen Ehrgeiz, den sie aus Noth verläugnen müssen, niederträchtige Schmeichler des reichen Pöbels zu seyn. Und damit diese Unglückseligen wegen ihrer künftigen Versorgung recht ruhig und sicher seyn können; so gebe ich ihnen mein Wort, daß bloß zu ihrer Unterhaltung alles dasjenige bestimmt bleiben soll, was durch mein Project von den Geistlichen und den Philosophen einkommen wird. Aus dem Projecte selbst werden sie sehen, wie ansehnlich der Betrag davon seyn müsse. Und ich

ich bin gewiß überzeugt, die Geistlichen und Philosophen werden nun weit mehr beytragen, als von ihnen verlangt wird: Diese, weil sie von der Nichtswürdigkeit des Reichthums überzeugt sind, und gewiß alles Geld hingeben werden, um einen einzigen Narren weise zu machen; jene aber, weil sie gewohnt sind, gute Werke zu thun, und ihren verirrten Mitbrüdern nicht allein mit ihrem Segen, sondern auch mit ihrem Beutel zu dienen.

Ich habe lange bey mir selbst gezweifelt, ob ich die herumirrenden Goldmacher unter diejenigen mitleidenswürdigen Personen rechnen soll, für deren Unterhalt ich sorge, damit sie aufhören, unglückliche Thoren zu seyn. Sie sind dem gemeinen Wesen sehr verderblich; sie bringen oft ansehnliche Familien um ihr ganzes, oder doch um ihr meistes Vermögen: Aber sie sind zu entschuldigen, und mehr zu entschuldigen, als diejenigen, welche sich von ihnen mißbrauchen lassen. Wer ist lächerlicher? Ein Bettler, welcher, um nicht gar zu verhungern, einem Reichen das wichtige Geheimniß lehren will, zu großen Schäzen zu gelangen; oder dieser Reiche, welcher von den Händen eines hungrigen Landstretchers den Ueberfluß erwartet? Inzwischen will ich es doch auf einige Zeit versuchen, damit man mir nicht den geringsten Vorwurf einer Lieblosigkeit machen könne. Ich will diese Elende an meinem Projecte Antheil nehmen lassen: und damit sie zu ihrer Nebenausgabe doch etwas noch verdienen, so will ich ihnen von der Obrigkeit die Erlaubniß auswirken, daß sie auf den Jahrmärkten herumziehen, und in Gesellschaft anderer Taschenspieler, das neugierige Volk mit ihren chymischen Tändeleyen belustigen mögen.

Man hat angemerkt, daß diese Goldmacher, wenn sich ihre Betrügereyen weiter nicht verstecken lassen, gemeiniglich anfangen, die quakerische Sprache einer dunkeln Heiligkeit und mystischen Andacht anzunehmen. Dieses bringt mich auf den Einfall, bey meinem Projecte auch für die engbrüstigen Narren mit triefenden Augen, schiefen Hälsen, und verkrummten Händen zu sorgen, welche der Pöbel Heilige, und ein vernünftiger Mann heuchlerische Betrüger nennt. Sie schleichen gebückt in die Häuser frommer Thoren, und bemächtigen sich unter dem Vorwande, mildthätige Beysteuern für arme Brüder zu sammeln, des Vermögens dieser Leichtgläubigen, welches sie im Dunkeln wollüstig verschwenden, und diejenigen hungern lassen, denen sie es entreissen. Diesem Uebel will ich steuern. Ich will für den Unterhalt dieser andächtigen Räuber sorgen; denn aus Mangel des Unterhalts beten die meisten von ihnen, die treuherzigen Thoren um ihr Vermögen; ob ich schon nicht läugnen will, daß viele nur aus Hochmuth heilig herumkriechen, um desto mehr verehrt zu werden. Für diese mag ich nicht sorgen: denn sie thun dem Vermögen meiner Mitbürger keinen sonderlichen Schaden.

Ich belustige mich beynahe in keiner Gesellschaft mehr, als in der Gesellschaft dererjenigen, welche unter dem prächtigen Namen der Patrioten mit der

Regierung unzufrieden sind. Man findet daselbst einen wahren Mischmasch von Hochmuthe, von Neide, von Vaterlandsliebe, und von Hunger. Es steht in meinem Vermögen nicht, ihnen Aemter und Ehrenstellen zu geben: ich wollte es sonst mit Vergnügen thun. Ich weiß gewiß, ich würde dadurch ihren Neid und ihren Hochmuth zugleich befriedigen. Denn, wie die Engelländer sagen, flucht derjenige der Regierung am meisten, der am meisten an der Regierung Antheil zu nehmen wünscht. Also will ich nur für ihren Hunger, und welches einerley ist, für ihre Vaterlandsliebe sorgen. Sie sollen satt werden; und wenn ihr Magen noch so patriotisch wäre, so soll er doch satt werden. Wirf dem Hunde Brod hin, der dich beißen will, sprechen die Bürger in Mancha: Das will ich auch thun: denn ich glaube, daß bey mir in Westphalen der Hunger eben so beißend macht, wie bey meines Urältervaters Nachbarn in Mancha. Wie erstaunend werden die Veränderungen seyn, die mein Project in einem Staate macht! Alle politische Schneider und Schuster, welche zeither mit aufgestemmten Armen hinter dem Bierkruge dem Fürsten gefluchet, werden vor Freuden hervortaumeln, und dem Himmel danken, der ihnen ein so weises Regiment, und so gutes Bier verliehen. Der alte Ritter, welcher sich voll Mißvergnügen über seine ungesuchten Verdienste, seit der letzten Regierung auf die Hufe geflüchtet, um daselbst murrend den Untergang seines Vaterlandes zu erwarten, das ohne

ihn

ihn regieret wird; dieser wird sein bestes Kleid, in welchem er zum lezten male gehuldigt hat, aus dem Kasten hervorsuchen, um bey dem nächsten Gallatage mit steifer Pracht dem Hofe, und seinem Dorfe Ehre zu machen. Und die mißvergnügten wizigen Köpfe! — Welchen Lärm sehe ich voraus! Wie wimmelt der Parnaß! Denn für eine Pension von hundert Gulden sollen sich zehen Reimer aus dem Athem singen.

Für diese wizigen Geister will ich vorzüglich sorgen. Vielleicht haben sie bisher mit Ungeduld gewartet, bis ich ihrer erwähne. Ich habe es mit Fleiß unterlassen; denn ich weiß, daß sie fodern können. Ich werde ihnen auf eine anständige Art Unterhalt verschaffen, damit sie keine Ursache weiter haben, durch schmeichlerische Thorheiten die schönen Wissenschaften verächtlich zu machen.

Diese wenigen Exempel werden genug seyn können, meinen Lesern einen ehrwürdigen Begriff von dem Nuzen des großen Projects zu machen, womit ich die Welt beglücken will. Vermuthlich sind sie nunmehro neugierig genug, es zu erfahren, und vielleicht so ungeduldig, als ich es wünschen kann. Sie werden mir verzeihen, daß ich ihre Neugierde so lange aufgehalten habe. Es war nöthig, um den Charakter der Projectmacher zu behaupten, welche die Welt mit dem erstaunenden Nuzen ihrer Erfindungen lange Zeit betäuben, ehe sie entdecken, was sie erfunden haben.

Mit

Mit einem Worte: Ich bin der große Mann, der zum Beſten ſeiner dürftigen und verlaßnen Mitbürger auf den glücklichen Einfall gekommen iſt, eine Gedankenſteuer anzulegen. Ich will mich gleich deutlicher erklären.

Die Eigenliebe der Menſchen hat keine angenehmere Beſchäftigung, als wenn ſie ſich mit den Vorzügen, die ihr doch fehlen, ſchmeichelhaft unterhält, und ſie dafür denenjenigen abſpricht, welche ſie doch wirklich beſizen.

Von den älteſten Zeiten her haben ſich die Philoſophen bemüht, dieſe Leidenſchaft ſowohl ernſtlich, als bitter zu beſtrafen: und auch von den älteſten Zeiten her iſt dieſes Unternehmen vergebens geweſen.

Ich will einen Vorſchlag thun, nicht ſo wohl wie man die Welt beſſert, denn ich kenne die Welt; ſondern wie man die hartnäckigen Thorheiten der Menſchen zum Beſten eines ganzen Landes nuzen ſoll. An ſtatt alſo die Leute in dem angenehmen Traume ihrer eignen Verdienſte zu ſtören; ſo will ich zufrieden ſeyn, daß ſie ſich für ihr Geld darinnen unterhalten: Und an ſtatt, daß ſie bisher nur ſchüchtern und im Winkel ihrer Eigenliebe geſchmeichelt haben, ſo mögen ſie ſich nunmehr das Recht erkaufen, es öffentlich zu thun.

Aber erkaufen müſſen ſie dieſes Recht; denn das können ſie unmöglich verlangen, daß ſie umſonſt Narren ſeyn dürfen.

Sie

Sie sollen jährlich eine gewisse Steuer erlegen, und sich dafür die Freyheit lösen, öffentlich dasjenige von sich zu rühmen, was sie bisher nur heimlich gedacht haben.

So bald sie dese Gedankensteuer erlegen, bekommen sie einen Schein, und damit zugleich das Recht, daß niemand ihrer Eigenliebe widersprechen darf.

Dieser Schein soll sie wider alle Einwürfe mürrischer Philosophen, und wider alle bittre Satiren der Spötter schützen. Macht jemand in Gesellschaft die geringste Miene, als wollte er an ihrer Weisheit, an ihrer Tapferkeit, an ihrer Gelehrsamkeit, an ihrer Schönheit, an ihrem Reichthume, mit einem Worte, an ihren Verdiensten zweifeln; so dürfen sie nur ihren Gedankenschein vorzeigen, und die ganze Gesellschaft muß verstummen. Denn dieser Schein macht ihre Verdienste eben so unwidersprechlich und vor Gerichte gültig, als das öffentliche Zeugniß von Geschicklichkeit und Qualitäten, welches man denen für ihr baares Geld beylegt, die sich Rang und Titel kaufen.

Nunmehr werden meine Leser wohl im Stande seyn, zu übersehen, wie gegründet alles dasjenige sey, was ich bisher von den Vortheilen meines Projects gesprochen; sie werden finden, daß ich aus Bescheidenheit noch viel zu wenig gesagt habe.

Sie dürfen nur die Menge der Menschen überdenken, welche sich einbilden, das zu seyn, was sie nicht

nicht sind; so werden sie so fort eine erstaunende Menge Contribuenten erblicken.

Sie dürfen weiter nachdenken, wie hartnäckig die Menschen auf dergleichen schmeichelhaften Vorurtheilen beharren, und wie sie lieber alles daran wagen, ehe sie sich in diesen Vorurtheilen stören lassen; so werden sie mit einem Blicke übersehen, wie willig diese unzählbare Menge der Contribuenten herzu eilen wird, sich die Freyheit zu lösen, daß sie ungehindert thöricht seyn können.

Die Summen müssen erstaunend seyn, die dadurch zum Besten des gemeinen Wesens zusammenfließen, und die ohne Bedruckung des Armuths, ohne Hinderung des innländischen und auswärtigen Handels, ohne den geringsten Zwang zusammen gebracht werden. Diesen einzigen Zwang nehme ich aus, daß niemand, ohne sein Gedankenschein zu lösen, auf Vorzüge stolz seyn darf, die er nicht besitzt, und niemand sich unterstehen darf, demjenigen die gerühmten Vorzüge streitig zu machen, der einen solchen Schein gelöst hat. Diese zween Punkte sind die einzigen, in welchen der Beystand der Obrigkeit nöthig ist.

Es ist meine Absicht nicht, und der Raum würde es auch nicht verstatten, einen Tarif, oder ein ausführliches Verzeichniß von demjenigen zu geben, was eine jede Art der eingebildeten Thoren beysteuern soll. So bald ich aber über dieses Projekt den gewöhnlichen Octroy erlange; so bald will ich ein vollständiges Schazungsregister durch öffentlichen Druck bekannt

bekannt machen. Für izo wird es genug seyn, eine kleine Probe davon zu geben, nach welcher man die übrige Einrichtung beurtheilen kann.

Dieses will ich nur noch erinnern, daß die Westphälinger nur die Hälfte von jeder Anlage entrichten. Ich thue dieses aus Erkenntlichkeit, da, ich unter ihnen wohne, und bey ihnen auch als ein Fremder, mein Brod so lange Zeit gehabt habe. Ich will diese Proben hinsezen, ohne Ordnung, wie sie mir einfallen. Künftighin werde ich schon wissen, die Sache kunstmäßiger einzurichten.

Die Hagestolzen sind die ersten, die mir einfallen. Ich weiß nicht, wie es kömmt; aber es sey drum.

Ein alter Junggeselle ist mehrentheils ein Geschöpf, das sich viel, und gemeiniglich viel lächerliches einbildet. Wenn man ihn reden hört, so hat es nur an ihm gelegen, eine tugendhafte, eine reiche, eine schöne Frau zu haben. Er hat sie nicht haben mögen; denn sie wäre doch allemal eine Frau gewesen. Alle Gesellschaften unterhält er mit den Fehlern des Frauenzimmers, und glaubt nicht, daß die Gesellschaft noch weit mehr Ursache habe, sich mit seinen Fehlern zu unterhalten. Dieser Weise lebt frey: denn er hat keine Frau, die ihm befiehlt: aber zu Hause hat er eine Magd, die ihn tyrannisirt.

Aus Achtung für einen meiner besten Freunde will ich von den Hagestolzen etwas nachtheiliges weiter nicht sagen. Ich würde ihn beleidigen, und meine

meine Leser würden ihn errathen. Er ist ohnedem argwöhnisch, und, wenn ich noch zween Fehler von ihm sagen darf, eigensinnig und unschlüßig. Ich erwähne diese Fehler ausdrücklich, damit diejenigen, die ihn von Person kennen, seinen Hagestolz entschuldigen, und nicht einen von denen Fehlern zur Ursache nehmen, die ich oben erwähnt habe. Ich muß ihm Gerechtigkeit wiederfahren lassen. Keiner von obigen Fehlern hält ihn ab. Er redet von sich wenig, und immer bescheiden. Für das Frauenzimmer hat er die größte Hochachtung; und nur aus Hochachtung kann er sich nicht entschließen, zu heyrathen, weil er befürchtet, sein Eigensinn werde beleidigen. Diese kleine Schuzrede war ich meinem besten Freunde schuldig; ich komme wieder zum Hauptsaze.

Ein alter Junggeselle, welcher das Recht haben will, zu glauben, daß er nur aus Vorsicht und Klugheit nicht heyrathe, soll jährlich Gedankensteuer geben . . 2 fl. . Und so bald er damit den Schein gelöst hat, so soll, bey schwerer Strafe, kein Mensch in der Gesellschaft befugt seyn, ihn an die Körbe zu erinnern, die er, vom zwanzigsten bis ins fünfzigste Jahr, bekommen hat.

Alte Junggesellen, die so unverschämt sind, zu glauben, daß es in ihren jungen Jahren Mädchen gegeben habe, die aus Liebe zu ihnen, jämmerlich dahin gestorben sind; die sollen geben . . 1 fl. . Die aber noch in ihrem fünfzigsten Jahre conquetiren, und albern genug sind, zu glauben, daß die schönen Kinder, sobald sie ihr zärtliches Gerippe erblicken, seufzen, und nicht lachen; die geben . . 2 fl. und also noch einmal so viel; denn sie sind noch einmal so große Thoren.

Bey uns in Westphalen, und vielleicht noch an mehrern Orten in Deutschland, giebt es keine gröſsern Hahnreye, als die alten Junggesellen sind, welche sich Maitressen halten. Da die ganze Stadt dieses weiß, und sie doch die ganze Stadt von der Eltenen Keuschheit ihrer Beyschläferinnen überführen wollen; so werden sie es nicht unbillig finden, wenn ich die Taxe ein wenig hoch seze. Dieser Gedanke von der Treue ihrer Haushälterinn, oder wie sie etwann heißen mag, faßt so viele stolze Eigenliebe in sich, daß sie für die Freyheit, so zu denken, nicht genug geben können. Wie viel Reizungen, wie viel männliche Vollkommenheiten müssen sie von sich selbst träumen, wenn sie glauben, daß ihre Gebieterinnen, (denn Gebieterinnen sind sie immer,) nur ihnen nicht, sonst allen widerstehen, nur ihnen nicht untreu seyn können, da sie es vorher zehen andern gewesen, und, daß sie gegen alle Welt die unerbittliche Strenge vestalischer Jungfrauen gebrauchen werden, da doch sie vermögend waren, die zweydeutige Tugend derselben durch Ueberlaſsung mittelmäßiger Vortheile wankend zu machen! Kann wohl etwas lächerlicher seyn? Mit einem Worte: Sie sollen geben . . . . 5 fl. . und dafür sollen sie das Recht haben, zu glauben, was kein Mensch glaubt.

Alte

Alte Junggesellen, welche an ihre Jugendsünden so wenig zurückdenken, daß sie das Herz haben, noch im fünfzigsten Jahre ein Mädchen von zwanzig Jahren zu heyrathen, sollen jährlich 1 und einen halben fl. erlegen, und dafür die Freyheit erkaufen, nicht zu glauben, daß sie was thörichtes gethan haben.

Alte Junggesellen, die alte reiche Wittwen heyrathen, um in den nächsten fünf Jahren reich zu sterben, sollen nichs geben, und doch die Erlaubniß haben, zu denken, daß ihre Wahl sehr vernünftig sey. Die Freude ist ohnedem von kurzer Dauer, und sie werden nicht lange Zeit haben, es zu glauben. Sie sind zu unglücklich, als daß sie noch zu einer allgemeinen Schazung gezogen werden sollten. Und da sie bey ihrem zärtlichen Drachen im Hause so wenig gute Stunden haben, so wollen wir ihnen das Leben nicht noch schwerer in Gesellschaften machen. Ihr Unglück ist in der That zu groß, als daß ihnen ein einziger schmeichelhafter Gedanke einfallen sollte, es müßte denn dieser seyn, daß ihre Frau vor ihnen sterben werde. Und ihnen zum Troz stirbt sie nicht! Diese unglücklichen Leute sollen also zur Gedankensteuer nichts geben. Man wird diesen Ausspruch billig finden, und niemand wird ihn billiger finden, als mein Freund, dessen ich oben erwähnt habe, und welcher zu vielen Thorheiten zu klug ist, nur zu dieser nicht.

Die alten Jungfern werden es nicht übel nehmen, wenn ich sie den alten Junggesellen an die Seite seze; meine Leser werden es auch zufrieden seyn, denn es giebt kein Aergerniß, und nimmt sich doch gut aus. Dergleichen Winterstücke zieren eine Galerie ungemein, und heben die Farben der andern Schildereyen.

Es ist eines der ungegründesten Vorurtheile der Menschen, welche gern lachen, daß sie am bittersten über alte Jungfern lachen.

Ist es etwa lächerlicher, keinen Mann zu haben, als es ist, ohne Frau zu bleiben? Und warum sind denn die alten Junggesellen nicht noch lächerlicher, da die Mannspersonen die ungerechte Freyheit haben, nach den Frauenzimmern zu gehen, und sich eine Frau nach ihrem guten Gefallen im Lande auszulesen; die armen eingesperrten Mädchen aber nur hinterm Vorhange lauren dürfen, ob jemand kommen und sie suchen will? Und diesem ungeachtet ist man so barbarisch, der armen Kinder zu spotten, wenn sie bis in ihr vierzigstes Jahr vergebens aufgelauert haben! Ich nehme mich hiermit dieser Verlaßnen an, und bekenne vor der ganzen deutschen Welt, daß über eine Jungfer, welche weder durch ihre unvorsichtige Aufführung, noch durch ihre Sprödigkeit, ihr Glück, wie es die Mannspersonen nennen, von sich gestoßen hat, welche nur vielleicht aus Mangel der Schönheit, aus Mangel des Vermögens, oder aus einem gewöhnlichen Eigensinne des Schicksals, bis in ihr vierzigstes Jahr einsam, und doch bey ihrer gesitteten Aufführung ungeändert geblieben ist; daß, sage ich, über dieses Frauenzimmer nur Thoren spotten, und daß sie bey Vernünftigen

un-

unendlich mehr Hochachtung verdient, als eine Frau, welche sich in die Arme des Mannes geworfen hat, um bey ihren Ausschweifungen desto sichrer zu seyn. Ich würde zu ihrer Vertheidigung noch viel mehr anführen können, wenn ich nicht befürchten müßte, man möchte meinen Eifer für eigennüzig halten, und gewisse Absichten darunter suchen, da ich ein frischer Wittwer bin. Ich will also gegenwärtig nur so viel sagen, daß alte Jungfern von dieser Classe, von meiner Gedankensteuer frey seyn sollen: ja sie sollen das Recht haben, ohne Entgeld zu glauben, daß sie darum gar nicht unglücklich sind, weil sie keinen Mann haben, und daß sie es gewiß seyn würden, wenn die Narren ihre Männer wären, welche über ihre alte Jungferschaft spotten. Ich will noch mehr thun. Diejenigen von ihnen, welche ihrer Armuth wegen übrig geblieben sind, sollen von den alten Junggesellen, denen sie nicht reich genug waren, ernährt werden, und zwar auf diese Art, daß ich die Hälfte der Gedankensteuer, so diese eingebildeten Hagestolze nach meinem Plane erlegen müssen, anwenden werde, ihnen ihr Alter bequem zu machen.

Bey diesen Freyheiten, die ich einigen der alten Jungfern ertheile, wird meine Casse so gar viel nicht verlieren. Es bleibt noch eine unendliche Menge von ihren Gespielinnen übrig, die ich bey der Gedankensteuer zur Mitleidenheit ziehen kann.

Zwischen hier und Oßnabrück, rechter Hand der Straße, liegt ein Meyerhof, in welchem ein altes
Fräu-

Fräulein spuckt. Vor dreyßig Jahren mag sie den Reisenden gefährlich gewesen seyn; nun ist sie ihnen nur schrecklich. Sie wohnt im Fenster; denn mit dem Anbruche des Tages steht sie am Fenster im Erker, und erwartet die Reisenden. So bald sie von ferne einen Wagen merkt, so rückt sie ihr altes Gesicht in Ordnung, und lächelt unter einer Wolke von Runzeln dem Wagen entgegen. Vermuthet sie aus der Menge der Bedienten, daß die Reisenden von vornehmen Stande sind: so wallt ihr adeliches Geblüte noch einmal so heftig; sie reißt das warme Halstuch herab, und wirft einen verrätherischen Palatin flüchtig um, unter welchem der traurige Rest einer vierzigjährigen Reizung hervor gepreßt wird, der sich über Luft und Sonne wundert, die er seit zwanzig Jahren entwohnt ist. Ihr Vater war ein ehrlicher Junker, den sein Acker und der Handel mit gemästeten Schweinen nährt; denn ein Kaufmann konnte er nicht werden, ohne seinen alten Adel zu beschimpfen. Ein Soldat hätte er werden können; aber er hatte seine guten Ursachen, warum er es nicht ward. Er blieb also auf seiner väterlichen Hufe, nahm eine gnädige Viehmagd aus eben so altem Geschlechte, erhielt dadurch seinen Adel unbefleckt, bestellte seine Felder, predigte die tapfern Thaten seiner Vorfahren, soff mit seinen Nachbarn, und zeugte Kinder, von denen keines mehr übrig ist, als unser Fräulein. Sie ward also von den Ihrigen mit verboppelter Zärtlichkeit erzogen, und ihre hohen Aeltern liebten sie, wie die

die Alten ihre Jungen lieben. Sie war noch nicht zwölf Jahre alt, als ihre Mama so viel Schönheit an ihr zu merken glaubte, daß sie für nöthig hielt, argwöhnisch zu werden. Jeden Reiter auf der Straße sah sie für einen irrenden Ritter an. Alle Augenblicke unterhielt sie ihre liebe Tochter mit den Vorzügen, die ihr der Himmel vor Hundert andern Fräulein, bey ihrem Verstande und bey ihrer Schönheit gegönnet hätte. Und so schön war ich auch in meiner Jugend; Himmel, wie die Zeit vergeht! Mit diesem Seufzer schlossen sich ihre Predigten allemal. Ihr Herr Vater aber schwur bey seiner armen Seele: Sie sey ein braves Mensch und verdiene einen hübschen Kerl; den wolle er ihr schaffen, wenn sie gute Wirtschaft lerne. Nach diesen Gründen richteten Vater und Mutter ihre Erziehung ein, welche auch so gute Wirkung hatte, daß sie bey einer mittelmäßigen Häßlichkeit einige kleine Romane spielte, die verdrießliche Folgen hatten, und daß sie dennoch, bey ihrer mütterlichen Sprödigkeit, stolz genug war, alle Heyrathen auszuschlagen, die ihr scharfer Verstand, (denn innerhalb einer Viertelmeile war sie das verständigste Fräulein,) die ihr Verstand für sich nicht ansehnlich, und vortheilhaft genug fand. Unter diesem lächerlichen Mischmasche von Sprödigkeit, und von Wollust, hat sie gestern ihr sechs und fünfzigstes Jahr herangebuhlt, und unterhält sich in den Stunden, wo sie nicht betet, (denn seit sechs Jahren betet sie fleißig,) mit den Verdiensten, die die Welt entbehren muß, da sie nunmehr seit sechs Jahren sich im Ernste entschlossen hat, einsam auf ihrem Mayerhofe zu sterben. In diesem frommen Entschlusse mag ich sie nicht stören: damit sie aber dem gemeinen Wesen noch zu etwas nüze, und damit sie mit einem ruhigen Gewissen ihrem stolzen Traume nachhängen könne; so will ich sie zu meiner Gedankensteuer ziehen, und ich hoffe, ein ansehnliches Stück Geld aus ihr zu lösen.

So oft sie die gefährlichen Schönheiten ihrer Jugend rühmet, so oft schmeichelt sie sich mit einer Einbildung, die ganz falsch ist. Dieses aber thun zu dürfen, zahlt sie ein Jahr über - - 1 fl.

Sie erzählt, eben so wie ein junger Officier, sehr gern die Siege, die sie gehabt, und erzählt auch Siege, die sie nicht gehabt. Wir wollen ihr nicht wehren, sich so viel Liebhaber zu denken, als sie für gut findet; aber sie muß diese Liebhaber bezahlen, und giebt für jedes Stück = 1 Blaffert.

Sie mag sich gern bunt kleiden, und daher kömmt es manchmal, daß sie in der Ferne Schaden thut. Mir ist es leider so gegangen. Ungeachtet meines geschwollenen Fußes, bin ich ihr einmal in Münster drey Gassen zärtlich nachgehinkt, um ein Gesicht zu sehen, das ich für jung und schön hielt. Aber die Untreue, die ich dadurch an meiner damals noch lebenden Frau erwies, strafte der Himmel schrecklich an mir; denn es war unser Fräulein, die ich erblickte. Man wird mir diese kleine Rache gönnen, und erlauben, daß ich ihr für die Freyheit, sich

dieser

dieser Maske eines jungen Mädchens zu bedienen, jährlich abfodre . . . einen halben fl.

Für die Schminkpfläſterchen, die ſie in die Furchen ihres Geſichts ſo häufig ſäet, muß ſie auch etwas geben. Freylich thut ſie es nicht, wie unſre Frauenzimmer in der Stadt, ganz ohne Urſache; denn ſie hat eine ungeſunde Haut, und unter jedem Pfläſterchen einen heimlichen Schaden; aber ſie thut es doch darum nicht allein, ſondern auch in der Abſicht, hinter dieſen kleinen Räubern unſerer Freyheit deſto kräftiger zu buhlen. Beſonders iſt mir das große Pflaſter verdächtig, welches ſie in die ehrwürdige Höhlung ihres linken Schlaſs, den benachbarten grauen Haaren zum Troze, legt. Was für Unglück hätte es vor dreyßig Jahren anrichten können. Freylich hat es izt nur den Willen, zu ſchaden; aber auch dieſer muß beſtraft werden. Sie giebt ihre Beyſteuer für dieſe Erlaubniß, lächerlich zu ſeyn, und zahlet für ein jedes Schminkpfläſterchen wöchentlich . . . . . 1 Albus.

Seit einiger Zeit habe ich ſie im Verdachte, daß ſie ſich ſchminke. Das wäre zu arg! In ihrer Jugend hat ſie es nicht gethan: denn die Landfräulein haben immer weniger nöthig, ihrer Schönheit aufzuhelfen, als die Fräulein in der Stadt: deſto unverantwortlicher wäre dieſe Thorheit izo. Ein Freund von mir hat die Mühe auf ſich genommen, es auszukundſchaften. Thut ſie es, ſo ſoll ſie bey allen Thorheiten, die ſie aus Eitelkeit begeht, doppelt zahlen; ſie könnte ſich denn überwinden, öffentlich zu geſte-

gestehen, daß sie nur um deswillen sich schminke, weil sie so gar häßlich sey, daß sie ihres natürlichen Gesichts sich schämen müsse. Auf diesen Fall wollte ich Mitleiden mit ihrer Häßlichkeit haben, und sie sollte für dieses geborgte Gesicht jährlich nur 4 Blafferte Miethzins zu meiner Gedankensteuer geben.

Sie will es nicht gestehen, daß ihre schwarzen Haare schon ziemlich ins Weiße fallen. Wenn sie alle Jahre . . einen halben fl. - zahlt, soll niemand das Recht haben, ihren grauen Kopf zu merken.

Das kann ich ihr nicht vergeben, daß sie oft, und besonders um die Zeit der Frankfurter Messe, am Fenster ihren Morgensegen mit entblößter Brust betet. Dadurch ärgert sie Himmel und Erde; und wenn sie es gar nicht unterlassen will, kann ich ihr weniger nicht, als 1 und einen halben fl. abfodern.

Ein Bedienter, den sie wegen seines Alters fortgejagt hat, will die Leute versichern, daß sie seit einiger Zeit sich an abgezogene Wasser gewöhnt habe, um immer lebhaft und munter zu seyn. Aus christlicher Liebe halte ich es für eine Verleumdung. Es wäre doch himmelschreyend, wenn sich alte Jungfern wollten zu jungen Mädchen saufen! Ich kann ihr diese Thorheit nicht wohlfeiler, als für 1 fl. . . verstatten. Derjenige, der das Herz hat, sie früh nüchtern zu küssen, um die Wahrheit von dieser Beschuldigung zu erfahren; der soll aus dem gemeinen Kasten eine ansehnliche Pension auf Lebenszeit erhalten.

Ich

Ich habe immer nicht begreifen können, warum sie bey allen Gelegenheiten in Gesellschaften, wider die unvorsichtige Zärtlichkeit unglücklicher Mädchen donnert, welche die Thorheit gehabt haben, den heiligen Schwüren ihrer betrügerischen Liebhaber zu glauben, und sich zu einem Vorwize bereden zu lassen, der sich nur für ihre Mütter schickt. Schon dieser verdammende Eifer verdient eine Geldbuße; und weil er immer aus einem Hochmuthe herkömmt, der seine eignen Tugenden fühlt, so würde ich ihr nicht zugelassen haben, ihre unglücklichen Schwestern zu richten, wenn sie nicht jährlich ∙ ∙ 1 fl. ∙ ∙ gezahlt hätte: Da ich aber sichre Nachricht bekommen, daß sie vor acht und zwanzig Jahren nach Spa ∙ ∙ ∙ Mit einem Worte, sie soll doppelt so viel geben; ich habe meine Ursachen, und ich habe es ausdrücklich von meiner seligen Frau gehört, die in dergleichen Sachen nichts weniger, als leichtgläubig war: und meine selige Frau hatte es auch von guter Hand. Will sich das Fräulein zu diesem Ansaze nicht bequemen, so will ich es ihr deutlicher erklären; aber ich denke wohl, sie soll sich geben.

Sie erzählt sehr gern in Gesellschaft ein gewisses Märchen, daß ein angesehener und bemittelter Kaufmann in Emden sie nur vor fünf Jahren noch, aus einer recht zärtlichen Liebe, und ohne die geringsten Nebenabsichten heyrathen wollen; aber, daß sie wegen der ehrenrührigen Verwegenheit dieses Würzkrämers, ihm die schimpfliche Antwort gegeben: „Es hätten ihre gnädige Aeltern sie nicht gezeugt,
„um

„um bürgerliche Bastarde in ihre Familie einzu-
„propfen." Dieses Mährchen kostet vieler Ursachen
wegen . . . 1 fl.

Gemeiniglich ist die Moral von dieser Fabel, daß
es nur ihr guter Wille gewesen sey, unverheyrathet
zu bleiben, und daß sie mit Händen und Füßen
sich der Freyer erwehren müssen. Für die Vergün-
stigung, diese Unwahrheit zu sagen, ohne roth zu
werden, giebt sie jährlich . 5 Blafferte.

Und wenn sie so gar dem Himmel dafür dankt, so
kostet es . . . 20 Blafferte.

Es wiederfährt ihr sehr leicht, daß sie sich in
ihrer vestalischen Grausamkeit vergißt. Das soll
sie nicht thun. Ist ein junger Cavalier so boshaft, und küßt ihr seufzend die Hand, und sie
giebt ihm nicht einen derben mütterlichen Verweis;
so muß sie für diese hochmüthige Leichtgläubigkeit
erlegen . . . 1 Blaffert.

Nimmt sie es gar mit einem freundlichen Lächeln
an, ... 2 Blafferte.

Heißt sie ihn einen losen Vogel, oder schlägt ihn
mit dem Fächer . . 3 Blafferte.

Und läßt sie es gar zu, daß er ihr den Palatin —
O pfuy! das ist zu arg! das ist eine Sünde wider die Natur! Das soll sie nicht zulassen.

Ein Mann, welcher in seinen jüngern Jahren
alle wollüstige Ausschweifungen begangen hat und
dennoch so ungerecht ist, zu verlangen, daß die
Person, die er zu seinem Weibe gewählt hat, tu-
gend-

gendhafter gelebt habe, als er; der zahlt für diese
Ungerechtigkeit . . . . . 4 fl. .
und kann hernach behaupten, daß dergleichen Ausschweifungen, welche das weibliche Geschlecht unvermeidlich um ihren guten Namen bringen, den Mannspersonen anständig und ein Beweis sind, daß der Mensch, welcher sie begeht, zu leben weiß.

Ein Mann, welcher so oft die Redlichkeit andrer Weiber verführt hat, und nunmehr bey seiner Frau die Untreue nicht leiden will, die er sonst Galanterie nannte, der soll entweder sein verdientes Schicksal ruhig ertragen, und mit geschloßnen Augen Abrechnung halten, oder für eine jede dergleichen Jugendsünde . . 2 fl. Nachschuß geben, und alsdann verlangen dürfen, daß ihm seine Frau diese gebüßten Ausschweifungen nicht wieder vergelte.

Eine Frau, welche ihrem Manne untreu ist, und dabey sich schmeichelt, daß diejenigen, denen sie ihren guten Namen aufopfert, sie in ihrem Herzen wirklich hochachten, und sie nicht für das halten, was sie in der That ist, die soll nur . . 1 fl. . und also halb so viel geben, als in dem vorstehenden Saze geordnet ist. Ich finde dieses um deswillen billig, weil gemeiniglich ein Frauenzimmer mehr verführt wird, als es selbst verführt, und weil ihre Liebhaber, nach obgedachter Verordnung, zu ihrer Zeit auch büssen müssen.

Ich kenne Väter, welche von den wilden Unordnungen ihrer Jugend niemals lebhafter und scherzender reden, als in Gegenwart ihrer Kinder. Sie
sind

sind stolz auf ihre Thorheiten. Indem sie solche wieder erzählen, so empfinden sie alles dasjenige von neuem, was ihnen sonst ihre Ausschweifungen so angenehm machte. Sie vergehen sich wohl oft so weit, daß sie Umstände erdichten, um ihre jugendlichen Bosheiten recht witzig vorzustellen. Ihre Kinder hören begieriger auf diese Erzählungen, als auf das Mährchen der Amme. Sie lachen ihrem Vater nach, der bey den niederträchtigsten Thorheiten zuerst lacht. Sie erwarten die Gelegenheit und die Jahre mit Ungedulb, wo es ihnen erlaubt ist, eben so lustig zu leben wie sie es nennen, als ihr Herr Vater gelebt hat. Sie bekommen unvermerkt gegen alle Laster eine Hochachtung, da es die Laster ihres Vaters gewesen sind. Es war freylich nicht recht, was ich that! Aber wie man nun ist, wenn man jung ist; Jugend hat Untugend! Mit dieser Vermahnung schließt der unbesonnene Vater seine gefährliche Erzählungen, und lächelt ganz beruhigt darüber, daß er ein Thor gewesen ist. Der älteste Sohn vergißt bey dieser Erzählung alle tugendhafte Lehren, die ihm seine Mutter und sein Katechismus gegeben haben: er merkt sich nur diese, daß Jugend Untugend hat; und diese merkt er um deswillen am liebsten, weil er die beste Entschuldigung für alle keimende Bosheiten seines Herzens darinnen findet. Er hört, daß sein Vater schon im zehnten Jahre ein leichtfertiger Schelm gewesen, und dem Kammermädchen der Mutter nachgeschlichen ist: nun schämt sich der würdige Sohn des Vaters,

Vaters, daß er noch nicht einmal in seinem eilften Jahre auf diesen artigen Einfall gekommen ist. Nur aus kindlichem Ehrgeize schleicht er auch dem Kammermädchen seiner Mutter nach, und gewöhnt sich spielend an eine Ausschweifung, die ihn mit der Zeit unglücklich macht. Ich führe hier nur ein einziges Exempel an. Mit dem Spiele, mit dem Trunke, mit der Begierde, andern ihr Vermögen abzuschwazen, um seine Unordnungen unterhalten zu können, mit allen diesen Lastern hat es eine gleiche Bewandniß. Den ersten Trieb dazu empfindet der Sohn bey den lustigen Erzählungen des Vaters. Er ist von Natur boshafter, als sein Vater; die iztgen Zeiten sind für einen jungen Menschen verführender, als die damaligen Zeiten waren, in denen sein Vater noch als ein junger Thor lebte; ist es nunmehr wohl Wunder, wenn der Sohn in seinen schändlichen Unordnungen viel weiter ausschweift, als der Vater gethan; wenn er sich von seiner Verirrung niemals wieder zurecht findet wie sich doch der Vater gefunden hat; wenn dieser unglückliche Greis endlich den kläglichen Untergang seines Sohnes mit Schrecken ansehen, und dabey sich selbst die nagenden Vorwürfe machen muß, daß nur er durch die unbedachtsamen Erzählungen seiner jugendlichen Thorheiten, sein Kind zur Bosheit gereizet habe, daß er selbst der Henker seines unglücklichen Sohnes sey?

Weil eine dergleichen klägliche Erfahrung oft erst nach späten Jahren kömmt, und viele Aeltern

sie

sie nicht einmal erleben; so will ich versuchen, ob ich diesen traurigen Folgen durch meine Gedankensteuer verbergen kann.

Für eine jede Sünde ihrer Jugend, deren sie sich rühmen, erlegen sie . . 5 fl. Und ist es nicht einmal wahr, daß sie diese Sünde begangen haben, wie es oft nicht wahr, und nur eine unbesonnene Eitelkeit ist, sich dergleichen zu rühmen; so geben sie diese Summe doppelt.

Für die schändliche Zufriedenheit, die diese alten Narren empfinden, daß sie Thoren gewesen sind, können sie weniger nicht geben, als . . 1 fl.

Wollen sie verlangen, daß ihre Kinder tugendhafter seyn sollen, als sie sebst gewesen sind; so erlegen sie . . 2 fl.

Finden sie, daß ihre Kinder in ihre Fußstapfen treten, und sind noch so ungerecht, darüber zu jammern, und mit einem albern: aber zu unsrer Zeit war es ganz anders; die Schuld von sich weg, und auf die verschlimmerten Zeiten zu schieben; so werden sie diese Eigenliebe nicht wohlfeiler als mit . . 4 fl. . . büßen können.

Ich will sehen, wie weit ich mit dieser Taxe komme. Finde ich, daß sie noch zu schwach ist; so werde ich sie künftig erhöhen, und nach den verschiedenen Anmerkungen, die ich in einigen Familien machen werde, neue Taxen bestimmen.

Ich habe mir ein gewisses Hauß auf dem Ringe zu F...t gemerkt, wo der Vater beym Kamine, und die Mutter bey ihrem Nachttische alle Anstalten zu machen, ihre Kinder auf dergleichen Art zu verführen. Der Vater lacht über seine begangenen Thorheiten, bey einer Pfeife Tabak, und in Gegenwart seines Sohnes so herzlich, daß ich große Ursache habe, zu befürchten, der Knabe werde gewiß im Hospitale sterben; und die Mutter buhlt vor ihrem Spiegel, in Gegenwart ihrer Tochter so unvorsichtig mit dem Buchhalter, daß ich schon im voraus den unglücklichen Mann herzlich bedaure, welcher dereinst verdammt ist, ihr Schwiegersohn zu werden. An diesem Hause will ich wahrnehmen, ob meine Vorschläge von einiger Wirksamkeit seyn werden. Sind sie es nicht; so will ich meine Streiche verdoppeln, und machen, daß man dieses Haus fliehen soll, wie man das Haus eines Mannes flieht, der an einer ansteckenden Seuche krank liegt.

Ein Frauenzimmer bürgerlichen Standes, welches für gut angesehen hat, ihr Geld an einen von Adel zu verheyrathen, und welches sich doch dabey einbildet, daß ihre Schönheit und ihre Verdienste sie zur gnädigen Frau gemacht haben, giebt monatlich 10 fl. ... Es ist viel, und in der That scheint sie für ihre Thorheit allzu theuer zu büßen: Aber es war schlechterdings nöthig, eine starke, und so gar monatliche Lieferung anzuordnen; weil ich besorge, ihr Vermögen werde binnen zwey Jahren zerstreut, und sie also weiter nicht im Stande seyn, die Steuer zu erlegen, wenn sie auch noch bey ihrer Armuth stolz genug bleiben möchte, zu glauben, daß ihre Wahl vernünftig gewesen wäre.

Ein Bürger ohne Erziehung und ohne Verdienste, der bey seinem und seiner Aeltern erwucherten Vermögen diejenigen mit Verachtung übersieht, welche Erziehung und Geburt, aber nur kein Geld haben; ein solcher Bürger ist bey seinem plumpen Stolze gemeiniglich eines der unerträglichsten Geschöpfe. Ich will ihm zween Vorschläge thun. Entweder, er soll denen von guter Geburt einen Theil seines Vermögens leihen, und dadurch das Recht behalten, zu glauben, daß er wesentliche Vorzüge vor ihnen habe; oder er soll die Erlaubniß, gegen Vornehmere unbescheiden und gegen Geringere trozig zu seyn, jährlich mit 20 fl. erkaufen. Ich glaube wohl, er wird den lezten Vorschlag wählen, weil er aus der Erfahrung hat, daß man nicht sicher genug ist, wenn man sich bereden läßt, Vornehmern zu leihen.

Es giebt Bürger, welche dem Vaterlande durch ihren Verstand, durch Tapferkeit und Fleiß so heilsame Dienste geleistet, daß ihre Versetzung in den Adelstand eine billige Belohnung, und zugleich für andere eine nüzliche Aufmunterung ist, sich auf gleiche Art um ihr Vaterland verdient zu machen. Man hat sich schon oft Mühe gegeben, zu beweisen, daß ein solcher Mann, welcher durch seine eignen Verdienste den Vorzug erlangt, der erste Edelmann in seinem Hause zu seyn, mehr Achtung verdiene, als derjenige, welcher durch die Geburt der neunte Edelmann in seiner Familie, und also dieses Glück einem ganz ungefähren Zufalle, wenigstens seinen eignen Verdiensten nicht schuldig ist. Ungeachtet

Die-

dieser gegründeten und so oft wiederholten Moral, lehrt doch die Erfahrung, daß die Neugeadelten gemeiniglich von jenen verachtet, oder beneidet werden. Sie äussern diese unbillige Gesinnung öffentlich in Gesellschaften. Es sind nur zwo Ursachen, welche sie von dergleichen Beleidigungen zurück halten können: der Schuz des Prinzen, der die Verdienste dieser neuen Edelleute kennt; oder ihr Geld, welches, so neu es auch ist, denen von Adel doch immer angenehm, und oft sehr unentbehrlich ist. Da ich sie nicht abhalten kann, so unbillig zu denken; so will ich doch wenigstens Anstalt machen, daß sie nicht umsonst ungerecht denken sollen. Dergleichen Edelleute von gutem Hause, aber ohne eigne Verdienste, sollen für jeden Ahnen, dessen sie nichts werth sind, und auf den sie doch so gerne stolz seyn mögen, jährlich 2 fl. und für jede gute Eigenschaft, die ihnen fehlt, und die sie doch in Ansehung ihrer Ahnen und ihres Standes vorzüglich haben sollten, 3. fl. zahlen; und bevor sie diese Summe erlegt, kein Recht haben, auf Vorzüge stolz zu seyn, welche, als Vorzüge des blinden Glücks, auch der unedelsten Seele zufallen können.

Dergleichen Verachtung derer von guten Häusern gegen Neugeadelte ist bey aller dieser Unbilligkeit doch eher zu entschuldigen, als der ungeschickte Spott derer Bürger, welche jene für Ueberläufer ansehen. Je niedriger diese zu denken gewohnt sind; desto niederträchtiger sind auch ihre Urtheile über diejenigen, deren verdienstliche Eigenschaften so vorzüglich belohnt

lohnt werden. Neid und Eigenliebe sind die wahren Quellen, aus denen diese feindliche Urtheilsprüche fließen. Ein jeder von ihnen glaubt, eben so viel Verdienste zu haben, und der Aufmerksamkeit des Prinzens eben so wohl würdig zu seyn. Da aber der Prinz sie nicht belohnt, und ihr Verdienste unbemerkt bleiben: so wollen sie wenigstens dadurch sich schadlos halten, daß sie andere zu bereden suchen, ihr belohnter Mitbürger sey der verständige, der tapfre, der fleißige Mann gar nicht, für den ihn der Prinz halte. Indem sie andern dieses so oft vorsagen, so fangen sie unvermerkt an, es selbst zu glauben, und haben gewisse ruhige Minuten, in denen sie froh sind, daß man ihnen diese Würde nicht angesonnen, vielmehr ihnen die Freyheit gelassen hat, als gute ehrliche Bürger, wie ihr Vater und Großvater waren, zu sterben. Aber diese ruhigen Minuten dauren nicht lange: Ihr eingeschläferter Hochmuth erwacht von neuem, und sie sehen mit neidischen Augen neue Fehler an dem Manne, dessen verliehener Rang ihnen, und noch mehr, ihren Weibern ein Gräuel ist.

Wenn ein solcher Mann jährlich 10 fl. entrichtet, so soll er die Erlaubniß haben, alles, was ich oben angeführet, im Ernste zu glauben. Es soll ihm vergönnet seyn, in seiner Tabacksgesellschaft stolz auf seinen Bauch zu schlagen, und beym Teufel zu schwören, daß er es nicht einmal annehmen würde, wenn man ihn auch aus einem alten Bürger zum neuen Edelmanne machen wollte.

Und

Und giebt er jährlich noch etwas, als ein freywilliges Geschenk, in meine Gedankencasse; so soll es seiner Frau erlaubt seyn, sich von ihrem Ladenjungen Ew. Gnaden nennen zu lassen.

Da ich mich hier, wie ich hoffe, so billig und unpartheyisch gezeigt habe; so wird man mir verzeihen, wenn ich von denenjenigen noch ein Wort sage, welche bey ihrem angeerbten Vermögen eher nicht ruhig seyn können, als bis sie die Vorzüge des Adels an sich gekauft haben. Weil sie den gänzlichen Mangel andrer Verdienste dadurch eingestehen, daß sie diese Würde für Geld erhandeln; weil sie die Thorheit haben, sich derer zu schämen, die ihnen an Geburt gleich sind, und sich in die Gesellschaft dererjenigen einzudrängen, die sich ihrer schämen müssen: so will ich beyden, ohne Erlegung einiger Taxe, die Erlaubniß zugestehen, über diesen ohne alle Verdienste erlangten, und nur durch baares Geld erhandelten Adel zu spotten. Aber dieser Eitle soll jährlich für sich und seine Nachkommen 50 fl. steuern. Und hat er so gar eine zahlreiche Familie, und dennoch so viel Vermögen nicht, daß ein jedes von seinen Kindern mit eben der Gemächlichkeit, wie er es vielleicht thut, den nöthigen Aufwand bey seinem neuen Range behaupten kann; so soll er, zur Bestrafung dieser Lieblosigkeit gegen seine unschuldigen Nachkommen, obige Summe doppelt erlegen, und dadurch das Recht erlangen, sich niemals mit den traurigen Gedanken zu beunruhigen, daß er durch seine eitle Thorheit bemittelte Bürgerskinder zu armen Edelleuten gemacht habe.

Die unerwarteten politischen Veränderungen sind oft für die größten Staatsmänner ein unauflösliches Räthsel. Man giebt sie gemeiniglich dem Eigensinne des Glücks Schuld. Es ist unrecht. Ich will so mitleidig seyn, und die Welt aus einem Irrthume reißen, der dem Glücke so nachtheilig ist.

Peter Hum ist schuld daran! Peter Hum? Ja freylich! Dieser Mann, den die Welt nicht kennt, den so gar in der Stadt, worinnen er wohnt, nur wenige kennen, dieser Mann ist seit Carls des sechsten Tode an allen Verwirrungen schuld. Er residirt in einem sehr weitläuftigen und weichgepolsterten Großvaterstuhle, in welchem sein politischer Bauch von früh neun Uhr bis Abends um acht Uhr ausgestreckt liegt, und die ganze Welt regieret. Denn das muß man wissen, daß dieser Mann ganz Bauch ist, nur für seinen Bauch lebe, und mit dem Bauche denkt. Sein Vater, ein geschickter und vermögender Kaufmann, war über die unempfindliche Trägheit seines sich mästenden Sohnes sehr bekümmert. Er sann immer auf Mittel ihn in Bewegung und Geschäfte zu bringen; aber alle seine guten Absichten wurden durch die weibische Verzärtelung seiner Mutter hintertrieben, welche ihrem einzigen Sohne nichts verstattete, als zu schlafen, und sich zu füttern. Sie wußte, daß ihr Vermögen hinreichend genug seyn würde, ihn gemächlich zu ernähren: Sie konnte es daher nicht

nicht über ihr mütterliches Gewissen bringen, daß sie ihm einige Arbeit oder Beschäftigung hätte zulassen sollen, welche ihm an der Verdauung hindern können. In den wenigen Stunden, wo er nicht schlief, und nicht aß, mußte er neben ihr auf dem Canapee sitzen, und ihr politische Zeitungen vorlesen, von welchen sie, in Ermangelung neuer Stadtzeitungen, eine besondere Liebhaberinn war. Sie freuete sich über die große Fähigkeit ihres lieben Sohnes, welcher schon im fünfzehnten Jahre vermögend war, ganz deutlich und vernehmlich zu lesen. Sie war gewohnt, alle Staats= und andre Neuigkeiten zu beurtheilen, und kraft ihrer Einsicht, die politischen Fehler gekrönter Häupter eben so scharf zu tadeln, als die wirthschaftlichen Fehler ihrer Frau Gevatterinn. Diese vorwizigen Urtheile gefielen ihrem frisken Jungen. Er plauderte von den politischen Händeln damaliger Zeiten so dreist, und so dumm, wie seine wertheste Mama, welche vielmals über seinen frühzeitigen Verstand die bittersten Thränen vergoß; da sie nicht ohne Grund befürchtete, daß das kluge Kind unmöglich lange leben könnte. So war die bequeme Erziehung, welche ihm die Mutter gab, und über welche sich der Vater unendlich betrübte, ohne daß er im Stande gewesen wäre, dem Uebel abzuhelfen, weil er nur Vater war, die Mutter aber Europa, und sein ganzes Haus regierte. Endlich traf er doch die glückliche Stunde, wo er ihr begreiflich machen konnte, daß es der Gesundheit, und dem guten Namen ihres Sohnes sehr zuträglich seyn würde, wenn er auf Reisen gienge. Nach vielen ängstlichen Widersprüchen gab sie ihre Einwilligung darein, doch unter der ausdrücklichen Bedingung, daß seine erste Reise weiter nicht, als nach Holland zu ihren Freunden, gehen sollte; so wie ein Vogel mit seiner jungen Brut aus dem Neste zuerst nur auf die nächsten Zweige flattert, wenn er sie gewöhnen will, auszufliegen. Niemand, als die Mutter, war vermögend, ihren Sohn zu bereden, daß er sich diese Reise gefallen ließ. Er wußte wohl, daß er nirgends eine so liebe Mama, und nirgends ein so weiches Canapee finden werde, als in dem väterlichen Hause. Endlich aber wälzte er sich doch aus seiner Mutter Schose, und reiste von Münster bis nach Osnabrück, wo er bey seinen Freunden etliche Wochen ausruhete. Hier bekam er unvermuthet die Nachricht, daß sein Vater an einem Schlagflusse gestorben sey. Er kroch also ohne Verzug in das väterliche Haus, nahm das hinterlaßne Vermögen in Besitz, streckte sich ruhig auf seinen Sopha, und übersah von diesem Posten, ohne sich um die Wirthschaft zu bekümmern, die er, nach dem Tode der Mutter, seine ehemalige Amme besorgen ließ, alle geheime Bewegungen der Potentaten, und überlegte mit seinem Markthelfer, in wie weit sie zu billigen wären, und dachte auf Vorschläge, sie zu hintertreiben, wenn sie seinen Absichten gefährlich zu seyn schienen. Seit dem Jahre 1740 ist er in großer Unruhe gewesen. Der Tod des Kaisers überraschte ihn zu geschwind, ehe er sich

in

in gehörige Postur hatte sezen können. Anfänglich hielt er es mit den Franzosen; aber die Sache gieng zu weit, und weil sein Markthelfer einen Schwager unter den Husaren hatte, so schlug er sich zum Hause Oesterreich, und gab der Sache bald ein andres Ansehen. Der Aachner Friede ist gar nicht nach seinem Sinne; er hoft aber auch, ihn noch zu überleben. Persien hat er nun bald in Ordnung. Anfänglich wollte er, zur Ehre der christlichen Religion, den Prinz Heraklius auf den Thron bringen; da er aber von guter Hand erfuhr, daß derselbe der protestantischen Religion nicht zugethan sey, so schickte er ihn wieder nach Hause. Der König Theodor macht ihm viel Sorge. Er möchte ihn, als seinen Landesmann, gern wieder auf den Corsischen Thron bringen; nur kann er noch kein Mittel ausfinden, die Schulden desselben in England zu bezahlen. Er überlegt die Sache mit seinem Barbierer, den er in wichtigen Fällen zu Rathe zieht, wenn er es mit seinem Markthelfer nicht allein bestreiten kann.

Was soll ich mit diesem politischen Don Quixote machen? Weil er bey seiner Faulheit der Welt gar nichts nüzt; so soll er doch wenigstens seine Staatsgedanken verzollen.

Für jeden feindlichen Einfall, den er in fremde Staaten thut, giebt er . . : 5 fl.

Den Aachner Frieden soll er nicht wohlfeiler, als für . . . . 20 fl. brechen.

Für die asiatischen Händel zahlt er in Pausch und Bogen • • • • 50 fl.

Erfahre ich, wie ich es vermuthe, daß er mit den Spanischen Küstenbewahrern unter einer Decke liegt; so soll er sich entweder zu den Engländern schlagen, oder jährlich für seine Kaperey 15 fl. erlegen.

So oft er an einem der Europäischen Höfe einen Staatsfehler entdeckt, so soll er schuldig seyn, dieses Vergnügen über seine schlaue Einsicht mit 20 Stübern zu lösen. Ich seze mit Fleiß keine große Summe; denn sonst würde ich ihn in kurzer Zeit an den Bettelstab bringen, da bey nahe kein Posttag vergeht, wo er nicht einige dergleichen Fehler entdeckt.

Bringt er die Sache mit dem Könige Theodor nicht zu Stande; so soll er ein für allemal 10 fl. entrichten, und dafür die Erlaubniß haben, zu glauben, daß er gewiß zu seinem Zwecke gelangt seyn würde, wenn Theodor nicht selbst zu schläfrig gewesen wäre.

Ich will ihm erlauben, daß er sich zu dieser Gedankensteuer von seinem Markthelfer und dem Barbierer einen Zuschuß geben lasse.

Es ist mir nahe gegangen, so oft ich an die Eifersucht gedacht habe, welche man an den meisten Orten zwischen den Gelehrten und den Kaufleuten wahrnimmt. Ich sage gar nichts neues, wenn ich behaupte, daß die Handlung das Leben eines Staats ist. Sie unterhält eine Menge von

Men-

Menschen in Bewegung, welche den wichtigsten Theil der Unterthanen ausmachen. Hundert ämsige Familien haben ihr Brod durch die Hand eines einzigen Kaufmanns, welcher in seiner Schreibestube die Correspondenz führt. Dieses nüzliche Mitglied des gemeinen Wesens sorgt für unsere Bequemlichkeit, und bringt uns mit den entferntesten Gegenden der Welt in die genaueste Verbindung, ohne daß wir es merken, und ohne daß wir nöthig haben, etwas weiter zu thun, als ihm einen geringen Vortheil für seine Mühe zu gönnen. Wie viele Sachen würden wir entbehren müssen, welche die Gewohnheit, die Bequemlichkeit, und wenn ich es sagen darf, unsre Wollust unentbehrlich gemacht haben? Ohne die Handlungen würden wir genöthigt seyn, uns mit der Armuth unsers Vaterlandes kümmerlich zu behelfen, an statt daß wir uns nunmehr den Ueberfluß der entferntesten Himmelsgegenden eigen machen. Der Gelehrte sieht dieses; er läßt sich den Vortheil gefallen, und verachtet in seinem Herzen den Mann, der sein Leben und seine Bequemlichkeit daran gewagt, uns so viele Bequemlichkeit des Lebens zu verschaffen. — Aber dieser Mann weis doch nichts von dem unendlichen Theilbaren, nichts von Mitteln und Zwecken, nichts von dem Saze des Widerspruchs, nichts von Circulirung des Geblüts, von seinen eignen Muskeln nichts. Er ißt, und weiß nicht, wie er verdaut; er trinkt, und weiß nicht, wie dieser Trank sich in so verschiedene Säfte verwandelt. Er wird

wird nach Italien reisen, ohne den Vesuv zu besteigen, und ohne in Rom nach der Gegend zu fragen, in welcher das Haus des Cicero gestanden hat. Er wird sich die Schäze von Florenz zeigen lassen; aber nicht den Codex. Er kennt die Levante, und weiß nicht, wo Troja gelegen hat. Xanthus ist ihm ein fremder Name, aber wo die Wolga fließt, das weiß er wohl. — Ich gebe das alles zu. Aber schadet die Unwissenheit dieses Mannes dem Vaterlande so viel, als sein Fleiß ihm nuzt? Er weiß vieles nicht, es ist wahr; aber er weiß Geld zu verdienen: Eine Kunst, um welcher willen wir Gelehrte Tag und Nacht Quartanten lesen, und Folianten schreiben, und doch oft in einem ganzen Jahre mit unserm Griechischen und Lateine so viel nicht verdienen, als der Kaufmann in einem Tage durch Provision verdient. Da der Kaufmann, und der Gelehrte einerley Absichten, und doch nicht einerley Wege haben, zu dieser Absicht zu gelangen; so ist es mir immer unbegreiflich gewesen, wie es kommen müsse, daß sie sich untereinander anfeinden; und noch unbegreiflicher ist es mir, warum der Gelehrte den Kaufmann verachtet, da er sieht, daß dieser in Erlangung seiner Absichten viel glücklicher und geschwinder ist, und es immer höher bringt, als er. Ich wünschte wohl, daß die Gelehrten hierinnen billiger urtheilen möchten. Derjenige, welcher gut rechnet, und der, welcher gut denkt, sind beyde dem Vaterlande unentbehrlich. Darf ich es wagen, meine Gedanken hievon zu eröfnen? Ist nicht

der

der Hochmuth unsrer Gelehrten, und folglich ihre Pedanterey, schuld an der stolzen Miene, die sie dem Kaufmanne machen.

Ich werde diesen Saz bey meiner Gedankensteuer zum Grunde legen.

Ein Gelehrter, welcher das Recht haben will, zu glauben, daß sein Handel mit neuen Wahrheiten wichtiger, und dem Vaterlande nüzlicher sey, als der Handel eines Kaufmanns mit Waaren aus innländischen Manufacturen, der soll sich dieses Recht jährlich mit - - 2 fl. erkaufen.

Hält ein Mann sich um deswillen für gelehrt, weil er eine weitläuftige Kenntniß von alten Münzen besizt, und will er die Freyheit haben, den Kaufmann, weil er alles dieses nicht weiß, als einen Idioten zu verachten, ob dieser gleich zu seinem bessern Vortheile den Wechselcours und die Agiorechnung gründlicher versteht; so muß er für diese Freyheit geben • • • 1 fl.

Will ihm der Philosoph vorwerfen, daß er nichts verstehe, da er nichts vom Saze des Widerspruchs und andern tiefsinnigen Gaukeleyen weiß, die mancher Philosoph selbst nicht versteht, so soll er entweder - 3 fl. -- entrichten, oder sich im Comtoir des Kaufmanns seine philosophischen Wahrheiten vom Widerspruche, vom unendlich Theilbaren, von Mitteln und Zwecken praktisch lehren lassen, die der Kaufmann immer am besten versteht, und am nüzlichsten ausübet, ohne zu wissen, daß sie dergleichen zaubermäßigen Namen haben.

Der

Der Kaufmann weiß vielleicht nicht, wie sein Magen die Austern verdaut, und in was für Säfte sich der ungarische Wein zertheilt, den er trinkt; aber ich glaube, er wird lieber in dieser Unwissenheit bleiben, als an der sparsamen Tafel seines Arztes eine Gelehrsamkeit erlangen wollen, welche so nahrhaft bey weitem nicht ist, als seine bisherige Ungelehrsamkeit, bey der es ihm wohlgeschmeckt hat. Ich will hier zween Vorschläge thun; Entweder der Gelehrte soll an dem leckerhaften Ueberflusse der Tafel seines Kaufmanns Antheil nehmen, und, so oft er vom Tische aufsteht, bekennen, daß dieser Ungelehrte gründlicher speist, wenn auch er gründlicher denkt; oder wofern, wie ich fast glaube, dieses seinem gelehrten Ehrgeize zu empfindlich wäre, so soll er jährlich zu meiner Casse entrichten 4 fl. und sodann befugt seyn, zu glauben, daß es weit anständiger sey, zu hungern, und doch zu wissen, wie man verdaut, als bey dem Ueberflusse der Mahlzeit aufgeräumt, und fett zu werden, ohne zu wissen, wie beydes zugehe.

Ich bin überzeugt, daß mir diese Stelle von den Verdiensten der Kaufleute bey vielen Gelehrten eine verdrießliche Miene, und in vielen Schreibstuben einen lauten Beyfall zuwege bringen wird. Ich will hoffen, daß ich diesen durch das, was ich izo sagen will, nicht wieder verlieren werde.

So unerträglich mir der Stolz einiger Gelehrten ist, welche den Handelsmann unendlich tief unter sich zu seyn glauben; so unerträglich, und noch weit

abge-

abgeschmackter ist der pöbelhafte Hochmuth einiger Kaufleute, welche die wesentlichen Vorzüge eines Menschen vor andern Geschöpfen nur in der Geschicklichkeit suchen, Reichthümer zu sammeln; welche diejenigen ihrer Achtung nicht würdig schätzen, deren Beruf es ist, mehr für die Ausarbeitung der Seele, als für die Füllung des Beutels zu sorgen; mit einem Worte, welche alle Gelehrte anders nicht ansehen, als ihren Informator. Diese wuchernden Creaturen, welche nicht weiter denken, als sie rechnen können, sollten überlegen, daß sie nicht einmal rechnen könnten wenn nicht der Gelehrte diese Kunst zu der gegenwärtigen Vollkommenheit gebracht hätte. Ohne die Entdeckung der Gelehrten würden die Kaufleute Batavia und Brasilien nicht zu finden wissen; und bey allen Reichthümern, die der Kaufmann gerechter, oder auch ungerechter Weise zusammen gescharret hat, kann er nicht glücklich seyn, wenn er nicht denkt, wie der Philosoph.

Ich will versuchen, ob ich diesen Unbilligkeiten durch meine Gedankensteuer Einhalt thun kann. Vielleicht erhalte ich hier meinen Endzweck eher, als bey den Gelehrten, da die Gelehrten immer hartnäckiger sind, und lieber den lezten Groschen hingeben, als gestehen, daß sie Unrecht haben; viele Kaufleute aber alles einräumen, was man von ihnen verlangt, wenn man nur kein Geld verlangt.

Ein Kaufmann, welcher glauben will, das edelste Geschöpf unter der Sonne sey dasjenige, welches weder ißt, noch trinkt, noch schläft, von wahrer

rer Liebe, von wahrer Freundschaft, von Geselligkeit nichts weiß, ausser der Rechenkunst alle Künste verachtet, aber welches an statt dessen Reichthümer sammelt; ein Kaufmann, der dieses glauben will, der soll alle Jahre zehen pro Cent von demjenigen abgeben, was er durch Bevortheilung, und dergleichen ungerechte Wege, erbeutet. Das wird meiner Casse erstaunende Summen einbringen. Denn ein Kaufmann, der im Stande ist, so niederträchtig zu denken, dem ist auch kein Mittel niederträchtig genug, reich zu werden. Ich kenne zwey gute Häuser, eines in Maynz, das andre in Straßburg, von denen ich durch diesen Saz jährlich wenigstens drey tausend Gulden zu heben hoffe.

Ein Kaufmann, welcher von allen schönen Wissenschaften ein so unwissender Feind ist, daß er die Kosten scheut, seinem einzigen Sohne eine anständige Erziehung zu geben, und ihn noch etwas mehr lehren zu lassen, als was zum Buchhalter gehört, der soll jährlich geben 100 fl. , Es ist eine ziemlich große Summe, ich läugne es nicht; aber er ist auch ein großer Narr, da er seinem Sohne auf diese Art alle Mittel benimmt, das bereits erworbene Vermögen vernünftig zu genießen, und da er ihn verdammt, in seinem ganzen Leben weiter nichts zu thun, als Geld zu sammeln, und es auch nicht zu nuzen.

Glaubt ein Kaufmann, seine todten Reichthümer, die er für sich selbst sorgfältig verschließt, wären vermögend genug, ihm die Hochachtung der Vernünftigen, die zärtliche Liebe seiner Kinder, und die segnenden

den Wünsche der Armen zuwege zu bringen; so soll er sich mit der Vorstellung eines solchen Glückes, das nur vernünftigen Reichen gehört, nicht länger schmeicheln, oder, wenn er es doch thun will, jährlich 200 fl. beysteuern; und alsdann soll kein Mensch befugt seyn, ihm zu entdecken, daß er seinen vernünftigen Mitbürgern lächerlich und verächtlich ist, daß seine Kinder mit ungedultiger Sehnsucht auf seinen Tod warten, daß die Armen, die er Noth leiden läßt, und denen er wohl nicht einmal das Schuldige bezahlt, ihn in ihrem bekümmerten Herzen, und öffentlich verfluchen, und daß alle Patrioten dem Vaterlande zum Besten wünschen, daß er sich noch heuer über seiner Casse aufhängen möge.

Dieses wäre also ein kurzer Entwurf von dem, was ich zur Abstellung der Eifersucht zwischen den Gelehrten und den Kaufleuten bey meiner Gedankensteuer anzuordnen gedenke. Ich will dadurch entweder der Verachtung, und den unbilligen Vorurtheilen beyder Theile gegen einander vorbeugen; oder, wenn dieses ja nicht möglich seyn wollte, so hoffe ich doch wenigstens dadurch für das Vaterland einigen Nuzen von ihrer unverbesserlichen Thorheit zu ziehen.

Von dieser Classe allein werde ich in Deutschland und in den Niederlanden jährlich so ansehnliche Summen heben, daß ich einen großen Theil meiner wohlthätigen Ausgaben damit zu bestreiten, und nach dem Plane, den ich im Eingänge dieses Projects geäußert, wenigstens ein paar tausend schwär-

mende Freygeister, und noch etliche verhungerte
Goldmacher, zu füttern im Stande bin.

Aus Engelland verspreche ich mir wenig Vortheil, wenn auch schon dieser Artikel daselbst angenommen werden sollte. Denn bey den Engelländern ist der Kaufmann ehrgeizig genug, sich den Namen eines Gelehrten zu verdienen, und der Gelehrte niemals beredter und wiziger, als wenn er auf die Vorzüge und nüzlichen Verdienste der Kaufleute zu reden kömmt.

Auch in Frankfurt und in Hannover hat man diese engländische Art zu denken, in etlichen Häusern zugleich mit dem Roastbeef angenommen.

Auf meiner lezten Reise nach Leipzig habe ich das unerwartete Vergnügen gehabt, viele Familien kennen zu lernen, wo schon die Väter so billig gedacht hatten. Ja, es behauptete so gar in öffentlicher Gesellschaft ein alter bemittelter Banquier: Der Kaufmann belohne sich selbst durch seinen eigenen Fleiß; aber Gelehrte müsse man durch Hochachtung und Belohnung aufmuntern, daß sie gemeiniglich erst von der Nachwelt belohnt würden. Ein Kaufmann, der diese Pflicht versäume, sey des Vermögens unwürdig, das sein Fleiß erworben habe. Ich freute mich über diese großmüthigen Gedanken, und war dafür so erkenntlich, daß ich diesem rechtschaffenen Patrioten die Warnung ins Ohr sagte: Er möchte es ja nicht wagen, eine solche Meynung in ... zu äußern,

weil

weil er dadurch auf dem ganzen Plaze seinen Credit verlieren würde.

Ich werde mich bey diesem Artickel von den Gelehrten noch etwas länger aufhalten. Die Materie ist unerschöpflich.

Wenn es in andern Kreisen so ist, wie bey uns; so wimmelt Deutschland von lächerlichen Geschöpfen, welche sich unter einander Gelehrte nennen, und doch auf diesen so ansehnlichen Titel gar keinen Anspruch weiter haben, als diesen, daß sie keine Handwerksleute sind. Bisher hat man immer geglaubt, daß diese Leute dem Lande, wo nicht zur Last, doch wenigstens unnüze wären. Ich aber bin dieser Meynung niemals gewesen; denn ich habe nachgerechnet, daß allein in . . die Accise jährlich neun hundert bis tausend Gulden, nur von Papier, Federn, und Dintenpulver gewinnt, welche daselbst consumiret werden.

Desto mehr freue ich mich, da ich eine Gelegenheit habe, diesen so genannten Gelehrten ein Mittel an die Hand zu geben, wodurch sie sich von allem Vorwurfe befreyen, und der Welt zeigen können, wie nüzlich sie einem Lande sind. Wenigstens zur Contribution sind sie vortreflich zu gebrauchen; ein Beweis, daß in der Welt nichts so schlecht und geringe sey, es sey wenigstens zu etwas gut!

Ich will ihrentwegen einen Vorschlag thun, und ich müßte mich sehr irren, wenn sie nicht alle mit dem offenen Beutel in der Hand gelaufen kommen sollten, um ihre Schazung zu entrichten.

Von deu Gelehrten, die sich Dichter, die aber Vernünftige nur Schmierer, und, wenn sie recht glimpflich urtheilen, Gratulanten nennen, will ich anfangen, da sie selbst gemeiniglich von sich und ihren Schriften zuerst anfangen. Denn nach derjenigen Rangordnung, welche diese Herren auf dem Parnasse eingeführt haben, kommen sie unmittelbar nach den Halbgöttern. Ja, man hat die Anmerkung gemacht: Je schlechter ein Poet ist, desto höher ist auch der Rang, dessen er sich über andre anmaßt. Um mich bey diesem verewigenden Reimern einzuschmeicheln, sollen sie unter meinen Gelehrten die ersten seyn, die ich in das Schazungsregister bringe.

Diejenigen Dichter, welchen die Kritik diesen Titel zugesteht, mag ich nicht einmal schäzen; es würde die Mühe nicht verlohnen. Legte ich auch einen jeden mit zwanzig Gulden an, so würden doch kaum zwey hundert Gulden heraus kommen. Was will das sagen? Und auch diese wenige würden zu furchtsam seyn, es zu gestehen, daß sie wirklich gute Poeten sind. Denn das ist immer der Fehler von guten Dichtern, daß sie es am wenigsten glauben, und bey dem verdienten Lobe, das ihnen andre geben, noch immer schüchtern bleiben, und es eher für eine Schmeicheley, als für ein verdientes Lob halten. Diese wenige mögen frey bleiben, da ich sie ohnedem nach meinem ersten Entwurfe nicht füglich zu meiner Gedankensteuer ziehen kann, als welche den Contribuenten ein Recht geben soll, sich das

zu

zu dünken, was sie nicht sind; und da Dichter von dieser Gattung immer, wie gesagt, weniger von sich denken, als sie zu denken wohl befugt wären.

Es giebt noch tausend andre, welche diesen Mangel reichlich ersezen, und welche von sich selbst so viel unverdiente gute Einbildung haben, daß sie die Erlaubniß dazu nicht theuer genug lösen können.

Keiner von ihnen soll künftig das Recht haben, sich des Titels eines unsterblichen Dichters anzumasen, wenn er nicht seinen Lorbeer mit 5 Gulden löst.

Die Anzahl dieser Dichter hat sich im vorigen Jahre in Ober- und Niedersachsen, auf sechs tausend fünf hundert und sechs und achtzig Stück belaufen, worunter diejenigen nicht einmal gerechnet sind, welche dann und wann noch ein leidliches Gedicht machen. Dieses trägt richtig gerechnet, in einem Jahre . . . 32930 fl.

Wer diese 5 fl. erlegt hat, und bey den Kunstrichtern gehörige Quittung vorzeigt, dem soll niemand den Titel eines göttlichen Poeten absprechen, bey Strafe von 20 Goldgülden Rheinisch.

Wer von ihnen die Gewalt haben will, andre mit Vorlesung seiner Gedichte zu quälen, der muß diese Gewalt mit Geld erkaufen. Es ist billig, daß die Angst, welche einzelne Personen dabey ausstehen, dem ganzen Lande zu gute komme. Umsonst wenigstens können sie nicht verlangen, daß man ihnen zuhöre. Für das erste Vorlesen zahlen sie 2 Stüber; für das zweyte 4 Stüber; und für die dritte Wiederholung 8 Stüber. Oefter dürfen sie es nicht thun. Die Zuhörer würden es in die Länge nicht ausstehen können; und es ist doch gleichwohl billig, daß man bey einer öffentlichen Anlage mit darauf sehe, daß wegen des gemeinen Besten einzelne Unterthanen nicht ganz ruiniret werden. Weil nun vermöge der Erfahrnng alle schlechten Poeten ihre Schriften wenigstens dreymal vorlesen, so beträgt die Anlage . . . 14 Stüber.

Und da nach dem ordentlichen Lauf der Natur, ein jeder schlechter Poet das Jahr über zum wenigsten drey hundert und fünf und sechzig elende Gedichte verfertigt; so kömmt eine ansehnliche Summe heraus.

Alle Poeten, die über sechzig Jahre sind, zahlen diese Taxe doppelt; denn unter allen sind sie am unerträglichsten.

Wer 30 Stüber zahlt, soll befugt seyn, die Leute auf der Gasse anzufallen, und ihnen vorzulesen.

Alle Poeten behalten die natürliche Freyheit, ihre Arbeiten, wenn sie ganz allein sind, laut zu lesen, so oft sie wollen. Sie dürfen auch darüber lachen, ohne einen Deut Contribution zu entrichten. Doch ist wohl zu merken: wenn sie dieses thun, so müssen ihre Stuben abgelegen, und die Vorhänge festzugezogen seyn, damit niemand von der Nachbarschaft dadurch geärgert werde.

Die Dichter, welche mit dem Weihrauche unter dem Volke herumgehen, und ihren Segen Bekannten und Unbekannten ertheilen, werden es nicht unbillig finden, daß sie auch einen Beytrag geben. Sie wün-

wünschen den Leuten beständig Gutes; nun mögen
sie ihnen auch einmal Gutes thun. Ich will nicht
so lieblos seyn, wie die Kunstrichter, welche diese
gratulirenden Insecten lieber gar vom Parnasse vertilgen möchten, und sie mit ihren schönen Spielwer-
ken und bunten Raritäten nicht einmal in den stillen Morästen des Parnasses ruhig-quaken lassen.
Desto billiger will ich seyn, da ich überzeugt bin,
daß die Natur nicht einmal den verachteten Wurm
umsonst schaft, geschweige einen Gratulanten. Wie
gesagt, ich will es billig mit ihnen machen: und
ich erwarte auf meinen Geburtstag, welcher der
dreyzehnte October seyn wird, die gereimte Dank-
sagung dafür.

Hier ist meine Taxe. Und wenn ich selbst ein
Gratulant wäre, so könnte ich die Preise nicht
leidlicher sezen.

Ein Mäcenat; Wer diesen in seinen Versen
braucht, giebt . . . . 1 Stüber.
    Gepriesner Mäcenat . . 2 Stüber.
    Saiten, Leyer, Rohr für jedes 2 Deut.
    Ein Haberrohr eben so viel . .
    Beschwörung der Alten . 1 Schilling.
    Und wer den Achill bannt, zahlt 2 Schillinge.
    Ein Gott durch die Bank . 1 Stüber.
aber Apoll geht umsonst mit darein.
    Fama, nachdem sie stark oder schwach bläst.
. . . . $\frac{1}{2}$ Stüber.
oder auch . . . . 1 Stüber.

Blitz, Hagel, Donner, oder andre Meteoren werden geschäzt auf = = • 1 Deut.

Ist die Dosis gar zu stark, so zahlt der Dichter = • • • = 4 Deute.

Der Zeiten Zahn zu wezen • 1 Deut.

Liebesgötter und Grazien werden in dem Preise bezahlt, wie die Götter überhaupt.

Wenn die Grazien wiegen müssen, kostet es = • • 1 Fettmännchen = • =

Flohr, Boy, Cypressen, wenn sie zu der Leiche eines Handwerksmannes gebraucht werden, kosten • 1 Stüber.

Sind sie aber für eine Standesperson, nur • ⅗ Stüber.

Ein Wortspiel auf den Namen desjenigen, den der Gratulant besingt, kostet billig = 1 Schilling; und es ist nicht zu viel; denn in der That ist das Wortspiel gemeiniglich das Hauptwerk vom Gedichte.

Nach diesen Preisen werden die übrigen Taxen gar leicht fest zu stellen seyn.

Nun mache man einmal den Ueberschlag auf folgende Art: Unter 6586 elenden Dichtern sind wenigstens 4000 Gratulanten. In einem Jahre haben die Mäcenaten in Ober= und Niedersachsen, ich will nur wenig sagen,

 10000 Geburtstage,
 20000 Namenstage. Hierzu kommen:
 1000 Hochzeiten ohngefähr,
 2000 Leichen, und
 3000 außerordentliche Begebenheiten, die nothwendig

wendig besungen werden müssen. In einem ieden Liede, welches der Nachwelt angestimmt wird, kommen wenigstens 30 Stücke vor, die taxmäßig sind. Dieses beträgt nach einem Ueberschlage, den ich sehr sorgfältig gemacht habe,

   1054 26 fl. 1¼ Stüber

salvo errore calculi. Man kann mir nachrechnen, so wird man finden, daß die Summe richtig ist. Unter diese Gedichte muß der Gedankencontributionseinnehmer pflichtmäßig attestiren, daß die Taxe ohne Reste, in guten gangbaren Münzsorten, erlegt sey; und alsdann hat der Verfasser die Erlaubniß, sich mit der Unsterblichkeit zu schmeicheln; kein Mensch soll sich unterstehen, ihn einen elenden Reimer zu nennen, und niemand von der Gesellschaft soll, bey schwerer Pön, und bey Strafe, das ganze Gedicht siebenmal durchzulesen, befugt seyn, in das geistvolle Carmen eher, als nach völlig aufgehobner Tafel, Confect zu wickeln.

Da die arkadischen Dichter sich nur mit Klee und Milch behelfen; so wird ihnen das Geld ohnedem nichts nüze seyn, und desto eher können sie einen Beytrag geben. Zu Vermeidung aller Streitigkeiten will ich auch den vornehmsten Hausrath eines Schäferdichters taxiren.

 Ein beperlte Flur = ⅜ Stüber.
 Crystallene Bäche   ⅛ Stüber.

Wer in eine Buche den Namen schneidet, giebt nach dem Holzmandate, ein altes Schock; thut nach unsrer Münze . . 6½ Schilling.

Eine Heerde Lämmer . . 1 Stüber.
Ein Bock . . . 1 Deut.
Ein Bock mit Glocken . . 2 Deute.
Hylax . . . . 4 Deute.

Käse, Milch und Butter wird um den gewöhnlichen Marktpreis bezahlt.

Kofent ist steuerfrey.
Phyllis . . . . ½ Schilling.
Eine grausame unerbittliche Phyllis 1 Schilling.

Giebt Phyllis dem Myrtill eine Ohrfeige, so zahlt der Dichter für ihre Grobheit 2 fl.

Erhängt sich Myrtill . . 3 Schillinge.

Ein Schäferbengel, ein Limmel, wird unter den Bauern in Arkadien gebüßt mit . 1 fl. . . unsre gesitteten Schäferdichter können es also auch nicht wohlfeiler verlangen.

Wer sich diesen leidlichen Taxen unterwirft, dem gebe ich die Erlaubniß, zu glauben, daß sein Schäfergedicht witzig, artig und schalkhaft sey. Er soll niemals an den Virgil und Fontenelle gedenken, ohne mit der beruhigenden Zufriedenheit eines elenden Poeten über die unendlichen Vorzüge, die er vor jenen hat, beyfällig zu lächeln. Mit einem Worte: kraft dieser erlegten Gedankensteuer soll er der göttlichste Dichter in Ober = und Niedersachsen

seyn,

seyn, da er außerdem freylich der unsinnigste Narr in ganz Arkadien seyn würde.

Da gegenwärtige Abhandlung nur eine vorläufige Probe von dem Tarife seyn soll, welchen ich künftig wegen dieser Gedankensteuer bekannt machen will, wofern mein Vorschlag den gehoften Beyfall finden solle; so werde ich für izo nicht nöthig haben, die übrigen Arten der Gedichte auf eben diese Weise zu taxiren. Im Vorbeygehen will ich nur erinnern, daß in einem Trauerspiele

ein O!	2 Stüber;
ein Ach!	2 Stüber;
ein O! und Ach! zusammen	4 Stüber;
ein O! ihr Götter! .	6 Stüber;
ein Dolchstich! . .	1 Schilling;
und ein jeder matter Gedanke .	1 Deut.

kosten solle. Und wer ein gar zu elendes Trauerspiel verfertigt, wenn es auch schon nach allen Regeln des Aristoteles elend wäre, der soll es entweder in seinem eignen Kamine verbrennen; oder, wenn er doch so hartnäckig ist, es öffentlich aufführen zu lassen, so soll er dem Publiko pro redimenda vexa . . 5 fl. erlegen, die ich zu meiner Gedankensteuer nehmen, und sodann auf meine Kosten die öffentliche Kritik veranlassen will: Daß wir nunmehr in unserm Vaterlande endlich einmal auch ein Original haben, welches wir unsern stolzen Nachbarn entgegen sezen können.

Bey den Lustspielen werde ich mich schon etwas länger aufhalten müssen. Da der Verfasser und die Komödianten mit den artigen Unfläterreyen den meisten Beyfall, und das meiste Geld verdienen; so werde ich wohl auf diese die stärkste Taxe legen. Ich werde aber einen sehr sorgfältigen Unterschied zwischen den witzigen Zoten des Dichters, zwischen dem zweydeutigen Schwunge, den die Mienen, die Aussprache, und besonders die Stellung des Frauenzimmers, welches die Rolle hat, einem oft gleichgültigen Ausdrücke geben, und endlich zwischen den unflätigen Auslegungen machen, welche der Parterrepöbel (denn auch in Deutschland giebt es auf dem Parterre viel witzigen und angesehenen Pöbel) bey einer Stelle macht, die weder der Dichter unvorsichtig gedacht, noch der Komödiant leichtsinnig vorgestellt hat.

Wegen unsrer höhern Gedichte bin ich bey mir selbst noch sehr unschlüßig. Ich weiß in der That noch nicht, wodurch ich am meisten verdienen werde: Ob durch das hoch am Olympe dahin ertönende Brüllen der Donner einiger unglücklichen Nachahmer des Hexameters; oder durch die glänzende Sonne und liebliche Wonne unsrer kriechende Reimer. Ich will die Sache überlegen.

Weil meine patriotische Vorsorge sich auf alle Arten des Wizes erstreckt; so kann man wohl glauben, daß ich auch für diejenigen sorge, welche in den übrigen Arten der Gedichte unsterblich werden wollen,

wollen, ob man gleich einem ehrlichen Manne nicht einmal ihre Prosa zu lesen ansinnen darf. Ich gebe ihnen mein Wort: Sie sollen in Gesellschaften alle Vorzüge eines wahren Dichters haben; aber freylich, für baares Geld, denn ohne dieses können sie unmöglich verlangen, erträglich zu seyn.

Noch ein paar Worte will ich von den andern Arten der Scribenten sagen, welchen ich durch meine Taxen das Recht gebe, sich unter die Gelehrten zu mengen, ob ihnen gleich die Welt, die Kunstrichter, und vielmals ihr eignes Gewissen sagen, daß sie in diese ehrwürdige Zunft nicht gehören.

Ich habe an verschiednen meiner Landsleute *) wahrgenommen, daß ihr Wiz und ihr Verstand mit den reifenden Jahren auf eben die Art abnimmt, wie er in andern Gegenden Deutschlands, und, wie ich vermuthe, in der ganzen Welt zunimmt. Wo das herkommen mag, weiß ich nicht; daß es aber in der That so ist, lehrt mich die Erfahrung alle Messen. Ich habe weise Knaben kennen lernen, welche in ihrem sechzehnten Jahre, durch verschiedne Blätter in moralischem Formate, strenge und einsehende Sittenrichter der Welt waren; und im dreyßigsten Jahre waren sie kaum noch geschickt, einen Winkelschulmeister abzugeben. Andre verfochten schon im fünfzehnten Jahre des

Anse-

───────────────
*) Daran dürfen wir unsre Leser nicht mehr erinnern, in welchem Lande Herr Anton Panßa dieses schreibt.

Ansehen, und die Wahrheiten ihrer Kirche mit einer heiligen Wuth, die man kaum von ihren Vätern, so gern auch diese verkezerten, erwartete; und zum großen Unglück unsrer Kirche waren sie in ihrem vierzigsten Jahre so unwissend, daß man ihnen kaum mit gutem Gewissen eine Heerde Bauern anvertrauen konnte. Ich habe einen Vetter gehabt, der in seinen Universitätsjahren neue Lesarten in den Pandecten erfand, und in dem Justinianus Schnizer wies; aber was nahm es für ein Ende? Sein Verstand hatte sich übertrieben, wie eine frühzeitige Frucht, welche welkt, wenn sie reifen soll. Je älter er ward, je weniger verstand er; und izo ist er in seinem fünfzigsten Jahre Pedell in Duisburg. Mit der Poesie ist es eben so. Unsre wizigen Kinder fangen mit Heldengedichten an, und hören mit Sinngedichten auf.

Ich habe keine Hoffnung, diese jungen Greise zu bessern, wenn ich ihnen gleich aus unwidersprechlichen Gründen darthun wollte, daß sie gewiß länger verständig seyn würden, wenn sie etwas später anfiengen, wizig zu seyn, und daß die Behutsamkeit, sich in der ersten Jugend nicht allzu geschwind zu verewigen, das sicherste Mittel eines Schriftstellers sey, sich nicht zu überleben. Alles dieses würde ich ihnen sagen, und würde es ihnen beweisen: aber die guten Kinder sind gar zu scharfsinnig, als, daß sie es einsehen, und gar zu gelehrt, als daß sie es verstehen sollten. Sie möchten weinen, wenn ich ihnen ihre Puppe nähme.

Ich will sie ihnen also lassen, und ich will ihnen sogar die Freyheit lassen, zu glauben, daß sie erfahrne, belesne, scharfsinnige, geistvolle • • • • ich weiß nicht alles, was sie seyn wollen? mit einem Worte; sie sollen die Erlaubniß haben, zu glauben, daß sie in der That das sind, was sie gewiß nicht sind. Aber, meine Kinder, umsonst kann ich Ihnen eine solche Thorheit nicht verstatten. Sie müssen mir für diese Erlaubniß etwas zu meiner Gedankensteuer beytragen. Viel will ich von Ihnen nicht nehmen, weil Sie größtentheils noch unmündig, und außer dem, was Ihnen Ihr mildthätiger Verleger großmüthig zuwirft, noch nicht Herren über Ihr Vermögen sind; aber gar umsonst können Sie es auch gewiß nicht verlangen. Und wenn Ihnen auch die Taxe ein wenig zu hoch vorkäme, so dürfen Sie ja nur bedenken, daß dergleichen Abgaben nicht lange, und nicht viel länger, als 10 Jahre dauern. Denn, wer in seinem 20sten Jahre ein unsterblicher Autor in Quart ist, der ist gemeiniglich im 30sten Jahre Corrector in einer Druckerey, und also von dieser Auflage befreyt.

So soll, zum Exempel, ein moralischer Knabe, welcher nur vor ein paar Jahren noch am Kinderzaume lief, und itzt schon die Welt lehrt, wie sie auf dem Wege der Tugend wandeln solle, für das Vergnügen, ein lehrreicher Scribent zu heisen, in meine Casse geben • • • ein halben Gulden. • •

Ist er in seinen Schriften satirisch, und macht die Welt lächerlich; so giebt er doppelt so viel.

Diese

Diese beyden Säze verstehen sich nur von dem Falle, wenn unser Autor noch so billig ist, und es bey Versuchen und Glückwünschungsschreiben auf den Geburtstag seines Herrn Vaters, oder auf den Namenstag seines Onkels, oder auf andre dergleichen Familienfeyer bewenden läßt. In diesen Fällen erlaubte ich ihm, für diesen Preis, sich einer Arbeit und des damit verknüpften Titels anzumaßen, der sonst nur Männern gehört, welche schon seit vielen Jahren gewohnt sind, zu denken, welche die große Welt, und also mehr Leute kennen, als ihre Mütter, und ihre liebe Ammen. Wagt sich aber unser schreibender Knabe weiter, und sucht seine Stadt mit moralischen Wochenblättern heim; so muß er wöchentlich geben 4 Schill. Dieses giebt er so lange, bis er sich barbieren läßt. Damit aber auch hiebey kein Unterschleif vorgehe, und er nicht etwan, wie verschiedene Autores thun, sich nur pro Forma barbieren lasse; so soll die erste Verwüstung seines Barts in Gegenwart eines Notarien geschehen. Bezeugt dieser ihm die erforderliche Reife, so giebt er nur monatlich 4 Schillinge. Ich wollte es gern auf eine jährliche Ablieferung sezen; ich darf es aber um deswillen nicht wagen, weil die Kräfte eines so zarten Moralisten es selten ein Jahr lang aushalten; und gleichwohl mache ich mir ein Gewissen, die Taxe, wie ich sonst in Ansehung der Hinfälligkeit ihres Verstandes und Wizes wohl thun konnte, zu erhöhen, da vielleicht diese guten Kinder, ohne es öffentlich zu gestehen, die

billige

billige Absichten haben, nach dem bekannten Sprüchworte, etwas zu lernen, da sie andre lehren.

Mit den unbärtigen Zeloten werde ich gelinder verfahren müssen. Es ist gefährlich, sie in ihrem heiligen Koller aufzuhalten: sie krazen, und sprudeln lauter Kezer um sich. Aber ich habe doch mehrere Ursachen, als diese, sie zu verschonen. Vielleicht hat es in künftigen Zeiten für ihre Kirche einen guten Nuzen: so wie ich immer gern sehe, wenn unsere Jungen auf der Gasse als Soldaten spielen, weil ich mir Hoffnung mache, daß mit der Zeit aus diesen Buben streitbare Männer werden können. Hierzu kommt noch dieses, daß gemeiniglich ihre eignen Verwandten an den Verkezerungen dieser Unmündigen Ursache sind. Sie führen gar oft ihre eignen Kriege durch die Feder dieser jungen Helden. Sie freuen sich, daß ihre Sache so gerecht ist, daß sie auch der Mund der Kinder und Säuglinge vertheidigen kann. In dergleichen Fällen also will ich sie für ihre Person mit einem Beytrage zu meiner Gedankensteuer verschonen; aber ihre Aeltern, oder ihre Verwandten, oder auch ihre Lehrer, welche den Unverstand dieser guten Kinder mißbrauchen, sollen für sie bezahlen. Inzwischen ist es doch nöthig, zu sorgen, daß diese orthodoxen Buben nicht gar zu ungezogen werden, und wie es immer geschieht, den Wohlstand nicht gar zu sehr beleidigen. Wagen sie sich zum Exempel an einen Mann, dessen Gelehrsamkeit, und wahre Verdienste um alle Arten der Wissenschaften die unpartheyische Welt erkennt, dessen Stand und ehrwürdiges Alter die Hochachtung aller Vernünftigen verdient, und welcher weiter keinen Fehler hat, als diesen, daß er nicht eben das glaubt, was unser Knabe und seine Mutter glauben; wagt er sich an diesen Mann, und beobachtet nicht alle Bescheidenheit, die gesittete Männer auch alsbann einander schuldig sind, wenn sie schon nicht einerley Meynung haben; redet er die Sprache des Pöbels, wenn er die Sprache des Glaubens zu reden vermeynt; so soll ihn sein Präceptor stäupen, und ihm für jeden ungesitteten Ausdruck einen Streich geben. Und dafür erlaube ich ihm das Vergnügen, sich einzubilden, daß er nicht wegen seines Muthwillens, sondern als ein junger Märtyrer gepeitschet werde.

Diese zwo Proben werden genug seyn, meinen Lesern einen Begriff von dem Plane zu machen, nach welchem ich junge Scribenten zu meiner Gedankensteuer ziehen will. Man wird daraus wahrnehmen können, daß ich diejenigen Schriftsteller und Gelehrte gewiß nicht vergessen werde, welche ihre Jahre vernünftig gemacht haben sollten, und welche dem ohnerachtet sich von ihrer Größe von ihrer Gelehrsamkeit, von ihren Verdiensten um die Welt, und endlich von ihrer Unsterblichkeit ganz falsche, oder doch allzu schmeichelhafte Begriffe machen. Ich habe schon oben Gelegenheit gehabt, einige Proben davon zu geben. Damit ich diesen Entwurf in ein noch deutlicheres Licht setze; so will ich ihn mit einigen Zügen vermehren.

Kom.

Kommen Sie näher, meine Herren! Kriechen Sie einmal aus Ihren gelehrten Löchern hervor! Sie sollen die Musterung passiren.

Was für ein ungeheurer Schwarm von gelehrtem Pöbel läuft hier zusammen! Was für finstre und unbekannte Gesichter erblicke ich!

Aber Sie, mein Herr, mit der stolzen Autormiene, Sie kenne ich gar wohl. Diese hochmüthigen Züge habe ich vor dem großen Quartanten gesehen, in welchem Sie die Menschen alle Pflichten lehren wollen, die ein gesittetes und tugendhaftes Leben erfordert. Ihr stolzes Lächeln verräth die Zufriedenheit, die Sie empfinden, indem Sie sehen, wie genau ich von Ihrem Buche unterrichtet bin. Aber hüten Sie sich wohl, daß Sie nicht gar zu zeitig stolz werden. Ich habe ihren Quartanten gelesen; aber zugleich habe ich auch die zehen Quartanten gelesen, aus welchem Sie den Ihrigen zusammen geplündert haben. Diesen Raub müssen Sie büßen. Wenn die gelehrte Welt das Recht nicht haben soll, Sie wegen Ihres Diebstahls vor das kritische Gerichte zu ziehen; so geben Sie mir jährlich für diesen salvum conductum 10 st. Warum schütteln Sie mit dem Kopfe? Ist es zu viel? — Sie haben Recht; aber Sie geben dieses auch nur so lange, bis Ihre gelehrte Schrift Maculatur wird, und ich hoffe, Sie werden diese Steuer kaum ein Jahr lang entrichten.

Aber, warum verkriecht sich Ihr College hinter Sie? Scheut er sich vor meiner Taxe, oder vor seinem Gewissen? Nur heran, mein Freund! Warum verbergen Sie mir ein Gesicht, das sich an dem Laden ihres Verlegers der Straße öffentlich zeigt? Ich kenne diese tartüffischen Züge noch wohl. Eben diese ist die heuchlerische und traurige Miene, die der Autor hat, welcher uns das Verderbniß des menschlichen Herzens, die verborgensten Ursachen dieser Verderbniß, ihre unglücklichen Folgen, so wohl für den ganzen Staat, als für eine jede Familie insbesondere, die wahren Mittel, wie man dieser allgemeinen Verderbniß steuren, und sich selbst vorsichtig darwider verwahren soll; mit einem Worte, der uns den Reiz der Tugend, und das Verabscheuungswürdige aller lasterhaften Ausschweifungen auf eine so gründliche und so angenehme Art gezeigt hat, daß diese Schrift einen allgemeinen Beyfall, und die größte Hochachtung verdient, so bald man vergessen haben wird, daß der Urheber derselben Sie sind — Fassen Sie sich! Ihre drohenden Blicke schrecken mich gar nicht. Niederträchtiger! der Sie die Verderbniß des menschlichen Herzens so genau kennen, und doch vor sich selbst die Augen zudrücken! Der strenge Sittenrichter erlaubt sich die pöbelhaftesten Ausschweifungen. Er schleicht sich von der Seite einer liebenswürdigen Frau hinweg, um sich in die Arme einer unzüchtigen Person zu werfen, die er mit der ganzen Stadt gemein hat. Es kommen noch immer Augenblicke, wo ihm sein eigenes Gewissen nagende Vorwürfe macht: er kann sich gegen die Vorwürfe nicht verantworten; er ist aber auch zu

verhärtet, als daß er sich diese zu Nuze machen sollte.
Um deswillen unterdrückt er dergleichen beunruhigende Empfindungen durch den Wein. Es vergeht fast kein Tag, wo man nicht diesen strengen Richter des menschlichen Herzens trunken nach Hause schleppt. Seine Kinder sehen dieses. Die Töchter weinen in dem Schose der untröstlichen Mutter; aber sein Sohn erwartet schon mit Ungeduld die Jahre und die Gelegenheit, wo es ihm erlaubt seyn wird, sich auch zu berauschen. Eine solche Unordnung muß allerdings die völlige Zerrüttung seiner Wirthschaft nach sich ziehen. Er sinnt also auf Mittel, den ausserordentlichen Aufwand bestreiten zu können. Er borgt, und hat schon so viel geborgt, daß ihm niemand mehr leihen will. Der unglückliche Mündel, den man seiner Vorsorge anvertraut, hat seine Ausschweifungen noch einige Jahre lang unterhalten können. Nun ist die Quelle auch erschöpfet, und die Zeit kömmt, da er Rechnung ablegen soll. Er zittert, wenn er an diesen schrecklichen Augenblick gedenkt; aber durch die freundschaftliche Beyhülfe eines eben so großen Betrügers, als er ist, hat er sich mit untergeschobnen Quittungen versehen, und sich gefaßt gemacht, einen Eid zu schwören. Ich zweifle, daß die Rache des Himmels ihn diese Zeit wird erleben lassen. Seine täglichen Ausschweifungen und ein Gewissen, welches sich nicht ganz übertäuben läßt, verzehren die übrigen Kräfte seines Körpers. Seine unglückliche Wittwe wird er in der äussersten Armuth verlassen. Sein Sohn wird, durch

U 3   das

das Beyspiel des Vaters gestärkt, ein würdiger Sohn seines Vaters, und, wie er, ein elender Bösewicht seyn. Die betrognen Gläubiger werden sein Andenken verfluchen; und wie viel Unschuldige werden nach seinem Tode noch hungern müssen, denen er ihr Vermögen geraubt hat! — Und Sie, mein Herr, der Sie dieser Bösewicht sind, Sie schämen sich nicht, uns ein so vortrefliches Buch von der Verderbniß des menschlichen Herzens zu schreiben, in welchem eine jede Zeile für Sie ein schreckliches Urtheil ist? Ich mache mir ein Bedenken, Sie zu meiner Gedankensteuer zu ziehen. Die ganze Gesellschaft der andern Contribuenten würden sich Ihrer schämen müssen; denn diese Steuer ist nur für lächerliche Thoren entworfen, und nicht für Bösewichter, welche die Hand des Richters züchtigen muß. Und dieser will ich Sie, Nichtswürdiger! überlassen.

Wer ist der Unbescheidne, der mich so gewaltsam bey der Brust anfaßt? Bin ich an einem öffentlichen Orte, und in Gegenwart so vieler Personen nicht sicher? Hier ist meine Uhr, und meine Börse, mehr habe ich nicht bey mir — Sie wollen beydes nicht? also sind Sie kein Strassenräuber? Aber warum packen Sie mich so mörderisch an? — O das hätte ich nimmermehr errathen! also sind Sie ein Advocat, der diesem unglücklichen Moralisten wider den Richter, und wider mich beystehen will? Aber warum wollen Sie mich Injuriarum belangen? Ich habe ja nichts gesagt, als was Sie selbst gestehen müssen. Womit können Sie es ver-

ant-

antworten, daß Sie diesem Manne die falschen
Quittungen gefertigt, und ihn aufgemuntert haben,
einen ungerechten Eid zu schwören? — In Ihre
Inauguraldisputation hätten Sie dieses mit einfliessen
lassen? Und man hat Ihnen den Doctorhut aufgesezt, an statt daß man Sie an den Pranger
hätte schliessen sollen? Ueberhaupt ist es mir ganz
unbegreiflich, was Sie hier unter den Gelehrten
wollen, und warum Sie hervor kommen, da ich
die Gelehrte auffodre? — Halten Sie dieses etwann
für eine neue Beleidigung? Es ist nur für Sie
eine neue Wahrheit. — Beruhigen Sie sich: Ich
will ein Mittel vorschlagen, wie wir uns versöhnen können; aber versprechen Sie mir auch, daß
Sie mich los lassen, und keine Klage wider mich
anstellen wollen. Wissen Sie was, für einen ehrlichen Mann kann ich Sie unmöglich halten, und
daran kann Ihnen auch wenig liegen, da Sie so
wenig Mühe anwenden, als ein ehrlicher Mann
vor der Welt zu erscheinen; aber für einen gelehrten
Mann will ich Sie halten, und auch andre sollen
Sie dafür halten, wenn Sie die Gebühr erlegen.
Gelehrte Sprachen verstehen Sie zwar nicht; aber
desto besser die Sprache der Rabulisterey, welche
die Gelehrten auch nicht verstehen. Vernünftige
Bücher haben Sie zwar niemals gelesen; aber dieses hindert Sie nicht, zum Beweise einer einzigen
Unwahrheit, hundert große Rechtsgelehrte anzuführen, deren Namen Sie kaum zu schreiben wissen.
Diese gelehrte Prahlerey haben Sie mit vielen großen

Männern gemein. Was Ihnen an Kenntniß der Bücher abgeht, das ersezt Ihre Kenntniß von alten und neuen Manuscripten, da Sie die Geschicklichkeit haben, alte Documente nachzumachen, und falsche Quittungen unterzuschieben. In der Beredsamkeit haben Sie ihre Stärke. Zwar denket Sie nicht, aber desto gründlicher schreyen Sie; und kommen Sie einmal zur Feder, so schmieren Sie, troz unsern arbeitsamen Schriftstellern, und werden auch so wenig, als sie gelesen. Es ist wahr, Sie sind in Ihren Ausdrücken beleidigend, grob und pöbelmäßig; aber man thut unrecht, wenn man Ihnen einen Vorwurf über eine Sache machen will, welche die Gewohnheit, und Ihr Nuzen rechtfertigt. Schimpften Sie in altem und gutem Lateine, so würden Sie die Sprache unserer belesensten Kritiker reden: aber, da Sie nur deutsch schimpfen, so sagt man, Sie redeten die Sprache des Pöbels. Neue Wahrheiten erfinden Sie freylich nicht; aber dafür sind Sie auch im Stande zu machen, daß man die alten Wahrheiten gar verliert. Die Arithmetik ist der Grund aller mathematischen Wissenschaften; und mich dünkt, Ihre Liquidationes sind Zeugen, daß Sie vortreflich rechnen können. Mit einem Worte, wenn Sie mich aus Ihren juristischen Klauen lassen, und einem jährlichen Beytrag zu meiner Gedankensteuer erlegen wollen; so sollen Sie, ungeachtet Ihrer Unwissenheit und Ihrer Niederträchtigkeit, dennoch das Recht haben, zu glauben, daß Sie ein großer Rechtsgelehrter sind. Aber, das wiederhole ich noch einmal: für

einen

einen ehrlichen Mann kann ich Sie unmöglich halten. — Wie? und damit sind sie noch nicht zufrieden? — Gut! so muß ich mir einen Mann suchen, der meine Sache vertheidigt.

O, mein Herr! Sie kommen mir gewünscht. Das Amt, bey welchem Sie als öffentlicher Lehrer beyder Rechte besoldet werden, verbindet Sie, sich meiner vor dem Richter anzunehmen, und mich wider diesen Zungendrescher zu vertheidigen. Legen Sie dieses Buch nur auf einen Augenblick aus Ihren Händen, und hören Sie mein Anliegen. Dieser ungerechte Mann, welcher, wie Sie selbst sehen, mich bey der Gurgel fest hält — Ich verstehe Sie nicht. Was wollen Sie mit Ihrer formula actionis sagen? Dieser Mann hat mich hier an einem öffentlichen Orte gewaltsam angefallen; ich will beweisen, daß er mich nicht hätte anfallen sollen: Ist das nicht deutlich genug? — — Sie lächeln, Sie sehen mich und meinen Gegner mit Verachtung an, und verlassen mich? Nur auf ein Wort! Verziehn Sie noch einen Augenblick: ich weiß nunmehr, wer Sie sind. Ein Bösewicht sind Sie nicht, wie mein Gegner; aber eben so ein großer Thor. Der Mißbrauch unsrer Rechtsgelehrsamkeit hat Ihnen einen Eckel davor beygebracht; aber eben dadurch sind Sie auf die Unbilligkeit verfallen, alles dasjenige zu verachten, was praktische Rechtsgelehrsamkeit heißt. Ihre angewohnte Gemächlichkeit, nichts zu thun, als an Ihrem Pulte ruhig zu lesen, hat Ihnen diesen Einfall angenehm gemacht. Der Hochmuth', und zwar ein pedantischer Hochmuth, hat Sie in dem Vorhaben bestärkt, den betretnen Weg dererjenigen zu verlassen, die Advocaten heißen, und einen Weg zu wählen, der einsam ist, auf welchem Sie aber auch desto besser bemerkt werden. Sie verachten alle diejenigen, welche diesen Weg nicht gehen, und sind mit sich selbst sehr zufrieden, daß Sie alles dasjenige nicht wissen, was ein Rechtsgelehrter unsrer Zeit wissen muß; aber dafür wissen Sie von den Alterthümern der Römischen Rechte die kleinsten Umstände, die man bey unsern Zeiten gar füglich nicht wissen kann. Es ist ein Unglück, daß Sie keinen Unterschied zwischen einem Zungendrescher und einem vernünftigen Rechtsgelehrten zu machen wissen. Dieser würden Sie seyn können, ohne in den ersten Fehler zu fallen. Ein ganzes Land braucht kaum zween Gelehrte von Ihrer Art; aber niemals kann man zu viel geschickte und gewissenhafte Rechtsgelehrte haben. Daß Sie in Ihrer Art gelehrt, und, wenn ich sagen darf, sehr gut sind, eine Universität aufzuputzen, das will ich Ihnen noch wohl einräumen; aber, daß Sie ein Recht zu haben glauben, andre neben sich zu verachten; daß Sie glauben, Sie wären dem Vaterlande nützlicher als ein Rechtsgelehrter, der sich seiner Clienten vor Gerichte anzunehmen weiß, welches Sie, mein Herr, bey allen Ihren Alterthümern nicht verstehen, wie ich leider erfahren muß; daß Sie sich schmeicheln, von der spätesten Nachwelt

mit

mit Bewunderung gelesen zu werden, wenn Sie
über die wahre Lesart eines alten vergeßnen Gese-
ses kritische Anmerkungen schreiben, die nicht einmal ist jemand lesen mag; wenn Sie alles dieses
glauben, mein Herr; so sind Sie ein Thor. Und
wenn Sie das Recht haben wollen, noch ferner so
ein eingebildeter Thor zu seyn; so müssen Sie mir
in meine Gedankencasse jährlich 10 fl. steuern. —
Nur fort, halten Sie sich nicht auf! Ich brauche
Sie weiter nicht. Solventur risu tabulæ, tu mis-
sus abibis. Und doch gefällt ihnen dieser Vers?
— Nein, ich mag weiter nichts von Ihnen hören.
Vermuthlich wollen Sie mir bey dieser Stelle Ihre
tiefe Kenntniß der Alterthümer sehen lassen. Ich
mag nicht ein Wort weiter von ihnen wissen.
Ich brauche izo keinen Kritiker; einen geschickten
Advocaten brauche ich, der sich meiner wider die
Gewaltthätigkeiten dieses Mannes annimmt. Wo
werde ich einen finden?

Aber hier kömmt ein Richter, und, wie ich gewiß glaube, ein billiger Richter. Gut! Der wird
mich schützen. Dieser große ansehnliche Mann mit
der ernsthaften Miene, der ehrwürdigen Unterkehle,
und dem Domherrnbauche ist vermuthlich der Richter, den ich wünsche. Ja mein Herr, ich kenne
Sie, da Sie mir näher kommen. Erbarmen Sie
sich eines Unglückseligen! Sie sind ein Zeuge,
wie gewaltsam mich dieser Verräther hält. Die
öffentliche Sicherheit verlangt meine Rache. Ihre
Unpartheylichkeit — Warum bleiben Sie nicht
hier

hier? Warum wollen Sie weiter gehen? Ein Vater der Wittwen und Waisen — Aber, mein Gott, warum eilen Sie so mißvergnügt von mir? Der Ruhm, den Sie als ein Beschützer der unterdrückten Unschuld, als ein Vertheidiger der Verlaßnen, als ein Christ — gerechter Himmel! Ist denn gar kein Mittel, Sie nur einen Augenblick aufzuhalten? Nehmen Sie diese Börse von mir, mein Herr, und erwarten Sie von meiner schuldigen Erkenntlichkeit noch ein weit mehrers. — — Wie gefällig sind Sie, mein Herr! Nunmehr setzen sie sich gar zu uns nieder, und noch vor einem Augenblicke hatten Sie so viel Zeit nicht, mich nur im Vorbeygehen anzuhören. Dieser Mann hat mich, unter dem Vorwande, einen Betrüger zu vertheidigen, hier auf öffentlicher Straße angefallen — — Ich werde gewiß erkenntlich seyn. — — Er faßte mich mit der mörderischen Grausamkeit eines Straßenräubers bey der Brust an. — Wie gefällt Ihnen meine Uhr? Ich warte Ihnen damit auf. — Alle glimpfliche Vorstellungen, die ich ihm that, waren vergebens. — Unter uns eine Garnitur Spitzen für die Frau Liebste — Ich führte diesem Verräther zu Gemüthe — Ereifern Sie sich nicht, mein Herr, Sie erzürnen sich zu heftig! So lassen Sie den Elenden wirklich ins Gefängniß führen, ohne ihn zu hören? Wie gerecht sind Sie? Und wie überzeugend muß mein Vortrag gewesen seyn, da Sie meinen Gegner verdammen, ohne ihm Zeit zu lassen, sich zu verantworten!

worten! Ich will gewiß halten, was ich verſprochen habe; ja ich will noch mehr thun. Ohne einen Kreuzer zu meiner Gedankenſteuer geben zu dürfen, ſollen Sie, ein ganzes Jahr über, das Recht haben zu glauben, daß Sie wirklich ein Mann von Einſicht, ein unpartheyiſcher Richter, ein Vertheidiger der Verlaßnen, ein Retter der unterdrückten Unſchuld ſind. Dieſe Zeit über ſoll es keinem Menſchen erlaubt ſeyn, Ihnen die verdrießlichen Wahrheiten zu ſagen, daß Sie ein ungeſchickter, ein unwiſſender Mann ſind! daß Sie auf die gerechte Sache der Nothleidenden eher nicht Acht haben, als bis Ihr niederträchtiger Geiz durch Geſchenke aufgemuntert wird; daß Sie Ihre große Unerfahrenheit unter einer viel bedeutenden Miene zu verſtecken, und Ihre natürliche Dummheit durch ein vornehmes Stillſchweigen zu verbergen wiſſen; daß Sie kaum Thürſteher ſeyn würden, wenn ſie nicht die Untreue Ihrer gefälligen Frau aus dem Pöbel, für den Sie gebohren waren, hervorgezogen, und auf den Richterſtuhl gepflanzt hätte. Nicht einen einzigen von dieſen Vorwürfen ſoll man Ihnen binnen dieſem Jahre machen. Ja, damit Sie ſehen ſollen, wie wichtig der Dienſt iſt, den Sie mir izo geleiſtet haben; ſo ſollen Sie auf Ihre ganze Lebenszeit das Recht haben, alle Zueignungsſchriften Ihrer demüthig hoffenden Clienten für Wahrheiten anzunehmen. Ich erlaube Ihnen, bey Leſung dieſer Zueignungsſchriften zu glauben, daß Sie ein gelehrter Mann, daß Sie der Mund der

Weis-

Weisheit sind, und daß Ulpianus kaum verdiente der Famulus von Euer Hochweisheiten zu seyn.

Dem Himmel sey Dank, aus dieser Noth wäre ich! Wie habe ich mich geängstiget! Ich bin ausser mir. Kaum bin ich noch im Stande, mich auf den Füßen zu erhalten.

Wer sind Sie, mein Herr? Was wollen Sie mit meiner Hand? Ist das ein neuer Angriff?

O, nun merke ich wohl an Ihrer horchenden Miene; mein Puls ist es, den Sie suchen. Gut, Herr Arzt, Sie kommen mir gleich zu rechter Zeit. Hier haben Sie meine Hand. Fühlen Sie einmal, recht aufmerksam fühlen Sie; können Sie wohl aus dem Schlage des Pulses errathen, über wen ich mich am meisten ereifert habe; ob über den Moralisten, oder die Advocaten, oder den Richter? — — Und diese Frage nehmen Sie so ungütig auf? Der Vorwurf, den Sie mir machen, ist ungerecht. Ich bin nichts weniger, als ein Verächter der Arzneykunst; ich kenne ihren Werth gar wohl. Aber eben sowohl kenne ich auch den Unwerth der Pfuscher, welche nichts verstehen; welche, wie Sie um den Puls fingern, eine Menge unnützer Arzeneyen zum Besten der Apotheker, ohne Verstand verschreiben, und, wenn endlich der Patient daran erstickt ist, die Belohnung für den kunstmäßigen Mord von den Erben fordern wollen. Ich sage eben nicht, daß ich Sie, mein Herr, für einen solchen Marktschreyer halte; aber das werden Sie mir doch erlauben, zu sagen, daß Sie die Miene eines solchen

Char-

Charlatans eher haben, als die Miene eines erfahrnen Leibarztes. — Im Ernste? und Sie sind wirklich ein Leibarzt? und durch den Ruhm Ihrer Schriften sind Sie das geworden? Wer hätte sich dieses sollen träumen lassen? Aber, mein Herr, unter uns gesprochen: Machen Sie sich denn gar kein Gewissen, ein Leibarzt zu seyn, und sich einen Gelehrten zu nennen? Ich habe nur einige Augenblicke mit Ihnen gesprochen, und doch habe ich auch in diesen wenigen Augenblicken Gelegenheit genug gehabt, mich zu überzeugen, daß Sie beydes nicht sind. Gestehen Sie mir es aufrichtig: Wir sind hier ganz allein, und es hört uns keine Seele — — Nun das war in der That aufrichtig! Also ist es nur die Thorheit der Kranken, und die Unwissenheit Ihrer Leser, welche Sie zum Boerhave macht? Ich will Ihre Treuherzigkeit nicht mißbrauchen; die Welt mag auf ihre eigene Gefahr glauben, was sie will. Und, mein Herr, wenn Sie mich nicht tödten wollen, so will ich Ihnen einen wichtigen Dienst leisten. Sie sollen das Recht erlangen, selbst im Ernste zu glauben, daß Sie wirklich geschickt und gelehrt sind, und kein Mensch soll das Recht haben, Sie in dieser Einbildung zu stören, wofern Sie einen Beytrag zu meiner Gedankensteuer geben. Erlegen Sie für jeden Kranken, den Sie kraft Ihrer Kunst erwürgen, 1 fl. und für jeden Paragraph Ihrer Schriften, den man nicht lesen mag, 1 Stüber; so ertheile ich Ihnen Macht und Gewalt, ohne Widerspruch ein berühmter Arzt

und

und ein gelehrter Scribent zu heißen. Leben Sie wohl!

Er geht fort. Dieser war doch ein bescheidner Arzt, der seine Schwäche erkannte. Ob es wohl noch viele so bescheidne Aerzte im westphälischen Kreise geben mag? Das wird gewiß einen ansehnlichen Beytrag ausmachen, wenn er mir für jede Leiche 1 fl. giebt. Und wenn ich auch ein Jahr über, nur hundert solche Märtyrer seiner Kunst —

Wer lacht hinter mir? — Spotten Sie über mich, mein Herr, oder was ist Ihnen sonst an meiner Berechnung lächerlich? Mich dünkt, es ist so gar bescheiden nicht, einem Fremden, den man nicht kennt, ins Gesicht zu lachen — — Also lachen Sie nicht über mich, sondern über diesen Arzt? und woher kennen Sie ihn? — Der Unglückliche! Wie sehr dauert er mich nunmehr! Und bey allen diesen bittern Bosheiten glauben Sie doch, mein Herr, noch ein Recht zu haben, sich einen Satirenschreiber zu nennen? Hätten Sie ihm das Leben genommen; so würden Sie barmherziger gewesen seyn, als da Sie ihn um seinen guten Namen, und zugleich, da er durch Sie einmal lächerlich worden, um weitere Beförderung, und den größten Theil seines Glücks gebracht haben. Es ist vielleicht so gar gelehrt nicht, ich habe es auch vermuthen können: aber er hat auch, nach seinem eignen Geständnisse, nicht in Willens gehabt, eine Hauptrolle in der gelehrten Welt zu spielen. Ich will es Ihnen glauben, daß seine Schriften fehlerhaft,

haft, und sehr elend gewesen sind; aber er kan ungelehrt und elend schreiben, und dennoch in seiner Art ein ehrlicher und ein nüzlicher Mann seyn. Da er weiter nichts verlangte, als an dem kleinen Hofe bekannt zu seyn, wo er sein Glück suchte; was war Ihre Absicht, als Sie ihn vor der ganzen gelehrten Welt durch Ihren unglücklichen Wiz lächerlich machten? Wollen Sie so aufrichtig seyn, zu gestehen, daß Sie ihn nur um deswillen niedergetreten haben, weil Sie befürchteten, er möchte durch seine Beförderung Ihr Glück oder das Glück Ihrer Freunde hindern? Wollten Sie etwan zeigen, wie gelehrt Sie selbst wären, da Sie die Unwissenheit dieses Mannes lächerlich machten? Wie unrühmlich ist ihr Sieg über einen solchen Ignoranten? — Also war keine von diesen die Ursache Ihres feindseligen Angriffs? Desto strafbarer sind Sie, da Sie mit kaltem Geblüte einen Mann so lieblos würgen konnten, der ihnen gleichgültig seyn mußte. — Aber warum ruheten Sie wenigstens nicht nunmehr, da Sie sahen, daß er dem ungeacht.t auf gewiße Maaße sein Glück gemacht hatte? Ist es nicht wahr, nun arbeitete Ihr Hochmuth an seinem Untergange? Ihre Absicht war gewesen, diesen Mann so verächtlich zu machen, daß ein jeder sich des Umgangs mit ihm schämen sollte; und doch gab ihm der Fürst ein kleines Amt, und einen Rang. Das war ihrem Ehrgeize empfindlich. Die Welt würde an der Stärke ihres Wizes gezweifelt haben; dieser würde der Welt nicht länger so fürchterlich gewesen seyn.

seyn. Es war also nöthig, noch einen Angriff zu wagen. Sie verdoppelten Ihren Wiz und Ihre Bosheit. Und konnte denn dieses nicht anders geschehen, als wenn Sie die Welt an den Stand und an die Thorheiten seines verstorbenen Vaters erinnerten? Die Fehler des Vaters sollten also noch den unschuldigen Sohn niederdrücken? Ihre Wut — fallen Sie mir nicht in die Rede; Ihre Wut ging so weit, daß Sie ihm auch seine zufriedne Ehe vergällten. Was waren Ihre grausame Absichten, da Sie die Aufführung seiner Frau der Stadt zum Gespötte machen? Vielleicht war sie mehr unvorsichtig, als strafbar; vielleicht erdichtete Ihr tückischer Wiz Laster, wo er nur Fehler fand. Aber diese Unglückselige war die Frau Ihres Feindes; eines Feindes, der Sie niemals beleidigt hatte. Sie störten ihn also in dem Vergnügen seines Ehestandes. Er mußte sich einer Frau schämen, die er geliebt hatte, von der er keine Untreue vermuthen konnte; die vielleicht die redlichste Frau gewesen war; aber dennoch mußte er sich ihrer schämen, weil ihn die ganze Stadt wegen seiner Frau verspottete. Ueberlegen Sie nun einmal, mein Herr, was waren die schrecklichen Folgen Ihres unmenschlichen Wizes? Sie scheinen noch darüber zu frohlocken, da Sie unverschämt genug sind, mir alles mit einer so heitern und zufriednen Miene zu erzählen. Sie haben gemacht, daß dieser Mann mit dem ersten Schritte, den er in die Welt that, um sein Glück zu machen, unsrer gelehrten Welt verächtlich wurde. Sie haben

ihn

ihn an dem Fortgange seines Glücks gehindert. Es würde bey seinrm Fleiße vielleicht ein geschickter Arzt geworden seyn; aber man trug Bedenken, sich einem Manne anzuvertrauen, dessen Name schon lächerlich war. Gleichwohl nöthigten ihn seine Umstände, von dieser Profession zu leben; Er ward also ein Quacksalber, durch dessen Hände so viele Unschuldige ihr Leben verlieren. Fällt es Ihnen niemals ein, daß Sie durch Ihren wütenden Wiz die erste Ursache aller dieser Mordthaten sind? Ich habe nicht Ursache zu zweifeln, daß seine Frau tugendhaft, und wenn ich viel einräumen soll, nur nicht vorsichtig genug gewesen ist: wenigstens waren Sie der erste, der ihre Aufführung der Stadt verdächtig machte. Dadurch verlohr sie ihren guten Namen ohne Rettung. — Gut, ich will es zugeben, daß sie sie in den folgeuden Jahren sich der größten Ausschweifungen auch öffentlich nicht geschämt hat; aber wer war sonst Schuld daran, als Sie? die Verzweiflung hat diese Unglückliche lasterhaft gemacht. Ihr guter Name war nun schon einmal auf ewig verloren. Sie gab sich vielleicht eine Zeitlang Mühe, durch ihre eingeschränkte Aufführung die Stadt eines bessern zu überreden; aber Sie, Grausamer, ließen sie nicht aufkommen. Je vorsichtiger sie lebte, desto verdächtiger mußten Sie ihre Vorsicht zu machen. Wie standhaft muß eine Frauensperson seyn, welche dennoch tugendhaft bleibt, wenn sie auch sieht, daß es ganz vergebens ist, die Welt von ihrer Tugend zu überzeugen! Sie sehen hier den kläglichen Beweis davon.

davon. Sie stürzte sich aus Verzweiflung in den Abgrund, aus welchem sie hernach nicht wieder in die Höhe kommen konnte. Aller ihrer Verbrechen haben Sie, eben Sie, mein Herr, haben sich aller dieser schändlichen Ausschweifungen theilhaftig gemacht. Die Völlerey des Mannes ist auch eine betrübte Folge von Ihrer Feindseligkeit. Er wollte sich der nagenden Gedanken von seiner Schande, und seiner unglücklichen Ehe entschlagen. War ein Mann von seiner Erziehung nicht zu entschuldigen, daß er dieses durch die Völlerey that? Noch eins, mein Herr, und zwar etwas, welches mir das Schrecklichste zu seyn scheinet: Zittern Sie nicht, wenn Sie an die unglücklichen Kinder dieser Ehe gedenken? Wer ist die Ursache ihres Verderbens? Niemand, als derjenige, der den Vater unglücklich, und die Mutter lasterhaft gemacht hat. — Und bey dem allen können Sie mich noch so ruhig ansehen; noch immer so zufrieden mit Ihren Handlungen seyn? Wären Sie wohl strafenswürdiger gewesen, wenn Sie diesem Elenden gleich anfangs den Dolch in die Brust gestoßen hätten? Wenigstens würde er auf diese Art, aller der Schande und allem dem Jammer entgangen seyn, worein er durch Ihre Pasquille gestürzt worden ist. — Ja, allerdings, durch Ihre Pasquille. Sie schämen sich des Namens eines Pasquillanten: und schämen sich doch nicht, ihn zu verdienen? Nun sind Sie doppelt strafenswürdig, da Sie Ihre Unverschämtheit so weit treiben, daß Sie Ihre ehrenrührigen Schriften Satiren nennen.

Enthei-

Entheiligen Sie, Niederträchtiger, einen Namen nicht, welcher einen so wichtigen Theil unsrer Sittenlehre ausmacht, und dessen niemand würdig seyn kann, als wer ein Verehrer der Religion, ein Freund der Tugend, und ein Mensch ist! Durch Ihren Mißbrauch machen Sie der Welt die Satire verdächtig. Man zittert vor der Satire, weil man Sie nicht kennt, und weil man vor dem Pasquillanten zittert. Die rächenden Geseze, — Nein, mein Herr, ich kenne nun Ihre spottende Miene. Ich weiß es gar wohl, daß Sie das nicht im Ernste von mir bitten; aber, einer so anständigen Strafe sind Sie auch nicht werth. Die jährliche Gedankensteuer von 100 Gulden, die Sie mir anbieten, damit Sie die Erlaubniß von mir lösen mögen, zu glauben, daß Ihre Pasquille Satiren sind, daß ihre Wuth Scherz, Ihr würgender Unsinn gesalzner Wiz, und Ihr menschenfeindlicher Haß Liebe zur Wahrheit sey; dieser Vorschlag ist ein neuer Beweiß Ihrer verstockten Unbilligkeit. Ich überlasse Sie der Züchtigung der Geseze, und, wenn Sie verwegen genug sind, auch diesen zu trozen, so überlasse ich Sie der Empfindung Ihres eignen Gewissens, welches Zeitig genug Ihr unerbittlichster Richter seyn wird. Aber das Einzige will ich Sie noch bitten: Halten Sie diejenigen nicht für Ihre Freunde, welche über Ihren Wiz lachen, oder Ihnen gar Lobeserhebungen darüber machen. Man schmeichelt Ihnen, wie man einem wütenden Hunde schmeichelt, daß er uns nicht zerreißen soll. So bald Sie nicht mehr im Stande seyn werden zu schaden;

so bald werden Sie sehen, wer ihre Freunde waren, und daß sie die ganze Welt verflucht. — — Wie, rasen Sie! Nein, mein Herr, alle diese wilden Drohungen schrecken mich nicht! Ich weis ein Mittel, mich zu vertheidigen. Nunmehr kennt Sie die Welt zu genau, als daß mir diese Drohungen fürchterlich seyn sollten. Habet foenum in cornu! —

Was geht denn Sie dieses Sprüchwort an, mein Herr? Wer sind Sie? und wer hat Ihnen das Recht gegeben, mich mit geballter Faust zu überfallen? Ich sehe Sie in diesem Augenblicke zum ersten male, und Sie wollen glauben, ich habe Sie beleidigt? Kann man denn nicht von einem Ochsen reden, der Heu zwischen den Hörnern hat, ohne daß Sie dadurch beleidigt werden? Und dennoch drohen Sie mir in der Stellung eines Mannes, der den Verstand in der Faust hat? Halten Sie an Sich, oder ich werde um Hülfe rufen! Zum wenigsten sagen Sie mir nur Ihren Namen; und aus welchem Dorfe sind Sie? — O! mein Herr, ich bitte um Vergebnng; das hätte ich mir nimmermehr träumen lassen. Also sind Sie ein deutscher Kunstrichter? Und dieser handfeste Schwarm, der mit aufgehabnen Fäusten und blöckenden Zähnen Ihnen beyzustehen droht! wer sind denn diese? — auch Kunstrichter! So errette mich der Himmel! Gnade, meine Herren! Ich will gern keine Gedankensteuer von Ihnen fodern; Nur lassen Sie mich in Ruhe.

Wie

Wie unvorsichtig habe ich gehandelt, daß ich die Gelehrten aus ihren Löchern hervor gebannt habe! O! meine Herren, gehen Sie zurück; ich bitte Sie inständigst, gehen Sie alle wieder zurück; in Ihre Studierstuben. Die Messe ist vor der Thüre; die Pressen warten auf Ihre gelehrten Schriften; bringen Sie die Nachwelt nicht um das Vergnügen, Ihre Werke zu bewundern; eilen Sie der Unsterblichkeit mit starken Schritten entgegen; nicht einen Augenblick dürfen Sie versäumen.

Sie kehren sich um; sie verlassen mich; sie eilen fort; sie fliegen nach ihren gelehrten Winkeln zurück! Glückliche Nachwelt, die du von diesem schreibenden Pöbel nichts erfahren wirst! Und glücklich bin auch ich, der ich mich auf eine so gute Art von ihnen habe loswickeln können!

Da ich mich zu weiter nichts anheischig gemacht, als nur eine Probe von meinem Gedankensteuertarife zu geben; so werde ich nunmehro, wie ich glaube, dies Versprechen zur Genüge erfüllt haben. Man kann aus diesem Entwurfe die Absicht und die Einrichtung des Ganzen wahrnehmen. Ich hoffe, die billige Welt wird mich hierinnen unterstüzen, da ich hiebey ohne den geringsten Eigennuz handle; da man sieht, wie viel Thoren durch diese Gedankensteuer gebessert, oder, wenn dieses zu bewerkstelligen auch nicht möglich wäre, wie es in der That schwer ist, wie viel Nuzen zum wenigsten die Welt aus ihren Thorheiten ziehen; und wie viel andere Thoren, die aus

Hun-

Hunger unvernünftig gewesen sind, durch diese Gedankensteuer vernünftig gemacht werden können.

Es wird überflüßig seyn, daß ich mich weiter dabey aufhalte. Damit ich aber doch die Vortheile meines Projects in ein desto deutlicheres Licht seze; so will ich eine Gesellschaft beschreiben, in der ich mich vor etlichen Monaten befand. Ich will zu einem jeden Charakter die Taxe sezen: Daraus wird man sehen, was für erstaunliche Summen in ganz Deutschland zusammen kommen müssen, wenn meine Gedankensteuer allgemein werden sollte, da schon von der kleinen Gesellschaft, in der ich war, der Beytrag so ansehnlich ausfällt.

Ich fuhr mit dem Marktschiffe von Frankfurt nach Maynz. Da ich gewohnt bin, in unbekannten Gesellschaften sehr wenig zu reden, und sehr gern viel zu hören, so sezte ich mich in einen einsamen Winkel, wo ich die meisten der Gesellschaft übersehen und hören konnte.

Ein Kaufmann, der mit Weinen handelte, war der erste, der meine Aufmerksamkeit auf sich zog. Er trat eben in das Schiff, als sich ein schreckliches Gelächter unter den Schiffern, und einigen von der Gesellschaft erhob. Ich fragte eine Frau, die nicht weit von mir saß, nach der Ursache davon, welche mir antwortete: „Der Herr hätte einen kleinen Spaß „gemacht. Es werde was zu lachen sezen, da die„ser Herr bey uns wäre: er scheine auf guter „Laune zu seyn, und wenn er einmal anfange zu „spaßen, so müsse man vor Lachen bersten," Ich
erschrack

erschrack sehr über diese Nachricht, welche leider mehr als zu gegründet war. Der Kaufmann, welcher sich außer seiner Lebhaftigkeit, auch dießmal wizig gesoffen haben mochte, trat bey dem Mastbaume in die Höhe, und überschüttete uns mit seinen unglücklichen Scherzen. Wortspiele, schmuzige Zweydeutigkeiten, und andere Belustigungen des Pöbels waren der Innhalt seiner Erzählungen, welche immer mit einem beyfälligen Gelächter aufgenommen wurden. Ich merkte gar deutlich, daß er nur aus Ehrgeiz ein Narr war; denn wenn das Volk über seine Scherze nicht lachte, so ward er beschämt, und verdoppelte seinen Unsinn, um den Zuhörern den Zweifel an seinem Wize zu benehmen. Dieser Mann wird mir ein ansehnliches in meine Casse bringen!

Für das Vergnügen zu glauben, daß er ein wiziger Kopf sey, soll er geben 2 fl.

Wenn er sich einbilden will, daß man ihn bewundert, und nicht für das, was er eigentlich ist, für einen Stocknarren hält; so kann er weniger nicht geben, als 1 fl.

Für eine jede Unstäterey, die er sagt, um die Aufmerksamkeit der Zuhörer zu ermuntern, zahlt er 1 Stüber. Ich habe auf dieser Reise dreyßig Zoten von Wichtigkeit gehört; diese thun zusammen 30 Stüber.

Alle Wortspiele, wenn sie nur albern sind, hat er frey; fallen sie aber ins Grobe und ungezogene, so zahlt er dafür halb so viel, als für eine Zote.

Lacht er zuerst über seine Einfälle, wie er immer zuerst lacht, so giebt er 1 Albus. Und weil sich dieses nicht so genau nachrechnen ließ, so rechne ich ihm für diese Freyheit ein für allemal 1 und einen halben fl.

Hebt er einen aus der Gesellschaft heraus, ihn zu beleidigen, oder, wie er es nennt, ihn zu tummeln, so giebt er 4 Schillinge; es wäre denn, daß ihm dieser mit ein paar Ohrfeigen antwortete: auf solchen Fall ist er steuerfrey. Ich habe fünfe von der Gesellschaft gezählt, mit denen er sich auf diese Art lustig machte, und dieses beträgt 3 und einen halben fl. Er war damals so vorsichtig, sich an niemanden zu wagen, von dem er eine reelle Antwort besorgen konnte.

Ich habe an ihm wahrgenommen: So oft es mit seinem Wize gar nicht mehr fort wollte, und auch nicht einmal die Schiffer mehr darüber lachten; so oft brachte er unvermuthet eine Anspielung auf eine Stelle der Bibel, oder einen verdrehten Spruch hervor. Er hatte allemal seine gehoffte Wirkung, und der Pöbel, vor dem er ausstund, wollte fast rasend vor lachen werden, so oft er, nach seiner Sprache zu reden, dergleichen Schwenke machte. Ich wollte wohl wünschen, daß ihn die Obrigkeit für dergleichen leichtsinnigen Muthwillen an den Kirchenpranger stellen möchte. Weil aber dieses nicht geschehen wird, und nicht füglich eingeführet werden kann, ohne die ansehnlichsten Gesellschaften um ihre wizigsten Köpfe zu bringen; so

will

will ich auf diesen pöbelhaften Wiz eine desto höhere Steuer legen. Ein solcher unanständiger Scherz wird mit einem halben fl. bezahlt. Ich rechne ihm nach, daß er sich fünfmal damit geholfen hat; das thäte also 2 und einen halben fl.

Auf diese Art hätte ich von diesem einzigem Manne, in den wenigen Stunden, über 11. fl. bekommen. Nun rechne man selber nach, was dieses wohl in Deutschland auf ein ganzes Jahr betragen werde. Denn das glaube man ja nicht, daß nur allein auf meinem Schiffe ein Original von dieser Art sich befunden habe: fast in allen Gesellschaften der Handwerksleute, der Kaufleute, der Soldaten giebt es dergleichen Originale; in Gesellschaften der Gelehrten, und in Antichambern herrschen solche wizige Köpfe; ja so gar, wenn nur zwanzig ehrwürdige Herren Confratres auf Kirchmessen zusammen kommen, so getraue ich mir, wo nicht eher, doch nach Tische, wenigstens einen unter ihnen zu finden, der es meinem Kaufmanne in der Art zu scherzen, und wizig zu seyn, gleich thun soll, wo er ihn nicht gar übertrift.

Die Komödie dieses Harlekins ward unvermuthet durch ein andächtiges Zwischenspiel unterbrochen.

Eine bejahrte Frau fieng an einen Psalm zu singen. Ich war mit dieser unzeitigen Andacht sehr unzufrieden; denn ich befürchtete von dem Leichtsinne der meisten in der Gesellschaft, sie würden eine neue Gelegenheit daher nehmen, über die Religion

gion zu spotten; allein wider Vermuthen ward eine
große Stille auf dem Schiffe, obwohl diese Heilige
niemanden fand, als zwo Weiber, und einen jungen
Menschen, die mit einstimmten.

Der Psalm kam zum Ende, und sie sperrte schon
dar Maul auf, einen neuen anzufangen, als ein
alter Officier von den fränkischen Kreistruppen zu
ihr sagte: „Aber, Mutter, wie lange ist es denn,
„daß du so fromm bist?" Die Gesellschaft, welche
das Singen schon lange überdrüßig war, empfieng
diesen Einfall mit freudigem Geblöke; die Frau hin
gegen verstummete. Der Officier machte sich den
Beyfall der Zuschauer zu Nuze, und nachdem er
etliche Millionen Teufel geschworen hatte, so sagte
er: „Es trifft noch immer ein; Junge Huren
„alte Betschwestern." Er erinnerte sie an vielerley
Sachen, daran sie vermuthlich nicht gern erinnert
seyn wollte; aber am allerempfindlichsten war ihr
dieser Vorwurf, daß sie bey zunehmenden Jahren
eine Gesellschaft von jungen Mädchen unterhalte,
um von deren Schönheit zu leben, da ihre eigene
Schönheit, wie er sagte, zum Teufel gegangen wäre.
Ich freute mich über die Angst, welche dieser be-
schämten Betschwester auf dem Gesichte saß. Sie
sah sich verwirrt in der Gesellschaft um, ohne im
Stande zu seyn, dem Officier etwas anders zu
antworten, als dieses, daß sie ihn einen alten Lüg-
ner, einen alten Hund, und dergleichen nannte,
welches ihr böses Gewissen noch mehr verrieth. Dieser blieb auch ganz gelassen bey diesen Schimpfwör-
tern

tern, und begegnete ihr, mit nichts, als der immer wiederholten Antwort: „Aber Gott straf mich, „Mutter; was willst du viel läugnen? rechne einmal nach, wie viel du allein von mir verdient „hast!" Hier verdoppelte sich das elende Lachen der Gesellschaft. Der Officier nahm diesen Beyfall für eine Auffoderung an, die Streiche zu erzählen, die er gespielt hatte; und wäre von allen auch nur die Hälfte gegründet gewesen, so war doch diese schon hinreichend, ihn vor den Augen der Gesitteten zum ungesitteten Manne zu machen.

Ich hoffe, an diesen beyden Contribuenten ein paar einträgliche Kunden zu bekommen.

Die Frau will mit ihrer lärmenden Andacht die Schande ihrer ehemaligen Lebensart verbergen. Sie mag von der Abscheulichkeit ihrer Aufführung überzeugt seyn: allein sie hat entweder nicht Muth genug, oder sie ist schon gar zu boshaft, sich von derselben loszureißen. Ihre Jahre verhindern sie, selbst lasterhaft zu seyn: sie ist es nun durch andre, und verdoppelt so gar dadurch ihre strafwürdigen Laster, daß sie andre Mädchen verführt, und vielleicht unschuldige Personen in den Abgrund stürzt, aus dem sie sich nicht zu retten weiß. Sie schämte sich von selbst: Denn auch die Lasterhaftesten haben gewisse Augenblicke, in denen sie vor sich erschrecken. Sie war, ihrer Frechheit unerachtet, ganz verwirrt, da man ihr ihre Ausschweifungen zu eben der Zeit vorwarf, als sie sich den Namen einer frommen und ehrbaren Frau ersingen wollte. Sie fühlte den Werth
der

der Tugend; sie wollte tugendhaft scheinen: aber sie war der Laster gewohnt, und hielt die Belohnungen der Tugend für zu ungewiß, als daß sie den gegenwärtigen Vortheil hätte aufgeben sollen, den sie von ihrer und andrer Ausschweifung zog. Alles dieses machte sie zur Heuchlerinn. Da sie mir gleich gegen über saß; so hatte ich Gelegenheit, sie, während ihres Singens, sehr genau zu bemerken. Weil sie zur Unzeit heilig seyn wollte; so war mir, gleich mit dem ersten Augenblicke, ihre Andacht verdächtig. Ich spähete alle Züge ihres Gesichts aus. Sie spielte die Rolle einer Betschwester vortreflich. Sie hieng ihren grauen Kopf bußfertig nach der linken Schulter; sie preßte die Seufzer mit einem heiligen Ungestüme aus der verstockten Brust hervor; sie drehte die Augen mit einer quackerischen Entzückung gegen den Himmel, einen Ort, der ihr ganz fremde war; und zu einer andern Zeit übersah sie mit einem ehrgeizigen Blicke die Gesichter der Gesellschaft, und suchte den Beyfall, welchen sie wohl nicht fand, und den sie doch durch ein heuchlerisches Ringen ihrer besudelten Hände zu erzwingen suchte. Die ehrerbietige Stille der Gesellschaft nahm sie auf ihre Rechnung. Vermuthlich hatte sie die Absicht, durch einen neuen Psalm noch einen Anfall auf unsre Hochachtung zu thun: Man kann also wohl urtheilen, wie empfindlich es ihr seyn mußte, da sie durch die Frechheit des Officiers so unerwartet in ihren stolzen Absichten gehindert, und so sehr gedemüthiget ward.

Aus

Aus dieser Abschilderung werden meine Leser ziemlich im Stande seyn, zu errathen, wie die Taxe für diese Betschwester eingerichtet werden soll.

Für das heuchlerische Kopfhängen soll sie geben . , ... einen halben fl.

Ein Seufzer kostet 1 Schilling. Sie kann dieses gar wohl zahlen, da sie in ihrer Jugend durch verbuhlte Seufzer das meiste Geld verdienet hat. Sie seufzete achtmal unter dem Psalme, das thut . 1 und einen halben fl.

Das Verdrehen der Augen bezahlt sie mit 1 Stüber. Es war mir nicht möglich zu zählen, wie oft sie dieses that; ich will ihr also nur überhaupt . , ... 1 fl. . abfodern.

Das Ringen der Hände muß sie wenigstens mit . einem halben Stüber verbüßen, da es Ursache war, daß sie während ihrer Andacht sehr ungeberdig that. Sie soll wegen dieses Sazes einmal für allemal geben . , ... einen halben fl.

So oft sie uns für so einfältig hielt, zu glauben, daß wir ihre Gottesfurcht bewunderten, so oft hat sie ein Schilling verwirkt. Sie glaubte es wohl, so lange der Psalm währte; Ich will ihr aber doch die Zahlung nicht mehr, als einfach abfodern.

Da sie ohne Zweifel durch ihre übertriebene Andacht sich den Namen einer frommen Matrone auch in der Absicht erheucheln wollte, um künftig bey ihren Ausschweifungen desto sicherer zu seyn; so strafe ich sie um . . einen halben fl.

Sie

Sie sollte wohl nicht umsonst so unbescheiden gegen den Officier gewesen seyn, und ein jedes Schimpfwort verdiente wenigstens eine Pön von 1 Stüber. Allein, zu geschweigen, daß der Officier selbst nicht bescheiden gegen sie verfuhr, und eben nicht so empfindlich darüber zu sein schien; so will ich ihr die Strafe auch um deswillen erlassen, weil sie in der größten Verwirrung sich befand, und diese pöbelhafte Art, sich zu vertheidigen, die deutlichste Sprache eines bösen Gewissens war.

Also bekäme ich von dieser Betschwester zu meiner Gedankensteuer überhaupt 4 fl. und noch etwas drüber; und dieses binnen einer Zeit von zehn Minuten. Was werden nicht unsre Betschwestern im ganzen Lande, binnen einem Jahr erlegen müssen!

Der Officier war gleich das Widerspiel von dieser Heuchlerinn, und dennoch eben so lächerlich, und eben so strafbar. Aus Ehrgeiz wollte jene fromm seyn; und dieser war leichtsinnig aus Ehrgeiz. Er warf ihr vor, daß sie der Jugend Gelegenheit gegeben hätte, auszuschweifen, und um deswillen gab er ihr die schändlichsten Beynamen: gleichwohl hielt er es nicht für schändlich, zu gestehen, daß er für sein baares Geld an diesen Ausschweifungen Theil genommen habe. Er beleidigte die übrige Gesellschaft besonders dadurch, daß er uns für so ungesittet hielt, zu glauben, wir würden ihn wegen seiner vormaligen Aufführung bewundern. Sein Alter machte diese Thorheit noch strafbarer. Wie viel sollen wir einem jungen Officier zu gute halten,

wenn

wenn ein alter Mann, den die Sünde verlassen hat,
sich so unanständig aufführt? Es ist ein Unglück,
daß junge Helden sehr oft so unrichtige Begriffe
vom Muthe, von einer männlichen Freyheit, und
von dem Wohlstande ihres Amts haben; aber desto
gefährlicher ist ihnen das Exempel eines alten
Officiers, welcher Kenntniß der Welt, Erfahrung,
Tapferkeit, und vielleicht viele Tugenden, aber keine
Sitten hat. Es kostet ihnen die wenigste Mühe,
es ihm in dieser lezten Eigenschaft gleich zu thun;
aber sie vergessen, daß dieses ein Fehler ist, den
man ihm wegen seiner übrigen Tugenden zu gute
hält, und mit seiner schlechten Erziehung entschuldigt.
In Ansehung dieses Umstandes will ich auch
mit unserm Officier billig verfahren. Er soll für
alle Thorheiten, die er auf der Reise begieng, mehr
nicht, als das halbe Tractament von einem Monate
bezahlen. Es wird ungefähr $7\frac{1}{2}$ Gulden betragen.
Ich schenke ihm noch also alle Flüche, die er that,
und die er sehr häufig that, ohne es zu wissen, weil er
sie schon als Musketier gewohnt gewesen war.

Binnen der Zeit, da der Officier seine wizigen
Grobheiten gegen die alte Betschwester vorbrachte,
merkte ich, daß man mich etliche mal beym Aermel
zupfte. Ich war zu aufmerksam, als daß ich mir
die Zeit hätte nehmen sollen, mich umzuwenden;
endlich faßte man mich bey der Hand, und ich sahe
mich um. Es war ein junger Mensch, den ich
noch für einen Schüler hielt, der aber, wie ich
bald darauf aus seinen Reden vernahm, ein junger

Richter, und ein Mitglied einer gar ansehnlichen Gesellschaft zu . . war. "Was halten Sie, mein „Herr, von dieser injuria verbali?" Und ohne mir Zeit zu lassen, ihm zu sagen, was ich davon hielte, fuhr er mit der praktischen Geschwätigkeit eines jungen Richters also fort: "Ich möchte der „Advocat von dieser Frau seyn. Zwar wegen der „Unkosten sieht es auf beyden Seiten mißlich aus: „O da muß wohl Rath werden. Fiat Executio! „Ich habe den Casum etliche mal in Terminis „gehabt ——— Warum sehen Sie mir so steif ins „Gesicht? Ich habe drey Jahr in Franecker und „ein Jahr in Rinteln studirt, und ohne Ruhm zu „melden ——— aber ich will weiter nichts sagen. „So bald ich nach Hause kam, heyrathete ich die „Tochter eines bey uns angesehenen Mannes, „welcher mir seine Stelle abtrat. Es geht schon „in den fünften Monat, daß ich Beysitzer in die„sem Gerichte bin. Sie können nicht glauben, „mein Herr, was für Ignoranz unter den alten „Graubärten, meinen Herren Collegen herrscht. „Gar keine Principia, nicht die geringsten! Lau„ter Schlendrian! Aber ich sage ihnen auch mei„ne Meynung deutsch heraus. Es macht mir „allerdings sehr viel Verdruß; aber ich kann mir „nicht helfen. Meine Schuld ist es gar nicht, „daß diese alte Männer so unwissend sind: doch „können sie auch mir es nicht übel nehmen, daß „ich, ohne mich zu rühmen, gelehrter und einse„hender bin. Es ist wahr, so oft ich eine Meynung

„nung vorbringe, so oft widersprechen sie mir alles
„aber dafür laſſe ich ihnen auch niemals Recht.
„Was meynen Sie wohl: Ich will Ihnen einma
„einen Caſum proponiren.„ Hier ward mir angſt,
und ich ſann auf ein Mittel, mich von Seiner
Hochweisheit loszumachen. Ich fand es bald —
"Geben Sie einmal Achtung, mein Herr, der
„Caſus iſt ſonderbar! Aber eins muß ich vorher
„erinnern: Sie wiſſen den Huber,„ — O! mein
Herr, ſagte ich, den kenne ich recht wohl; was
macht der ehrliche Mann? Ich habe ihm noch in
voriger Meſſe abgekauft — „Wem? fragte er mich
„mit weit aufgeſperten Augen; dem Huber? Der
„Mann iſt ja lange todt. Er war ein großer
„Rechtsgelehrter in Franecker!„ So bitte ich um
Verzeihung, mein Herr; im glaubte, Sie meynten
den Kaufmann in Frankfurt, von dem ich meine
Haarſiebe nehme. Der gute Richter ſah mich von
neuem mit Erſtaunen an. „Sind Sie denn kein
„Gelehrter, mein Herr?„ O! nein, mein Herr,
antwortete ich ganz demüthig und ſchüchtern; ich
bin ein ehrlicher Schneider aus Sachſenhauſen —
Das war ein Donnerſchlag für meinen weiſen Richter, welcher vermuthlich in Willens gehabt haben
mochte, mir noch viele juriſtiſche Weisheit vorzu-
predigen. Nun ſah er mich mit der Verachtung
an, mit welcher Gelehrte ſeiner Art auf Handwerksleute herabſehen; und nachdem ſein Hochmuth es
mich genug hatte empfinden laſſen, daß er ein Richter,
und ich, wie er glaubte, nur ein armer Schneider

Y 2   war,

war, so sprach er endlich mit einer trozigen Miene; "Aber, mein Freund, das hätte er gleich sagen "können, daß er ein Schneider ist; ich würde mir "nicht haben einfallen lassen, mit ihm von gelehr= "ten Sachen, und so vertraut zu reden!„ Ich beugte mich tief, und freute mich, daß ich Gele= genheit gehabt hatte, einen neuen Narren kennen zu lernen, und zwar einen so ergiebigen Narren, den ich auf vielerley Art bey meiner Gedankensteuer nuzen kann.

Die Verwegenheit, die er gehabt, das wichtige Amt eines Richters in denen Jahren zu überneh= men, in welchen er noch billig, mit dem Buche unter dem Arm, in die Schule hätte gehen sollen; die dreiste Geschwäzigkeit, mit seiner wenigen und unvollkommenen Wissenschaft alle Gesellschaften zu übertäuben; die Begierde, über alle Vorfälle seine entscheidende Gedanken zu sagen; die Empfindlich= keit, die er äusserte, wenn man an seiner Weisheit und Unfehlbarkeit zweifeln wollte: alle diese Thor= heiten werden mir ein ansehnliches Stück Geld einbringen; denn ihm wird es unmöglich seyn, sich solche abzugewöhnen, und mir soll er sie theuer ge= nug bezahlen.

Aber am allerstärksten soll er die thörichte Un= verschämtheit büßen, die er hat, seinen erfahrnen und einsehenden Collegen so muthwillig zu wider= sprechen, und sie gegen andre, die es von ihm nicht
ein=

einmal zu wissen verlangen, für Männer ohne Einsicht, und für eigensinnige Ignoranten auszuschreyen.
Diesen jungen Stolz werde ich um so viel mehr
exemplarisch strafen, da er so viele schädliche Folgen hat, und, nicht allein bey uns, sondern, wie
ich erfahre, auch in Sachsen und in andern Län-
dern, unter denen so allgemein ist, welchen man
aus guter Absicht, einen leeren Plaz in der Versammlung der Richter und Räthe gönnt, um das
zu hören, was sie auf Universitäten unmöglich hören konnten, und aus der Erfahrung ihrer einsehenden Collegen diejenige Geschicklichkeit zu erwerben, die man von ihrer flüchtigen und unerfahrnen
Jugend nicht verlangte. Aber gemeiniglich verstehen
diese wohlweisen Knaben die Absicht der Obern ganz
unrecht. Sie strozen von dem Ueberflusse einer übel-
verdauten Schulweißheit. Sie sehen ihre Collegen
für Zuhörer, und ihren Stuhl für den Katheder an,
auf welchem sie gewohnt gewesen sind, einige auf-
gegebene Säze gegen Mitschüler hartnäckig zu vertheidigen. Sie vergessen, daß sie nur die An-
fangsgründe der Rechtsgelehrsamkeit erlernt haben,
welche allererst die Erfahrung brauchbar machen
muß. Es ist sehr zu besorgen, daß ihnen diese
eitlen Vorurtheile eine beständige Hinderung bleiben
müssen, sich durch eine bescheidne Lehrbegierde zu
geschickten und dem Vaterlande nüzlichen Männern
zu machen, da sie das Unglück haben, zu glauben,
daß sie es bereits sind. Man hat zwar Exempel,
daß ein junger Richter, der in den ersten zwey

Y 3 Jah-

Jahren, voll von seiner neuen Weißheit brauß, im dritten Jahre zu verstummen anfängt, weil er seine Unwissenheit fühlt; allein diese Exempel sind so gar häufig nicht, daß ich wegen der schädlichen Folgen ihrer unreifen Gelehrsamkeit und pedantischen Eigenliebe ausser Sorgen seyn sollte. Ich werde mir also künftig, bey völliger Einrichtung meiner Gedankensteuer, Mühe geben, sie in Contribution zu sezen, daß sie es fühlen. Für meinen Reisegefährten aber hatte ich ohngefähr diesen Ansaz gemacht:

Für die Begierde, die ihn juckte, mir zu sagen, daß er ein Richter sey, bezahlt er . . 4 fl.

Er ward empfindlich, daß ich ihm so steif ins Gesicht sah, weil er glaubte, ich zweifelte an seiner Einsicht, und an seinen Verdiensten. Er hatte Recht; weil er seinen Stolz dabey verrieth, so giebt er . . . . . 1 fl.

Dafür, daß er glaubt, er sey wegen seiner Verdienste zu diesem Amte gewählt worden, da er doch nur durch die Frau in diese Stelle eingedrungen ist, soll er erlegen . . . ½ fl.

Fünf Monate hält er für zureichend, auf seine Erfahrung zu trozen. Es verräth dieses seine erstaunende Unwissenheit. Für jeden Monat zahlt er einen Gulden, und fährt damit so lange fort, bis er klüger wird.

Für einen jeden Vorwurf, den er seinen erfahrnen Collegen macht, büßt er . . 1 Schilling.

Ein

Ein casus in Terminis kostet 1 Schilling.

Die Narrheit soll er vor diesesmal umsonst begangen haben, daß er mich so trozig verachtete, als ich ihn beredete, ich sey ein Schneider. Es konnte ihm freylich nicht anders, als höchst empfindlich seyn, da er so große Anstalten machte, mit seiner Juristischen Weisheit zu paradieren, und den demüthigen Beyfall eines Mannes zu verdienen, von dem er erfahren mußte, daß er nur ein unwürdiger Handwerksmann sey.

Nach diesen Säzen und einem genauen Ueberschlage, den ich gemacht, hätte ich also von ihm binnen einer Zeit von fünf Minuten verdient 7 fl.

Durch dergleichen Betrachtungen suchte ich mir die Unannehmlichkeit der Reise und der schlechten Gesellschaft zu erleichtern. Inzwischen waren wir in die Gegend gekommen, wo ich wegen meiner Geschäfte ans Land steigen mußte. In der That verließ ich das Schiff sehr ungern, da ich unter dem Haufen bereits einige Originale bemerkt habe, die ich wohl etwas genauer hätte kennen mögen.

Unter vielen andern fiel mir ein junger Mensch am meisten in die Augen, welcher nur zwo Stellen von mir in einem dunkeln Winkel saß, den Hut tief ins Gesicht gedrückt hatte, immer mit sich selbst sprach, bisweilen die Augen gen Himmel richtete, manchmal mit den Füßen stampfte, und anders nicht die mißvergnügte Miene ablegte, als wenn er durch ein bittres Lächeln seine Unzufriedenheit ausdrücken wollte. Einige Tage darauf erfuhr ich, daß

daß er der Sohn eines bemittelten Kaufmanns sey, daß er bey einem ganz gesunden Körper, bey reichem Ueberflusse, bey aller Bequemlichkeit, die das menschliche Leben wünschen kann, und, was das Lächerlichste ist, bey einem wirklich vergnügten Herzen dennoch die Thorheit begehe, sich krank, milzsüchtig, und mit der gauzen Welt umzufrieden zu stellen, und alles dieses nur in der Absicht, um in Gesellschaften bemerkt zu werden. Er hat diese Rolle in London gelernt, wo er sich etliche Monate aufgehalten; aber er ist eine eben so unglückliche Copie von einem schwermüthigen Engländer, wie viele unsrer abgeschmackten Landsleute närrische Copien eines lebhaften, gauckelnden Franzosen sind, welchen sie sich bey ihrem kurzen Aufenthalt in Paris zum Originale gewählt haben. Diese hüpfen und pfeifen, wenn sie am meisten Ursache haben, ernsthaft, oder traurig zu seyn; und jener wird gemeiniglich zu der Zeit, wo er am wenigsten Ursache hat, mißvergnügt zu seyn, und wo er es auch in der That am wenigsten ist, dennoch am meisten vom Erhängen und Erschießen reden. Noch zur Zeit bin ich ungewiß, wer von beyden der größte Narr ist; aber, ohne es weiter zu untersuchen, will ist mir beyder Thorheit zu Nuze machen.

Vor mir saßen zween Kaufleute, welche, wie ich aus ihrem eifrigen Gespräche abnehmen konnte, sehr unzufrieden mit ihrer Obrigkeit waren. Sie eiferten heftig wider einige erhöhte Auflagen; sie seufzeten über den Verfall der Nahrung, über theure Zei-

Zeiten, über Mangel des Silbergeldes, und über die große Verschwendung: denn, in ihrer Jugend ward ganz anders gewirthschaftet, und da konnte man doch einen Thaler Geld zurück legen.

Ich werde sie bey meiner Gedankensteuer gewiß nicht vergessen. Sie überlegen nicht, daß die Obrigkeit besser, als sie, einsehen muß, was zum Besten des Staats erfordert wird. Gemeiniglich eifert niemand so sehr, als der Kaufmann, über die erhöhten Auflagen, und er bedenkt nicht, daß man die Handlung vornehmlich um deswillen in Aufnahme zu bringen sucht, damit der Staat Bürger habe, welche von ihrem Ueberflusse dasjenige abgeben können, was zu Beschützung des Landes, und zu Erhaltung der innerlichen Sicherheit unentbehrlich ist. Die Seufzer über den Verfall der Nahrung sind oft ungegründet, und gemeiniglich nur eine Folge ihres Geizes, und des Neides über die beßre Nahrung andrer Häuser. Ueber den Mangel des guten Geldes können sie nicht klagen, ohne zugleich ihren eigennützigen Wucher zu verdammen, der an diesem Mangel die meiste Schuld hat. Eben so ungerecht sind ihre Klagen über die Verschwendung. In der That würde es sehr schlecht um die Handlung aussehen, wenn die Welt anfienge, sparsam zu seyn, und sich nur mit dem Nothdürftigen zu behelfen. Leute von dergleichen ungegründeten Vorurtheilen glauben immer, die meiste Einsicht in Sachen zu haben, die den Staat und die Handlung angehen. Diese

Thorheit giebt mir das Recht, sie zu meiner Gedan͑ kensteuer zu ziehen, wenn sie noch länger die Erlaub͑ niß haben wollen, so patriotisch zu murren.

Beym Eingange des Verdecks saß ein junger Mensch, welcher, wie ich aus seiner Kleidung ver͑ muthen konnte, sich dem geistlichen Stande gewidmet hatte. Gleich sein Eintritt in das Schiff fiel mir in die Augen, weil er mehr gekrochen als gegangen kam. Er sezte sich ganz schüchtern auf den ersten Plaz, den er ledig fand, und schien die ganze Ge͑ sellschaft wegen seiner Gegenwart um Vergebung zu bitten. Nur selten schlug er die Augen auf; die übrige Zeit saß er so ängstlich und gebückt, wie ein Schüler, der sich vor den Streichen seines erzürnten Lehrers fürchtet. Eine Tugend, die zu sehr in die Augen fällt, ist mir allezeit verdächtig gewesen; um deswillen war es mir auch diese allzu große Beschei͑ denheit. Desto mehr gab ich auf ihn Acht. Ich sieng an, mich seinetwegen zu beruhigen, da ich die Unzufriedenheit merkte, die er über den abge͑ schmackten Wiz des Weinhändlers äusserte. Beym Gesange der Betschwester war er die einzige Manns͑ person, die mit einstimmte; dieses vergab ich sei͑ nem Stande. Er schien bey den Vorwürfen, die der Officier dieser Frau machte, und bey der unge͑ schickten Vertheidigung der Heuchlerinn sehr em͑ pfindlich zu seyn, und beyde zu mißbilligen: mit einem Worte, ich fieng an, mich zu freuen, daß ich einen jungen Menschen sehen sollte, dessen De͑ muth, Bescheidenheit, und gute Sitten dem Amte,

für

für das er bestimmt war, viel Ehre und Vortheile zu versprechen schiene. Bey der Unterredung mit dem jungen Richter hatte ich ihn aus dem Gesichte verlohren: ich würde auch vielleicht nicht weiter an ihn gedacht haben, wenn ich ihn nicht beym Aussteigen aus dem Schiffe in einem mehr entfernten Winkel mit einer unanständigen Vertraulichkeit neben einer jungen Frauensperson erblickt hätte, welche, wie mir der Schiffer sagte, für eine Tochter der alten Betschwester ausgegeben ward. Nun kannte ich den jungen Tartüffe. Da er mich in Ansehung seiner verstellten Sittsamkeit betrogen: so hatte ich Ursache zu fürchten, daß seine Bescheidenheit und Demuth eben so geheuchelt wären. Ich bedauerte diejenigen im Voraus, welche künftig in einer genauern Verbindung mit ihm stehen sollen. So kriechend und schüchtern er gegenwärtig zu seyn scheint; so unerträglich wird seine Eigenliebe, und sein geistlicher Hochmuth seyn, welcher desto gefährlicher ist, da er die Ehrenbezeugungen niemals für sich, sondern allemal für sein Amt fordert. Kann man wohl von ihm hoffen, daß seine Aufführung exemplarisch seyn wird? Anfänglich wird er sich alle Ausschweifungen verstatten, die er genießen kann, ohne verrathen zu werden; endlich aber wird er mit weniger Vorsicht lasterhaft seyn, da ihn die Gewohnheit unverschämt und sicher macht. Ich will dafür sorgen, daß er nicht umsonst hochmüthig und lasterhaft sey. Er und seine ihm ähnlichen Collegen können die Erlaubniß, ehrwürdig zu heißen, nicht theuer genug bezahlen.

Auf

Auf ein Wort, nur auf ein einziges Wort, Herr Panßa, rief mir eine unbekannte Stimme zu, da ich schon den einen Fuß aus dem Schiffe gesezt hatte. Ich sah mich um, und erblickte den alten Bürgermeister aus meinem Städtgen, welcher das gewöhnliche Unglück hat, zu reimen, und dabey zu glauben, daß er ein Poet sey.

Er war sehr erfreut mich zu sehen, da er mich hier am wenigsten vermuthet hatte. „Sehen Sie „Herr Panßa: Monumentum aere perennius!„ und wieß mir einen großen Stoß gedruckter Glückwünsche auf den Geburtstag eines seiner Gönner in Maynz, wohin er izo reiste, um sie ins Geld zu sezen. Er wollte sie mir vorlesen; allein ich schüzte meine Eilfertigkeit vor. Das half mir nichts; er vertrat mir wirklich den Weg, und fieng an auszupacken. „Ich kann Ihnen nicht helfen, sagte er; „das Carmen müssen Sie anhören, wenn Sie mein „Freund seyn wollen.„ Ich verdoppelte meine Vorstellungen, ihm begreiflich zu machen, wie nöthig es sey, zu eilen; der Schiffer fluchte ihm etliche Donner in den Bart, daß er das Schiff nicht aufhalten sollte; ich versuchte, ob ich mir den Weg mit einiger Gewalt frey machen könnte: aber alles vergebens.

Geprießner Mäcenat! Izt, da das Purpurlicht
Dort aus Aurorens Schoos . .

So fieng er wirklich schon an zu lesen. Ich drängte ihn auf die Seite, und floh; aber unglücklicher

licher Weise gleitete ich von dem Brette ins Waſſer, da ich nicht wahrgenommen hatte, daß er mich bey dem Rocke feſt hielt. O! ihr Götter! rief er. Aber der Schiffer reichte mir die Hand, und ich sprang ans Ufer, ohne mich weiter umzuſehen: ſo erſchrecklich war mir der Gedanke, daß er mir mit ſeinem Bündel Verſen nachſezen möchte. Aber er ſoll mir dieſe Angſt bezahlen; denn da er ein Dichter ſchon bey Jahren iſt, ſo habe ich das Recht, ihn bey meiner Gedankenſteuer doppelt anzuſezen.

Ich habe durch dieſe kurze Reiſebeſchreibung eine Gelegenheit geſucht, meinen Leſern eine Probe zu geben, wie einträglich dieſe Gedankenſteuer ſeyn wird. Wir wollen einmal annehmen:

11 fl. der Weinhändler.

4 fl. die Betſchweſter.

7½ fl. der Officier.

7 fl. der junge Richter. Die andern will ich nur in einen ungefähren Anſchlag bringen.

6 fl. der Unzufriedne. Es iſt nicht zu viel, wenn man bedenkt, wie viel Mühe er ſich giebt, lächerlich zu ſeyn.

20 fl. die beyden murrenden Kaufleute.

2 fl. der junge Tartüffe

1 fl. der Gratulante. Der böſe Mann ſollte wohl mehr geben, da er mich mit ſeinen Verſen ins Waſſer gejagt hat; aber er muß Weib und Kind von ſeinem Wize ernähren, und ich weiß, daß ſein geprieſner Mäcenat

ſehr

sehr karg ist; darum dauert er mich. Alles dieses macht zusammen . . 58 ½ fl.

Nun bedenke man einmal: wenn eine so kleine Gesellschaft von neuen Contribuenten, binnen einer Zeit von wenigen Stunden so viel beysteuern soll; was für unsägliche Summen wird es ein Jahr über in ganz Deutschland ausmachen? Ich bin vor Freuden ganz ausser mir, daß ich einen so glücklichen Einfall gehabt habe, diese Gedankensteuer in Vorschlag zu bringen. Wie viel tausend Mitbürger, für die niemand bisher gesorgt hat, werde ich künftig von der Thorheit anderer ernähren können.

Hier könnte ich schliessen; aber ich muß noch auf einen Einwurf antworten: Ist es wohl jemals möglich, diese Gedankensteuer wirklich einzuführen, da es nicht möglich ist, die Gedanken anderer zu wissen, und da die Menschen gemeiniglich ihre Einbildungen, je lächerlicher sie sind, desto sorgfältiger zu verbergen wissen.

Vielleicht hätte ich gar nicht nöthig, mich auf diese Frage einzulassen. Ein Projectmacher entwirft den Plan; er macht weitläufige Berechnungen von den grossen Einkünften, welche die Casse davon zu erwarten hat; mehr darf man von ihm nicht verlangen. Ob es eine Möglichkeit sey, diesen Plan einzuführen? das ist seine Sache nicht; dafür mögen andre sorgen; genug, sein Project steht richtig berechnet auf dem Papiere.

Aber

Aber ich bin meiner Sachen so gewiß, daß sich mehr antworten will, als man berechtigt ist, mich zu fragen.

Der obige Einwurf schickt sich nicht auf alle Fälle. Viele Handlungen der Menschen brauchen gar keine Erklärung. Viele Menschen sind nicht im Stande, oder geben sich doch keine Mühe, ihre Gedanken zu verbergen. Was soll ich von den Werken der Schriftsteller sagen? Sie liegen am Tage, und mein Tarif soll so deutlich seyn, daß ein jeder Leser die Taxe selbst beysezen kann. Die Straf des vierfachen Ersazes wird meine Contribuenten noch mehr abhalten, ihre Gedanken zu läugnen. Aber ich glaube, daß ich nicht einmal nöthig haben werde, zu strafen, da es für die Eitelkeit der Menschen so vortheilhaft ist, daß sie, für eine so geringe Beysteuer sich das Recht lösen können, ungehindert, und ohne Widerspruch Thoren zu seyn, und die Welt, sie mag wollen, oder nicht, zum Beyfalle zu zwingen. Da es aber doch geschehen kann, daß es Leute giebt, welche sich verstellen, und zur Bevortheilung meiner Gedankensteuer, durch verschiedne Umwege den Beyfall der Welt zu erschleichen suchen; so habe ich schon Anstalt gemacht, diesen Contrebandirern Einhalt zu thun. Ich will nämlich Gedankensfiscale sezen. Das sind Leute, die aus den Unterredungen mit andern, so gar aus ihren Mienen, aus ihrem Gange, aus ihrer Kleidung, die innersten Bewegungen des Herzens entdecken sollen. Für einen aufmerksamen Zuschauer, und für einen Menschen der die Welt kennt, ist dieses so schwer nicht, als vielleicht manche glauben. Und was will man dazu sagen, wenn ich beweise, es sey die angenehmste Beschäftigung vieler Menschen, wenn sie, ob sie gleich oft sich selbst nicht kennen, dennoch die kleinsten Handlungen, und die Gedanken andrer sehr sorgfältig ausspähen, und daß sie solche entdeckt haben, mit vieler Zuversicht behaupten? Durch eine vorsichtige Wahl der Personen, die ich zu Gedankenfiscalen bestätigen will, werde ich mir die Sache noch leichter machen. Ich werde Leute darzu nehmen, welche neugierig und argwöhnisch sind, welche in ihrem Hause wenig Geschäfte, und also mehr Zeit haben, auf die Handlungen anderer Acht zu geben. Zwo Gattungen der Menschen werden mir hierzu am besten dienen können: Frauenzimmer von einem gewissen Alter, die sich in jüngern Jahren mit allen Fehlern ihres Geschlechts bekannt gemacht haben, gegen welche sie bey zunehmenden Jahren ganz unerbittlich sind; und Gelehrte, welche der Welt ihre periodischen Betrachtungen über Staatssachen mittheilen. Da diese mit ihren scharf urtheilenden Blicken bis in die geheimsten Cabinette des Prinzen dringen; so wird es ihnen nur ein Spiel seyn, die Gedanken ihrer Mitbürger zu entdecken.

Aber hierbey will ich es noch nicht bewenden lassen. Ich will über die Geschicklichkeit, die Gedanken anderer zu erforschen, eine Abhandlung in systematischer Ordnung entwerfen, und öffentlich darüber lesen.

Der

Der Plan zu dieser Unterweisung, die Gedanken andrer zu errathen, oder, daß ich mich, nach der Mode unsrer Zeit, etwas kunstmäßiger und dunkler ausdrücke, der

Plan
einer
Noematokataskopologie
ist ohngefähr folgender:

Erstes Buch.

Cap. I. Vom Menschen.

Cap. II. Von den Gedanken der Menschen überhaupt.

Cap. III. Ob es Menschen giebt, welche gar nicht denken? Dieses Capitel wird etwas weitläuftig, aber auch von dem größten Nuzen seyn. Ich nehme mich darinnen besonders der Frauenzimmer, welche man schöne Statuen nennet, verschiedner wiziger Schriftsteller, und endlich einiger unsrer tiefsinnigsten Philosophen mitleidig an, von welchen allen man bisher in der lieblosen Meinung gestanden, daß sie gar nicht dächten.

Cap. IV. Warum einige ihre Gedanken so sorgfältig verbergen? Ich habe hier die Anmerkung ausgeführt, daß die meisten Menschen sich mehr vor andern, als vor sich schämen.

Cap. V. Daß diese Gewohnheit, im Verborgnen zu denken, für die Eigenliebe des Menschen sehr bequem und vortheilhaft sey.

Cap. VI. Von dem Schaden, den die menschliche Gesellschaft davon hat.

Der Mensch gewöhnt sich dadurch an eine Eitelkeit, die hernach weder glimpfliche Vorstellungen, noch bittre Demüthigung ausrotten können.

Er fängt an, andre zu verachten.

Er giebt sich keine Mühe, die Vollkommenheiten wirklich zu erlangen, die er schon zu besitzen glaubt.

Cap. VII. Wie nöthig es also sey, die Menschen in diesen sanften Träumen schmeichelhafter Eigenliebe zu stören.

Cap. VIII. Viele wichtige Einwürfe wider die Möglichkeit eines so rühmlichen Unternehmens.

Cap. IX. Der Autor gesteht aufrichtig, daß er nicht im Stande sey, diese Einwürfe zu beantworten.

Cap. X. Der Autor erzählt eine merkwürdige Geschichte, die ihn auf den Einfall gebracht hat, von den thörichten Einbildungen der Menschen einigen Nutzen für das gemeine Wesen zu ziehen, da er es fast unmöglich gefunden, sie auszurotten.

Cap. XI. Ein patriotischer Seufzer!

Zweytes

Zweytes Buch,

enthält den Tarif.

Drittes Buch,

Cap. I. Von den Mitteln, die geheimen Einbildungen der Menschen zu entdecken.

Cap. II. Von der Verrätherey der Augen überhaupt.

Cap. III. Vom Unterschiede zwischen den zärtlichen Blicken eines Frauenzimmers, welches mit Empfindung liebt, und es verbergen will; und zwischen den zärtlichen Blicken eines Frauenzimmers, welches nicht liebt, und nur coquettiret.

Cap. IV. Dreyßig Folgerungen daraus für meine Gedankensteuer.

Cap. V. Wie die Blicke eines bejahrten Frauenzimmers aussehen müssen, wenn man daraus schliessen soll, ob sie aus Hochmuth, oder aus Freundschaft, oder aus Wollust ihr Alter vergißt.

Cap. VI. Vom frommen Liebäugeln einer alten Betschwester.

Cap. VII. Vom Unterschiede ihrer Seufzer, welche sie über das Andenken der vergangenen Zeiten, oder welche sie über die itzige verderbte Zeit ausstößt.

Cap. VIII. Von den verschiednen Arten des Lächelns.

Vom abgeschmackten Lächeln eines Stuzers.

Vom wizigen Lächeln eines Hofmannes.

Vom vornehmen Lächeln eines Pedanten.

Vom gefährlichen Lächeln eines Kunstrichters, bey Lesung einer fremden Schrift.

Vom nichtsbedeutenden Lächeln eines Mäcenaten.

Vom unerträglichen Lächeln eines Ehrgeizigen, wenn er von seinen Fehlern redet.

Was es bedeutet, wenn ein Wuchrer lächelt.

Von verschiednen andern Arten des Lächelns, und was man daraus auf den Charakter der Person schließen kann.

Cap. IX. Von den Mienen überhaupt. In diesem Capitel wird dasjenige nachgeholt, was in den vorigen Abschnitten nicht berührt werden können.

Von den wichtigen Mienen.

Von den zerstreuten Mienen eines Menschen, der gar nichts zu denken, und nichts zu verrichten hat, und doch gern geschäftig aussehen möchte.

Geschichte von den drey Mienen; oder, Beurtheilung eines Menschen von schlechter Erziehung, und einem boshaften Herzen. Es ist darinnen eine genaue Abschilderung, wie seine kriechende Miene aussah

aussah, da er sich durch Niederträchtigkeit in ein wichtiges Amt einzuschleichen suchte; von der trozigen, und doch unruhigen, und tückischen Miene, die seinen Hochmuth, seine lieblose Undienstfertigkeit und die Begierde andern zu schaden, verriethen, so lange er in diesem Amte war; und endlich von der ängstlichen, und scheuen Miene eines folternden Gewissens zu der Zeit, wo ihn seine Ungerechtigkeiten gestürzt, und außer Stand gesezt hatten, weiter zu schaden. Dieser Abschnitt ist besonders wegen der vielen historischen Noten erbaulich, die ich zu mehrerer Erklärung dieser lehrreichen Geschichte beygefügt habe.

Cap. X. Abhandlung von den Hüten und Flohrlappen.

Ich habe die Anmerkung gemacht, daß man das menschliche Herz aus beyden besser entdecken kann, als man bisher geglaubt. Ich will nur zwo Proben davon anführen:

Ein trozig in die Augen gedrückter Hut ist das Kennzeichen eines Feigherzigen.

Von der besondern Art, wie die Frauenspersonen in Westphalen sich sehr sorgfältig in die Kappen verhüllen, wenn sie wünschen, bemerkt, und ohne Kappe gesehen zu werden.

Nota! Dieses Capitel ist außer Westphalen nicht zu verstehen.

Cap. XI. Lehre von Schönpflästerchen. Der englische Zuschauer hat in seinen Tagen die glückliche Erfindung gemacht, wie man aus der Lage der Schönpfläſterchen entdecken könne, welche von den Frauensperſonen in London zu den Whigs, und welche zu den Torys gehörten. Dieſes hat mich auf unſer deutſches Frauenzimmer aufmerkſam gemacht, und ich glaube, das Geheimniß entdeckt zu haben, wie man aus der Lage und Menge der Schönpfläſterchen bey den meiſten ihre Gedanken und Einbildungen errathen könne. Dieſes handle ich in gegenwärtigem Capitel ab, und beſtätige einen jeden Saz durch eine Erfahrung. So habe ich zum Exempel die Geſchichte eines Frauenzimmers erzählt, welches bey einer ziemlichen Schönheit eine ſehr einfältige Miene machte. Weil ſie aber doch ehrgeizig genug war, wizig zu heißen, ſo klebte ſie einen halben Mond unter das linke Auge; ſo gleich fanden ihre Anbeter, daß ihre feine und ſchalkhafte Miene ſie doppelt liebenswürdig machte. Zwey Schönpfläſterchen über den Augenbraunen machen ein gebieteriſches Anſehen. Meine ſelige Frau hatte die Gewohnheit ſich auf dieſe Art zu puzen, ſo oft ſie über mich mißvergnügt war; und alsdann ware es Zeit, ihr auszuweichen, oder ſie ließ es mich gewiß empfinden, daß ſie meine Frau war. Niemals bin ich in größrer Gefahr geweſen, als da es ihr einfiel, noch das dritte Schönpfläſterchen über den Mund zu legen. Ein junger Menſch aus der Nachbarſchaft, der ſich viele Mühe um meine Freundſchaft gab, verſtand dieſe Sprache den Augenblick; aber ich

merkte

merkte es noch bey Zeiten, und gieng alle Bedingungen ein, mich wieder mit ihr auszusöhnen, um Folgen vorzubeugen, die meiner Ehre empfindlich gewesen seyn würden. Vor dieser unglücklichen Constellation der Schönpflästerchen will ich alle Männer aufrichtig warnen. Ein Frauenzimmer, welches ein Sönpflästerchen über das linke, und das andere an den Winkel des rechten Auges klebt, ist, wie mich die Erfahrung gelehrt hat, von ihrem scharfen und durchdringenden Verstande überzeugt. Ist sie schon verheirathet, so kann man gewiß glauben, daß sie ihren Mann übersieht; ist sie noch unverheirathet, so wird ihr Eckel so lange wählen, bis sie endlich die Verzweiflung nöthigt, sich dem ersten, dem besten Manne in die Arme zu werfen, um nicht gar ohne Mann zu sterben. Da sie ihren Verstand so sehr fühlt, so kann man sicher schwören, daß niemand mehr, als sie, beschäftigt ist, die Handlungen andrer Menschen zu richten. Ein Schönpflästerchen, welches nachläßig auf dem linken oder rechten Backen liegt, ist gemeiniglich die Losung, daß ein Frauenzimmer aufgeräumt genug sey, sich Schmeicheleyen vorsagen zu lassen. Es kömmt alsdann nur auf die Geschicklichkeit der Mannspersonen an, daß sie diese guten Augenblicke sich zu Nuze zu machen wissen. Ich bin noch nicht mit mir einig, was die großen Pflaster, die man seit ein paar Jahren an den linken Schlaf postirt, für einen Gemüthscharakter anzeigen wollen. Ich habe sie allemal für sehr gefährlich gehalten;

aber

aber mein Medicus lacht mich aus, und bildet sich ein, es besser zu verstehen. Ich will diesen Punkt bis zur zwoten Auflage gegenwärtiger Abhandlung ausgesezt seyn lassen. Diese Zeit werde ich anwenden, auf alle Frauenzimmer Achtung zu geben, welche dergleichen Pflaster tragen. Ich will nicht eine von ihren Handlungen übersehen, und auf diese Art wird mich die Erfahrung lehren, was ich eigentlich von diesen schwarzen Meteoren halten soll. Zum Schlusse dieses Capitels habe ich zween Fälle angeführt, welche die Schönpflästerchen nothwendig machen, und wo man von ihnen nicht auf den Gemüthscharakter schließen kann. Der erste Fall ist bey einem Frauenzimmer, welches noch nicht verheirathet ist, und, ihren Runzeln zum Troz, auf Eroberungen ausgeht. Diese kann gar füglich mit fünf bis zum höchsten sechs Schönpflästerchen der sinkenden Schönheit zu Hülfe kommen, ohne daß man berechtigt ist, über diese dringende Nothwendigkeit nachtheilige Betrachtungen anzustellen. Der andre Fall ist, wenn ein Frauenzimmer für gut findet, eine kleine Unreinigkeit der Haut, die vielleicht kaum gemerkt wird, durch ein schwarzes Fleckchen, welches desto mehr in die Augen fällt, zu verbergen. Ich warne bey dieser Gelegenheit meine Gedankenfiscale, daß sie, bey dergleichen vorkommenden Fällen, sich ja nicht übereilen sollen. In einer besondern Note zeige ich, wie überflüßig es seyn würde, diese Lehre von Schönpflästerchen auch auf die Mannspersonen zu erstrestrecken. Alles, was man davon sagen kann, kömmt auf diese drey Fälle an: Daß eine dergleichen Mannsperson sich dieses Mittels entweder auf Ordre des Barbierers bedient, und alsdann braucht es keine weitere Entschuldigung: oder daß unter den Mannskleidern wirklich ein Frauenzimmer steckt, und alsdann würde man die Ursache dieser Verkleidung untersuchen müssen; oder wofern eine wirkliche Mannsperson, ohne Noth, und wie man es nennt, nur zur Galanterie, sich dieses weiblichen Schmucks bedient, so kann man, ohne ihm Unrecht zu thun, alle Leute versichern, daß er ein Geck sey.

Cap. XII. Anmerkungen über die Unterkehle.

Cap. XIII. Dergleichen über den Bauch. Diese beyden Capitel gehören zusammen, und wird fast alles darinnen enthalten seyn, was man zu wissen nöthig hat, um die Einbildungen eines Mannes von Geschäften in allen Ständen zu entdecken. Dieses Kapitel ist eines der weitläuftigsten; aber ich habe in Willens, etliche Seiten wegzustreichen, wo ich von der trozigen Unterkehle, und dem strozenden Bauche derjenigen handle, deren Amt befiehlt, Demuth zu predigen.

Cap. XIV. Der Finger über der Nase! Ich habe meine guten Ursachen gehabt, gegenwärtiges Capitel auf diese sonderbare Art zu überschreiben. Ich werde sehr gern sehen, wenn diejenigen, von denen es handelt, sich die Mühe gar nicht nehmen, es zu lesen: denn ich befürchte außerdem, daß ich die Hälfte unsrer gelehrten Scribenten wider mich aufbringe. Ich zeige die Wege, wodurch man ihre Selbstliebe, und alle daraus fließende unzählige Fehler unsrer Gelehrten entdecken kann. Ich handle aber nicht allein von der tiefsinnigen Miene, die sie machen, wenn sie den Finger über die Nase legen; sondern ich beschreibe auch zugleich alle ihre Bewegungen, ihren Gang, den äußerlichen Anzug, und dergleichen, aus welchem man die Leidenschaft eines Gelehrten errathen kann. Ich habe so gar Regeln gegeben, wie man aus einer jeden Miene und Bewegung eines Gelehrten so gleich sehen kann, zu welcher Art der Gelehrten er eigentlich gehöre. Es würde zu weitläuftig seyn, alles hier anzuführen, was ich vermöge meiner öftern Erfahrung davon gesagt habe. Zur Probe will ich von den drey und fünfzig Exempeln gegenwärtig nur etliche anführen.

Ein Mann, welcher mit einer vornehmen und viel bedeutenden Miene durch die Gassen geht, nur diejenigen grüßt, von welchen er glaubt, daß sie einen Einfluß in die Regierung des Landes haben, diejenigen, die ihn grüßen, argwöhnisch und aufmerksam ansieht, immer den Schubsack voll Zeitungen trägt, seinen Freunden den guten Morgen ins Ohr sagt; dieser Mann ist unfehlbar einer von den politischen Schriftstellern, welche an ihrem Pulte das Gleichgewicht von Europa halten.

Man

Man wird sich nur selten betrügen, wenn man diejenigen für Sittenlehrer von Profession hält, welche bey einem sehr schmuzigen und unordentlichen Anzuge in Gesellschaften am wenigsten gesittet sind.

Ein junger Mensch, welcher sich in derjenigen Gegend der Stadt immer geschäftig sehen läßt, wo die meisten Buchläden sind, ist vermuthlich ein junger Scribent, der seine Kinder sucht.

Ich habe einen Mann gekannt, welcher tiefsinnig mit dem Kopfe, wider die Bäume lief; und dieser Mann war ein grosser Mathematicus.

Die meiste Mühe hat mir ein gewisser Autor gemacht, dessen Gang so unordentlich und abwechselnd war, daß ich lange Zeit nicht errathen konnte, zu welcher Art der Gelehrten er eigentlich gehöre. Endlich erfuhr ich, daß er ein Poet sey; und da ich nur einmal das wußte, so lernte ich ihn in kurzer Zeit so genau kennen, daß ich gleich beym ersten Anblicke errathen konnte, welche Arten der Gedichte er unter der Feder hatte. Schlich er traurig an den Häusern hin, wie ein Hofmann, welcher keinen Credit mehr hat; so schrieb er Elegien. Hüpfte er faselnd durch die Gassen, wie die Kinder thun, die auf Stecken reiten; so schrieb er gewisse Tändeleyen, die er anakreontische Oden nannte. Wenn er einige Zeit sehr ernsthaft aussah, und alsdann mit einemmale überlaut lachte, und geschwind in ein Haus sprang; so machte er Sinngedichte, die er hinter der

nächsten

nächsten Hausthüre in seine Tafel schrieb. Spaziert er in denjenigen Stunden durch die Gassen, in welchen andre Leute zu Mittag essen, und grüßt er alsdann diejenigen demüthig, die er wegen ihrer reichen Westen für Mäcenaten hält; so kann man gewiß glauben, daß er, aus Mangel der Nahrung, auf eine poetische Zueignungsschrift denkt. Kömmt er aus dem Weinhause getaumelt; so ist das ein richtiger Beweis, daß ihm sein Verleger auf die Fortsezung seiner Schriften einige Gulden vorgeschossen hat.

Ein Mann, der die rechte Faust geballt hält, an dem Daumen der linken Hand mit den Zähnen nagt, mit einer gerunzelten Stirne, und einem bittern Lachen denen, die ihm begegnen, starr ins Gesicht sieht, mit weiten Schritten kriechend durch die Gassen läuft; dieser Mann ist ein beleidigter Kunstrichter. Vorgesehn!

Ein gelehrtes Frauenzimmer wird man so gleich aus der Dinte erkennen, die sie immer sorgfältig an den Finger, den rechten Backen, und die Manschetten schmiert. Trägt sie gar beschmuzte Wäsche; so ist sie eine Poetinn, ich wette darauf!

Wegen den übrigen Exempeln will ich meine Leser auf den Plan selbst verweisen.

Cap. XV. Von den Schnupftabacksdosen. Ein sehr nüzlich Capitel. Ich habe nicht vergessen, die

gewöhnlichsten Arten, die Dose zu schütteln, zu klopfen, oder Taback anzubieten, auf eine sehr praktische Art durchzugehen. Für diejenigen ist dieses Capitel unentbehrlich, welche die Originale der Antichambre ausforschen wollen.

Cap. XVI. Von der Sprache der Fächer. Dieses Capitel ist in seiner Art so wichtig, wie das vorige.

Ein Frauenzimmer, welches den Anpuz der Gesellschaft kritisirt, hat seine besondere Art, mit dem Fächer zu spielen.

Noch anders sind die Bewegungen des Fächers, wenn ein Frauenzimmer beleidigt ist.

Wenn ein Frauenzimmer mit einer rauschenden Geschwindigkeit, die Stäbe ihres Fächers, bald auf, bald wieder zusammen blättert, und dabey lächelnd auf ihre Hand, oder in den Spiegel sieht; so ist dieses vermöge der öftern Erfahrung ein Zeichen, daß sie entweder gar nichts denkt, oder, welches fast einerley ist, nur an sich denkt, oder daß sie die Stunde mit einer zärtlichen Ungeduld erwartet, in welcher sie eine Zusammenkunft mit ihrem Seladon abgeredet hat.

Wenn ein Frauenzimmer auf dem Spaziergange einem ihrer seufzenden Sclaven begegnet, und den

Fächer

Fächer auf die Erde fallen läßt; so muß dieser sehr neu, oder sehr einfältig seyn, wenn er sich einen so glücklichen Umstand nicht zu Nuze zu machen weiß. Sind noch mehrere in der Gesellschaft, welche mit ihm zugleich seufzen, und um die Göttinn herum flattern: so ist für ihn dieser Fächer eine eben so deutliche Wahl, als das Tuch des Großsultans.

Das Frauenzimmer hat eine gewisse Art mit dem Fächer zu schlagen. Wer die Sprache der Fächer so wohl versteht, als ich mir schmeichle, sie zu verstehn, der weiß, daß ein solcher Schlag, der sich besser nachahmen, als beschreiben läßt, ungefähr so viel sagen will: „Gehn Sie, mein Herr, Sie sind „gefährlich! Sie sagen mir eine schalkhafte Zwey„deutigkeit, über die ich erröthen muß, weil wir „nicht allein sind. Sie werden mir einen Gefallen „thun, wenn Sie ein wenig verwegener seyn wol„len. ... Wer sollte so viel Beredsamkeit in dem Schlage eines Fächers suchen.

Cap. XVII. Vom Gange. Hätte ich dieses Capitel vor fünfzig Jahren geschrieben, so würde der Nuzen davon weit allgemeiner gewesen seyn, als er heut zu Tage ist, da zwey Drittheile der Menschen nicht mehr gehen, sondern fahren, oder sich tragen lassen. Inzwischen habe ich mich doch dieses nicht abhalten lassen, von den Entdeckungen, die man aus dem Gange eines Menschen machen kann, sehr ausführlich zu handeln; da es doch noch hier und da

Gele-

Gelegenheit giebt, diejenigen gehen zu sehen, welche man ordentlicher Weise nur sizen sieht; und da es oft geschieht, daß viele in ihrem Alter zu Fuße gehen müssen, denen in ihrer Jugend kein Wagen sanft genug war.

Cap. XVIII. In diesem Capitel werden noch alle übrige Stellungen und Bewegungen der Menschen zusammen genommen, aus denen man ihre Leidenschaften entdecken kann. Es sind deren eine gar zu große Menge; ich will also, ohne mich länger dabey aufzuhalten, meine Leser auf den Plan selbst verweisen.

Etwas muß ich noch erinnern, welches ich gleich im Eingange hätte sagen sollen. Ich habe alle Mienen und Bewegungen, derer in vorstehenden Capiteln gedacht worden ist, in Kupfer stechen lassen. Dieses macht meine Abhandlung ungemein deutlich und belustigend. Vielleicht finden manche ihr Portrait darinnen: Aber in der That ist es nur ein ungefährer Zufall, da ich gewiß glaube, daß unser berühmter Art van Schevelingen, ein geschickter Schüler des großen Hogarths, die wenigsten von ihnen kennt, und nur seiner Einbildung gefolgt ist.

Cap. XIX. In diesem lezten Capitel werden noch verschiedne Mittel gezeigt, wodurch man die Gedanken der Menschen ausforschen kann, wenn
auch

auch alle diejenigen nicht zureichend wären, von denen in vorherstehenden Capiteln gehandelt wird. Unter diese Mittel rechne ich außer dem Frauenzimmer, und dem Weine, besonders diese zwey: Daß man der Eigenliebe desjenigen schmeichelt, dessen Gedanken man erforschen will; oder, welches noch sichrer ist, daß man ihm widerspricht.

Der Anhang von diesem Plane betrift die Gedankenfiskale selbst, und die Einrichtung des Cassenwesens.

Daſs

die Begierde,

Uebels von andern zu reden,

weder vom Stolze,

noch von der Bosheit des Herzens,

ſondern

von einer wahren Menſchenliebe

herrühre.

༺༺༺༺༺༺༺༺༺༺༺༺

Eine

Abhandlung,

welche den

von der königlichen Academie

zu

PAU in BEARN

aufgeſezten Preis

erhalten wird.

1754.

An die
HERREN
der
Königlichen Academie
zu
Pau in Bearn.

Meine Herren,

Ich finde in der Utrechter Zeitung, daſs Sie heuer den ordentlichen Preis für eine kurze Abhandlung in Proſa beſtimmet haben, in welcher unterſuchet werden ſoll: *Ob die Begierde, von andern Uebels zu reden, eben ſo wohl von dem Stolze, als von der Bosheit des Herzens herkomme* *)?

Ich werde Gelegenheit haben, Ihnen zu erzæhlen, wie ich bey dieſer Aufgabe durch einen ſonderbaren Zufall aufmerkſam geworden bin. Dieſer iſt die Urſache gegenwærtiger Schrift, aber

---

*) In der Utrechter Zeitung Num. XXV. ao. 1754. L'Academie Royale des Sciences, & des beaux Arts etabile à *Pau* dans le *Bearn* adjugera le Prix ordinaire de chaque année à une Ouvrage en Proſe, qui n'excédera pas une démie heure de lecture, & dont le ſujet ſera: *La médiſance, eſt-elle autant l'effet de l'orgueil, que de la malignité?*

aber zugleich auch die Urſache, warum ich bewieſen habe: *Daß die Begierde, Uebels von andern zu reden, weder vom Stolze, noch von der Bosheit des Herzens, ſondern von einer wahren Menſchenliebe her--rühre.*

In der That beweiſe ich alſo das, was Sie nicht wollen bewieſen haben. Aber ich hoffe, Sie, meine Herren, ſollen eben ſo grofsmüthig ſeyn, als es die Academie zu Dijon war. Ja ich habe vielleicht mehr Urſache, auf den geſezten Preis Anſpruch zu machen, als Monſieur Rouſſeau hatte, da ich eine Leidenſchaft vertheidige, die uns allen ſo natürlich iſt, und da ich einen Satz behaupte, der dem ganzen menſchlichen Geſchlechte zur Ehre gereichen muſs; an ſtatt, daſs Monſieur Rouſſeau etwas zu beweiſen ſuchte, welches alle kœnigliche Academien der ſchœnen Wiſſenſchaften und freyen Künſte um ihren Credit bringen muſste, wenn die Welt ſeinen Beweis für Ernſt angenommen hætte.

Aber ich glaube, daſs ich auſer dieſem noch mehrere Verdienſte habe. Sie verlangen ausdrücklich! dafs man zu Vorleſung dieſer Abhandlung nicht mehr, als eine halbe Stunde, Zeit nœthig habe. Ein ſchrecklickes Geſez für einen Deutſchen! und dennoch habe ich es genau beobachtet. Ich machte einen Verſuch damit, ſo bald ich fertig war; ich las es auf meinem Zimmer laut, und es war nicht vœllig eine Minute

über

über die gesezte Zeit, als ich zum Ende kam. Sie haben vergessen, zu sagen, ob man langsam, oder geschwind lesen soll? Ziemlich geschwind habe ich gelesen, das ist wahr; ohngefæhr so geschwind, als ein junger Geistlicher seine Messe liest, wenn er weiſs, daſs eine artige Gesellschaft mit dem Essen auf ihn wartet. Diese Selbstverlæugnung verdient, wie mich dünket, noch wohl eine Belohnung.

Ich habe ein Recht, zu verlangen, daſs Sie, meine Herren, mich schadlos halten, da ich Gefahr laufe, bey meinen schreibenden Landesleuten alle Achtung zu verlieren. Diejenigen in meinem Vaterlande, die mich kennen, werden mir gewiſs vorwerfen, daſs ich meine Aeltern noch in ihrer Gruft beschimpfe. Dann mein Groſsvater, ein orthodoxer Mann, schrieb Postillen in Quart: mein seliger Vater schrieb beynahe einen Centner geheime Nachrichten in Folio vom spanischen Successionskriege; und ich, meine Herren, ich, der ich nach dem ordentlichen Laufe der Natur wenigstens Opera omnia in Regal schreiben sollte, ich, fast schæme ich mich vor mir selbst, ich schreibe ein Werkchen in Octav, und dieses nur in der Absicht, mich dem Preise zu næhern, den Sie ausbieten.

Die Unbilligkeit will ich Ihnen nicht zutrauen, daſs Sie mir den Preis um deswillen entziehen werden, weil ich ein Deutscher bin. Bey uns giebt man Ihren Landesleuten die Partheylichkeit fchuld, dafs Sie behaupten, der Rhein beltimme die unüberfteiglichen Grænzen des Wizes. Aus dem Erfolge werde ich fehn, ob diefer Vorwurf gegründet fey. Ich will es nicht hoffen, Ihnen, meine Herren, traue ich die Einficht zu, dafs Sie von der Erfindfamkeit der Deutfchen richtigere Begriffe haben werden. Deutfche waren es, die das Pulver, die America *), die die Buchdruckerkunft, ja, wo ich mich nicht ganz irre, fogar auch Acrofticha und Chronodifticha erfanden: und mit Ihrer Erlaubnifs, meine Herren, ein Deutfcher ift es, der die Ehre hat, die unerhœrte neue Wahrheit zu erfinden: *Dafs die Begierde, von andern Uebels zu reden, nur aus einer edlen Menfchenliebe entfpringe.*

Ich weifs nicht, meine Herren. ob Sie in gegenwærtiger Ausarbeitung das Mühfame und Schwerfællige wahrnehmen werden, welches ihre

---

*) Man hat fich, bey Gelegenheit diefer Stelle im *Journal Etranger*, und zwar im *Novembre* 1754. viel Mühe gegeben, zu beweifen, dafs die Erfindung der neuen Welt kein Werk für einen deutfchen Kopf fey. Der Streit ift mir gleichgültig: ich bin fchon zufrieden, dafs man uns die Acrofticha und Chronodifticha nicht ftreitig gemacht hat, zu denen doch die Auslænder vielleicht noch mehr Recht haben dürften, als wir Deutfche.

ihre wizigen Schriftſteller uns Deutſchen ſo gern ſchuld geben. Ich ſollte es kaum meynen. So viel kann ich Ihnen bey meiner Autorparole verſichern, daſs ich zu dieſer Abhandlung nicht vœllige zwœlf Stunden nœthig gehabt habe. Wenigſtens hat mir mein Barbier, der ein Mann von Einſicht iſt, und den meiſten von der frauzœſiſchen Colonie den Bart puzt, die Schmeicheley geſagt: meine Abhandlung ſey ſo leicht und flüchtig geſchrieben, daſs ſie wohl verdiene, von einem gebohrnen Franzoſen geſchrieben zu ſeyn.

Aber, wenn ich nun den Preiſs nicht erhalten ſollte? Der Gedanke iſt mir ſchrecklich! Ich weis nicht, was ich thun würde. Ræchen würde ich mich gewiſs. Bey den meiſten unſrer deutſchen Hœfe wollte ich ihre ganze Academie durch ſatiriſche Leberreime læcherlich machen: bey unſern Gelehrten wollte ich Sie durch Noten, Lesarten, und Anmerkungen in Verachtung bringen: aber Sie, meine Herren, erſchrecken Sie vor meiner Rache. Sie wollte ich mit dem erſten Folianten, den ich ſchreibe, heimſuchen, und Ihnen ſolchen zueignen, es müſten denn, wie es beynahe das Anſehen gewinnen will, Ihre Gelehrten in kurzem auch Geſchmack an Folianten finden. alsdann würde ich auf einen noch grœſſern Format, mich zu ræchen, denken. Aber ich hoffe gewiſs, alle dieſe Sorge wird vergebens ſeyn.

Ich habe die Ehre, mit der demüthigsten Hochachtung eines Autors, der um den Preis buhlt, zu seyn,

Meine Herren,

Ihr ergebner Diener.

N. S.

Den Augenblick fællt mir ein Zweifel ein, der mich aufferordentlich unruhig macht, und der alle meine groſſen Abſichten zerſtœren kann. Vielleicht verſteht von Ihnen, meine Herren, kein einziger deutſch? und vielleicht haben Sie auch im ganzen Bearn niemanden, der es Ihnen verdollmetſchen kann? Ich unglücklicher Autor! wie werden wir zuſammen kommen? Latein zu ſchreiben iſt in Deutſchland faſt gar nicht mehr Mode, und in Frankreich iſt es ſchon lange nicht mehr Mode geweſen, es zu verſtehen. Von ihrer Sprache verſtehe ich zu wenig, als daſs ich es wagen mœchte, in ſelbiger zu ſchreiben. Ich dürfte Ihnen wohl zumuthen, Deutſch zu lernen, damit Sie meine Schrift leſen und verſtehen mœchten: denn faſt in keinem Lande iſt ein Autor, der ſeine Schrift nicht für wichtig genug halten ſollte, den Auslændern dergleichen anzumuthen: aber ich kenne die Herren Franzoſen ſchon. Sie glauben, daſs alle Deutſche reden, wie ihre Schweizer, und um deswillen wollen Sie ihre Gurgel nicht dran wagen, deutſch zu lernen. Was ſoll ich thun? Denn œconomisch von der Sache zu urtheilen, muſs mir mehr dran liegen, daſs Sie mich verſtehen, als Ihnen dran liegen kann, meine Schrift zu leſen. Wiſſen Sie was? Damit Sie wenigſtens vor den gothiſchen Characteren meiner Sprache nicht erſchrecken: ſo will ich mich überwinden, die Abhandlung mit lateiniſchen Buchſtaben drucken zu laſſen. Sehn Sie meine Herren, ich thue den erſten und wichtigſten Schritt: es iſt billig, daſs Sie den andern thun: Lernen Sie Deutſch:

Beweis:
daſs die Begierde, Uebels von andern zu reden, weder vom Stolze, noch von der Bosheit des Herzens, ſondern von einer wahren Menſchenliebe herrühre.

Es iſt gemeiniglich eine Folge unſrer hypochondriſchen Philoſophie, wenn wir diejenigen Handlungen der Menſchen, die wir ſelbſt zu begehen nicht im Stande, oder nicht geneigt ſind, dadurch verdächtig zu machen ſuchen, daſs wir ihre Quellen vergiften, und ihnen einen thörichten oder laſterhaften Urſprung andichten. Wir empfinden bey dergleichen Entdeckungen der Fehler anderer Menſchen eine gewiſſe ſchmeichelhafte Beruhigung, die der Theolog ein zufriednes Gewiſſen, der Philoſoph das innere Bewuſstſeyn eigner Vollkommenheiten, und ein Unpartheyiſcher einen menſchenfeindlichen Stolz nennet.

Es würde mir leicht feyn, dasjenige, was ich hier behaupte, weitlæuftiger zu beweifen: aber ich mufs befürchten, dafs ich eben dadurch den Vorwurf, den ich andern machen will, zuerft verdiene. Ich würde vielleicht einen fehr gelehrten Beweis führen, dafs der Theolog aus einem frommen Stolze verdamme, und der fchlieffende Philofoph feinen eignen Hochmuth demonftrire: aber was würde ich Ihnen meine Herren, antworten kœnnen, wenn Sie mich fragen, ob ich diefen gelehrten Beweis aus Demuth führte? Ob ich nicht in dem Augenblicke, da ich andre richte, über mich felbft das Urtheil fpræche? Ob ich nicht dadurch doppelt ftrafbar wære, da ich eben den Fehler, den ich an andern fo mühfam tadelte, aus Hochmuth und Eigenliebe felbft begienge? Ein Vorwurf, bey dem nur ein Moralift nicht erræthen darf!

Ich erfuche Sie alfo, meine Herren, dafs Sie dasjenige, was ich hier gefagt habe, für nichts anders, als für eine gelehrte Aufgabe, und für eine von denen problematifchen Wahrheiten anfehen, welche eben fo leicht nicht feyn kœnnen, als fie find. Wenigftens wünfche ich diefes.

Da ich mich überwunden habe, diefe Ehrenerklærung zu thun; fo werde ich es wagen dürfen, œffentlich zu geftehen, dafs ich bey mir felbft uberzeugt bin, dafs alle Handlungen der Menfchen, auch diejenigen unter ihnen, die den Sittenrichtern am meiften verdæchtig find, aus einer

guten

guten Quelle, und, wenn ich meinen Gegnern
ja noch was einræumen foll, aus guten, doch
übelverftandnen Abfichten herkommen.

Wie viele Ehre macht diefe patriotifche Entdeckung dem ganzen menfchlichen Gefchlechte!
Wie tugendhaft werden die Menfchen, wie fehr
werden fie wenigftens zu entfchuldigen feyn!
In diefem Augenblicke fchenke ich meinen Mitbürgern eine unendliche Menge rechtfchaffener
Männer, die fie bisher entweder für Thoren,
oder für Bœfewichter hielten. Die Lafter fliehen,
die Welt wird tugendhaft! Die Welt, über welche der Fromme feufzet, und die der Weife verachtet: diefe mache ich izt den Frommen und
dem Weifen zur beften Welt.

Da ich gegenwærtig die Rolle eines Autors
übernommen habe; fo ift man fchuldig, mir einen gewiffen Hochmuth zu verzeihen, der den
Autoren, und vornæmlich jungen Autoren, fo
wohl anfteht. Ich glaube, dafs ich izt an meinem Pulte, in einer Minute, eben die Thaten
ruhig verrichte, welche zu verrichten Hercules
fo viele Jahre lang den græfsten Theil der Welt
durchirren mufste. Er reinigte die Welt von
Ungeheuern; die Fabel fagt es; ift der Dienft,
den ich der Welt leifte, weniger wichtig? Aber
ich glaube auch, dafs man die Fabel ganz unrecht verfteht. Hætte Herkules wirklich gethan,
was die Poëten von ihm erzæhlen; fo würde er
mehr ein gewalthætiger Ræuber, oder wenigftens

ſtens mehr ein Don Quixote des Alterthums, als ein Held geweſen ſeyn. Eine Heerde Ochſen zu plündern, und einen Stall auszumiſten; verdient dieſes vergœttert zu werden? Die Weisheit der Fabel hat unter dieſen Erzæhlungen etwas viel wichtiges verborgen. Hercules war ein Welt-Weiſer, der ſeine Schüler lehrte: daſs die Handlungen der Menſchen im Grunde tugendhaft, und wenigſtens, durch die guten Abſichten zu entſchuldigen ſind. Dieſer Saz fand allgemeinen Beyfall. Nun war niemand mehr laſterhaft, vom æuſſerſten Ende Heſperiens bis an den Ganges ſahe man nichts als menſchenfreundliche Mitbürger, als tugendhafte Handlungen, als Vertraulichkeit, als Nachbarn, die einander entſchuldigten. Bittern Haſs, Verkæzerungen, denn auch die Prieſter des Saturnus verkezerten ſchon ungerechte Læſterungen; alle dieſe Ungeheuer des menſchlichen Geſchiechts rottete der Philoſoph aus. Dieſes waren die vergœtterten Thaten, die Hercules, der Weltweiſe, verrichtete, ohne vielleicht jemals aus ſeinem Vaterlande zu kommen. Das kriegeriſche Alterthum machte daraus einen bewaffneten Held, mühſame Abentheuer, Hydren, und was das billigſte war, ihn endlich zum Gott.

So weit geht mein Ehrgeiz nicht. Die Schriftſteller haben das alte Recht, ſich ſelbſt zu vergœttern: aber auch dieſem Rechte entſage ich. Ich werde mich für vœllig belohnt halten, wenn
Sie,

Sie, meine Herren, meiner neuen Wahrheit Ihren
Beyfall nicht entziehen, und wenn mein gefelliges Beyſpiel andre aufmuntert, die Handlungen
ihrer Mitbürger als billig und gerecht zu vertheidigen; oder, wo fie das nicht thun dürfen, fie
doch zu entſchuldigen. Wie fehr wird dieſes
der Menſchheit zur Ehre gereichen! Wie beneidenswerth würde dieſe glückliche Verwandlung
unſern Vorfahren ſcheinen, wenn fie zurükkommen, und die Vollkommenheiten ihrer
tugendhaften Kinder fehn ſollten! Sie würden
keine *Geizige* mehr finden, fondern Patrioten,
welche mitten unter ihren gefammelten Schæzen
liebreich verhungern, um ihren Kindern' oder,
welches noch eine ſtærkere Grofsmuth beweift,
ganz Fremden, die fie vielleicht nicht einmal kennen', Reichthümer zu hinterlaſſen, dafs fie ſolche
in Vergnügen und Ueberflufs zerſtreuen kœnnen.
Der Mann, den ſie einen *ungerechten Richter* heiſsen,
ift dieſes nicht mehr, fondern ein theuer erkauftes Werkzeug der Gerechtigkeit: welche durch
ihn den ſtreitenden Partheyen ihre feindſelige
Thorheit koſtbar machen will, um ſie zu einem
friedfertigen Betragen zu zwingen, und welche
zugleich durch die ungeſchickten Ausſprüche
dieſes Richters den Stolz der Geſezgeber demüthiget, deren wohlüberlegte, und weitausſehende
Vorſicht oft durch ein geringes Geſchenk vereitelt wird. Dieſe mürriſchen Alten würden keine
Urſache weiter haben, die Jugend vor dem Umgange

gange mit *Frauenzimmer* zu warnen, deren Aufführung ihnen *verdæchtig* fchiene. Sie würden œffentlich geftehen müffen, denn innerlich waren fie es ohnedem fchon überzeugt, dafs diefe reizenden Gefchœpfe nichts thun, als die Natur predigen; dafs fie nur der Jugend Gelegenheit verfchaffen, die angebohrne Empfindung Ihres Frühlings zu genieffen, dafs fie für das Vaterland fich felbft aufopfern, um die Mannsperfonen von gefæhrlichen Ausfchweifungen zurück zu ziehen: dafs fie in trunkner Wolluft fehr gefchwind leben, da fie wohl wiffen, wie flüchtig diefe Wolluft fey. Sollten wohl unfre Alten noch fo hart feyn, unfre Alten, deren Herz immer auch zærtlich war, follten fie fo hart feyn, und die freundfchaftliche Wolluft diefer kleinen dienftfertigen Gefchœpfe mit dem beleidigenden Namen einer verführerifchen Ausfchweifung belegen?

Hier habe ich drey Proben gegeben, welche wie ich hoffe, die Wahrheit meines Sazes deutlich genug unterftüzen werden.

Der kurze Raum einer halben Stunde, den mir die Gefeze der Academie verftatten, erlaubt mir nicht, weitlæuftiger zu feyn, ich würde es, auffer dem, mit Vergnügen, und gewifs nicht ohne Nuzen feyn, wenn ich durch noch mehrere Beyfpiele zeigte, dafs die Handlungen der Menfchen, welche unfrer mürrifchen Ernfthaftigkeit oft fo verdæchtig find, immer noch eine gute Seite haben, von welcher man fie der Welt

Welt zeigen kann, woferne man billig seyn
will. Für izo mag dieses genug seyn, mein Vorhaben zu rechtfertigen, da ich beweisen will:
*daſs die Begierde, Uebels von andern zu reden, weder
aus Hochmuth, noch aus Bosheit des Herzens, sondern
aus einer wahren Menschenliebe herrühre.* Dieses zu
beweisen, und von jenem den Ursprung zu
zeigen, brauche ich weiter nichts, als Sie,
meine Herren, von dem grossen Einflusse zu
überführen, den diese Begierde, Uebels zu reden,
in das Beste des gemeinen Wesens, und in die
Glückseligkeit eines jeden einzelnen Mitbürgers
hat! Ein Beweis, welchen man sich von demjenigen gewiſs mit Erfolge versprechen kann,
der Muth und Menschenliebe genug hat, den
Geizigen zum Patrioten, den ungerechten Richter zum nüzlichen Mitgliede des Staats, und
Frauenzimmer von einem schlüpfrigen Character
zu Priesterinnen der Natur zu machen.

Ich verzeihe es den angeerbten Vorurtheilen
unserer Welt, welche von dieser Begierde, Bœses
zu reden, sich die fürchterlichsten Begriffe macht.
Unsere Ammen, die uns Gespenster bereden, machen uns auch vor dieser Begierde zu fürchten:
und in dem Augenblicke, da sie dieses thun, reden
sie immer von ihren Nachbarinnen am meisten
Bœses. Ein Beweiſs, daſs die Triebe der Natur,
denn eben darunter gehœren die Triebe, Bœses
zu reden, sich niemals ganz unterdrücken lassen!

Unsre

Unsre deutsche Sprache, so reich sie ist, ist doch zu arm, diese Pflicht, Bœses zu reden, mit einem anstændigen, wenigstens gelinden Worte auszudrücken, Schmæhen, Læstern, Verunglimpfen, Splitterrichten, Verlæumden &c. dieses sind etwa die gemeinsten Ansdrücke, die man braucht, wenn man von dieser grossen Pflicht, Bœses zu reden, sich erklæren will. Lauter verhasste Namen! Aber ich halte dieses mehr für einen Fehler der Grammatik, als des Herzens. Wir sind von der Nothwendigkeit dieser Pflicht allzuwohl überzeugt, als dass wir im Ernste so verhasste Begriffe damit verknüpfen sollten. Unsere Aufführung widerspricht diesem am meisten. Denn zum Ruhme meiner Deutschen muss ich hier bekennen, dass wir in der Kunst, Bœses zu reden, es beynahe unsern Nachbarn gleich thun. Der Aberglaube der Maler hat diese mütterlichen Vorurtheile noch mehr gestærket. Diese Herren sind nicht allemal gewohnt, ihre Gemælde den Originalen gemæss einzurichten. Sie schmeicheln den Leidenschaften der Menschen, oder copiren denen nach, die vor ihnen gemahlt haben. Und daher kœmmt es, dass sie alle Prinzen weise und grosmüthig, alle Richter ehrwürdig, ernsthaft, alle Bræute mit einer reizenden Unschuld, alle Geistliche fromm und heilig, alle Teufel mit Hœrnern und Schwænzen, und die Begierde, Bœses zu reden, mit Schlangen und spizigen Zungen malen. Lauter Fehler wider die Wahrscheinlichkeit.

Und

Und würden wir wohl im Stande feyn, dergleichen übereilte Fehler zu begehen, wenn wir bedenken wollten, dafs die Begierde, Uebels zu reden, nichts anders fey, als ein von der Natur uns vernünftigen Geschœpfen eingepflanzter Trieb, die wirklichen, oder auch die eingebildeten Fehler einzelner Menschen, und wohl ganze Gesellschaften und Vœlker gemeiniglich auf eine luftige, oft auch ernfthafte Weife, andern bekannt zu machen, und fich und andre dadurch zu ergœzen, denen, die dergleichen Fehler wirklich haben, einen Abfcheu dafür beyzubringen, andere, die fie nicht haben, dafür zu warnen, einen jeden aber gegen fich und andre aufmerkfam, einen jeden tugendhaft, oder doch vorfichtig, mit einem Worte, die ganze Welt zu guten Mitbürgern zu machen.

Ich empfinde in mir felbft einen heiligen Schauer, wenn ich an die grofse Pflicht, Uebels von andern zu reden, gedenke. Ein patriotifches Mitleiden empfinde ich, wenn ich die unglückliche Blindheit derer erwæge, welche diefe grofse Pflicht nicht allein felbft nicht beobachten, fondern auch andern dafür einen Abfcheu beyzubringen fuchen. Ein Werk der Natur, ein Werk, das fie nur vernünftigen Wefen vorzüglich gegœnnet hat, diefes wollten wir den Menfchen entreiffen? So ftoffen wir ihn herab zu den nicht denkenden Geschœpfen, die die weife Natur diefes Vorzugs unwürdig gehalten hat; fo reiffen wir die vornehmſte Stüze über den Haufen, auf welcher das Vergnügen, die Sitten, und das Wohl der Menſchen ſich gründen.

Ich hoffe, aus wahrer Menſchenliebe hoffe ich es gewiſs, daſs dieſe unerwarteten, und doch unumſtöslichen Wahrheiten bey Ihnen, meine Herren, einen beſondern Eindruck machen werden. Noch ſcheinen Sie zweifelhaft. Ueberwinden Sie ſich! Nehmen Sie eine Wahrheit an, deren Gewalt Sie fühlen. Ein Weiſer fchæmt ſich niemals, ſeine Vorurtheile zu erkennen.

Geſtehen Sie es nur, meine Herren; Sie empfinden nunmehr das Unrecht, das Sie der ganzen menſchlichen Geſellſchaft angethan, da Sie den Trieb, von andern Uebels zu reden, in einem eitlen Hochmuthe, und in der Bosheit des menſchlichen Herzens geſucht haben? Aber ich will Ihnen aufrichtig geſtehen, was ich zu Ihrer Rechtfertigung von Ihnen glaube. Waren Sie vielleicht ſchon von der Wahrheit meines Sazes überzeugt? Wollten Sie etwann eine ſo neue Meynung noch nicht œffentlich wagen? Vermuthlich war es nur Ihre Abſicht, den wizigen Köpfen unvermerkt Gelegenheit zu geben, von der ganzen Welt Uebels zu reden, da ſie eine Handlung, die allen vernünftigen Geſchœpfen ſo eigen iſt, vom Hochmuthe und der Bosheit des Herzens ableiten ſollten. Wie glücklich wiſſen Sie, meine Herren, den Menſchen, auch wider Willen, auf ſeine Pflicht zurück zu führ-

führen! Ich bewundre diese Vorsicht, und sehe auch unter dieser angenommenen Maske den rechtschaffnen Patrioten.

Nunmehr, da ich Ihre wahre Absicht entdeckt habe, kann ich mit Ihnen schon ein wenig vertrauter reden, und ich habe weniger Ursache, dasjenige mühsam zu erlæutern, was ich bereits oben gründlich erwiesen habe. Was ich also hievon noch sagen werde, das sage ich nur in der Absicht, mich gegen Sie deutlicher zu erklæren, nicht aber in der Meynung, Ihnen eine Wahrheit begreiflich zu machen, von der Sie lange vorher überzeugt waren, noch ehe Sie mir die Gelegenheit wiesen, ihr selbst nachzudenken.

Diese neue Vertraulichkeit, die ich mit Ihnen izo gestiftet habe, verbindet mich, Ihnen aufrichtig zu bekennen, was die Zweifel, die ich hier ausführe, bey mir zuerst veranlaſst habe. Ich las in der Utrechter Zeitung die Stelle von Ihrer Aufgabe, mit eben der gleichgültigen Unachtsamkeit, mit der ich die Nachricht von den Aktien der ostindischen Compagnie lese. In dem Augenblike kam meiner Frau Bruder ins Zimmer gestolpert, stürzte auf mich los, umarmte mich, fluchte sein Cadedis, und fragte mich mit gebrochnem Deutsche: wo hat der Donner deine Frau? Glauben Sie vielleicht, daſs dieser Mensch aus dem Tollhause entsprungen sey? Unwahrscheinlich ist es nicht. Allein, mit Ihrer Erlaubniſs, es war ein junger Deutscher, der den Augenblick aus Paris kam, wo er sich sechs Wochen aufgehalten hatte. Meine Frau empfieng ihn schwesterlich; aber das Erste, was er ihr sagte, waren ein paar Unflætereyen wegen ihrer Schwangerschaft. In diesem Tone fuhr er fort, und rühmte seine Ausschweifungen, die er in Paris begangen, und die er auch wohl nicht begangen hatte. Alle verdæchtige Hæuser zæhlte er in einer so richtigen Ordnung her, wie Homer die Schiffe der Griechen. Wir erfuhren die schændlichsten Krankheiten, die er gehabt haben wollte, und von wem er sie bekommen, wenigstens eine Marquisinn muſste diese seyn. Er vertraute uns, in welchen zweydeutigen Umstænden sein entkræfteter Kœrper noch izt sey. Dieses alles sagte er uns mit einer faselnden Lebhaftigkeit, die man nur von einem Rasenden erwarten kann.

Meine Frau, welche sich nicht schæmt, eine vernünftige Christinn zu seyn, schlug die Hænde zusammen. Bist du es denn, Bruder? sagte sie, hast du denn vor Gott und vor Menschen keine Scheu? Du deutsche Bestie! war seine Antwort, Schwester du weiſst nicht, was Leben ist! komm mit nach Paris! Ihr Deutschen lebt hier so ordentlich und gesund, wie das liebe Vieh, und daher kœmmt es, daſs ihr auch so denkt. Mit deiner Gottesfurcht! Die Religion eines ehrlichen Mannes, die lasse ich noch gelten, das andre ist alles Quakerey, hol mich der Teufel, Quakerey!
Eure

Eure Pfaffen machen euch'zu Narren. In Paris
haben wir ein Sprüchwort - - - Meine Frau hielt
ihm den Mund zu, und ließ ihn nicht weiter reden. Er schwieg endlich; aber das mußten wir
ihm erlauben, daß er uns zwey Gaßenlieder
vorheulte, eines wider den König, und das andre wider die Beichtzettel.

Was halten Sie, meine Herren, von diesem
deutschen Franzosen? und von seiner Begierde,
Böses zu reden, von welchem gewiß die Hælfte erdichtet war? Das meiste Böse redete er von
sich selbst; sollte er das aus Hochmuth, oder aus
Bosheit des Herzens gethan haben? Wie wenig
wahrscheinlich ist dieses! Aus Hochmuth konnte
es nicht seyn; denn alles, was er erzæhlte, war
zu seiner Schande. Aus Bosheit gegen sich selbst
konnte es noch viel weniger seyn; denn das
Zeugniß kann ich ihm geben, daß er nichts in
der Welt so sehr liebt, als seine kleine Person.
Also mußte wohl noch eine andre Ursache übrig
seyn, die ihn bewegte, Bœses von sich und von
seinen Freunden zu reden. Noch zweifelhafter
machten mich die Gaßenlieder, die er uns sang.
Wenn das Volk in Paris schændliche Lieder von
dem singt, der ihnen ihr Liebster ist, und darüber
spottet, wovor es nieder kniet; sollte es dieses
wohl aus Hochmuth oder aus Bosheit thun? Das
war mir unwahrscheinlich. Ich dachte weiter
nach, und endlich war ich so glücklich, diese
neue Entdeckung zu machen, daß die Begierde,

Bœſes zu reden, aus einer ganz andern Quelle abzuleiten. ſey.

Wenn ich beweiſen will, daſs dieſe Begierde, Böſes zu reden, lediglich aus einer wahren Menſchenliebe herrührt; ſo habe ich nicht nöthig, etwas weiter zu thun, als daſs ich den unentbehrlichen Nuzen zeige, den ſie in der menſchlichen Geſellſchaft hat. Und beynahe iſt auch dieſes überflüſſig, da der gemeinſte Mann ſolches aus der tæglichen Erfahrung lernt. Ich will alſo weiter nichts thun, als meine Leſer an diejenige Empfindung erinnern, die Sie gehabt haben, ohne vielleicht aufmerkſam dabey geweſen zu ſeyn, weil ſie Ihnen gar zu gewöhnlich war.

Das Band der bürgerlichen Geſellſchaft, worauf ſich die ganze Republik gründet, iſt das Vergnügen, welches die Innwohner einer Stadt in dem Umgange mit einander empfinden. Der Saz iſt klar, und wer daran noch zweifelt, der ſtelle ſich eine Stadt vor, wo alle Thüren verſchoſſen bleiben, wo die Fenſter verhangen ſind, wo niemand auch nicht den Nachbar kennt, und wo derjenige, welcher nicht vermeiden kann, auszugehen, doch nur im Finſtern ausgeht, um nicht geſehn, und von niemanden angeredt zu werden. Dieſe traurige Stadt ſtelle er ſich vor. Würde *Peau*, würde *Leipzig* anders ſeyn, wenn ſeine Bürger nicht mit Vergnügen einer des andern Geſellſchaft ſuchten? Und würden ſie dieſes Vergnügen genieſſen, wenn ſie nicht eben dadurch

durch Gelegenheit fænden, Uebels von andern zu reden? Nur dieser Unterschied ist dabey, daſs eine jede Gesellschaft ihre eigene Art hat, Bœses zu reden.

Der Greis seufzt über die schlimmen Zeiten; die Jugend über den Eigensinn und Geiz des Greises. Ehrwürdige alte Jungfern reden Bœses von den flatterhaften Mædchen, die schon gern sündigen, und doch nur achtzehn Jahre alt sind; und diese lachen über die fromme Buhlerey der alten Heiligen. Die Bürger reden Bœses von den Pressungen und der Partheylichkeit des Magistrats; und dieser noch mehr Bœses von dem ungehorsamen und müſsigen Leben des Bürgers. Der Narr redet Bœses von der Religion, und der Kæzermacher zankt sich mit dem Teufel. Der junge Marquis ist nie wiziger und muthwilliger, als wenn er etwas Bœses von einem Philosophen erzehlen kann, und der Philosoph untersucht, ob dieser Muthwille aus Hochmuth, oder aus Bosheit herrühre. Mit einem Worte: die ganze Stadt redet Uebels, und die ganze Stadt eilt mit Vergnügen in die Gesellschaften, wo sie es reden kann. Man nehme ihnen die Erlaubniſs, Bœses zu reden, so nimmt man der Welt ihre Sonne.

Diejenigen, welche die unglückliche Leidenschaft des Spielens zu Sclaven gemacht hat, wissen sich immer damit zu entschuldigen, daſs man alsdann, wenn gespielt wird, nicht Zeit habe,

habe, Uebels von andern zu reden. Welche Thorheit! Einen Fehler damit entfchuldigen, dafs man eine Tugend unterlæfst! Aber ich will mir diefe Art der Entfchuldigung zu Nuze machen. Die Begierde, und die Gelegenheit, Bœfes zu reden, ift ein bewæhrtes Mittel, unzæhlige Thorheiten zu vermeiden. Zu der Zeit, wenn die Gefellfchaft Bœfes redet, entfernt fie fich von der Seuche zu fpielen, und ein mühfam verdientes Vermögen durch einen unglücklichen Augenblick unter ængftlicher Hoffnung zu zerftreuen. Der Richter verfæumt, ungerecht zu feyn, wenn er Bœfes von andern redet. Der Advocat merkt es nicht, dafs zween Nachbarn in vertraulicher Einigkeit leben; und læfst ihnen daher diefes Glück ungeftœrt. Der Arzt, wenn er Uebels von andern fpricht, vergifst fein Amt, und die Menfchen bleiben leben.

Die erfte Regel, die uns der Moralift einprægt, ift diefe, dafs man alle Mühe anwenden foll, fich und die Welt kennen zu lernen. Ift wohl eine bequemere Art, diefes zu lernen, als wenn man die Gefelfchaften fleiffig befucht, wo am meiften Bœfes geredet wird? Man wæhle fich nur zwo der beften, und die beften find diefe, wo eine Betfchwefter oder ein Müffiggænger das groffe Wort führen: fo lernt man die ganze Stadt kennen, und auch diefe beyden Gefellfchaften lerne man kennen, weil gewifs keine die andre fchonen wird. *Philen* ift mildthætig. Er ernæhrt mit feinem

eignen

eignen Brode die Kinder einer Wittwe, welche der Mann in æufserster Armuth hinterliefs, weil er zu ehrlich war. Philen hat wohl Urfache, mildthætig zu feyn, denn drey von diefen Kindern find fein. *Herkommann* ift ein Gerechtigkeit liebender Advocat, welcher fich ein Vergnügen daraus macht, Wittwen und Wayfen beyzuftehen. Im Ernft? Warum nicht? denn Herkommann ift ein Erbfchleicher. Aber *Suffen*, der Patriot, wird doch ohne Tadel feyn? Suffen, welcher mit Thrænen die Noth der Unterthanen fieht, und der Regierung flucht? Suffen ift ein Mifsvergnügter, den der Hof beleidiget hat, weil er ihm das Amt nicht geben wollte, das er fuchte, um die Unterthanen felbft zu drücken. Wie lehrreich ift die Schule derer, die von andern Böfes reden! Ohne diefe Gefellfchaft würde ich niemals Gelegenheit gehabt haben, den Philen, den Herkommann, den Suffen, kennen zu lernen.

Aber werde ich auch Gelegenheit haben, mich felbft kennen zu lernen? -- Warum nicht? mein Herr. Sind Sie allein fo tugendhaft, oder fo ehrwürdig, dafs man von Ihnen allein nichts Bœfes reden wird? Ich mœchte es Ihnen wohl im Vertrauen entdecken, was man von Ihnen fagt: aber verdrüfslich müffen Sie nicht werden. Man fpottet über Ihre pedantifche Mühe, die Sie fich machen, andre kennen zu lernen. Der gute Menfch glaubt, er fey weife genug, die Fehler andrer zu entdecken; bey der klugen und gesezten Miene, die er sich giebt, ist es nur der Geiz und der Hochmuth, der ihn abhælt, lasterhaft zu seyn. In Gesellschaft redet er wenig, damit man glauben soll, er sey im Stande, sehr vernünftig zu reden, wenn er sich nur entschliessen wollte, zu reden. Sein Anzug ist reinlich und ohne Pracht; aber er hat keinen Credit. Wenn er von der Religion mit Ehrfurcht spricht: so geschieht es, um diejenigen in der Stadt auf seine Seite zu ziehen, deren Zorn am gefæhrlichsten ist. Ungeachtet er unverheirathet ist, so wird er doch niemals anders, als mit einer gewissen Ehrfurcht, vom weiblichen Geschlechte reden; aber, wollen sie etwann einen Roman wissen? In zwo Minuten will ich - - - Verzeihen Sie, mein Herr; warum sehen Sie so wütend aus? Sie verstehn mich unrecht. Ich hatte gar nicht in Willens, Sie zu beleidigen. Nur aus Freundschaft gab ich mir die Mühe, Ihnen das Bœse wieder zu erzæhlen, das man in allen Gesellschaften von Ihnen spricht. Sie sollten das Glück haben, sich kennen zu lernen; und nur in dieser Absicht redete ich soviel Uebels von Ihnen.

Und wenn die Begierde, Bœses zu reden, weiter gar keinen Nuzen hætte, als diesen, dass sie uns gegen andere und gegen uns selbst aufmerksam und vorsichtig macht; so verdiente sie schon, auch dieses einzigen Nuzens wegen, alle Hochachtung. So gar diejenigen, die am meisten eigensinnig, und von dem Vorurtheile nicht

abzu-

abzubringen find, dafs die Begierde, Bœfes zu reden, ein Lafter fey; auch diefe würden fie wenigftens für ein ganz unentbehrliches Lafter halten, wenn fie diefen Nuzen gelaflen überdenken wollten. Die Dieberey, ob fie fchon ihren eignen Gott hatte, war dennoch auch bey denen ein Lafter, die diefen Gott anbeteten; und gleichwohl fanden die Lacedæmonier einen fo groflen Nuzen darinnen, dafs ihre Jugend fchlechterdings eine Gefchicklichkeit im Stehlen erlangen mufste, wenn man ihr nicht den Vorwurf machen follte, dafs fie künftig ein fehr unnüzes Mitglied des Staats feyn würde. O, machten doch diefe Worte einen Eindruck in die Herzen unfrer Aeltern! O, kœnnten fie fich doch entfchlieflen, ihre Kinder, die ihnen die Natur anvertraut hat, in Zeiten an die wichtige Kunft, Uebels zu reden, zu gewöhnen! Zu ihrer eignen Ehre, zum Nuzen des Vaterlandes, und vornämlich zum Nuzen ihrer Kinder würde es gereichen, wenn fie dadurch vorfichtig gegen fich felbft, und gegen andre gewöhnt würden. Diefer Theil der Erziehung ift vornämlich ein Werk der Mütter. Von ihren Händen wird es das Vaterland fodern. Die Natur verlangt es felbft. Sollte wohl die Natur, die nichts umfonft thut, den Müttern die Triebe, Bœfes von andern zu reden, umfonft fo verfchwenderifch mitgetheilet haben?

Es

Es giebt wenige Fehler, die der menschlichen Gesellschaft so beschwerlich sind, als der Hochmuth. Der Hochmüthige selbst leidet dabey; aber derjenige noch mehr, der seinen Umgang nicht vermeiden kann. Der Theolog und der Philosoph, arbeiten gemeinschaftlich daran, das Herz des Menschen demüthig zu machen. Jener beweist es ihm aus Staub und Erde, und dieser noch gründlicher daraus, daſs unmöglich ein Ding zugleich seyn, und auch nicht seyn könne. Für beyde Beweise habe ich alle Ehrfurcht, die ein unphilosophischer Laye für alle Theologen und Philosophen haben muſs; und dem unerachtet bin ich verstockt genug, zu glauben, daſs man einen Hochmüthigen dadurch, daſs man Uebels von ihm spricht, in einer Viertelstunde weit zahmer und menschlicher machen kann, als durch eine lange traurige Predigt, und eine Reihe von finstern Schlüſſen.

Ehe ich schlieſſe, werde ich Gelegenheit haben, hievon noch einmal zu reden. Bis dahin verspare ich es, weitlæuftiger zu seyn.

Ich übergehe zugleich noch eine unzæhlige Menge andrer Vortheile, welche ein jeder Mensch für sich und das ganze gemeine Wesen überhaupt dadurch erlangt, wenn einer von dem andern Uebels spricht. Da das Vergnügen, welches wir dabey empfinden, so groſs ist: so ist wohl nichts geschickter, uns in den traurigen Stunden unsers Lebens

Lebens aufzuheitern. Wir vergeſſen unſre eigne Thorheit, da wir uns mit der Thorheit andrer beluſtigen. Durch eine beſtændige Uebung, Bœſes von andern zu reden, machen wir den Wiz lebhaft. Kann wohl bey unſern Zeiten etwas wichtiger ſeyn, als dieſes, da ein lebhafter Wiz mehr gilt, als ein ſcharfer Verſtand? Auch diejenigen werde ich auf meiner Seite haben, die den Werth einer Sache finanzmæſſig beurtheilen. Wie groſs iſt der Einfluſs, den die Begierde, Uebels von andern zu ſchreiben, und dieſes zu leſen, in Handel und Wandel hat. Holland iſt nie reicher geweſen, als eben zu der Zeit, da alle Preſſen beſchæftigt waren, über die Schwachheiten eines alten Kœnigs zu ſpotten, deſſen Jugend ihm ſo ſchrecklich geweſen war. Holland zog durch dieſe Schazung die Reichthümer ganzer Lænder zu ſich, gab uns dafür ſeinen Wiz. Peter Marteau in Cœln, den die wizige Welt auch alsdann noch nennen wird, wenn ſeine Schriftſteller længſt vergeſſen ſind, der ward reich, und wodurch anders, als durch die Begierde der Welt, Bœſes zu reden?

Sollte wohl, meine Herren, noch jemand an der Wahrheit meines behaupteten Sazes zweifeln, daſs dieſe Begierde, Bœſes von andern zu reden, einen unendlichen Einfluſs in die Glückſeligkeit eines ganzen Staates habe? Und müſſen Sie nunmehr nicht geſtehen, daſs eine Handlung,

welche

welcher der Grund der menschlichen Gesellschaft ist, welche das Vergnügen über alle Familien ausbreitet, welche uns Gelegenheit schaft, andre und uns selbst kennen zu lernen, welche uns aufmerksam und vorsichtig macht, welche den Stolz des menschlichen Herzens so sehr demüthigt, welche macht, dafs wir das Bittre dieses kümmerlichen Lebens vergessen, welche ganze Lænder bereichert, und die Seele eines Staats belebt, müssen Sie nicht gestehn, sage ich, dafs eine solche Handlung keinen geringern Ursprung, als die Menschenliebe, haben kann, und dafs derjenige wohl verdient, als ein wahrer Patriot verehrt zu werden, der sich angelegen seyn læfst, diese Handlung allgemein zu machen?

Ich ersuche Sie, meine Herren, noch um eine kleine Aufmerksamkeit, und bitte mir die Erlaubnifs aus, gelehrt zu seyn. Ich habe mir diese ganze Zeit über Gewalt angethan, mit meiner Gelehrsamkeit an mich zu halten: længer ist es mir nicht mœglich. Ich stehe zu viel aus. Ich mufs mich schlechterdings meiner Belesenheit entschütten, oder ich erlebe den Preis gewifs nicht, den ich von Ihrer Academie erwarte. Ich will Ihnen die Wahrheit meines Sazes aus dem Alterthume unterstüzen. Mit einem Worte, ich mufs allegiren, denn ich bin ein Gelehrter. Ich werde Ihre Geduld nicht misbrauchen, darauf kœnnen Sie sich verlassen.

Die

Die Gœtter würden ohne den Momus *a*) einen sehr unvollkommenen Himmel gehabt haben. Es war jemand unter ihnen nœthig, vor dessen Begierde, Böses zu reden, sie sich scheuen musten. Ihr Umgang würde endlich zu schlæfrig geworden seyn; sie würden zu wenig auf sich selbst Achtung gegeben haben.

Dieses sahe Julian *b*) wohl ein. Damit es an der Tafel seiner Gœtter nicht zu traurig seyn mœchte, sezte er den Silen an die Seite des Bacchus; denn ohne ihn würde auch Bacchus, der Gott der Freuden, schlæfrig gewesen seyn Silen muste von den Gœttern und von den Kaisern Uebels reden, und die Gœtter vergnügten sich dabey *c*). Wollen wir

a) Momus, μωμος, Deus reprehensor Hesiodo, in Theogonia. Was ich sonst noch hievon hætte sagen kœnnen, das findet der geneigte Leser in Basilii Fabri Sorani Thesauro eruditionis scholasticæ.

b) Vid. ΙΟΥΛΙΑΝΟΥ ΑΥΤΟΚΡΑΤΟΡΟΣ Καισαρες.

c) Παντων ἐν των Θιων κυκλῳ κρδημενος ὁ Σιληνος, ἐρωτικως ἐχειν δοκων μοι τε Διονυσε καλε και νεε, και τῳ πατρι τῳ Διι παραπλησις, πλησιον αυτε, τροφευς τις ἁμα και παιδαγωγος καθησο, τατ' αλλα φιλοπαιγμονα και φιλογελωτα και χαριτοδοτην ὀντα

τω

wir Menschen über eine Sache eifern, die Jupiter sich selbst gefallen læsst? Wollen wir ein Vergnügen von uns verbannen, ohne welches auch die Gœtter nicht aufgeræumt seyn kœnnen?

Die Fabel vom Prometheus d) hat man bisher ganz unrecht verstanden. Sie sagt, er habe Menschen geschaffen. – Kœnnen wir dieses nach den Worten nehmen, da wir wissen, dafs Menschen waren, ehe Jupiter und Prometheus gebohren wurden? Die Begierde, Bœses zu reden, war damals nur ein Vorzug der Gœtter. Prometheus lernte es unter ihnen, und brachte dieses Geheimnifs unter die Menschen. Dadurch machte er sie gesellschaftlich, vorsichtig, wizig, mit einem Worte, er machte sie menschlich. Dieses, und nichts anders, war das Feuer, das er vom Himmel entwandte, und wodurch er die kalten und schlæfrigen Menschen belebte. Durch dieses Feuer, durch diesen vom Himmel entwandten Trieb, Bœses zu reden, schuf er die Menschen, die vorher nur Creaturen waren, zu vernünftigen Creaturen,

und

τον Θεον ευ φραινων, και δη και τω σκηπτρω τα πολλα, και γελοιαζειν.

d) Prometheus Japeti, unius ex Titanibus & Clímenes Filius. Fabula nota ex Hesiodo & Metamorphosi Ovidii. Wie viel könnte ich hier abschreiben, wenn ich wollte!

und machte sie den Gœttern æhnlich *e*). Jupiter ward eifersüchtig darüber. Sonst hatte er nur Ursache gehabt, sich vor den zusammengesezten Kræften der rebellirenden Menschen zu scheuen; nun ward ihm auch ihr Wiz furchtbar. Für die Verrætherey sollte Prometheus büssen. Dass er die Menschen glücklich und wizig gemacht, dass er die Begierde, Bœses zu reden, dieses Feuer vom Himmel entwandt hatte, das durfte Zevs nicht bestrafen; seine missgünstige Eifersucht würde zu merklich gewesen seyn: man suchte also, so lange man konnte, einen scheinbaren Vorwurf zur Ungerechtigkeit. Er hatte dem Jupiter Knochen für Fleisch vorgelegt *f*), dafür sollte er büssen.

Man

e) *Lucian*, im Gespræche: *Prometheus* oder Caucasus
Ἐγὼ δὲ - - ἐνενόησα ὡς ἄμεινον ἔστι ὀλίγον ὅσον τε πηλὸν λαβόντα, ζῶα τινα συστήσασθαι· καὶ ἀναπλάσαι (das muss alles figürlich verstanden werden:) τὰς μορφὰς μὲν ἡμῖν αὐτοῖς προσεοικότα - - Ταῦτ᾽ ἐστιν ἃ μεγάλα ἐγὼ τὰς Θεοὺς ἠδίκηκα.

f) Lucian hat im nur angeführten Gespræche alle Klagen zusammen genommen, wenn er den Mercur mit dem Prometheus diese Unterhandlung halten læst:

ΠΡΟΜΗΟ. Ὦ Κρόνε καὶ Ἰαπετὲ, καὶ σὺ Γῆ μῆτερ, οἷα πέπονθα ὁ κακοδαίμων, οὐδὲν

Man fühlte gleichwohl, daſs dieſe Urſache lächerlicher war: er hatte alſo Menſchen geſchaffen, boshafte Geſchœpfe, und beſonders Frauenzimmer g). Aber würde Jupiter Gelegenheit gehabt haben, ſich bald in einen Stier, bald in einen Schwan zu verwandeln, wenn Prometheus dieſes grauſame Verbrechen nicht began-

ȣδεν δεινον ειργασμενος: ΕΡΜ. Ουδεν δεινον ειργασω, ω Προμηδευ, ὁς πρωτα μεν την νομην των κρεων εγχειρισθεις, ȣτως αδικον εποιησω και απατηλην, ως αυτω μεν τα καλλιςα ὑπεξελυσθαι, τον Δια δε παραλογισαςθαι, ὁςα καλυψας αργιτι δημω; – – επειτα δε τȣς ανθρωπȣς, ανεπλασας, πανȣργοτα τα ζωα, και μαλιςα γε τας γυναικας. Επι παςι δε το τιμιωτατον κτημα των. Θεων (Dieſe Worte ſind wohl zu merken) το πυρ κλεψας, και τȣτο εδωκας τοις ανθρωποις. Τοσαντα δεινα ειργασμενος, φης, μηδεν αδικησας διδιςθαι; κ. τ. λ.

g) In dem darauf folgenden Geſpræche des Lucians, zwiſchen dem Prometheus und dem Jupiter, findet dieſer das gröſte Verbrechen darinnen, und ſagt dem Prometheus, er habe noch viel ſchwerere Feſſeln und ſchwerere Strafe verdient: ανθ' ων τοιαυθ' ἡμιν ζωα ανθρωπȣς. επλασας – – και τας γυναικας εδημιȣργησας.

begangen hætte *h*)? Prometheus blieb immer unschuldig: man muſte alſo das wahre Verbrechen nennen. Er hatte das Feuer vom Himmel geſtohlen, und es den Menſchen mitgetheilt *i*). Ohne ſich nunmehr weiter entſchuldigen zu dürfen, (denn ein Prinz, der Unrecht hat, læſst ſich zum dritten male nicht widerſprechen) ward er aus dem Himmel geſtoſſen, und vor den Augen der beneidenswürdigen Menſchen, ſeiner Geſchœpfe, an den

Cau-

---

h) Ich bleibe beym Lucian, weil ich ihn einmal vor mir liegen habe. Prometheus ſagt: ὃ δὲ μάλιϛά με πνίγει, τυτ᾽ ἐϛιν᾽ ὁι μεμφόμενοι την ἀνθρωποποιίαν, και μάλιϛα τας γυναικας, ὁμος ὀρατε ἀυτων, και ὐ διαλειπετε κατιοντες, ἀρτι μεν ταυροι, ἀρτι δε σατυροι και κυκνοι γινομενοι δι᾽ ας ἐξ ἀυτων ποιιδας ἀξιυντες.

i) Vulcan war darüber am meiſten empfindlich. Seine Verbitterung wider den Prometheus gieng ſo weit, daſs er nicht einmal ſein Richter, ſondern ſein Anklæger ſeyn wollte. Μα Δι, heiſst es: ἀλλα κατηγορον ἀντι δικαϛε, ἰϛϑι με ἐξων, ὃς το πυρ ὑφελομενος ψυχραν μοι την καμινον ὑπολελοιπας, kann man dieſes wohl nach dem todten Buchſtaben verſtehen, ohne etwas ungereimtes zu denken?

Caucafus gefchmiedet *k*. Kœnnen Sie es verantworten, meine Herren, wenn Sie ein Gefchenk des Prometheus verdæchtig machen wollen, welches die Gœtter nur für fich allein zu befizen wünfchten, welches fie den Sterblichen mifsgœnnten, und worüber der grofsmüthige Prometheus zum Mærtyrer werden mufste?

Bey den weifen und vernünftigen Griechen war die Kunft, Uebels zu reden, ein Theil des öffentlichen Gottesdienftes. Mænner und Weiber ftunden bey den Eleufinifchen Feften zu beyden Seiten der Brücke, und fagten denen, die in Proceffion über diefe Brücke giengen, die bitterften Vorwürfe *l*). Gleiche Freyheit

---

k) Diefes fagt der Anfang des lucianifchen Gefpræchs. Ich kœnnte ihn auch abfchreiben. – – Eheu! jam fatis eft! Gelehrt genug fehn meine Noten aus, fo gelehrt, dafs, fo Gott will, fie niemand lefen wird. Aber ich lefe fie felbften: und ein wahrer Gelehrter fchreibt allemal mehr für fich, als für andere.

l) Vid. Meurfius Attic. Lect. V. 31. Græcia feriata p. 73. Eleufin. 27. Cafaubonus ad Strabon. p. 400. Suidas in Γεφυριζων & Αχαια & ibi Kufter. Kufter ad Ariftoph. Acharn. v. 709. Bochart. Geogr. Sacr. S. II. L. 1. c. 21. Valkener, Animadv. ad Ammonium p. 209. Hefychius v.

heit hatte das Volk bey den Ithyphallifchen Feften *m*). Den Ephefiern war zu dergleichen feyerlichen Muthwillen ein Tag im Januar heilig. Das traurige Beyfpiel des Timotheus hætte Sie, meine Herren, wohl abfchröcken follen, wlder dergleichen Freyheit zu eifern *n*).

Auch bey den Römern hatte die Gewohnheit, Böfes zu reden, einen heiligen Urfprung *o*).

Τιφυεισαι & ibi Alberti. Wie gelehrt mufs der Mann feyn, der fo viel Titel von Büchern weis! werden meine Lefer von mir denken, wenn fie billig find.

m) - - - Sed truncum forte dolatum,
  Arboris antiquæ numen, venerare Ithyphalli.
                                        Columell.

n) Ephefii die 22. Januarii celebrabant feftum καταγωγια dictum, quo licebat honeftos quosque viros & fœminas verbis & factis vexare & infultare. Quod cum Timotheus, ad quem Paulus epiftolam fcripfit, tollere vellet, trucidatus a plebe fuit. Conf. du Gange Gloff. Græc. fub Καταγωγια.

o) Liv. Lib. VII. c. 2. &c. Et hoc & infequenti anno peftilentia fuit. - - quum vis morbi nec humanis confiliis nec ope divina levaretur, victis fuperftitione animis ludi quoque fcenici - -

Man fuchte die erzürnten Götter durch Spiele zu verſœhnen, welche der Grund zu den Feſcenniniſchen Bitterkeiten und vielen feyerlichen Gelegenheiten waren, von andern Uebels zu reden. Cæſar, welcher Gallien und Germanien zitternd gemacht hatte, war bey dem œffentlichen Einzuge eine Spœtterey feiner eigenen Soldaten. Seinen Stolz zu demüthigen, feine Fehler ihm mitten unter diefem fchmeichelnden Pompe erinnerlich zu machen, ihm zu zeigen, daſs er noch ein Menfch fey, diefen Zweck zu erlangen, fangen fie bey feinem Triumphwagen œffentlich: er fey ein kahler Ehebrecher *p*). Ein fchrecklicher Vorwurf

für

 inter alia cœleſtis iræ placamina inſtituti dicuntur - - ludiones ex Etruria acciti - - imitari deinde eos juventus fimul inconditis inter fe jocularia fundentes verfibus cœpere - - Juventus hiſtrionibus fabularum actu relicto, ipfa inter fe more antiquo ridicula intexta verfibus jactitare cœpit. &c.

p) Sueton. in Cæſ. c. 51. Ne provincialibus quidem matrimoniis abſtinuiſſe vel hoc diſticho apparet, jactato æque a militibus per Gallicum triumphum:
 Urbani, fervate uxores, mœchum calvum adducimus.

Aurum in Gallia effutuiſti, (ein vornehmer Troſt für unfre junge Deutfche, die nach Paris reifen, heic fumſiſti mutuum.

Im

für einen Kaiſer, der ſich über keine von ſeinen Haedlungen, aber über ſeinen kahlen Kopf untröſtlich, ſchæmte q)!

Wünſchen Sie es nicht, meine Herren, daſs ich anfange, von den Saturnalien zu predigen r). Sie würden erſchreklich viel Gelehrſamkeit auszuſtehen haben. Ich würde von dem Jupiter, da er noch als ein Kind den Zæh-
nen

Im 49 Cap. ſagt Sueton: Gallico denique triumpho milites ejus inter cætera carmina, qualia currum proſequentes joculariter canunt, etiam vulgatiſſimum iſtud pronunciaverunt:

  Gallias Cæſar ſubegit, Nicomedes Cæſarem, &c.

q) Calvitii deformitatem iniquiſſime tulit, ſæpe obtreſtatorum jocis obnoxiam expertus. Ideoque & deficientem capillum revocare a vertice aſſueverat, & ex omnibus decretis ſibi a ſenatu populoque honoribus non aliud aut recepit aut uſurpavit libentius, quam jus laureæ perpetuo geſtandæ. Suet. in Cæſ. c. 45. Dieſes war auch einer von den bitterſten Vorwürfen des Silens, da er vom Cæſar ſagte: Καὶ γαρ, ὡς ὁρας, ἐστι μεγας, καὶ καλος, ἐμοιγυν, εἰ καὶ μηδὲν ἄλλο, τα γκκ περὶ την κεφαλην ἐστι προσουσιας. S. Jul. Cæſ.

r) v. Macrobium, Athenæum, und alle Gelehrte, die dieſe beyde geplündert haben.

nen feines Vaters entfloh, s) anfangen, und beym Davus des Horaz aufhœren, und vielleicht auch da noch nicht aufhœren. t).

Alle diefe gelehrte Nachrichten, die ich hier angeführt, und die ich aus Mitleiden gegen Sie auch nicht angeführt habe, erlæutern meinen Saz, dafs die Erlaubnifs von andern Bœfes zu reden, vornehmlich auch diefe Abficht gehabt, diejenigen in einem gewiffen Grade der Demuth zu erhalten, welche das Glück, oder ihre Tapferkeit u), oder ihre Weisheit weit über andre Menfchen zu erheben fcheinen. Wie heilig x) follten uns diejenigen Mittel
feyn,

s) Πρωτον δε φαςι r'ιαν ησθεισαν τη τεχνη - - και ε τα μετρια ωνατο της τεχνης αυτων, οι γαρ περιεχκμενοι, διεσωσαντα αυτη τον Δια, ωςε και σωτρα εικοτως ων ά Ζευς εφιλειν ομολογοιη αυτοις εκφυγων δια την αυτων ορχησιν τας πατρως οδοντας. S. den Lucian vom Tanzen.

t) Horat. Sat. 7. Lib. II.

u) - - - - - - - - et fibi conful.
Ne placeat, curru fervus portatur eodem.
Wer von meinen Lefern nicht begreifen kann, wie diefe Stelle hieher kœmmt, der bedenke nur, dafs ich den Juvenal noch nicht angeführt hatte.

x) Der berühmte Rabhi Ben-Maimon in feinem כפר המצוה fagt hievon nicht ein Wort,

seyn, welche die Menschen so tugendhaft machen.

Weil man nur von griechischen und lateinischen Sachen gelehrt reden kann: so will ich mich bey dem nicht aufhalten, was ich zum Beweise meines Sazes aus den folgenden und neuern Zeiten anführen könnte. Ich finde darinnen unzæhlige Exempel.

Der König der Britten wird von den wizigen Köpfen und Bootsknechten in Londen alle Tage daran erinnert daſs er ein Mensch sey. Nirgends iſt ſeine Majeſtæt kleiner als auf der Themſe.

War bey Ihnen in Frankreich das berühmte Narrenfeſt etwas anders, als eine Schule der Demuth für die Geiſtlichen ihres Landes? Sie war ein wenig ausſchweifend, und beynahe raſend, ich kann es nicht læugnen; aber eben dieſe Raſerey hatte einen myſtiſchen Verſtand, den Herr Tilliot nicht wahrnehmen wollte, weil er gar zu vorſichtig war y).

Ich wundre mich, daſs die Englænder, und auch ihre Landesleute, uns Deutſchen die Hofnarren vorwerfen z), welche bey uns ſo einen groſſen Theil der Fürſtlichen Beluſtigungen, und

dieſes

---

y) Memoires pour ſervir à l' hiſtoire de la Fête des Foux, qui ſe faiſoit autrefois dans pluſieurs egliſes par Mr. du Tilliot.

z) Von hundert Stellen will ich nur das XLVII. Stück im I. Theile des engliſchen Zuſchauers anführen.

dieſes mit Recht ausmachen. Sie ſuchen darinnen einen Beweis eines unausgearbeiteten Geſchmacks? ich aber ſehe ſie an als einen Beweis der deutſchen Freyheit, die uns billig ſo ſehr am Herzen liegt, und die wir, beſonders gegen Sie, meine Herren, nict eiferſüchtig genug vertheidigen kœnnen. Ich kœnnte zum Ruhm unſrer authoriſirten Narren ſehr vieles ſagen: aber das iſt ſchon Ruhm genug, daſs ſie den Beyfall unſrer Fürſten mit Lachen erlangen, um welchen ſich ſo viele Hofleute Zeitlebens ængſtlich und koſtbar, und oft wohl umſonſt bemühen. Es iſt wahr: die Scherze dieſer Narren ſind immer niedrig: aber wie vortheilhaft iſt dieſes für den Wiz mancher Hofleute, die auch ſcherzen! Werfen Sie uns nicht vor, daſs ihr Anzug etwas barbariſches und gothiſches an ſich habe. Bey uns gehen die Narren buntſchækig, und reden albern: In Frankreich gehen ſie ſchwarz, und plappern die wizige Sprache eines jungen Abbé; In Engelland hüllen ſie ſich in einen Frak, und murren politiſch: mit einem Worte, jedes Land hat ſeine Narren, nur geſtehen ſie es nicht in allen Lændern. Alle dieſe Vorzüge unſrer deutſchen Hofnarren, und noch hundert andere, übergehe ich mit Stillſchweigen, und will nur dieſes erinnern, daſs ſie wegen ihrer privilegirten Freyheit Uebels zu reden, einem Hofſtaate ganz unentbehrlich zu ſeyn ſcheinen. Der Hofmann muſs ſich ſcheuen, Thorheiten zu begehen, um ihren

œffent-

œffentlichen Vorwurf zu vermeiden; und der Prinz lernt durch diefes Mittel feine Hofleute kennen, die fich fonft fo wohl vor ihm zu verftellen wiffen. Ja fich felbft lernt der Prinz durch diefes Mittel kennen, welches noch weit fchwerer ift. Mit einem Worte: derjenige weife Spruch: *wenn man die Wahrheit nirgends fœnde, fo mufs man fie doch bey den Prinzen finden!* Diefer weife Spruch, den man fo oft hœrt, und doch fo oft nicht verfteht, redet nur von unfern deutfchen Hofnarren!

Welches alles zu erweifen war!

Vielleicht haben Sie, meine Herren, in Willens, mir noch einige Einwürfe wider den bisher behaupteten Saz von der edlen Quelle der Begierde, Bœfes zu reden, und wider den allgemeinen Nuzen zu machen, den diefe Begierde über die ganze menfchliche Gefellfchaft ausbreitet. Sie wollen etwann fagen: ich hætte einen deutlichen Unterfchied feftfezen follen, zwifchen der nothwendigen Verbindlichkeit, andern ihre Fehler liebreich vorzuhalten, und zwifchen der boshaften Neigung, die Uebereilungen andrer auszubreiten, oder gar denen, die unfchuldig find, Fehler anzudichten; ich hætte das Heilige einer vernünftigen und beffernden Satire mit dem niederträchtigen Splitterrichten, und den Pasquillen des Pœbels nicht vermengen follen; es fey eine Tugend, offenherzig zu feyn, es fey eine wichtige Kunft, diefe Offenherzigkeit durch

einen

einen muntern und lebhaften Scherz angenehm, und zugleich die bitterſten Wahrheiten erträglich zu machen; aber eben dieſe Kunſt ſey unendlich weit von derjenigen Bosheit unterſchieden, welche man mit keinem gelinden Namen, als mit dem Namen einer niederträchtigen Verunglimpfung belegen kœnnte; dieſe ſey ein Grund zu ewigen Verbitterungen zwiſchen denen, die ſonſt die beſten Freunde waren; niemand ſey empfindlicher, wenn Böſes von ihm geredet werde, als derjenige, der es von andern am meiſten rede, und dieſer verdiene es doch am meiſten; ein Menſch, der in den Geſellſchaften herumſchleiche, Unſchuldige zu læſtern, ſey weit geſæhrlicher, als jener, der uns den verborgnen Dolch in die Bruſt ſtœſt; die abſcheulichſten Verbrechen - - -

Gut, meine Herren! ich verſtehe alles, was Sie ſagen wollen! Ich kœnnte Sie wiederlegen; aber ich ſehe an meiner Uhr, daſs ich ſchon eine Minute länger geredet habe, als es die Geſeze der Academie erlauben. Ich würde noch eine halbe Stunde Zeit nœthig haben, Ihnen Ihren Irrthum zu benehmen; aber darüber würde ich den aufgeſezten Preis verlieren. Glauben Sie denn, daſs ein Philoſoph um deswillen ſchreibt, damit er Wahrheiten ausfindig mache? Er ſchreibt, um bezahlt zu werden: und ich, meine Herren! ich bin ein Philoſoph!

Real-

Realregister.

Vorbericht des Verlegers.

Ich habe, wie es bey uns immer gewœhnlich ist, vorstehende Schrift von einer unbekannten Hand zugesendet bekommen. Der Verfasser bittet mit einer wahren Autordemuth, daß ich mich entschließen mœchte, sie zum Drucke zu befœrdern; er thut dieses auf eine so verbindliche Art, daß ich unmœglich so hart seyn kœnnen, ihm sein Bitten abzuschlagen. Inzwischen befürchte ich, wenn ich es aufrichtig gestehen soll, daß ich dabey schwerlich auf meine Kosten kommen dürfte. Ich weis in der That nicht, was ich aus dem Werkchen eigentlich machen soll. Es scheint mir ein Zwitter von Wize und von Gelehrsamkeit zu seyn. Und ich weis nicht, ob ich es sagen darf; bey nahe bin ich auf die Gedanken gekommen, daß es, ich mœchte mich zwar nicht gern an dem Herrn Autor versündigen, aber, wie gesagt, Gott gebe, daß ich lüge, mit einem Worte, ich halte es gar für eine Satire! Mein Herr Gevater, ein Mann, der nicht unrecht ist, und immer weiter sieht, als andere, findet sehr vieles darinnen, das sich auf die corsischen Unruhen bezieht. Das dæchte ich nun eben nicht, wenigstens steht nicht ein Wort von den Corsen darinnen; aber der Henker mag den Schriftstellern trauen. Dem sey aber, wie ihm sey, ich halte es für eine gelehrte Abhandlung; denn wizig

kann

kann fie unmœglich feyn, weil fo erfchrecklich vieles Griechifch darinnen fteht. Inzwifchen ift es wahr, daß fie weit über die Hælfte fehr ungelehrt ausfieht; denn auf den erften Seiten ift nicht eine einzige kleine Note. Das ift noch mein Troft, daß fie lateinifch gedruckt ift. Aber zur Hauptfache zu kommen, damit diefes Büchlein eine recht gründlich gelehrte Miene erlangen, und auch denen nüzlich feyn mœge, welche als mænnliche Gelehrte, nicht den fpielenden Wiz, fondern das Solide lieben; fo habe ich mir die Mühe gegeben, bey einer Pfeife Tabac einen Verfuch von nachftehendem Realregifter daraus zu fertigen, das ich künftig weiter ausführen werde. Der unbekannte Herr Autor wird mir diefe Freyheit nicht ungütig nehmen. Hætte ich gewuft, wo er anzutreffen wære, fo würde ich ihn um Erlaubniß hiezu gebeten haben. Aber der Himmel mag wiffen, unter welchem Dache er fteckt! denn, als ein wiziger Autor, der er doch wohl feyn will, wohnt er vermuthlich fünf Treppen hoch. Wie gefagt, das Realregifter habe ich felbft dazu gemacht. Sollte der Herr Autor den Preis von der Academie zu Pau erlangen; fo will ich nun eben nicht fagen, daß er ihn in Anfehung meines Realregifters erlangt habe: aber man weis doch das zehntemal die Urfachen nicht, warum etwas in der Welt gefchieht. Inzwifchen mag er ihn behalten.

Versuch eines Realregisters.

Advocat.

Gewissenhafter, ist einmal einer gewesen 24. Ob das Ernst sey? ibid. ist als ein ehrlicher Mann verhungert 25. Ein Kennzeichen einer weisen Regierung, wo die Advocaten verhungern 25. Sind einem Staate nothwendig 27. Geschichte von Heuschrecken 27. Von welchem Advocaten eigentlich die Rede sey 28. Warum die Richter wider die Advocaten eifern? 30. Die Fabel vom Wiesel und der Kaze, ib. Anatomie eines Advocaten 39.

Academie.

Die zu Dijon ist grosmüthig 5. Die zu Paul soll sich daran spiegeln ib. Der Autor ist in Leipzig zu erfragen ib. Der Autor droht, die Academie læcherlich zu machen 9. Wie er sich sonst an der Academie ræchen will, wenn er den Preis nicht kriegt 10. In diesem Falle schreibt er nur für die Ehre, und ist zu gros, als dafs er sich aus dem Preise etwas machen sollte 11. Klagen des Autors über die Partheylichkeit der Franzosen 12. Will diese Klagen widerrufen, wenn er den Preis kriegt ib.

Autor.

Ist demüthig 3. und droht ib. Kœnnte sich selbst vergœttern 9. will es aber nicht thun ib. schreibt nur

nur wegen der Ehre 7. bittet flehentlich um den
Preis 7. 8. 9. 10. 11. 29. 30. 32. Autor fchæmt
fich 5. in welchen Fællen fich ein Autor fchæmen
dürfe 6. Autor beweift gründlich 8. denkt mit den
Fingern 9. Autor giebt feinen Gegnern einen
Stich 15. fchimpft ib. hat noch mehr Verdienfte 19. ift berühmt ib. fchreibt mehr für fich, als
für andre 20. ift mit fich wohl zufrieden 14.

Autorparole.
Siehe Meineide.

Ammen.
Lehren uns die Gefpenfter 19. Vom Einfluffe
der Ammen in unfern Gemüthscharacter 20. Wie
die Amme eines Kunftrichters gewefen feyn müf-
fe 21.

Betfchweftern.
Sind würdige Præfidentinnen in der Gefellfchaft,
wo Uebels geredet wird 24. Warum die lüder-
lichften Weibsperfonen in ihrem Alter die grau-
famften Betfchweftern werden? 39.

Beluftigung.
Ob aus der Beluftigung eines Menfchen fein Gemüthscharacter zu fchlieffen 9. Wird verneint,
ib. und mit Exempeln bewiefen ib. Gelehrte belu-
ftigen fich mit fich felbft. 10.

Bibliothek.
Ift eine Art von Tapeten 15. Ein deutfcher Graf
fodert fechs Ellen Bücher, um ein Locat auszufüllen 19.

Buhlen.

15. der Autor buhlt um den Preis der Academie zu Pau 7. das Buhlen ist allen Ständen gemein 15. von der geistlichen Coquetterie, ib. daſs sie eine ehrgeizige Begierde sey, fromm zu scheinen ib. Die meisten Verkezerungen entspringen daraus ib. Ob ein Autor mit sich selbst coquettire? ib. Mannspersonen coquettiren mehr, als die Frauenzimmer 16.

Coquetterie.

Siehe Buhlen.

Cæsar.

Julius viel Bœses von ihm 37.

Chronodisticha.

Machen ihrem Erfinder Ehre 18. sind der einzige Wiz gewiſser Gelehrten 30. der Wiz wird dadurch geschærft, und der Verstand ruht dabey aus 31. Angst eines Verfassers, dem noch ein L. fehlt ib. Welche Kœpfe dazu die geschicktesten sind ib.

Comædie.

Warum diejenigen am heftigsten darwider eifern, die die meisten Comœdien spielen 32. Beytrag aus der Kirchengeschichte ib.

Churlatan.

Siehe Marktschreyer.

Deutsche.

Schreiben nicht gern kleine Werkchen 4. Warum junge Deutsche so gern nach Paris reisen? 7.

warum

warum sie gemeiniglich närrisch und ungesund zurück kommen? ib. Warum die Franzosen die Deutschen verachten? 19. Warum die Deutschen ihre eigene Landesleute verachten, wenn sie aus Paris zurücke gekommen? ib. warum die deutsche Sprache den Franzosen so ekelhaft ist? 37. Eine Stelle aus dem Sueton: aurum in Gallia effutuisti, heic sumsisti mutuum, wird jungen Deutschen zum Trost angeführt 38. Deutsche lieben die Hofnarren 39. thun daran recht ib. ist ein Zeichen der alten deutschen Freyheit ib.

Dummheit.

Ein Mittel, reich zu werden 16. In welchen Ständen man am meisten damit verdienen kann? ib. Klugheit hat mehr Leute unglücklich gemacht, als die Dummheit ib. Ist eine grosse Kunst, zu rechter Zeit dumm zu seyn 17.

Dichter.

Warum izt alles von Poëten wimmelt? 19. Ob es bey des Horaz Zeiten nicht eben so viel Dichter gegeben habe, als izt? ib. wo sie hin sind? ib. Welche Art von Dichtern bey Hofe noch in einigem Ansehen ist? 27. Woher das komme? ib. Wodurch sich die Poëten um ihren Credit bringen? 14. Ob sie mehr Schuld daran sind, als der Hof? 15. Ein Vorschlag, wie das Ansehen der guten Dichter zu retten 16. Warum unsre Mäcenaten, wenn sie auch noch so billig und vernünftig sind, zwar einen wirklich grossen Dich-

ter bewundern, aber doch verhungern laffen?
16. Lob der Kœche ib.

Ehrgeiz.

Was das heiffe, wenn ein Autor ehrgeizig heifst?
19. Berechnung des Autorehrgeizes nach izigem
Münzcours, ib.

Ehe.

Warum alte Junggefellen am liebften über die
Ehen fpotten? 34. Warum die Ehen nicht mehr
im Himmel gefchloffen werden? 36.

Eiferfucht.

Ift gemeiniglich ein Kennzeichen eines bœfen
Gewiffens 13. Mænner, die als Junggefellen am
meiften gefündiget haben, find am meiften eifer-
füchtig 14. Eiferfucht eines wizigen Kopfes geht
über alle Eiferfucht 19.

Einwurf.

Dem Autori werden verfchiedene Einwürfe wider feinen Saz gemacht 43. Hat nicht Zeit, fie
zu beantworten ib. Kœnnte es wohl thun ib.
Einem Schriftfteller Einwürfe zu machen, ift
gefæhrlich 17. Bey welchen Gelehrten es am
meiften gefæhrlich fey? ib.

Finanzen

werden durch die Begierde, Bœfes zu reden, vermehrt 28. S. Projectmacher.

Frauenzimmer.

Die von einer zweydeutigen Aufführung werden
entfchuldigt 11. Warum alte Jungfern gern beten?
13. Wie lange fie verliebt feyn dürfen? 14. Warum

um sie über junge Mædchen sich so christlich ærgern? 14. Ob junge Mædchen Unrecht thun, wenn sie im sechzehnten Jahre das wünschen, was alte Jungfern schon vor 40. Jahren sich gewünscht haben? ib. Warum alte Junggesellen so gern Bœses vom Frauenzimmer reden? 43. Frauenzimmer geht auf die Heirath 37. Warum das billig sey? ib. Liebæugeln und coquettiren, ist nichts anders, als auf die Heirath ausgehen ib.

Franzosen.

Die Deutschen geben ihnen viel Vorurtheile schuld 18. Der Autor wird binnen Jahr und Tag sehen, ob dieser Vorwurf gegründet ist ib. Der Autor bewundert ihre Academien, besonders weil sie Preise austheilen 29. Der Autor verharrt mit demuthsvoller Hochachtung 7. hat ein grosses Vertrauen zu ihrer Einsicht ib. ist wegen des aufgesezten Preises sehr gleichgültig ib. und droht ib.

Gewissen.

In welchen Fællen das Gewissen zu brauchen 16. Erklærung einer Stelle aus dem Panciroll, de rebus deperditis, 19. des gemeinen Mannes altväterische Begriffe vom Gewissen 30. Beschreibung vom Gewissen eines Hofmanns 32. eines Generalpachters ib. eines Dommherrn ib. Der Autor macht sich ein Gewissen 40. Ob das Heuchelei sey, wenn der Autor das sagt? ib.

Geizige.

Sind Patrioten, weil sie für andere verhungern 13. Warum die Autores beständig wider den

Geiz eifern? 29. Autores find felbft geizig ib.
in welchen Fællen fie es nicht find? ib.

Gefchenke.

Sind bey uns nicht gebræuchlich 13. Was an deren Stelle eingeführt ift 14. Wie fie nach dem Stylo curiæ genennet werden 15. von fchuldiger Erkenntlichkeit ib. von gehorfamfter Bezeigung ib. von geringer Vergeltung auf Abfchlag, wegen aufferordentlicher Bemühung ib. von einer Hand voll Devotion ib. Was das heifst: mit Devotion klimpern ib. Ob das ein Nationalwort fey? ib. Vom Porte-bras eines Clienten ib. Was das in Sachfen heiffe: der Candidat hat fchœne Studia! ib

Goldmacher.

Warum alle herumirrende Goldmacher Bettler find? 29. von ihrer Quakerey 49. Von der Grofsmuth diefer Goldmacher, die allemal andere, und niemals fich felbft reich machen wollen ib. Dafs fie den Galgen nicht verdienen 43.

Gefpenfter.

Wo fie herkommen? 16. Warum fie an den wenigften Orten mehr Mode find? 9. warum fich der Teufel am liebften von alten Weibern fehen læfst? 33.

Gewichte.

Werth eines deutfchen Buchs wird nach Pfunden ausgerechnet 9. Des Autors Vater fchrieb einen Centner geheime Nachrichten 6. woher die Berechnung der Verdienfte nach Pfunden bey den Deut-

Deutschen komme? 7. Ist ein bequemes Mittel, den Werth eines Buchs zu bestimmen ib. alle Partheylichkeit der Kunstrichter wird dadurch vermieden ib. Diese Urtheile sind gemeiniglich eben so zuverlæssig, als die übrigen Urtheile von Büchern ib. Vorschlag zu einer Kunstrichterwaage ib. Autor seufzt über die Kunstrichter 13. Fürchtet sich aber gar nicht ib. Thut wenigstens so ib. Zuruf des Autoris an seine Collegen, wie sie es machen sollen, dass ihre Bücher bey den Kunstrichtern ins Gewichte fallen 13.

Griechen.

waren weise 37. Griechische Noten sehen gelehrt aus 36. Warum der Autor so gern Griechisch allegirt 37. Ob man nœthig habe, die Sprache zu verstehen, die man allegirt? ib. Es giebt sich, wie das Griechische, wo das herkomme? 19. warum die Gelehrten kein Griechisch mehr lernen? 30.

Geschmack.

was das heisst? 8. warum ein jeder glaubt, dass sein Geschmack der beste sey? 9. ob nicht oft der Geschmack des Kutschers besser sey, als dessen, den er fæhrt? 10. Recept, wie ein guter Geschmack zuwege zu bringen, wenn man den Geschmack eines Kammerjunkers und eines Professors zusammen mischt 10.

Hercules.

Ein Criticus 4. mistet aus ib. wird vergœttert 5. der Autor sieht ein, dass er wichtigere Thaten verrichtet, als Hercules 9. verlangt dem ungeachtet

achtet nicht, vergœttert zu werden ib. Ob dieſes Compliment einem Schriftſteller von Herzen gehen kœnne? 10. Schuldigkeit der Leſer in dergleichen Fællen 11. Wie die Fabel zu verſtehen, daſs Hercules geſponnen habe? 19. Vom Zeitvertreibe junger Officiers, die in Garniſon müſsig ſtehen ib.

Hof.
Wer wider den Hof am meiſten eifere? 24.

Kæzer.
Schon die Prieſter des Saturnus verkæzerten 12. Kæzerfabrik 13. Warum gemeiniglich da die meiſten Kæzer gemacht werden! wo die Geiſtlichen am dümmſten ſind? 14.

Kupfer.
Warum die Schriftſteller ſich ſo gern in Kupfer ſtechen laſſen? 19. Wie es komme, daſs die Kupferſtiche der Gelehrten meiſtentheils ernſthaft und tiefſinnig ausſehen? 20. Warum Monſieur Rouſſeau wider das Kupfer geſchrieben hat? 39.

Leipzig.
Darinnen redet man Uebels von andern 2. Handel und Wandel wird dadurch in die Hœhe gebracht 21 warum daſelbſt mehr Uebels geredet wird, als anderwærts? 23. Verdienſte der Gelehrten um die Kunſt, Uebels von andern zu reden ib. In welcher gelehrten Sprache ſich am beſten Uebels reden læſst? 24. Der Autor iſt in Leipzig zu erfragen 5.

Lattin

Latein.

Siehe Rœmer.

Mæcenat.

Siehe Zueignungsſchrift. Warum es keine armen Mæcenaten gebe? 59. Wie man es anfangen müſſe, einen Mæcenaten freygebig zu machen? 60. Ob ein deutſcher Kaufmann ein Mæcenat ſeyn kœnne? 61. Der Autor erinnert ſich eines Exempels 62. Mæcenat ſchenkt einem Autori ein abgetragenes Kleid 64. Wird bey der zweyten Auflage abgeſezt ib.

Mütter.

Sind ſchuldig, ihre Kinder die Kunſt zu lehren, Bœſes von andern zu reden 19. Ihnen hat die Natur dazu die Gaben im reichen Maaſe verliehen ib.

Maler.

Begehen Fehler wider die Wahrſcheinlichkeit 16. haben mit den Poëten groſſe Freyheit 19. werden beſſer bezahlt, als Poëten ib. bilden ſich auch mehr ein ib. warum ein ſchlechter Maler ertræglicher ſey, als ein elender Poet? 36.

Magiſtrat.

Siehe Væter der Stadt.

Meſſe.

Wenn ein junger Geiſtlicher die Meſſe geſchwind zu leſen pflegt? 4.

Marktſchreyer.

Deſſen Unterſhied von einem Gelehrten, der lauter neue Wahrheiten ankündiget 19.

Nachwelt.

Für die Nachwelt fchreiben die Schriftfteller 13. Ob die Iztlebenden verbunden find, ihre Bücher zu lefen? ib. Grammatikalifche Anmerkung über das Wort: Nachwelt 14. Nachwelt heifst im myftifchen Verftande der Autoren fo viel, als der Magen; ib.

Natur.

Jeder ahmt die Natur nach 3. Was daraus für den Wiz für traurige Folgen kommen ib. Horazens Mæv glaubte auch, er ahme die Natur nach ib. Und --- glaubt es noch izt ib. Was der Natur fchwerer fey, einen wizigen Kopf, oder einen Wechsler hervorzubringen? ib. Wie man den Fehlern der Natur zu Hülfe kommen koenne? 4. Ob es nicht dadurch am leichteften gefchehe, wenn die Wechsler genœthigt würden, die wizigen Kœpfe zu Erben einzufezen? ib. warum die Frauenzimmer fo gern an der Natur meiftern? 7. Was die erfte Gelegenheit zur Schminke gegeben? ib. fiehe Schminke.

Obrigkeiten.

Siehe Magiftrat.

Philofophen.

Sind gemeiniglich hypochondrifch 9. wie das komme? ib. Ob fie über die Thorheiten der Menfchen fich wirklich ærgern? 10. warum fie fich über die ihrigen nicht ærgern? 11.

Projectmacher.

Ob fie die Projecte für fich oder für den Staat machen? 19. die leichteften Projecte find, wenn

man

man die Abgaben verdoppelt 24. warum die Projectmacher nur vom landesherrlichen Intereſſe, und von ihrem niemals reden? 25. warum ſie ſo gern Patrioten heiſſen? 26.

Politiſch.

Geheime politiſche Nachrichten ſchrieb des Autors ſeliger Herr Vater in folio 4. einen ganzen Centner ib. warum man ſo gern geheime Nachrichten ſchreibt? 6. Ein Gelehrter überſieht in ſeinem Grofsvaterſtuhle die ganze politiſche Welt 9.

Pedanten.

Wer der erſte geweſen? 5. Bey Hofe giebt es mehr Pedanten, als auf Schulen 6. Von Frauenzimmer Pedanten 9. Von der Pedanterey eines Petit Maitre ib.

Poët.

Siehe Dichter.

Querini.

Cardinal, warum unſre Gelehrten ſo gerne an ihn ſchreiben? 19,

Richter.

Wie nüzlich ein ungerechter Richter ſey? 13. von der Gewohnheit, im Finſtern zu richten 19. Warum dieſe abgeſchaft? ib. warum ſie wieder eingeführt werden koennte? ib. Daſs man auf dieſen Fall dem Richter nur die Hænde frey laſſen dürfe 20.

Religion.

Wer darüber ſpottet? 22. Die Religion eines ehrlichen Mannes 38. Ihre groſſe Bequemlichkeit ib.

junge

junge Deutfche, wenn fie aus Paris kommen, bringen gemeiniglich die Religion eines ehrlichen Mannes, einen entkræfteten Kœrper und Schulden mit 40.

Rabbi.

Der berühmte Rabbi Ben - Maimon fagt davon nichts 43.

Ræmer.

Trugen keine Hüte 40. wie es gekommen, dafs ihre Kinder fchon im fünften Jahre Latein redeten? 32. Ob alle diejenigen Gelehrte find, die Latein kœnnen? ib. Latein ift nicht mehr Mode 33. Ob ein Gelehrter in der Lateinifchen Sprache beffer fchimpfen kœnne, als ein Kutfcher in der deutfchen? 15. Ob es fchon bey den Rœmern Pedanten gegeben? 13. Warum man diejenigen fo gern Pedanten nennt, die critifch Latein lieben? 14. Anecdoten von deutfchen Micheln ib. Dafs diefe oft die grœften Pedanten find ib. in der Note b.

Schrift.

Durch welchen Zufall gegenwærtige Schrift entftanden? 3. Nachricht von vielen andern Schriften des Verfaffers, die alle wichtig find. 4. Warum die Autores mit ihren Schriften fo wohl zufrieden find? 4.

Stolz.

Was der kriechende Stolz fey? 27. Warum diejenigen am meiften ftolz find, die fich am tiefften beugen? 29. Berechnung der Grade des Stolzes vom Portier bis in die Garderobe 30. warum ein

armer

armer Poët mehr Stolz habe, als ein reicher
Wechsler? 32. Ob ein wiziger Kopf bey einer
Zueignungs schrift an einen Wucherer im Ernste
stolz bleiben kœnne? 33. warum ein Frauenzimmer, die auf ihre Schœnheit stolz ist, doch bey
zunehmender Hæsslichkeit nicht demüthig wird?
17. Dass man nur aus Stolz andern ihren Hochmuth vorwirft 18. Der Autor weiss sich dabey
auf eine feine Art zu entschuldigen ib.

Schminke.

Was die erste Gelegenheit zum Schminken gegeben 7. War bey den Bactriern in den ælteften
Zeiten eine Art der Strafe für Weibspersonen,
welche nicht mehr errœtheten 8. Ward in folgenden Zeiten bey ihnen eine Art der Galanterie
ib. Scholia zur Stelle des Lucans: - - - - tinxere
sagittas ib. Die Mode zu schminken, wie sie auf
uns gekommen ib. Ob sie die Gothen eingeführt?
ib. Ob man sich von einem Frauenzimmer um
deswillen kœnne scheiden lassen, weil sie sich
beständig geschminkt, und man das vor der
Hochzeit nicht gewusst hat? 19.

Trauer.

Warum eine junge Wittwe in der Trauer am
meisten reizend sieht? 11. Vier Exempel aus
dem Alterthume von jungen Wittwen, die ihre
alten Mænner im Ernste betrauert haben 12. Eines
von diesen Exempeln ist noch zweifelhaft 13.
Der Autor giebt der Academie zu Pau einen
wohlgemeinten Rath, im künftigen Jahre demjenigen

nigen den Preis zuzutheilen, welcher vier dergleichen Exempel aus neuern Zeiten beybringen wird 14. Die Bedingungen, so dabey erfordert werden ib. Ein Exempel weis der Autor in seinem Lande ib. Zu noch einem ist ihm Hoffnung gemacht ib. sagt sich vom Preise los ib.

Vorurtheile.

Ein Weiser schæmt sich nicht, sie zu bekennen 18. Sind der Grund aller menschlichen Zufriedenheit 33.

Væter der Stadt.

Warum der Magistrat mit den Bürgern unzufrieden ist? 22. Wie alt ein Vater der Stadt seyn muſs? 38. Von einem Vater der Stadt im Flügelkleide ib. Vater der Stadt læſst sich zum erstenmale barbieren ib. Freude seiner Mama über die Erstlinge des Barts ihres wohlweisen Sohnes ib.

Verdienste.

Eines Autoris 4. sind unendlich. 5. jeder Autor ist darinnen sein eigner Zeuge ib. warum ihre Verdienste so selten belohnet werden? 3. Ein herzlicher Seufzer über alle Verleger ib.

Wahrheiten.

Gelehrte suchen lauter neue 22. Warum sie mit den alten nicht zufrieden sind ib. Definition einer neuen Wahrheit 23. Die meisten Wahrheiten erfinden die, so die Wahrheit am wenigsten leiden kœnnen 24. Nachricht von einem Gelehrten, welcher nach vielen Wahrheiten endlich auch die erfunden, daſs er gar nichts weis 30. ein alphabetisches sisches Verzeichniſs vieler iztlebenden Gelehrten, welche dieſes noch nicht erfunden 31. Der Autor erwæhnt ſeiner eignen Perſon hiebey mit einem ſehr beſcheidnen Stolze 32. Erwartet von ſeinen Leſern darüber eine Schmeicheley ib.

Wiſſenſchaften.

Schœne ſiehe Caſtraten.

Zueignungsſchriften.

Sind gemeiniglich Satiren auf die Mæcenaten 49. aus der Zueignungsſchrift kann man ſchlieſſen, wie hungrig der Autor ſey 50. warum die Dedicationen abkommen? 62. Nachricht von verſchiednen Mæcenaten, die nicht leſen kœnnen, und doch gut bezahlen 63.

Zorn.

Warum die Moraliſten gemeiniglich ſo viel Galle haben? 26 Ueber wen ſich die Schriftſteller am meiſten erzürnen? ib.

Zahnarzt.

Siehe Marktſchreyer.

ERRA-

ERRATA.

Ich war halb tod, da ich nach Haufe kam, und vorftehendes Realregifter fo gedruckt fand, wie es hier ift. Im Concepte hatte ich die Seiten des Manufcripts beygefezt, und bey meiner Abwefenheit hatte der Corrector vergeffen, fie nach dem gedruckten Exemplar zu ændern. Es ift alfo nicht eine einzige Zahl richtig allegirt: und die Meffe ift zu nahe vor der Thüre, als dafs ich Zeit hætte, es umdrucken zu laffen. Wer kann fich helfen! Es wird diefes Regifter noch immer feinen Nuzen haben: denn man kann doch mit einem Blicke die Realien überfehen, fo in diefem Werkchen anzutreffen find. Bey einer neuen Auflage will ich es ændern; izo werden es meine Kæufer thun.

Das Mährchen vom ersten Aprile,

aus dem Holländischen in das Hochdeutsche übersezt.

Kab. Sat. IV. Th.

Art Wenzelaars von Saerdamm

Zueignungsschrift

an seine

liebe Amme,

Aaf je Praatmoer von Sloten.

Liebe Amme,

Ich erinnere mich der langen Abende noch immer mit Vergnügen, an denen ich, als ein junger Knabe, auf deinem Schose saß, und meinen zitternden Arm ängstlich um deinen Hals schlung, wenn du uns das fürchterliche Märchen vom Seehunde, das traurige Märchen vom verwünschten Prinzen ohne Kopf, oder das fromme Märchen vom lahmen Esel erzähltest. Damals konnte ich mir noch nicht vorstellen, daß der Nuzen hievon, und die Lust zu Märchen, die mir durch dergleichen Er-

zählun-

zählungen beygebracht ward, einen so wichtigen Einfluß in mein Glück, und in mein ganzes Leben haben sollten. Nur dir habe ich es zu danken, meine liebe Amme, daß ich in männlichen Jahren alle Mährchen von den Verdiensten gewisser Gelehrten, von neuen tiefsinnigen Wahrheiten, und von der Einsicht einiger Privatpersonen in die Cabinette der Prinzen mit eben dem Vergnügen habe lesen und anhören können, wie dein Mährchen vom redenden Affen. Ich bin an Höfen gewesen, und man hat mich lieb gewonnen, da ich auf ihre Märchen von Gnadenversicherungen, von Freundschaft, von Verdiensten um das Vaterland eben so aufmerksam war, als ich auf dich hörte, wenn du uns das lustige Mährchen vom bezauberten Schlosse in der Luft erzähltest. Du siehest wohl, liebe Amme, daß dein Säugling sich aller deiner Wohlthaten mit Vergnügen errinnert. Damit du aber auch sehen sollst, daß ich nicht unerkenntlich bin; so schenke ich dir hier ein Märchen vom ersten Aprile, welches ich bey meinem lezten Aufenthalte in Batavia von einem Braminen bekommen habe. Nimm es an, und lies es, und behalte mich lieb. Lebe wohl.

Erstes

Erstes Buch,

enthält

das

Mährchen vom ersten Aprile.

SIT. MIHI. FAS. AVDITA. LOQVI.

Virg.

Es war einmal ein alter König auf der mächtigen Insel Chiekock, welchen die Götter und seine Unterthanen liebten, weil er fromm und gerecht war. Juocamosamma hieß sein wahrer Name, ob ihn schon einige Chroniken ohne Grund Camosamma nennen. Zur Belohnung seiner Tugenden ließ ihn der Himmel alle Glückseligkeiten eines Fürsten genießen. Die Nachbarn suchten seine Freundschaft, und überließen ihre Streitigkeiten seinen billigen und uneigennüzigen Aussprüchen. Seine Feinde unterstunden sich nicht, ihn zu beleidigen: denn sie würden dadurch den Zorn aller benachbarten Prinzen wider sich erregt haben. Er hatte viele getreue Diener an seinem Hofe, und nicht einen einzigen Schmeichler. Er gab nur wenige Geseze, weil sein Exempel das Land tugendhaft machte; und wenn er ein Gesez gab, so ware es noch in zwanzig Jahren eben so unverbrüchlich und

eben

eben so heilig, als es in der ersten Woche gewesen. Die Unterthanen waren in ihrer Arbeit freudig und unermüdet, weil sie wußten, daß sie für sich und ihre Kinder arbeiteten. In seinem ganzen Lande war kein Bettler: denn niemand gieng müßig, niemand verschwendete, und ein jeder war genügsam; so gar die Priester seiner Götter waren es. Er strafte selten: denn sein Volk war tugendhaft, nicht aus Furcht vor der Strafe, sondern aus Furcht, seinem Fürsten zu mißfallen. Mit einem Worte: ein jeder Unterthan war sein Freund. So glücklich war der alte Juocamosamma!

Aber er hatte keinen Erben; und auch damit war er zufrieden, weil er mit allem zufrieden war, was er für den Willen der Götter hielt. Desto untröstbarer war seine Gemahlinn. Sie kniete Tag und Nacht vor dem Bilde der Fekula=Pussa, und bat um einen Sohn. Sie that sieben Wallfahrten auf den Gipfel des Fusinogamina. Der König war mit dieser ungestümen Andacht wenig zufrieden, aber er schwieg still, so bald sie ihm vorstellte: das Wohl der Unterthanen erfordere einen Thronerben. Ihre Unfruchtbarkeit war eine Folge der Bosheit des alten Zauberers Ciongock, den ihr Großvater beleidigt hatte. Endlich erbarmte sich die Göttinn Pussa über sie, und gab ihr von ihren schwarzen Kirschen aus Javan zu essen: sogleich hörte die Bezauberung auf, und sie ward schwanger.

Ciongock gerieth darüber in Wuth; er schwur den Untergang der Mutter, und das Unglück des Sohnes.

Sohnes. Die guten Feen, welche allerseits Freundinnen der tugendhaften Königinn waren, hörten den Schwur, und erzitterten: denn sie kannten die Gewalt des Zauberers, welcher verwegen genug war, die Götter und die Feen zu trozen. Ihre Freundschaft verband sie, auf Mittel zu denken, wie sie den traurigen Folgen dieses Schwurs vorbeugen könnten.

Sie versammelten sich bey der Niederkunft der Königinn. Zoimane, die ansehnlichste unter den Feen, nahm den neugebohrnen Prinz auf ihren Schos; sie küßte ihn dreymal auf das Herz, und sprach: sey ein Freund der Götter! Asaide, eine gütige Fee, und große Freundinn der Menschen, nahm ihn in die Arme, und sprach: regiere, wie dein Vater! Zimzime, welcher Name eine einsame, und wohlthuende Fee bedeutet, berührte siebenmal mit ihrem Daumen seine Zunge, und seine Hand, und sprach: sey weise und reich! Alcimedore, ein junge und lebhafte Fee, küßte ihm die Augen und den Mund, und sprach: sey liebenswürdig.

Da dieses geschehen war, legten sie das Kind an die Brust seiner Mutter, welche vor Freuden außer sich, und eben im Begriffe war, ihnen die aufrichtigsten Versicherungen ihrer Dankbarkeit zu geben, als der Zauberer Ciongock in einer finstern Wolke über ihrem Sopha erschien, das Kind mit einem grausamen Lächeln ansah, und mit fürchterlicher Stimme herabrief: ich aber will dein Feind seyn! So bald er dieses gesagt hatte, hüllte er sich in einen schwarzen Dampf, und zog langsam und brausend über die Gefilde von Chiekock. Die Feen erblaßten, und die unglückliche Mutter überlebte diese schreckliche Erscheinung nur wenige Minuten.

Zoimane übernahm die Erziehung des Prinzen. Zwar wußte sie wohl, daß ein Zauberer zu unvermögend sey, die Geschenke der Feen zu zernichten: und um deswillen war sie überzeugt, daß der junge Prinz, der den Namen T'Sigma bekommen hatte, ein Freund der Götter, und ein gütiger Regent, liebenswürdig, weise und reich werden würde: aber sie kannte auch die Gewalt des schrecklichen Ciongock, und wußte, daß dieser tausend Wege finden würde, den Ruhm und die Vortheile zu verhindern, welche der Prinz von diesen Geschenken der Feen erwarten konnte. Um deswillen wandte sie bey seiner Erziehung alle Sorgfalt an, ihn zur Standhaftigkeit und Gelassenheit zu gewöhnen. Sie wiederholte ihm diese Vermahnungen bis in sein achtzehntes Jahr, da er nach den Gesezen des Landes die Regierung übernehmen konnte. Sie führte ihn selbst zu dem erledigten Throne, übergab ihn dem Beystande der versammelten Räthe, umarmte ihn noch einmal mit einer mütterlichen Zärtlichkeit, und sprach: Prinz! sey deines Vaters würdig, und vergiß nicht, daß die Tugend ihre Freunde belohnt, wenn sie auch von der ganzen
Welt

Welt verkannt wird! Hier schwieg sie, sah ihn zum letzten male liebreich und mitleidig an, und schwung sich auf einer blauen Wolke in die Höhe, um nach ihren glücklichen Wohnungen zurück zu kehren, oder in einem andern Lande die Erziehung eines jungen Prinzen zu übernehmen, welches sie, als eine Freundinn der Menschen, ihre einzige und liebste Beschäftigung seyn ließ, da sie wußte, daß durch die tugendhafte Erziehung eines einzigen Prinzen Millionen Menschen glücklich werden.

Ciongock saß eben an dem Eingange seiner traurigen Höhle, und sann auf Verderben, als er die Zoimane in der Luft erblickte. Er verbarg sich; denn der verruchteste Bösewicht erschrickt bey dem unvermutheten Anblick eines Tugendhaften. Nunmehr wußte er, daß T'Siamma den Thron bestiegen hatte, und weiter nicht unter dem Schuze der Fee war. Er brüllte vor Freuden, und rüstete sich, sein Vorhaben auszuführen. „Ja, T'Siamma, „dein Feind will ich seyn, wie ich der Feind dei„ner Aeltern gewesen bin. Sey immerhin ein „Freund der Götter, sey tugendhaft, sey weise „und gerecht; alle diese Geschenke der Feen sollen „dir unnüze seyn. Ich will mich der Herzen der „Unterthanen, und deiner Nachbarn bemächtigen. „Deine Frömmigkeit sollen sie für Heucheley hal„ten. Du wirst regieren, wie dein Vater; und „doch wird sich das Volk wider dich auflehnen. „Sey immerhin liebenswürdig und weise; man „wird dich doch verachten. Du sollst nach Schaz=

„ten greifen; deine größten Unternehmungen sollen
„sich endigen, wie ein lächerlicher Traum ver-
„schwindet„

Das sagte der drohende Ciongock mit einer rauhen Stimme. Er lachte dreymal, und dreymal seufzte die Natur. Er sezte sich auf seinen Wagen, welchen vier graue Drachen zogen, und eilte nach der Insel Chiekock, sein Vorhaben auszuführen. Die Dichter erzählen, daß die Blätter unter ihm verwelkt, und die Vögel verstummt sind, da er durch die Lüfte fuhr.

Inzwischen hatte das Volk erfahren, daß T'Siamma den väterlichen Thron bestiegen habe. Es versammelte sich vor den Thoren des Pallasts, und verlangte seinen neuen König zu sehen. Der Ruhm von seiner Weisheit und Güte hatte sich schon seit vielen Jahren im Lande ausgebreitet. Das Volk betete ihn um deswillen an; und hätte er auch diese großen Gaben nicht besessen, so würde es ihn doch geliebt haben, weil er der Sohn ihres Juocamosamma war.

T'Siamma wollte sich diese Gelegenheit zu Nuze machen, und so wohl die Ehrfurcht, als die Liebe seiner Unterthanen gewinnen, wean er sich in der Majestät eines Königs, und zugleich in der Freundlichkeit eines liebreichen Vaters zeigte. Die Könige in Chiekock redeten, wider die Gewohnheit der morgenländischen Könige, öffentlich zu ihren Unterthanen. T'Siamma, dessen Zunge die göttliche Fee siebenmal berührt hatte, nahm sich
vor,

vor, seinen Unterthanen bey dieser feyerlichen Gelegenheit zu sagen, daß er sie liebte. Er freuete sich, als ein guter König, daß er ihnen dieses sagen konnte. Die Thüren des Pallastes wurden geöfnet. Und der König erhob sich vom Throne zu seinem Volke.

In eben diesem Augenblicke langte der Zauberer über der königlichen Burg an. Er sah die freudige Ungeduld des Volks, und knirschte mit den Zähnen. Er murmelte drey schreckliche Worte: sogleich kehrte sich das bezauberte Volk um, und lief nach einer andern Seite des Schlosses, eine Bande chinesischer Gauckler zu sehen, die der Zauberer dahin gestellt hatte, den Pöbel zu belustigen. Man urtheile einmal von der Bestürzung des T'Siamma, welcher bey dem Austritt aus dem Zimmer keinen von seinen Unterthanen fand, und welcher erfahren mußte, daß sie ihn verlassen hatten, um einer Bande Gauckler nachzulaufen. Er betrübte sich darüber; aber er gab sich auch alle Mühe, die Leichtsinnigkeit des Volks zu entschuldigen. Er wartete lange Zeit vergebens auf die Zurückkunft des Volks, und kehrte endlich bekümmert in sein Schloß zurück. Sogleich endigte sich die Bezauberung. Das Volk versammelte sich von neuem, und ward ungedultig, daß es so lange auf seinen König warten sollte.

Man hinterbrachte dem Könige diese Ungeduld des Volks, welches ihn zu sehen verlangte. T'Siamma war ein zu gütiger Fürst, als daß er vermögend gewesen wäre, seinen Unterthanen eine Bitte
abzu-

abzuschlagen, welche ein Beweiß ihrer Ehrfurcht und Liebe war. Er gieng etliche mal in seinem Zimmer auf und ab, um sich von der vorigen Bestürzung zu erholen, und zu überlegen, wie er in wenigen Worten seine Unterthanen am nachdrücklichsten an ihre Pflicht erinnern, und sie zugleich von der liebreichen Vorsorge, mit welcher er ihr König seyn werde, versichern könne. Er eilte nunmehr, seinem Volke sich vorzustellen, welches ihn mit einem jauchzenden Zuruf, und allgemeinen Händeklatschen empfieng. Einem gütigen Könige kann nichts angenehmers seyn, als die Freude seiner Unterthanen. Er wartete, bis das Geräusch des Volks sich würde gelegt haben, um mit ihm zu reden. Das Jauchzen verdoppelte sich, und T'Siamma brannte vor Begierde, ihnen die Worte zu sagen, von denen er hofte, daß sie bey der Freude seines Volks einen noch einmal so starken Eindruck haben müßten. Da das Volk nicht aufhören wollte, zu jauchzen; so gab er ihnen das gewöhnliche Zeichen, daß er reden wollte, und erwartete ein ehrerbietiges Stillschweigen: aber das Lärmen verdoppelte sich. Nunmehr war es kein Jauchzen oder Händeklatschen mehr; es war ein wildes und wüstes Geschrey eines trunkenen Pöbels. Der König erschrack, seine Räthe erblaßten. Sie würden es für einen Aufruhr gehalten haben: aber sie sahen, daß das Volk sich ruhig hielt, und nur bey einem unaufhörlichen Jauchzen und Händeklatschen zu rasen schien. Mit einem Worte: es war dem Könige nicht möglich, zu seinem

nem Volke zu reden. Er kehrte zurück, und überdachte sein Schicksal mit der Traurigkeit eines liebreichen Vaters, welcher nicht mehr weiß, wie er seinen Kindern helfen soll, die auf ihn nicht hören wollen.

Alles dieses war ein Werk des Zauberers, welcher die Freude seiner Unterthanen in einen ausschweifenden Unsinn verwandelt hatte, damit sie, wie die Trunknen, nicht wissen sollten, was sie sähen, oder was sie hörten.

T'Siamma merkte wohl, daß ihm eine mächtigere Hand widerstund. Er erinnerte sich der weisen Vermahnung seiner gütigen Zoimane, welche ihn beständig aufgemuntert hatte, standhaft und gelassen zu seyn, wenn er auch unglücklich wäre. Sie hatte ihm merken lassen, daß er einen mächtigen Feind habe; aber daß dieser Feind ein Zauberer, und zwar der grausame Ciongock sey, das hatte sie ihm niemals sagen wollen, damit er den Muth nicht gänzlich fallen lassen, und nicht müde werden möchte, seinem Unglücke zu widerstehen.

Ciongock freuete sich, wie sich ein Bösewicht freut. Er sann auf neue Mittel, wie er den tugendhaften T'Siamma tränken könne: und da er einer von den gefährlichsten und grausamsten Zauberern war; so nahm er sich vor, die Frömmigkeit und Weisheit des gütigsten Königs seinen Unterthanen und Nachbarn lächerlich zu machen.

Die Gesetze des Reichs erforderten, daß der neue König in den ersten dreyßig Sonnen seiner
Regierung

Regierung eine Wallfahrt zu dem Haine des großen Nammu=Amida thun sollte. T'Siamma unterwarf sich diesem Geseze mit Vergnügen, da es ihn zu einer heiligen Handlung verband, und da er den meisten Theil seiner Unterthanen beysammen sehen sollte. Er zog fort, in Begleitung der Aeltesten seines Reichs, und hatte die ansehnlichsten Geschenke auf einen weißen Elephanten geladen, um sie seinem Gotte zu heiligen.

Ciongock sahe wohl, daß er alles verlieren würde, wenn er geschehen ließe, daß die Unterthanen ein öffentliches Zeugniß seiner Frömmigkeit und Andacht sähen; aber daß er desto mehr gewinnen würde, wenn er dem Volke diese Frömmigkeit verdächtig machen könnte. Er that es.

Der König näherte sich dem Haine, und legte sich dreymal auf sein Angesicht nieder, um sich zu dem Anschauen des Namu=Amida zu heiligen. Seine Unterthanen, die ihn in unzähliger Menge am Haine erwarteten, freueten sich über ihren König, und fielen dreymal mit ihm nieder, und beteten für ihn: denn das fromme Beyspiel eines Königs macht fromme Unterthanen, und die Frömmigkeit macht treue Bürger. Nun zog er mit seinem Gefolge nach dem Tempel. Die Priester tanzten ihm in langen weißen Kleidern, und mit Kränzen in den Händen entgegen, um ihn zu segnen, und seine Geschenke unter sich zu theilen. Sie ließen ihn ihre Kränze küssen, und fragten im Namen ihres großen Gottes nach den Geschenken. Er befahl,

fahl, daß man den Elephanten herbey führen sollte;
aber, wie bestürzt war er, und wie wütend waren
die Priester, als man, an statt des aufgeputzten
Elephanten, einen grauen Esel brachte, der zween
Körbe mit Reiß und Bohnen trug! Sie warfen den
Staub gen Himmel, hörten die Entschuldigungen
des Königs nicht, und riefen dem Volke zu: Sie
sollten die Beschimpfung ihres Gottes rächen, und
den ungläubigen T'Siamma erwürgen. Das Volk
fieng schon an zu murren. Der unglückliche König
flüchtete sich in sein Schloß, wo er drey Tage lang
verschlossen blieb, und auf seinen Knien rohe Bohnen aß, um den Zorn des schrecklichen Namu-
Amida zu versöhnen; denn er glaubte, daß dieser
auf ihn erzürnt sey, und aus Zorn seine Geschenke in
so verächtliche Sachen verwandelt habe. Am vierten
Tage versammelte er den großen Rath. Es ward
beschlossen, der König solle durch einen seiner ver-
schwiegensten Knechte den Priestern Geschenke senden,
und solche verdoppeln. Er that es. Die Priester
ließen sich endlich großmüthig bewegen, die Geschenke
anzunehmen, und ihr Gott ward versöhnet.

Seit diesem Zufalle blieb der König immer traurig;
denn die Gnade seiner Götter, und die Liebe seiner
Unterthanen verlohren zu haben, das waren diesem
guten Könige zwo schreckliche Sachen. Die Räthe
merkten seine Schwermuth, welche weder die Geschäfte seiner Regierung, noch die öftern Lustbarkeiten
zerstreuen konnten. Sie riethen ihm an, er solle
sich vermählen. Es vergiengen dreyßig Monden, ehe

er

er sich entschließen konnte. Endlich stellten sie ihm vor: das Wohl seines Landes erfordere dieses; und sogleich entschloß er sich.

Man schickte Gesandten an den König der benachbarten Insel Saykock, die um seine Enkelinn werben sollten, eine Prinzessinn, welche so tugendhaft, so weise und so schön war, daß man ihr den schmeichelhaften Namen Zizizi beygelegt hatte. Der König freute sich über die Gelegenheit, die man ihm gab, sich mit dem Sohne seines alten und besten Freundes auf eine so genaue Art zu verbinden. Er gab seine Einwilligung zur Vermählung; er bat aber zugleich, daß T'Siamma selbst zu ihm kommen, und die Prinzessinn von seiner Hand annehmen sollte, damit sie sich mündlich unterreden könnten, wie das gute Vernehmen zwischen beyden Reichen, und das Wohl ihrer beyderseitigen Unterthanen am sichersten zu befestigen sey. Eine einzige von diesen Ursachen wäre schon vermögend gewesen, den T'Siamma zu dieser Reise zu bewegen.

Er segelte also mit einem prächtigen Gefolge von hundert Schiffen ab. Zur Ueberfahrt nach Saykock brauchte man nur wenige Zeit. T'Siamma sahe schon den Hafen. Er näherte sich ihm, ungeduldig vor Liebe, Freundschaft und Begierde, seine Unterthanen glücklich zu machen. Der alte König von Saykock stand mit seinen Dienern und seinem Volk am Ufer, seinen Freund zu erwarten; als ein jählinger Sturm die Flotte ergriff, aus dem Hafen zurück warf, und mit solcher Heftigkeit um die

ganze

ganze Insel Saykock herum trieb, daß er mit der dritten Sonne schon wieder vor dem Hafen war. Die Inwohner entdeckten seine Flotte, die Freude breitete sich durch die ganze Stadt aus, und der König eilte mit seinem Hofe nach dem Hafen, seinen Freund und Sohn zu empfangen, den er schon verlohren gegeben hatte. Sie sahen sich, sie winkten einander, um ihr Vergnügen über diese unvermuthete Zurückkunft auszudrücken; das Ufer und die Flotte ertönten von dem Jauchzen des freudigen Volks: aber, eine schreckliche Nacht umhüllte die Flotte. Es war nicht möglich, weiter zu kommen; man zog die Segel ein, damit die Schiffe nicht an einander scheiterten. In dieser ängstlichen Unbeweglichkeit blieb die Flotte liegen. Der Nebel verzog sich; aber wie erschrack T'Siamma, da er sah, daß er nicht mehr vor dem Hafen, sondern an den Ufern von Chiekock, nicht weit von seiner Burg, war. Er warf sich auf dem Verdecke seines Schiffes nieder, betete zu seinen Göttern, und befahl, die Segel von neuem aufzuspannen. Er flog zum dritten male nach der Insel Saykock seinen Wünschen entgegen. Zum dritten male kam er in den Hafen, und fand den König mit seinem Volke wieder versammelt, welche eine ausserordentliche Freude über diese dritte Ankunft empfanden. Der alte König stand am Ufer; er reichte seinem Freunde die Hand, welcher eben im Begriffe war, aus dem Schiffe zu steigen, als das Volk auf dem Schiffe und auf dem Lande, Verrätherey! Ver-

Rab. Sat. IV. Th.   F f   räthe-

rätherey! rief. T'Siamma sprang ins Schiff zurück, und suchte sein Volk zu besänftigen. Der alte König riß seinen Unterthanen die Waffen aus den Händen. Er rief ihnen zu; aber niemand hörte auf ihn. Das Geschrey auf dem Lande, und auf den Schiffen war, wie das Geschrey zweyer feindlichen Heere, die sich erwürgen. Die Flotte des T'Siamma kehrte zurück, und flohe, und keiner von seinem Gefolge, hatte den Muth, sich umzusehen, bis sie in den Hafen von Chiekock angelangt waren. Hier versammelten sich die zerstreuten Schiffe. T'Siamma, welcher wohl merkte, daß ihn eine mächtigere Hand hinderte, trat traurig ans Land. Sein Gefolge erwachte, wie von einem unruhigen Traume, und sie wußten nicht, was ihnen wiederfahren war, oder warum sie geflohen waren. Sie schämten sich vor ihren Weibern, sie schlugen die Augen vor ihrem Könige nieder; aber dieser gute König erkannte wohl, daß es nicht ihre Schuld sey. Er richtete sie auf und unterwarf sich dem Willen der Götter, welcher ihm unbegreiflich war.

Ciongock freuete sich grimmig; denn er sahe die Angst des Königs, welche dieser vor seinem Volke zu verbergen suchte. Seine Verbindung mit der tugendhaften, weisen, und schönen Zizizi war ein zu großes Glück für den T'Siamma, als daß ihm dieser wütende Zauberer solches ungestört hätte überlassen. Denn er war es, welcher den Sturm erregte, welcher die Nacht über die Schiffe verbreitete, und welcher Wuth und Mord unter das Volk hauchte.

Der

Der alte König von Saykock war fromm, aber nicht abergläubisch. Dieser dreyfache Zufall hielt ihn nicht ab, die Unterhandlung von neuem anzufangen. Das sahe er wohl, daß diese Hinderungen kein Werk der Götter waren: er kannte seine Götter, und mußte, daß diese das Vergnügen zweyer tugendhaften Personen, und das Glück zweyer mächtigen Reiche nicht hinderten. Er hielt also alles, was ihm begegnet war, für einen ungefähren Zufall, und wollte, daß die Vermählung vollzogen werden sollte; nur das wollte er nicht zulassen, daß T'Stamma zum vierten male zu ihm käme. Um deswillen sezte er sich selbst mit einem kleinen Gefolge in ein Schiff, und landete in Chickock an, ohne daß sich T'Stamma dessen versah. Man meldete ihm die Ankunft des alten Königs. Er erstaunte und eilte ihm mit offnen Armen entgegen, den Freund seines Vaters, und seine göttliche Zizizi zu umarmen. Er küßte dem Alten den Bart; und als ihn der Alte gesegnet hatte, so übergab er ihm die Prinzessinn, welche sich zu den Füßen der T'Stamma niederwerfen wollte. Dieser fieng sie in seine Arme auf, und zog ihr, zur Versicherung seiner ewigen Treue, nach der Gewohnheit des Landes, in Gegenwart des Hofs und des ganzen Volks den Schleyer vom Gesichte.

Man kann wohl glauben, wie heftig sein zärtliches Verlangen war, diejenige zu sehen, welche ganz Morgenland für die schönste Prinzessinn hielt; aber man stelle sich auch das Schrecken vor, das ihn

über-

überfiel, als er die unangenehmste und häßlichste Gestalt vor sich erblickte. Ein übelverwachsener Zwerg mit einem kahlen Haupte, einer gerunzelten und mit Haaren bewachsenen Stirne, triefenden und schielenden Augen, herabhangenden welken Backen, einem spitzigen Kinne, und hervorragenden schwarzen Zähnen; das war die Gestalt der göttlichen Zizizi.

T'Stamma blieb einige Minuten unbewegt vor ihr stehen. Er sahe sie, er sahe ihren Vater, er sahe das Volk an, und warf ihr endlich den Schleyer über das Gesicht. Die unglückliche Prinzeßinn weinte, und wußte die Ursachen dieses allgemeinen Erstaunens und traurigen Stillschweigens nicht. Der ehrwürdige Greis verhüllte das graue Haupt in seinen Rock; unter dem Volke erhob sich ein mißvergnügtes Murren; und hoch in der Luft hörte man ein lautes Lachen, wie das Lachen eines Riesen ist, der in seiner gewölbten Höhle vom Weine taumelt und jauchzet. Der alte König erkannte diese Stimme des Zauberers. Er enthüllte sein Gesicht, warf den Staub gen Himmel, und rief dreymal den Namen des mächtigen Namu-Amida. Das Lachen des Zauberers verwandelte sich in ein wildes Heulen, welches sich in den entfernten Wolken verlohr; aber die unglückliche Prinzeßinn behielt ihre Häßlichkeit, von der sie nichts wußte.

Der alte König nahm sie bey der Hand, und gieng mit Ihr, und dem T'Stamma in das Zimmer, wo er sie also anredete: Ich sehe nunmehr, meine Kinder, daß die alten Drohungen eines der mäch-

mächtigsten Zauberer erfüllt sind: aber zu meiner Beruhigung weiß ich auch dieses, daß ich nur noch wenige Monden lebe, und mit meinem Tode die Zauberey sich endigen wird. T'Siamma, sey großmüthig und gerecht; verstoß meine Tochter nicht; liebe sie; und erwarte bald ein beßres Vergnügen. Und du, meine Tochter, hier umarmte er sie, du wirst nicht immer unglücklich bleiben. Ertrage dein Unglück: Tugend und Weisheit hat dir die Hand des mächtigen Zauberers nicht rauben können; nur die vergängliche Schönheit war es, die er auf einige Zeit verstören konnte. Hier stellte er seine Tochter vor den Spiegel, damit sie die traurige Verwandlung erfahren sollte. Sie sahe sich, sie erschrack, sie fiel bald ohnmächtig in die Arme des Vaters zurück, und vergoß über den Verlust ihrer Schönheit bittre Thränen, denn sie war ein Frauenzimmer; aber sie faßte sich auch nach einigen Minuten wieder, denn sie war ein vernünftiges Frauenzimmer. Die Hand unsers Feindes, sagte sie, hat eine Zerstörung angerichtet, die ich ohnedem einige Jahre später von der Zeit erwarten mußte. Ich werde mich zu beruhigen suchen; aber, du, Prinz, so redete sie den T'Siamma an, du bist von deinem Versprechen befreyt. Ich kehre wieder mit meinem Vater zurück. Ich liebe dich zu sehr, als daß ich von dir verlangen sollte, mich zu lieben. Lebe ohne mich vergnügt.

T'Siamma, welcher Zeit gehabt hatte, sich von seiner ersten Betäubung zu erholen, ward durch diese Anrede empfindlich gerührt. Er nahm sie bey der Hand, umarmte sie, und schwur, sie ewig zu lieben. Die feyerliche Vermählung ward vollzogen. T'Siamma bewunderte seine Gemahlinn; aber der Pöbel in Chiekock sang spöttische Lieder von seiner neuen Königinn. Sie erfuhr es, und lachte: denn ein Weiser lacht mitleidig über den Wiz des Pöbels. Sie bemühte sich, ihrem Gemahle zu gefallen; und dieser war so weise und gerecht, daß er ihre Verdienste bald einsah, und sie mit Hochachtung liebte. Sie bemühete sich auch, das Volk von ihrer Tugend und ihrem Verstande zu überführen; und diese Mühe blieb vergebens, denn sie war häßlich. Lag sie in dem Tempel vor ihren Göttern, und betete andächtig; so sagten die starken Geister zu Chiekock, daß sie, wie der fromme Pöbel, andächtig bete, weil sie nicht vernünftig denken könne. Redete sie, wie der weiseste Bramine von den Göttern, von der Natur, und von den heiligsten Pflichten der Menschen: so nennte man sie eine traurige Pedantinn. War sie gefällig und freundlich gegen die, mit denen sie sprach; so gab man ihr eine gemeine und niedrige Aufführung Schuld. War sie freygebig; so nannte man es eine übel angebrachte Verschwendung. Mit einem Worte: der Pöbel am Hofe, und der Pöbel in der Stadt, fand nichts als Untugenden und lächerliche Fehler an ihr; denn sie war sehr häßlich.

Diese allgemeine Verachtung war ihr sehr empfindlich. Sie wußte die Ursachen derselben, sie wußte, daß diese Ursachen aufhören würden, sobald ihre Bezauberung aufhörte. Sie wünschte aus
Liebe

Liebe zu ihrem Gemahle, zu ihrem Volke, und zu sich
selbst, daß sie ihre vorige Gestalt wieder bekommen
möchte; aber mitten in diesem Wunsche hielt sie inne
und zitterte, wenn es ihr einfiel, daß dieser Wunsch
nicht anders, als durch den Tod ihres Großvaters,
den sie so sehr liebte, erfüllt werden könnte. Sie
wünschte, daß er noch lange leben möchte: und damit dieses desto gewisser geschähe; so verlangte sie,
häßlich und ungestaltet zu bleiben *).

Ihr gemeinschaftlicher Feind, der unversöhnliche
Ciongock, wußte wohl, daß diese Zauberey durch
den Tod des alten Königs aufhören werde; er wußte auch, daß dieser Tod in wenigen Monaten erfol-
gen müsse. Er konnte urtheilen, wie sehr T'Siamma und seine Gemahlin sich alsdann lieben würden,
da nicht einmal ihre Häßlichkeit diese Liebe hatte
hindern können. Ein solches Glück gönnte der Grausame seinem Feinde nicht. Er merkte wohl, daß
T'Siamma, so großmüthig er auch war, doch mit
Ungeduld auf die Zeit ihrer Verwandlung wartete.
Er, als ein Zauberer, war allein vermögend, die stillen Wünsche der Königinn zu entdecken, die sie nach
ihrer Schönheit that, so oft ihr die Verachtung des
Volks unerträglich ward. Alles dieses sahe er, und
spottete ihrer Wünsche; denn er hatte einen grausamen Einfall, den König durch die Schönheit seiner

Ff 4   Gemah-

*) Hier muß ein Fehler im Originale seyn; denn kein
Frauenzimmer, wenigstens in Europa keines, wird einen
so widernatürlichen Wunsch für das Leben ihres Mannes, geschweige ihres Großvaters, thun.

Gemahlin noch weit unglücklicher zu machen, als er ihn durch ihre Häßlichkeit gemacht hatte.

Es war an einem Morgen, als die Königinn mit Anbruch der Sonne in ihrem Zimmer vor dem Bilde des Gottes Xsum lag, und für die Seele ihres sterbenden Großvaters betete, dessen gefährliche Krankheit man ihr gemeldet hatte. Sie war eben im Begriffe, vom Gebete aufzustehen, als sie von einem Schlage, wie der Schlag eines starken Donners ist, niedergeworfen ward. T'Simma hörte es; er eilte nach ihrem Zimmer, und fand sie ohnmächtig auf der Erde liegen, aber mit einer Schönheit, die ihn blendete, so schrecklich ihm sonst dieser Anblick war. Er nahm sie in seine Arme, und sie kam in wenigen Augenblicken wieder zu sich selbst. Der König war in großer Unruhe, wie er ihr diese glückliche Verwandlung entdecken sollte, da er es nicht anders thun konnte, als ihr zugleich die Nachricht von dem Tode ihres Großvaters, den sie so zärtlich liebte, zu entdecken. Sie saß noch auf seinen Knien, und zitterte vor Schwachheit. Sie sahe ihren Gemahl und die Umstehenden mit einer wilden Unordnung an, wie ein Kranker, der von einem schweren Traum erwacht. Endlich erblickte sie ihre eigene Gestalt in einem Spiegel. Sie riß sich aus den Armen ihres Gemahls, drängte sich durch die Bedienten des Hofs, und blieb einige Minuten unbeweglich vor diesem Spiegel stehen. Ja, ich bin es! rief sie mit einer ungemäßigten Freude. Sie sezte sich vor dem Spiegel nieder, zog ihre schwarzen Haarlocken durch die weiße Hand,

und

und bewunderte die Schönheit von beyden. Von ungefähr lächelte sie, und sie fand dieses Lächeln schön. Sie wiederholte es, und gab sich Mühe, auf verschiedne Art zu lächeln, um zu versuchen, welches Lächeln eigentlich ihrem Munde und ihren Zähnen am vortheilhaftesten sey. Sie ward nicht müde, ihre Augen zu betrachten. In einer einzigen Minute machte sie die Blicke einer Zärtlichen, einer Spröden, einer Gebieterinn, einer Schmachtenden, einer Traurigen, und tausend Blicke, in welchen sich der Leichtsinn eines europäischen Frauenzimmers vor dem Spiegel übt. Mit einem Worte; sie buhlte mit sich selbst, und fand endlich, daß die Blicke der Gebieterinn ihren schwarzen Augen am anständigsten wären. Mit dieser Miene wandte sie sich um, und erwartete die Anbetung derer, die um sie waren. Ihr Gemahl, welcher mit Erstaunen alle diese ungewohnten Bewegungen an ihr wahrgenommen hatte, stund ganz betrübt neben ihr, ohne von ihr gesehen zu werden. Er nahm sie bey der Hand; aber sie zog ihre Hand kaltsinnig zurück, und sah ihn an. Endlich schien sie sich zu erinnern, daß er ihr Gemahl sey. Sie überließ ihm die Hand nachläßig, ohne auf die Zärtlichkeit acht zu haben, mit welcher er sie küßte. Er wagte es endlich, sie an den Tod ihres Großvaters zu erinnern. Der Wille der Götter, sagte er mit einer ängstlichen Miene zu ihr, seine Weisheit, seine Tugend, das Glück der Todten, das schwächliche Alter deines Großvaters — — Ist er todt? unterbrach sie ihn ganz gelassen.

laſſen. T'Siamma ſah traurig auf die Erde. Alſo
iſt er todt! wiederholte ſie nochmals, und zuckte mit
den Achſeln. Aber er war alt, und verdrüßlich; ſein
— Indem ſie dieſes ſagen wollte, ſo entdeckte ſie im
Spiegel, unter ihrem linken Auge, ein kleines faſt
unmerkliches Blätterchen. Aber, große Götter! ſchrie
ſie, was iſt dieſes? Sie ward unruhig, ſie verlangte
die Aerzte, und ſank kraftlos auf einen Sopha nieder.

T'Siamma ſtand vor ihr, wie ein Träumender.
Er ſah ſeine Gemahlinn, als die ſchönſte Perſon des
Morgenlandes, vor ſich: aber ohne Zärtlichkeit, ohne
Empfindung der Tugenden, die ihr ſonſt ſo eigen
waren. Er ſah einen ſchön gemalten Körper, welcher
nur mit ſich beſchäftigt war, nur ſich liebte, und die
Hochachtung der Menſchen erwartete, ohne ſie verdie-
nen zu wollen. Er ſchlug an ſeine Stirne, und bat die
Götter, ſie möchten ihm dieſe Schönheit wieder neh-
men, welche ſo viele Tugenden verdrängt hätte; aber
die Götter wollten ihn noch nicht hören, und der
Zauberer freute ſich über ſeine Verwüſtung.

Bey dem Pöbel hatte dieſe Verwandlung eine
ganz andere Würkung. Er betete ihre Schönheit an.
Wenn ſie nur die Lippen öffnete, ſo ward ſie bewundert, noch ehe ſie redete. Sie redete mit ihrem
Papagey, und was ſie mit ihm redete, war Weißheit. Unter dieſem Pöbel waren viel Dichter: Sie
beſungen ihre Schönheit, und die Königinn ſpendete
Reiß unter ſie aus. An gewiſſen feyerlichen Tagen
theilte ſie ein ſparſames Allmoſen unter die Armen der
Stadt, um dem Volke ihre weißen Hände zu zeigen:

man

man nannte diesen eitlen Hochmuth wohlthätige Tugend, denn ihre Hände waren rund und wohl gemacht. Mit einem Wort: Der Pöbel in Chiekock, der die tugendhafteste Königinn verachtet hatte, weil sie häßlich war, der vergötterte nunmehr ihre Schönheit, und hielt ihre Thorheit für Tugend.

Der unglückliche Gemahl ward durch diese Schönheit nicht verblendet. Er liebte sie noch, aber weit zärtlicher liebte er sie damals, als sie zwar häßlich, aber tugendhaft war. Er brachte die Stunde in ihrer Gesellschaft sehr mißvergnügt zu; denn gegen alle war sie freundlich, gefällig und aufgeräumt, nur gegen ihren Gemahl nicht. Gegen seine Liebkosungen war sie immer unempfindlich und kalt. Wollte er sie küssen; so klagte sie über Schmerzen am Haupte. Verlangte er, daß sie mit an seiner Tafel speisen sollte; so wendete sie eine Andacht vor, und fastete. Redete er mit ihr, und sagte ihr die zärtlichsten Schmeicheleyen; so spielte sie mit ihrem kleinen Drachen. Redete er nicht mit ihr; so warf sie ihm seine Unempfindlichkeit vor. Was ihm gefiel, tadelte sie. War er aufgeräumt; so vergoß sie Thränen, daß er bey ihrem Kummer noch scherzen könne. In den traurigen Stunden, wenn er seinen Schmerz weiter nicht bergen konnte, machte sie ihm bittre Vorwürfe, und klagte, daß er sie nicht mehr liebe, daß er allemal aufgeräumt, und nur in ihrer Gegenwart immer traurig sey

Das Exempel der Königinn breitete sich durch die ganze Stadt aus. Die Weiber der Vornehmen ahme-

ahmeten sie nach. Die Aerzte hielten es für eine Krankheit; aber sie wußten kein Mittel dawider. Sie gaben dieser Krankheit einen gelehrten Namen, und nannten sie: Ongasauwara-Sinano; *) das war alles, was sie thun konnten. Unerachtet dieses gelehrten Namens, blieben die Männer bey dem mißvergnügten, und sich widersprechenden Eigensinne ihrer Weiber unglücklich. T'Siamma sahe die Zerrüttung mit Betrübniß, welche dadurch in den ansehnlichsten Familien verursacht ward. Er gewöhnte sich, gegen seine Gemahlinn gelassen, nachsehend und immer gefällig zu seyn. Die Großen im Reiche ahmten ihm hierinn nach. Sie machten dadurch ihren Ehstand erträglich, aber ihre Weiber nicht vernünftiger. Die Chronikenschreiber von Chiekock wollen behaupten, daß sich um diese Zeit die Herrschaft der Weiber angefangen habe; aber der gelehrte T'Sintsia macht diese Gewohnheit noch etliche tausend Jahr älter.

In diesen bekümmerten Umständen lebte T'Siamma etliche Jahre lang, und war endlich so glücklich, sein Elend gewohnt, und ruhig zu werden. Aber auch diese traurige Ruhe gönnte ihm der Zauberer nicht.

Er breitete ein Gerüchte in Chiekock aus, daß zween mächtige Prinzen, in Siam mit einander in
Krieg

*) Der berühmte Pere du Halde erzählt eben diese Geschichte, aber nur mit einigen Veränderungen. Er drückt das Ongasauwara-Sinano durch seine Vapeurs aus, und ich weis nicht, ob er es getroffen hat.

Krieg verwickelt wären. Der Schwächste von ihnen war ein Freund und Bundsgenosse des T'Siamma. Dieser brach mit seiner Armee auf, ihm beyzustehen. Er landete glücklich an, schiffte seine Truppen aus, und fand, daß das ganze Land in Ruhe war. Sein Freund hielt dieses für einen feindlichen Einfall, und ward entrüstet. Er verband sich in Eil mit andern benachbarten Fürsten, und überfiel die Völker des T'Siamma, welcher nicht im Stande war, der Macht zu widerstehen, und mit vieler Noth den Rest seiner Truppen auf die Schiffe flüchten konnte.

Dieser unglückliche Zufall schlug seinen Muth gänzlich nieder. Es war ihm unerträglich, daß er ein Spott der benachbarten Fürsten seyn, und für einen bundbrüchigen Freund angesehen werden sollte. Er eilte nach seinem Lande zurück, um sich vor den Augen der Welt, und seiner Unterthanen zu verbergen.

Er kam an den Hafen, aber er fand seine Unterthanen in den Waffen, welche ihm und den Seinigen den Eingang verwehrten. Der Zauberer, welcher wußte, daß die Götter ihm nur wenige Zeit noch seine Bosheiten ungestraft zulassen würden, hatte sich vorgenommen, den letzten und empfindlichsten Streich wider den T'Siamma auszuführen. Er hatte, als dieser abwesend war, seine Gestalt angenommen, und das Volk in die Waffen gebracht, da er aussprengte, daß eine fremde Macht sein Reich überfallen wollte. Das war die Ursache des Widerstandes, welchen T'Siamma fand. Aber sein Muth

und

und seine gerechte Sache überwanden auch diese Hindernisse. Er trat an das Land. Das Volk sahe ihn, und erstaunte; denn es sahe auch den Zauberer in der Gestalt des T'Siamma. Der Zauberer hatte die Priester durch Geschenke gewonnen. Die unglückliche Zizizi hielt ihn für ihren Gemahl, und liebte ihn seit einiger Zeit wirklich, weil er ihr tausend kindische Schmeicheleyen vorsagte, und ihr alle Stunden neue Gelegenheit gab, ihre Eitelkeit zu beruhigen. Die Weiber der Großen im Reiche hatten gar zu viel Ursache auf ihrer Seite zu seyn; sie bedienten sich also der Gewalt über ihre Männer, und nöthigten sie, die Parthey der Königinn zu nehmen. Der Pöbel war ohnedem schon auf ihrer Seite. Also blieben nur noch wenige Tugendhafte und Getreue übrig, welche dem wahren T'Siamma anhiengen. Er verlangte, in Gegenwart seiner Gemahlinn, und des Volks, seinen Feind zu sehen: und mit ihm um sein Recht zu kämpfen. Der Zauberer gieng es ein, da er seiner Macht gewiß genug zu seyn glaubte. Sie begegneten beyde einander in einer furchtbaren Ebene vor der Stadt. Der Zauberer führte die Königinn an der Hand, und ward von einer unzählbaren Menge Volks begleitet. T'Siamma erstaunte nunmehr selbst über die Aehnlichkeit seines Feindes. Er war wütend, daß er seine Gemahlinn an der Hand dieses Räubers sehen sollte. Er zog das Schwerdt, und rief: Göttliche Zoimane! stärke meinen Muth, und diesen Arm! So bald er dieses gesagt hatte, sprang er auf den Zauberer los,

welcher

welcher ihn aber, ohne aus seiner Gelassenheit zu
kommen, zu Boden warf und erwürgen wollte.

In diesem Augenblicke stürzte die göttliche Zoimane,
die Freundinn und Beschützerinn ihres T'Siamma, in
einer Wolke von Feuer auf den Zauberer herab. In
ihrer linken Hand hielt sie einen Talismann, welchen
der eingegrabene Name des Namu Amida den Gott-
losen schrecklich machte. Der Zauberer erblickte diesen
Namen, und zitterte. Er wollte fliehen, aber er sank
zur Erde nieder. Er verwandelte sich in einen schrecklichen Riesen, und war so verwegen, wider die Fee
zu kämpfen. Diese hielt ihm den Talismann vor;
und er stürzte zum zweytenmale, wie ein Kind, zur
Erde. Er verwandelte sich in einen hohen Felsen, um
gegen die Kraft des Talismanns unempfindlich zu
seyn; aber er schmolz wie Schnee, zusammen. Noch
zum drittenmale versuchte er zu entkommen, verwandelte sich in einen Strom, und riß den unglücklichen
T'Siamma, welcher ohnmächtig auf der Erde lag, mit
sich fort. Die Fee merkte dieses zu spät. Sie warf
sich in den Strom, den T'Siamma zu retten. Durch
die Gewalt des Talismann vertrocknete der Strom,
und es blieb nichts übrig, als ein faules stehendes
Wasser; aber mitten in demselben lag der T'Siamma
ohne Empfindung ausgestreckt, und blieb todt.

Das war das Ende des grausamen Zauberers,
welcher in dem letzten Augenblicke seiner Wut den
tugendhaften T'Siamma zugleich mit in sein Verderbniß hinriß. Nur die weisen Götter wußten,
warum sie dieses geschehen ließen.

Die

Die Fee netzte den Leichnam mit ihren Thränen. Sie wollte der Nachwelt ein Andenken seines großen Muths, und seiner standhaften Tugend hinterlassen. Sie hielt also den Talismann an seine Stirne, und es erhob sich mitten aus diesem todten See ein Fels von weißem Marmor, welcher den Leichnam des T'Slamma in sich verschloß.

Unter diesem schrecklichen Kampf der Fee und des Zauberers war das Volk geflohen. Die Königin lag ohnmächtig an dem Fuße eines Baumes, und wußte von allen diesen traurigen Veränderungen nichts. Sie ermunterte sich durch ein Wort der Fee, welche ihr das Schicksal ihres Gemahls, die Bosheit des Zauberers, und die Rache der Götter erzählte. Sie legte ihr den Talisman auf die Brust, und in diesem Augenblicke verschwand alle Eitelkeit und Thorheit, welche durch die Zauberey des Clongock seither ihren Verstand umnebelt hatte. Sie war vor Bekümmerniß außer sich. Sie wollte mit den Göttern zanken; aber die Fee erinnerte sie an ihre Gottesfurcht, an ihre Tugend, und an ihre Weisheit. Sie ward ruhig; sie küßte den Namen des mächtigen Namu Amida, und beweinte ihren Gemahl, ohne ungeduldig zu murren. Die Fee verließ sie. Zizizi baute ihrem Gemahl einen prächtigen Tempel auf dem Marmorfelsen, welcher seinen Leichnam verschlossen hielt. In diesem Tempel war sie die oberste Priesterinn bis an ihren Tod. Das Volk betete ihn an. Er ward

der

der Gott der Unglücklichen, welche ihren Wünschen immer nahe sind, ohne sie jemals zu erlangen, und welche, so lange sie leben, vergebens hoffen.

Sein Tod geschahe, nach der Zeitrechnung der Inwohner zu Chiekock, am siebenden des Monden Ni-ada, welcher nach dem europäischen Calender der erste April ist. Dieser Tag war dem Volke besonders heilig. Sie giengen hinaus in die Ebene nach dem Tempel ihres Gottes T'Siamma, und stellten sich, als wenn sie ihn ängstlich suchten. Sie riefen ihn, und wenn sie ihn nicht fanden, so warfen sie Steine in den faulen See Ciongock, um das Andenken des Zauberers zu verfluchen. Die Aeltern sagten an diesem feyerlichen Tage zu ihren Kindern: Geht hinaus, und sucht den T'Siamma, er wird euch etwas schenken; die Kinder giengen, und warfen Steine in den See, wenn sie ihn nicht fanden. Das Weib sagte zu ihrem Manne: Gehe hinaus, und suche den T'Siamma, er wird dir sagen, ob ich dich mehr liebe, als andre Männer; der Mann gieng, und rächte sich an dem See, wenn er ihn nicht fand. Die Mutter sagte zu ihrer Tochter: Gehe hinaus, und suche den T'Siamma; er wird dir den Mann nennen, durch dessen Liebe du glücklich werden sollst; die Tochter gieng, und kehrte traurig zurück, weil sie diesen Mann nicht erfuhr. Der Weltweise sagte zu seinen Schülern: Gehet hinaus, und suchet den T'Siamma, er wird euch eine Weisheit lehren, gegen welche die meinige nur Thorheit ist; sie giengen, und suchten ihn, und klagten es ihrem Lehrer, daß sie keine Weisheit gefunden hätten.

Dieses war die Art, mit welcher die Inwohner das Andenken ihres unvergeßlichen T'Stamma, feyerten. Sie fasteten an diesem Tage, und das ganze Land war traurig.

Nach tausend Jahren ward die Religion in Chiekock verächtlich, da das Land einen König bekam, der sich der Religion seiner Väter schämte. Die Großen des Volks waren starke Geister, und nur der arme Pöbel betete noch. Um diese Zeit fiel auch die Hochachtung, die man für das Andenken des T'Stamma hatte. Sein Gottesdienst verkehrte sich in Völlerey, und pöbelhafte Ausschweifungen. Sie sandten einander noch immer zu dem T'Stamma, aber nicht tugendhaft, nicht weise zu werden, nein, nur ihren Muthwillen zu küzeln. Und fanden sie noch einen, welcher fromm und treuherzig genug war, sich zu dem T'Stamma schicken zu lassen, den hielten sie für einen Narren. Dem Pöbel gefiel endlich dieser Scherz auch, und für den Pöbel gehörte er eigentlich. Er bemächtigte sich dieses Wizes, und behielt ihn bey, nachdem die Vornehmen des Landes anfiengen, sich desselben zu schämen. Diese Gewohnheit breitete sich durch Siam in Japan aus, und ist endlich auch zu uns Europäern herüber gebracht worden.

Nunmehr ist der siebente Tag des Monden Niada ein Fest der Narren in Chiekock; und der europäische Pöbel feyert es zu gleicher Zeit am ersten April.

Zweytes

Zweytes Buch,

enthält

sieben mal sieben Wahrsagungen.

vom ersten April.

RIDE. SI. SAPIS. Mart.

Warnung
an alle unverheirathete
Frauenzimmer.

So viel Mühe sich der Autor auch gegeben hat, alles zu vermeiden, was den zärtlichen Ohren seiner Leserinnen, und besonders unverheiratheter Frauenzimmer, anstößig seyn möchte; so wenig hat er es doch von der achten bis zur neunzehnten Wahrsagung vermeiden können. Er warnt sie daher wohlmeinend, diese Stellen vorsichtig zu überschlagen. Es würde ihm nahe gehen, wenn sie darinnen etwas finden sollten, worüber sie erröthen, oder empfindlich werden müßten.

Zweytes Buch.

1.

Einem von meinen Lesern sind sieben mal sieben Wahrsagungen verdächtig. So bald er diesen Titel zu Gesichte bekömmt, so bald fällt ihm das Sprüchwort ein: daß Sieben gemeiniglich die Zahl eines Lügners sey: und um deswillen hat er ein schlechtes Vertrauen zu diesen Wahrsagungen. Sie irren sich, mein Freund; lesen Sie weiter; es ist auch für Sie eine Wahrsagung darinnen. Sie werden gestehen müssen, daß ich nicht lüge, wenn Sie anders sich selbst kennen.

2.

Phänest 1) hat an einem feyerlichen Tage die Pracht und die Lustbarkeiten des Hofes mit angesehen; diese Lebensart gefällt ihm. Er versetzt einen Theil seines väterlichen Gutes, kauft sich reiche Kleider dafür, und läßt sich heute um eilf Uhr zum ersten male bey Hofe sehen. Man bewundert seinen Verstand, und seinen Rock; man sucht seine Freundschaft; man erbietet sich zu allen möglichen Diensten. Der unerfahrne Phänest kennt die Sprache des Hofes noch nicht. Er träumt schon von lauter hohen Ehrenstellen, von Gewalt und Reichthume; aber in kurzem wird er merken, daß alles nur ein Traum gewesen ist. Er wird wieder auf sein Landgut flüchten, und suchen, durch eine genau eingeschränkte Wirthschaft in zehn Jahren so viel

Gg 3

―――――――――――
1) Kennen Sie den Herrn V ‧ ‧ ‧ T ‧ ‧ nicht?

viel zu ersparen, als er es sich in einem Jahre hat kosten lassen, dem Hofe lächerlich zu seyn.

3.

Nassidien 2) hat in der Stadt, wo der Hof wohnt, seit zwanzig Jahren ein ansehnliches Vermögen, durch alle nur ersinnliche, sowohl vornehme, als niederträchtige Ausschweifungen zerstreut. Weil er für den Prinzen ein besondres Galakleid, ein anders für die Gemahlinn des Prinzen, und für einen jeden Vetter und eine jede Muhme des fürstlichen Hauses wenigstens eine reiche Weste gehabt; weil er zwanzig Jahre in dem Vorzimmer müßig geplaudert hat; weil er sich sein Geld bey Hofe hat abgewinnen lassen: weil er seine Gesundheit in der Gesellschaft einiger Frauenspersonen vom Theater eingebüßt hat: so glaubt er, ein Recht zu haben, von dem Prinzen eine Belohnung seiner treuen Dienste, und eine Schadloshaltung für das ansehnliche Vermögen zu fordern, welches er, nach seiner Art zu reden, im Dienste des Fürsten zugesezt hat. Er entschließt sich also, diesen Morgen ernstlich um ein Amt, oder, welches bey ihm einerley ist, um eine Pension anzusuchen. Man hört sein Bitten an, und macht ihm ein gnädiges Compliment; er bittet noch einmal, und man verweist ihn zur Geduld; er bittet zum drittenmale, und nunmehr findet man seine Bitte sehr unbescheiden. Man wird ihn fragen, worinnen denn eigentlich die wichtigen Dien-

---

2) Seine Gläubiger werden es gleich errathen, daß ich den Herrn von N·· meine.

Dienste bestehen, die er dem Hofe mit Aufwendung eines so ansehnlichen Vermögens geleistet habe? Dieser Frage hatte er sich nicht versehen. Er geht mißvergnügt über den Hof, zurück, lebt noch einige Zeit in der Stadt von den Wohlthaten seiner Bekannten, von der Leichtgläubigkeit einiger Wucherer, und von seiner eignen Unverschämtheit. Endlich flieht er aufs Land, und füttert sich in etlichen adelichen Familien zu Tode, wo er der gnädigen Frau viel Nachtheiliges von den Hofdamen erzählt, der Fräulein ein paar abgesetzte Operarien vorheult, den Junker die Geographie von allen verdächtigen Häusern der Residenz lehrt, und mit dem alten Ritter, beym Kamine, über die Regierung, und den Undank des Hofs patriotisch seufzet.

4.

Der Prinz wird nach der Tafel einige Minuten mit dem Grafen N... 3.) am Fenster stehen, sehr vertraut mit ihm reden, und ihm einige mal etwas ins Ohr sagen. Es sind in der That nur gleichgültige Dinge, die er mit ihm spricht, und die Geheimnisse, die er ihm ins Ohr sagt, dürfen alle wissen, nur die Prinzessinn nicht. Gleichwohl macht diese gnädige Vertraulichkeit eine große Bewegung am Hofe, und im Gehirne des armen Grafen. Der Hof weis, daß der Prinz den Grafen zu gut kennt, als daß er ihn hoch schäzen, oder ihn seiner Vertraulichkeit würdigen sollte. Man hält ihn für einen Mann, der zu den kleinen Belustigungen

G g 4 des

3) Der Graf E.. ist Ihnen der unbekannt?

des Hofs zu trocken, und zu ernsthaften Verrichtungen zu albern sey; in der That hat der Prinz auch bisher niemals mit ihm geredet, als wenn er nach der Uhr, oder nach dem Wetter fragte. Und gleichwohl redet er izo mit ihm allein, und redet ihm ins Ohr, und klopft ihn auf die Achsel. Nunmehr ändert auch der Hof seine Begriffe, die er sich von dem Grafen machte. Kaum hat ihn der Prinz verlassen, so drängt sich die ganze Antichambre zu ihm. Die Großen reden vertraut mit ihm, und bitten, daß er morgen mit ihnen speisen möge; die Hofleute von der mittlern Classe lächeln zu allem, was er spricht; finden seine Scherze sehr fein, und zucken die Achseln geheimnißvoll, wenn er seiner Natur die Gewalt anthut, ernsthaft und vernünftig zu reden; die Kleinen weichen ihm ehrerbietig aus dem Wege, damit er desto vornehmer auf= und abgehen, und sie desto mehr bemerken könne. Der gute Graf taumelt von diesem ungewohnten Glücke. Er kann es noch nicht begreifen, daß er es ist, dem man alle diese Freundschaft und Hochachtung bezeugt. Endlich läßt er sichs gefallen, und er läßt sichs um so viel lieber gefallen, da er bisher der einzige am Hofe gewesen ist, der an seinen Verdiensten nicht gezweifelt hat. Nun überrechnet er schon sein künftiges Glück, da er gewiß glaubt, daß er der Vertraute des Prinzen sey. Er hat Feinde, und diese will er es empfinden lassen, daß sie seine Feinde gewesen sind. Er hat Schulden; diese will er nicht bezahlen, denn nunmehr würde sich das noch weniger für ihn schicken, als vorher. Aber er will Schäze sammeln, und was ihn noch beunruhiget, ist die Ungewißheit, welche Güter im Lande er eigentlich an sich kaufen will. Zu seinem guten Glück ist er noch nicht vermählt. Er läßt in Gedanken alle Fräulein die Musterung passiren, und bedauert die guten Kinder, daß er nur eine von ihnen heirathen kann. Mit dergleichen angenehmen Träumen beschäftigt sich der arme Graf, und weis nicht, daß es nur Träume vom ersten Aprile sind. Noch an eben dem Tage kömmt er an den Hof zurück. Er nähert sich dem Prinzen mit einer gewissen Vertraulichkeit, zu welcher er sich seit drey Stunden berechtigt zu seyn glaubt. Der Prinz sieht ihn gleichgültig an; er redet mit allen, die um ihn stehen, nur mit dem Grafen nicht. Diese veränderte Scene ist ihm ein Räthsel. Er wagt es endlich, dem Prinzen etwas ins Ohr zu sagen; der Prinz hört es, ohne seine Miene zu ändern, oder ihm zu antworten. Er wiederholt seine stille Frage noch einmal; der Prinz antwortete ihm mit einem unzufriednen Nein! und kehrt ihm den Rücken zu. Der arme Graf tritt beschämt zurück; er vergißt alle Schlösser, die er kaufen, und alle Fräulein, die er heirathen wollte. Die Antichambre verachtet ihn eben so sehr, wie gestern. Er steht überall im Wege; man drängt ihn zurück. Er bietet sich an, daß er morgen mit Seiner Excellenz speisen wollte; aber nun besinnen sich Seine Excellenz, daß sie morgen selbst zu Gaste sind. Er sagt etliche

etliche artige Einfälle, und niemand lächelt mehr. Er geht zu denen, die ihm vor drey Stunden ehrerbietig auswichen; sie bleiben stehen, sie merken ihn nicht, und, die ihn noch merken, die sind so vertraut, Taback von ihm zu fodern. Zum größten Unglücke kömmt der Kaufmann in das Vorzimmer, dem der ganze Hof schmeichelt, weil der ganze Hof ihm schuldig ist. Er hat in seiner Schreibstube von der gnädigen Vertraulichkeit des Prinzen gegen den Grafen gehört; um deßwillen ließ er alles liegen, und eilte nach Hofe, um dem Grafen sein ganzes Vermögen anzubieten, in der Hoffnung, dasjenige wieder zu bekommen, was er ihm bereits schuldig war. Aber schon auf der großen Treppe erfährt er die geschwinde Veränderung; er geht also in das Vorzimmer, sucht den Grafen, und mahnet ihn trozig. Der Graf eilt beschämt nach Hause, verflucht den Hof, und den unglücklichen Tag, ohne sich zu besinnen, daß dieser Tag der erste April ist.

5.

Endlich hat Hypsäus 4) den Schritt gethan, den er sich seit langer Zeit zu thun wünschte. Er hat heute das ansehnliche Amt überkommen. Zwar den Verstand hat er nicht, der zu dem Amte erfodert wird; aber den hat er sich auch eben nicht gewünscht. Genug, daß er die Besoldung und den Rang hat. Er wird dafür sorgen, daß er jemanden miethet, der in seinem Namen den Verstand und Fleiß anwendet, den das Amt erfodert. Nunmehr glaubt Hypsäus vollkommen glücklich zu seyn. Aber

─────────────
4) Der Herr Rath M·· mit der wichtigen Miene eines O··

Aber seine große Dummheit und Nachläßigkeit wird nun desto mehr in die Augen fallen, je ansehnlicher der Posten ist, in welchem er steht. Die Stadt fängt an, öffentlich über ihn zu lachen, da sie ihn vorher nur im Stillen verspottet hat. Die Einkünfte muß er denen abgeben, die für ihn arbeiten. Er wird also auf den ersten April künftigen Jahres von seiner Ehrenstelle nichts übrig haben, als die Schande, und die Verantwortung.

6.

Sehen Sie jenen Mann mit der tückischen und menschenfeindlichen Miene, welcher sich die Stirne wischt, und sich ganz ermüdet auf das Canapee wirft? Das ist Neran 5)! Erst vor einer Minute hat er das große Werk zu Stande gebracht, an dem er seit einem halben Jahre gearbeitet hat. Durch die niederträchtigsten Schmeicheleyen, durch Bestechungen, die ihn den dritten Theil seines Vermögens gekostet haben, durch Verunglimpfung der redlichsten Männer, die er für Nebenbuhler hielt, hat er sich diesen Morgen in das Amt gedrängt, bey welchem er hoft, daß man ihm eben so niederträchtig schmeicheln werde, als er gethan, und ihn eben so bestechen werde, als er es thun müssen. Hier sitzt er, und dichtet, an welchem von seinen Feinden er sich zuerst rächen will. Schon hungert ihn nach dem Vermögen anderer, welches er, als seine Beute, ansieht. In der That wird er verschiedene unglücklich machen. Aber der Elende, der heute

hier

5) Der Mann ist mir zu tückisch, den mag ich nicht nennen.

hier auf dem Canapee von seinem Glücke, und dem Untergang seiner Feinde träumt, weiß nicht, daß, ehe noch ein Jahr verläuft, Unschuld und Tugend siegen werden, und er in dem Gefängnisse verschmachten soll.

7.

Wer ist das kleine junge Männchen, welches dort an iener Tafel eine ganze Gesellschaft ehrwürdiger und erfahrner Männer mit einer so unanständigen Lebhaftigkeit zu übertäuben sucht? Und wer ist die ansehnliche Frauensperson, welche dort an der Thüre horcht, und vor Freuden Thränen vergießt? — 6) Ist das möglich? Also ist der Knabe heute zum ersten male von dem Prinzen in die Versammlung der Räthe aufgenommen worden? und gleichwohl ist er schon so weise, daß er denenjenigen unbescheiden widerspricht, die ihn vor zwanzig Jahren auf den Armen trugen? Und das ist seine Frau Mutter? Sie weint vor Freuden, daß der Himmel ihren Sohn mit so vieler Weisheit und Lunge ausgerüstet hat. Ihre Freude wird nicht lange dauern. Das weise Kind, welches heute vor Gelehrsamkeit bersten möchte, wird in drey Monaten erfahren, daß er ein elender Ignorant sey. Er wird verstummen, und alsdann wird er erträglich seyn.

8.

Heute wird der unglückliche Ball seyn, auf welchem so viele zärtliche Thoren den Grund zu ihrem Mißvergnügen legen werden.

Der

---

6) Viel Glücks, hochweiser N • • d.

Der junge Herr 7) in weißen Strümpfen, und mit den reichen Aufschlägen, flattert um seine Schöne, wie die Motte ums Licht. Er sieht ein paar schwarze Augen, er fühlt eine weiche Hand, er schielt nach dem Palatine, und wird so heiß vor Liebe, daß er schmelzen möchte. Morgen wird er seine Göttinn besuchen, und seufzen; übermorgen wird er seine Liebe entdecken; in vier Wochen wird er ihr Mann seyn; und in vier Monaten möchte er sich vor den Kopf schießen, so oft es ihm einfällt, daß er die Thorheit gehabt hat, der Mann eines Frauenzimmers zu werden, dessen unvorsichtige Ausschweifungen ihn vor der ganzen Stadt lächerlich machen.

2.

Selinde, 8) ein stilles, tugendhaftes, und wie man versichern will, fast einfältiges Mädchen, nimmt die Schmeicheleyen des jungen Seladons für Ernst an. Er thut ihr Versicherungen und Schwüre, die sie in dem Hause ihrer Mutter, die eben so stille, tugendhaft, und eben so einfältig ist, niemals gehört hat. Sie nimmt diese Schwüre für Ernst auf, und fängt an, diesen Flatterhaften zu lieben. Die Mutter läßt es geschehen, daß er sie oft und zu allen Zeiten besucht; die zufriedne Tochter küßt der gefälligen Mutter die Hände dafür. Seladon redet von nichts als von dem Glücke, das er sich wünscht,

die

---

7) Der süße Herr S ‧ ‧, der dort rechter Hand wohnt, wenn man nach dem Markte zugeht.

8) Arme E ‧ ‧! du dauerst mich, und doch weiß ich nicht, wie deinem guten Namen wieder aufzuhelfen ist.

die Hand eines so liebenswürdigen Kindes ewig zu besitzen. Das einfältige Kind schweigt sittsam, und wünscht es in ihrem Herzen selbst. Die Mutter lächelt, halb andächtig, und halb, als erinnerte sie sich ihrer Jugend, und sagt: wie Gott will, ihr Kinder! Der Leichtsinnige hat die Absicht gar nicht, Selinden zu heirathen. Er liebt ihre Schönheit, und will versuchen, wie weit er diesen Roman ausführen könne. Aber die Tugend des Mädchens und der Mutter sind ihm beständig ein unüberwindliches Hinderniß. Man warnet die gute Mutter. Sie bittet ihn, seine Besuche zu unterlassen, welche der ganzen Stadt so verdächtig würden; aber er ist so niederträchtig, daß er sich in öffentlichen Gesellschaften gewisser Vertraulichkeiten rühmt, die den guten Namen der treuherzigen Selinde zweydeutig machen. Sie hofte, der Ball würde die Gelegenheit zu ihrem künftigen Glücke seyn; aber durch eben diese einfältige Treuherzigkeit hat sie ihren guten Namen verlohren, welchen ihre Unschuld nicht retten kann. Seladon ist ein Bösewicht, und einem Bösewicht, der etwas Nachtheiliges von einem Frauenzimmer erzählt, glaubt die lästernde Welt immer lieber, als einem Frauenzimmer, welches seine Unschuld eidlich erhärtet.

10.

Aber Seladon bleibt nicht ungestraft. Er hat an eben diesem Abend eine Bekanntschaft mit der Tochter 9) eines Kaufmanns gemacht, die er nebst der

---

9) Die Mademoiselle S--ist es, die der Himmel geschaffen hat, den ungetreuen Seladon zu bestrafen.

der Bekanntschaft mit Selinden zugleich unterhält.
Denn ein junger Mensch von Verdiensten, wie Seladon, muß mehr als ein Mädchen auf einmal betrügen. Und diesesmal wird Seladon selbst betrogen. Die Tochter des Kaufmanns hat nicht Ursache, spröde zu seyn. Ihr Vater hat ausgerechnet, daß er kaum noch ein Jahr lang im Stande seyn werde, seinen ehrlichen Namen vor der Welt zu erhalten. Seladon ist bemittelt genug, ihn noch einige Zeit zu retten. Der Vater räth der Tochter, die Beute nicht fahren zu lassen. Sie thut alle Anfälle einer verschlagenen Buhlerinn auf ihn, und thut sie mit gutem Erfolge, weil ihr dergleichen Anfälle nicht neu sind. Noch einige Zeit bleibt Seladon ungewiß, weil er sehen will, wie weit er sein Glück bey Selinden treiben könne. So bald aber dieser Roman abgerissen wird; so kann er sich weiter nicht aus dem Neze entwickeln, das ihm die Tochter des Kaufmanns legt. Nun ist der Flatterhafte gefangen; und kurz nach der Hochzeit erfährt er die zerrüttete Wirthschaft seines Schwiegervaters; ja, was noch weit empfindlicher ist, er erfährt, daß seine Frau ihn nicht zuerst geliebt hat. Er muß zu beyden stillschweigen; denn ein Mann, dem sein eignes Gewissen Vorwürfe macht, wird selten Muth genug haben, seiner Frau dergleichen Ausschweifungen vorzuwerfen, und zwar einer Frau, welche so viel Muth hat, wie diese, ihren Mann es fühlen zu lassen, daß sie Frau ist. Nun hängt Seladon traurig den Kopf. Er verliert seyn Vermögen, welches er in

die

die Hände des Schwiegervaters geben müssen. Er verflucht seine Wahl; aber ganz im Stillen verflucht er sie, damit es seine Frau nicht höre, vor der er sich scheut. Er kann niemals Selinden begegnen, ohne sich zu schämen. Wie unglücklich ist der Ball vom ersten April für den armen Seladon! 10)

T.. 11) und E.. 12) sehen sich diesen Abend zum ersten male; sie finden in ihrem beyderseitigen Umgange etwas, das ihnen gefällt; sie fangen an, sich zu lieben; noch an diesem Abende entdecken sie einander ihre Liebe. T.. freut sich, und überläßt es aus Bescheidenheit dem Ausspruche ihrer Mutter. E.. ist ein tugendhafter und ehrlicher Mensch; aber er hat kein Geld, kein Amt, und weiß auch noch nicht, wenn? und wo? er beydes finden soll: T.. hat eben so wenig Vermögen, und kann sich nur sehr kümmerlich mit ihrer Mutter ernähren. Sie lieben sich beyde zu aufrichtig, als daß sie einander dieses verschweigen sollten; aber sie lieben sich auch beyde zu stark, als daß sie vernünftig nachrechnen sollten, wie viel sie etwan künftig brauchen möchten. Ihre Mutter, ein christliches Weib, und eine große Freundinn des Ehestandes, macht ihnen Muth: Sie sollen beten und arbeiten,
so

10) Der leichtsinnige E.., er ist unglücklich, aber er hat die Strafe verdienet.
11) 12) Ich könnte wohl ihre Namen ganz nennen: denn T.. und E.. sind zu arm, als daß sie sehr bekannt wären; aber doch dauern sie mich, daß sie nunmehr bekannt werden sollen.

so wird es ihnen nicht fehlen! Wie sehr beruhigt dieser mütterliche Segen unser zärtliches Paar! Sie heirathen sich, und für großer Liebe merken sie in den ersten vier Wochen ihren Mangel nicht. Nun wird ihre jugendliche Liebe etwas ernsthafter. Sie vermissen die unentbehrlichsten Sachen in ihrer Wirthschaft; sie klagen es der Mutter, und diese zuckt die Achseln. Sie beten, und haben doch kein Brod. Sie wollen arbeiten, und es findet sich keine Arbeit, und kein Amt für ihren Stand. Sie lieben einander noch eben so aufrichtig; aber desto empfindlicher ist ihnen der Mangel, den keines vor dem andern verbergen kann. Sie und ihre Mutter können nicht begreifen, wie das möglich ist, daß der Himmel eine so aufrichtige Liebe darben läßt; aber sie bedenken nicht, daß die aufrichtigste Liebe unvernünftig seyn kann, und daß der Himmel nicht schuldig ist, unsre Thorheiten zu segnen, wenn wir auch schon diese Thorheiten mit Gebet anfangen.

Kleant —, 13) ich weiß nicht, ob ihr ihn kennt? Kleant, der eigennüzige Hagestolz, hat selbst keine Verdienste, als das Geld, und also kennt er auch, außer dem Gelde, keine Verdienste weiter. Man hat immer die Absicht gehabt, sein Vermögen in vernünftigere Hände zu bringen, und um deswillen hat man sich Mühe gegeben, ihn zu verheirathen. Man schlägt ihm ein Frauenzimmer vor,

---

13) Mit ihrer Erlaubniß, Herr N ∙ ∙ T ∙ ∙ daß ich Sie ein wenig bekannter mache.

vor, die sehr tugendhaft ist. Aber hat sie Geld? fragte er. „Sie ist von einer guten ansehnlichen „Familie.„ Aber vielleicht hat sie eben um deswillen kein Geld? „Sie ist zu allen denen Künsten „und Wissenschaften angeführt worden, die ein „Frauenzimmer zu einer vernünftigen Mutter, ei„ner häuslichen Frau, und liebenswürdigen Freun„dinn machen.„ Hum! spricht Kleant, aber was bringt sie mit? Dort tanzt dieser Kleant, und zwar tanzt er mit Orimenen 14), einem Frauenzimmer von dreyßig Jahren, welche von ihrem Vater die Kunst gelernt hat, bey einem mittelmäßigen Vermögen die Miene eines Frauenzimmers zu behaupten, welches große Reichthümer besizt, und nur aus Bescheidenheit, und guter Wirthschaft diese Reichthümer nicht gestehen will. Mit dieser tanzt er, und mitten im Tanzen rechnet er nach, wie viel er wohl gewinne, wenn er dieses Frauenzimmer zur Frau bekommen könne. Alle ihre Capitalien tanzen vor seinen Augen herum, und wenn er ihr die Hand reicht, so geschieht es mehr mit der Bewegung eines Menschen, der Geld empfangen soll, als er die Hand einem Frauenzimmer zum Tanze giebt. Die Menuet ist geschlossen. Er führt sie an das Fenster, er redet schüchtern mit ihr, sie wird roth; er küßt ihr die Hand, sie neigt sich, und er drückt die Hand mit Entzückung an seinen Mund. Nun sind sie einig. Des Wohlstands wegen will man noch vorher den Vormund

darum

---

14) Das ist meine Nachbarinn, die kostbare A--.

darum fragen. Der arme Kleant! er ist seines Glücks gewiß; gleich nach Ostern wird die Hochzeit vollzogen. Nun fragte Kleant nach ihrem Vermögen, und ihr Vermögen besteht in ungültigen Papieren, weitläuftigen Ansprüchen, und in der Hoffnung, einen reichen Vetter in Ostindien zu beerben, wenn er unverheirathet und ohne Testament sterben sollte.

13.

Warum ist Leonore, 15) die Tochter des reichen Kaufmanns, so aufgeräumt? Noch vor einer Stunde saß sie ganz tiefsinnig und unzufrieden, und war gegen alle, die sie zum Tanze aufforderten, frostig und beleidigend, nur gegen den Baron von N.. 16) nicht. Der vergoldete Baron, der eben izo mit ihr tanzt, hat ihr, oder vielmehr ihrem Gelde vor einigen Minuten eine förmliche Liebeserklärung gethan. Leonore ist ein hochmüthiges Bürgermädchen, welches nichts so sehr wünscht, als einen hohen Rang, und den Titel einer Excellenz: Der Baron hat beydes, aber auch viele Schulden. Sind wohl in der Welt zwo Personen, die sich besser für einander schicken? Die Liebeserklärung von diesem Abende ist der Grund zu einer Vermählung, mit welcher der Baron so geschwind als möglich eilen wird, um eine ruhige Messe zu haben. Nun ist der Baron Herr von ihrem Vermögen, und nun läßt er es die glückliche Leonore empfinden,

daß

---

15) Die unglückliche T..
16) Zu deutsch, der Herr Baron von D..

daß ihre Person, ohne dieses Vermögen, gar keinen Werth hat. Er schämt sich, sie an den Hof zu bringen, an welchen doch zu kommen die eitle Leonore so sehr gewünscht hat. Sie fühlt die Spötterey seiner Familie, und darüber würde sie sich allenfalls trösten lassen; aber das ist für sie eine schreckliche Sache, daß sie sich auf ein entferntes Landgut ihres Gemahls begeben soll, um daselbst einsam und unbemerkt, in der Gesellschaft der Weber ihrer Verwalter und Pachter zu leben, um ihren Mann dadurch von dem schimpflichen Vorwurfe einer ungleichen Heirath zu befreyen. Würde Leonore wohl so lustig tanzen, wenn sie die unglücklichen Folgen dieses Balls voraus wissen sollte!

14.

Was muß wohl dort der Herr Secretär 17) mit der großen Perucke in seine Tafel schreiben? Er lacht so laut, daß man kaum noch den Baß von der Musik hört, und läßt sich von der wizigen Kalliste etwas dictiren. Kalliste 18) ist ein Frauenzimmer, welches von allem dem nichts versteht, was man gemeiniglich von der Sorgfalt und dem Fleiße eines Frauenzimmers fodert; aber sie hat viel gelesen, sie ist wizig, und so gelehrt, daß sie in Gesellschaft anderer Frauenzimmer gähnt, und andere Frauenzimmer in ihrer Gesellschaft einschlafen. Der Secretär liest Acten und Zeitungen, und ist gleich
so

17) Der Herr Secretär E ··, ein Mann, dessen ganze Lunge wizig ist.
18) Die gekrönte S ··.

so wizig, als er es bey seinem Amte nöthig hat; aber gleichwohl macht er die Mode unsrer Zeit mit. Er bewundert den Wiz, wo er ihn findet, und bewundert ihn allemal aus vollem Halse. Kalliste legt ihm ein Sinngedicht auf eine Frau vor, die das Unglück hat, dem Herrn Secretär zu mißfallen. Das ist schon Ursache genug für ihn, diesen Wiz zu bewundern. Er schreibt es in seine Tafel; er fragt nach dem Verfasser; Kalliste erröthet. Ha! Ha! schreyt der Secretär, soll mich der Teufel, das Ding haben Sie gemacht! Kalliste muß es gestehen. Der Secretär blöft ihr einige Schmeicheleyen vor, und spricht: so eine Frau möchte ich haben, wie Sie sind; Gott straf mich, so eine Frau! Er läßt es bey diesem zärtlichen Sturme nicht bewenden. Weil aber Kalliste des Wohlstandes wegen ihn noch diesen Abend in Ungewißheit lassen muß, so wird er morgen von neuem ansezen, er wird auch morgen noch das Jawort, und in vierzehn Tagen Kallisten zur Frau bekommen; aber in vier Wochen möchte er sie gern wieder los seyn. Wenn er zu Bette gehen will, so fehlt Kallisten noch ein Reim; er muß allein schlafen. Wenn er aufsteht, so schläft Kalliste noch, weil sie gestern den Reim sehr spät fand. Wenn er nach Hause kömmt, und essen will, so hat Kalliste über einer schönen Stelle aus dem Voltaire vergessen, die Küche zu bestellen. Geht er wieder in sein Amt, so versammelt sich eine Menge wiziger Herren bey seiner Frau, welche sich der schönen Künste und Wissenschaften wegen allemal in Abwesenheit des Mannes, bey seiner Frau versammeln. Er kömmt Abends nach Hause; er findet den Tisch voll Bücher, und wieder kein Essen darauf. Er flucht, und sie erklärt ihm aus dem Seneka eine vortrefliche Stelle vom Zorne. Er fragt: ob sie ihn ganz wolle verhungern lassen? und sie antwortet ihm mit einem gelehrten: natura paucis contenta. Er lärmt über die witzigen Gesellschaften, die seiner Ehre ziemlich zweydeutig wären; aber sie erklärt ihm sehr tiefsinnig die beruhigende Lehre von der harmonia praestabilita. Er legt sich für Verdruß zu Bette: aber die witzige Kalliste weckt ihn wieder auf, und liest ihm ein Sonnet vor. Wie unglücklich wird der unwitzige Sekretär mit der witzigen Kalliste leben!

Glauben Sie etwan, daß dort im Erker der junge Mensch bey seiner Großmutter sizt? Nichts weniger. Er sagt einer alten reichen Wittwe 19) zärtliche Schmeicheleyen vor, welche bey ihrem fünf und funfzigsten Jahre noch wollüstig genug ist, sie anzuhören. Die Frau besizt ein erstaunendes Vermögen, ist immer ungesund, nimmt von drey Aerzten Arzeney, und also wird sie in fünf Jahren gewiß sterben. So rechnet Adrast, 20) welcher geschickt, aber arm ist. In der Hoffnung, daß er sich länger nicht, als fünf Jahre, mit ihr quälen werde,

---

19) So zärtlich wären die Schmeicheleyen ihres ersten Mannes C nicht.

20) Der Herr Licentiat E....

werde, verlangt er ihre Hand, und bekömmt sie, und dieser neue Ehestand gedeiht der alten Frau so gut, daß sie noch in ihrem fünf und siebzigsten Jahre so munter seyn wird, als heuer. Armer Adrast!

16.

Rosamunde 21) steht ganz tiefsinnig unter dem Spiegel. Murner, 22) ein alter Wuchrer von zwey und sechzig Jahren fordert sie zum Tanze auf, und taumelt mit ihr ein Menuet. Dieser verdrüß- liche Alte wird morgen ihr Bräutigam. Rosamunde wird von ihrem Vater gezwungen, dem Manne, der Tonnen Goldes hat, ihre Hand zu geben. Das gute Kind dauert mich: denn Murner wird noch zehn Jahre nach ihrem Tode leben, welcher in den ersten fünf Jahren ihres Ehestandes für Verdruß über ihren geizigen, eckelhaften, und plumpen Mann erfolgt. Aber sie würde mich noch mehr dauern, wenn ich nicht wüßte, daß sie ihren natürlichen Widerwillen gegen den verdrüßlichen Alten durch die eigennüzige Hoffnung beruhigte, daß er in ein paar Jahren sterben, und sie durch sein Vermö- gen in den Stand sezen werde, den jungen Erill 23) glücklich zu machen.

17.

Warum eilt Polidor 24) so geschwind, und so unruhig nach Hause? — Ist das möglich! sa

ist

21) Dieses Schlachtopfer heißt N - - in.
22) Und dieser ihr Henker heißt D - -.
23) Ich habe ihn schon genennt; er heißt Erill.
24) Der ungetreue R - -.

ist seine Frau in diesem Augenblicke gestorben, welcher er seit etlichen Jahren durch tausend niederträchtige Beleidigungen das Leben bitter, und die Lust zum Tode angenehm machen wollen! Er findet sie todt. Wie leicht ist ihm das Herz! er schickt noch diesen Abend zu Agnesen, 25) die er seit einigen Jahren mehr geliebt hat, als seine Frau, und läßt ihr den Tod der leztern melden. Agnese versteht die Botschaft, und freut sich; und Polidor freut sich noch mehr, da er nun keine Hinderung weiter sieht, Agnesen öffentlich für seine Frau zu erkennen. Was für aufrichtige Thränen würde izo Polidor über den Tod seiner rechtschaffenen und unglücklichen Frau vergießen, wenn er wissen sollte, daß ihn heute über ein Jahr, um eben diese Zeit seine Agnese bey den Haaren zum Zimmer hinausschleppen wird, weil er sie in ihrer Einsamkeit mit einem Kaufmannsdiener stören wollte, dessen Glück sie, durch das Geld ihres Mannes, zu machen denkt!

18.

Florinde 26) war auch auf den Ball gebeten; aber sie begräbt diesen Abend ihren alten Mann. Sie geht hinter seinem Sarge weit vergnügter, als sie hier in dieser muntern Gesellschaft tanzen würde, wenn ihr Mann noch lebte. Sie hat in drey Jahren viel mit ihm ausgestanden; aber er liebte sie

anfrich-

25) Wie gesagt: Agnesen.
26) N ** a. welche dort so vergnügt unter ihrem Flore lacht.

aufrichtig, und zum Beweise seiner Liebe sezte er sie zum einzigen Erben ein. Nunmehr theilt sie ihre Reichthümer mit dem Herrn Lieutenant von ••, welcher hier in Garnison steht, ein irrender Ritter, und ein unglücklicher Spieler ist. Wie oft wird sie in drey Jahren an ihren verstorbnen Mann mit Thränen denken, wenn sie bey seinen Freunden um das Gnadenbrod bitten muß!

19.

N•• wird heute diese Weißagungen in der Stille lesen, ohne sich es merken zu lassen. Ich habe sie auf dem Titelblate gewarnet, sie solle dieselben vom achten bis zum neunzehnten Artikel überschlagen, weil für das Frauenzimmer, und besonders für unverheirathete Frauenzimmer, viel anstößige Stellen darinnen wären. Die Warnung ist Ursache, daß sie den achten und die folgenden Artikel bis zum neunzehnten zuerst gelesen hat. Sie weis gar nicht, was ich will; denn in allen diesen Stellen findet sie nichts anstößiges für das Frauenzimmer. Im Ernste, gar nichts? Desto zufriedner bin ich, meine Schöne! aber doch werden Sie hier vieles finden, das Ihnen sehr nüzlich seyn kann. Hätte ich Ihnen gerathen, diese zwölf Artikel wegen ihrer erbaulichen Moral zu lesen; so würden Sie dieselben vielleicht gar nicht, oder nach Ihrer guten Bequemlichkeit, oder doch mit Ihrer gewöhnlichen Unachtsamkeit gelesen haben. Aber da ich bat, Sie möchten diese Stellen nicht lesen, da ich Sie davor warnte, weil viel Anstößiges darinnen wäre,

wel-

welches die Ohren der Frauenzimmer beleidigen könnte; mit einem Worte, da ich es Ihnen verbot: so schlichen Sie sich ganz in der Stille auf die Seite, nahmen meine Mährchen vom ersten April, suchten begierig die achte Wahrsagung, und lasen unermüdet, bis hieher. Und nunmehr ärgern sie sich, daß ich das alles voraus gewußt habe. Werden Sie nun bald glauben, daß meine Wahrsagungen vom ersten April gegründet genug sind? Stecken Sie nur das Buch ein, gehen Sie wieder zur Gesellschaft, ich will Sie nicht verrathen.

20.

Wie vielerley Wege sucht sich der Mensch aus, zu seinem Glücke zu kommen, und wie selten trifft er die rechten Wege! Ich sehe, daß Frontin 27) mit einem kleinen Blättchen Papier, sehr vergnügt aus dem Zimmer eines Großen 28) des Hofes zurücke kömmt, von dem er sein Glück gehoft hat, und von dem er es nunmehro desto gewisser erwartet, da er ihm izo 6000 Fl. gegen einen Wechsel geliehen hat. Frontin ist ganz außer sich über die gnädige und vertraute Art, mit welcher ihm sein Mäcenat ein Amt, und seine ganze Gnade versprochen hat. Aber er wird es ihm noch oft versprechen, und wenn Frontin es sich jemals einfallen läßt, die Intressen oder das Capital wieder zu fodern,

27) Sein Vater, der reiche E- - hätte sein Geld vorsichtiger ausgesehnt.
28) Man wird auf verschiedne rathen; aber es ist niemand, als Ihro Excellenz der Graf M - -.

dern, so ist er ohne Hülfe verlohren. Er hätte wissen
sollen, daß die Wechselbriefe eines Mächtigern weiter nichts sind, als schriftliche Complimente.

21.

Wen muß heute Harpax 29) betrogen haben,
daß er dort bey seinem Geldkasten so vergnügt lächelt?
Nun weiß ich es. Vor einer Stunde hat er die
lezten hundert Thaler verdient, die ihm noch an
dem ersparten Vermögen von 50000 Thalern fehlten.
Nun sezt er sich auf die Geldsäcke, und rechnet.
Wir wollen ihm zuhören, ohne ihn zu stören —
Das wären also 20. 9. 5. 14. 1. gut! Das wären
also 49000 Thaler: Hier in dem Sacke 500 und
300 und 100 und hier in der Hand die 100 Thaler — Es ist richtig! Das macht zusammen 50000
Thaler. Gott Lob! Nun will ich nur noch 10000
Thaler darzu verdienen, und hernach mein Alter
ruhig beschließen, und dem lieben Armuthe nach
meinem Vermögen Gutes thun, so bald ich diese
60000 Thaler beysammen haben werde. Wie glücklich wird mein Sohn leben! Ich habe mit hundert
Thalern angefangen, und höre mit 60000 Thalern
auf. Glücklicher Sohn! wie viel kannst du zusammen sparen, da du mit 60000 Thalern anfängst!
Gott erhalte mir nur mein bischen Armuth! Ich
will es gewiß auch die genießen lassen, die darben
müssen, wenigstens nach meinem Tode; denn so
lange man lebt, weiß man nicht, was man selbst
braucht, und mein lieber Sohn ist mir doch der
näch-

29) Marx Israel O..

nächste: — Wollen Sie den lieben Sohn kennen lernen? Dort sizt er in einem verdächtigen Hause, unter der Gesellschaft einiger Spieler, die seine Freunde sind, und einiger liederlicher Weibsperso‍nen. In eben der Stunde, da sein Vater die lez‍ten hundert Thaler so andächtig in seinen Kasten sperrt, schreibt der Sohn einen Wechsel auf 4000 Thaler, und bekömmt von einem Wucherer, der fast so schlimm, wie sein Vater ist, 1500 Thaler dafür. Von diesem Gelde wird er mit seinen Freun‍den, und Freundinnen ein paar Wochen vergnügt leben. Der Sohn wird von neuem, und mit noch mehrerem Verluste borgen, und wird nach und nach so viel Schulden häufen, daß nicht einmal die väter‍liche Erbschaft zulangt, sie zu tilgen. Armer Har‍pax! Wie sehr hast du dich heute verrechnet!

22.

Wie zärtlich drücken Uranth 30) und Javo‍len 31) einander die Hände! Uranth, als ein ge‍schickter Kaufmann, hat ausgerechnet, daß er 15000 Thaler gewinnen kann, wenn er in der künftigen Messe Bankerot macht. Aber es ist eine gewisse Vorsicht dabey nöthig, um den Namen ei‍nes ehrlichen Mannes zu behaupten, und zugleich zu vermeiden, daß man aus den Gesezen keine Händel bekömmt. Er hat die Sache izt mit seinem Advocaten, dem Javolen, überlegt. Der Plan ist gemacht; die Unglücksfälle sind alle aufs reine

---

30) Mich dünkt, er heißt A ⸺.
31) T ⸺ Juris utriusque Doctor.

gebracht, und Aranth findet das Unternehmen si‑
cher genug. In künftiger Messe also wird er den
Streich wagen. Er und sein Advocat überrechnen
schon den Vortheil, den sie machen wollen. Sähen
sie zukünftige Dinge voraus, wie ich sie voraus se‑
he; so würden sie beyde die Köpfe hängen. Ihre
Bosheit wird entdeckt werden. Den Kaufmann
wird man auf seine ganze Lebenszeit in den Schuld‑
thurn werfen; und den Advocaten wird man zu einer
öffentlichen Handarbeit verdammen. Wie unglücklich
ist ihnen der heutige Tag zu diesem Unternehmen!
Aber sie sind zu entschuldigen. Haben sie wohl
Ursache gehabt, eine so strenge Gerechtigkeit zu be‑
fürchten, von welcher man seit fünfzig Jahren keine
Exempel weiß?

23.

Unter allen Tagen im ganzen Jahre ist besonders
der erste April der Goldmacherkunst geheiligt: ich
würde also Unrecht thun, wenn ich nicht ein paar
Worte davon sagen wollte.

Der Mann mit der heitern und ehrlichen Miene,
welcher dort vor dem Ofen sizt, und gedankenvoll
das künftige Glück überrechnet, an welchem er so
viele Menschen will Antheil nehmen lassen, so bald
er die große Sache wird zu Stande gebracht haben;
dieser Mann verdient unsre Hochachtung und unser
Mitleid. Es sind gestern gleich zwanzig Jahre ge‑
wesen, daß er angefangen hat zu laboriren, und
allezeit unglücklich; aber heute hat er einen Proceß
angefangen, der ihm gewiß alle seine Mühe auf
einmal

einmal belohnen wird. Nun sinnt er nach, was er mit den unsäglichen Schätzen anfangen will, von denen er künftig Herr seyn wird. In seiner Vaterstadt will er eine Stiftung für hundert Arme machen. Unter seinen Verwandten hat er viele, die Noth leiden, denen will er unter die Arme greifen, daß sie Brodt verdienen können. Für die Geistlichen und Schulen sezt er jährlich drey tausend Thaler aus, die er nach seinem Gutbefinden unter sie theilen will. Alle Jahre will er fünf Knaben auf ein Handwerk thun, und fünf armen Mädchen will er eine Außstattung geben. Er kennt zween Kaufleute, die fleißig und ehrlich, aber in ihrer Handlung unglücklich sind; denen will er ohne Zinsen so viel Geld leihen, als sie brauchen, damit sie für sich und die Ihrigen Brod erwerben können. Hundert tausend Thaler will er alle Jahre verbauen, damit diejenigen ihren Unterhalt bekommen können, die Lust haben zu arbeiten. So menschenfreundlich träumt Philet 32)! Dieser rechtschafne Mann ist der einzige, dem ich die Entdeckung eines Geheimnisses gönnen wollte, welches außerdem, wenn es zu entdecken, und mehr als einer Person bekannt wäre, das größte Unglück für ein Land seyn müßte.

24.

Dort sizt Argyl 33) vor dem Ofen, und bläst, daß ihm Schweiß und Ruß über das Gesicht laufen.

32) Schon die ehrliche Miene macht den leichtgläubigen
P - - kenntlich, wenn ich ihn auch nicht nennte.
33) Der Taugenichts R - - k.

fen. Er arbeitet auch an der Erfindung des großen Geheimnisses; aber wie sehr ist er von dem tugendhaften Philet unterschieden! Argyl hat ein ansehnliches Vermögen auf die niederträchtigste Art verschwendet, und noch viele Leute boshaft um das Ihrige gebracht. Nun macht ihn die Verzweiflung zum Narren. Er ist einem bettelnden Landstreicher in die Hände gefallen, welcher ihn diese wichtige Kunst lehren will. Argyl lechzet nach den versprochnen Schäzen, nicht, daß er tugendhaft leben, andere glücklich machen, und seine Schulden bezahlen will: Keinesweges! Er will Gold machen, damit er eine unerschöpfliche Quelle habe, seine gewohnten Ausschweifungen fortzusezen. Er hat heute einen neuen Proceß angefangen. Er macht ein großes Geheimniß daraus; aber ich will ihn verrathen:

„Rec. ☽ fin. solvire solche in aquafort. Zie-
„he das aquafort davon, und dieses wieder-
„hole zum drittenmale. Nun gießet destillir-
„ten acet. darauf, und solviret darinnen al-
„les, was sich solviren will, zieht den acet.
„destill. davon, und solches wiederholt auch
„zum drittenmale. Das hinterbliebene Salt
„solvire in aqua pluviali, filtrire und coagu-
„lire es ad consistentiam discretam, so ist er
„fertig."

Nun hat Argyl alles, was er sich wünscht. Aber ich weiß es besser, was er hat — die Narrentinctur.

25.

25.

Blasewind 34), ein herumirrender Goldmacher, ist es, welcher den rechtschaffnen Philet, und den unartigen Argyl betrügt. Er hat sich schon einige Zeit von ihrer Leichtgläubigkeit sehr bequem unterhalten. So ungeschickt und unwissend er auch ist; so ist er doch fein genug, sich die Schwäche eines jeden zu Nuze zu machen. Mit dem Philet redet er von nichts, als von guten Werken, und mit dem Argyl von nichts, als von den wollüstigen Tagen, die auf ihn warten. Er hoft an dem Orte, wo er izo ist, noch viele zu hintergehen, weil es bey uns noch einige Philete, und unzählige Argyle giebt. Aber Blasewind betrügt sich. Die Schulden, die er an andern Orten gemacht, verfolgen ihn. Er hat hier zu seinen Ausschweifungen nöthig gehabt, neue Schulden zu machen; und er flieht. Er schmeichelt sich an einem kleinen Hof ein, welcher gewohnt ist, mehr Aufwand zu machen, als die Einkünfte seines Landes ertragen: Er verspricht, diesem Mangel abzuhelfen. Man hört ihn, man giebt ihm, was er verlangt; aber man giebt auch sehr sorgfältig auf ihn Acht. Er wird über einer Betrügerey ertappt, er gesteht noch mehrere, und dort vor dem Thore auf der Höhe rechter Hand der Straße, dort wird ein vergoldeter Galgen hingebaut werden, an dem dieser tückische Landstreicher hängen soll.

26.

---

34) ∙∙A∙∙ und wer ihn von Person will kennen lernen, der lese die Zeitungen, wo er in kurzem mit Steckbriefen verfolgt werden wird.

26.

Moran 35) hat gehört, daß Kleider Leute machen. Bisher haben ihm seine Umstände nicht erlaubt, daß er viel auf die Kleider hätte wenden können; und eben dieses hat er für die einzige Ursache gehalten, warum er so wenig bemerkt, und so wenig geschäzt worden ist. Nun will er der Welt die Augen öffnen. Er überlegt diesen Morgen die Sache mit seinem Schneider, er läßt einige prächtige Kleider verfertigen, und damit ihm diese neue Equipage nicht gar zu kostbar falle, so kauft er ein paar reiche Westen von einem Kammerdiener. Nun bricht er hervor, und läßt sich in allen Spaziergängen, in den Lustspielen, und Vorzimmern der Großen sehen. Er erlangt seinen Zweck. Alle Welt sieht auf diese unbekannte Figur, wie man auf einen unerwarteten Kometen sieht, der einige Zeit unter den Sternen herum irrt. Man fragt, wer es sey? Man erfährt es endlich, und in kurzer Zeit weiß die ganze Stadt, daß er ein Mensch ohne Erziehung, ohne Wissenschaften, ohne Sitten, mit einem Worte, daß er ein unnüzes glänzendes Geschöpf ist. Hätte Moran nicht besser gethan, wenn er in seinem alten Kleide unbemerkt gestorben wäre? Man würde nicht gewußt haben, daß er lebe: aber das würde für ihn sehr vortheilhaft gewesen seyn.

27.

---

35) E-- heißt dieser prächtige Narr.

27.

Der heutige Tag ist für die Pracht des Narciß 36) nicht glücklicher. Narciß, nachdem er lange genug sich in sich selbst verliebt hatte, verliebt sich nun auch in ein vornehmes Frauenzimmer, und ist so ungerecht, zu glauben, die Aufmerksamkeit eines Frauenzimmers zu gewinnen, dazu gehöre weiter nichts, als ein wohl gepuderter Kopf, ein kostbares Kleid, feine Wäsche, ein Band im Degen, ein paar kostbare Dosen, eine goldne Uhr, und ein Ring, von dessen Werthe man sich eine Weile unterhalten kann, wenn man sonst nichts zu reden weiß. Alles dieses schaft sich Narciß, und borgt es, da er kein Vermögen hat, es zu bezahlen. Er hat das Glück, ein paar Tage in dem Hause des Frauenzimmers gelitten zu werden; aber in Kurzem erfährt der Juwelierer, daß er seinen Ring sehr unsichern Händen anvertraut habe. Er nimmt ihn zurück; die übrigen Gläubiger folgen ihm nach, und in kurzem ist Narciß ganz ausgekleidet, und kriecht wieder in seinen alten Rock.

28.

Heute ist in dem Hause des alten Marcills 37) alles für Freuden ausser sich; denn eben heute ist

sein

---

36) Sein wahrer Name ist C**, und wer mir nicht glauben will, der frage nur den Juwelirer.

37) Bisher hat er E** geheissen; aber vermuthlich wird ihn der Sohn nöthigen, diesen Namen zu ändern, den in ganz Paris keine Marquisinn aussprechen kann, so deutsch klingt er.

sein Sohn aus Paris zurück gekommen. Im vorigen Jahre reiste er dahin, als ein junger, bescheidener und gesitteter Mensch, ein wenig einfältig, und hieß Hanns: Heute kömmt Monsieur Jean zurück, ohne Gesundheit, ohne Sitten, ohne Religion, und sagt seinem deutschen Vater und seiner deutschen Mutter Thorheiten vor, und beyde sind für Freuden ausser sich. Monsieur Jean geht in Gesellschaften; alle sehn auf ihn, wie auf ein fremdes Thier. Der Einfältige hält diese Aufmerksamkeit für Beyfall; aber er wird in dieser vergnügten Einbildung nicht lange bleiben. In vier Wochen wird er einen alten und angesehenen Kaufmann auf dem Caffeehause finden; er wird vor ihm herum gaukeln, und ihn so lange beleidigen, bis dieser ehrliche Mann ihn vor der ganzen Gesellschaft versichern wird, daß Monsieur Jean ein Narr sey. Die ganze Gesellschaft wird diese Wahrheit durch ihren lauten Beyfall unterstützen.

29.

Celsus 38) hat diesen Morgen den Grundstein zu einem prächtigen Gebäude gelegt, welches er vor dem Thore aufführen will, um seinem Namen ein ewiges Andenken zu stiften, und seinen Nachkommen eine anständige Wohnung zu bauen. Wüßte

---

38) Auf seinen Ballen steht ein D ••, und über die Hausthüre wird es auch mit dem gewöhnlichen Kaufmannszeichen und einem heuchlerischen Soli Deo Gloria kommen, um zugleich seinen Vornahmen, und sein Vaterland auszudrücken.

Celsus, daß ihn dieser Bau sein ganzes Vermögen kosten wird, daß er noch eben so viel aufborgen muß, um nicht die Schande und den Vorwurf eines unüberlegten Unternehmens zu haben, das er nicht ausführen kann; wüßte er, daß ihn seine Gläubiger durch die Hand des Richters aus dem Hause werfen werden, so bald er es völlig ausgebaut hat, daß dieser prächtige Pallast den Namen eines ganz Fremden und Unbekannten bekommen wird, der izo nur noch eine kleine verachtete Handlung durch seinen Fleiß und Glück unterhält; wüßte Celsus, daß seine unglücklichen Kinder in eben diesem Hause um das Brod dienen werden: wie traurig würde er seyn, wie sehr würde er sich seines unüberlegten Ehrgeizes schämen!

30.

Urgyr 39) hat heute zum erstenmale den unglücklichen Einfall, ein Münzcabinet anzulegen. Sein Vermögen ist geringe, seine Einkünfte sind ungewiß: aber desto gewisser die Ausgaben, die er auf die Erziehung einer starken Familie wenden muß. Das alles hindert ihn nicht. Er hat heute früh das ansehnliche Münzcabinet eines seiner reichen Freunde gesehen; um deswillen nimmt er sich vor, auch eines anzulegen. Er puzt alle Thaler rein, die er bekommen kann, und, wo er eine Münze findet, die recht glänzt, und neu aussieht, die trägt er in seinen Schaz. In ein paar Jahren wird ein stärkeres Vermögen in dieser Sammlung stecken,

39) Wer kann sonst ein solcher Thor seyn, als Herr E..?

stecken, als er entbehren kann. Seine Kinder leiden Noth, er siehet es, es jammert ihn: aber er sammelt immer noch mehr in sein Münzcabinet. Er borgt Geld mit sechs pro Cent auf, um schöne Münzen zu kaufen. Endlich drängen ihn seine Schulden, und da er nicht bezahlen kann, so bemächtigten sie sich seines Cabinets. Der unbedachtsame Argyr! Seine Kinder sind bald verhungert, er selbst hat kein Brod, und sein aufgeputztes Cabinet haben die Goldschmiede.

31.

Das ist heute zum fünftenmale, daß sich Mentor 40) in ein Joch spannen läßt, aus dem er schon viermal zu seinem großen Vergnügen erlöst worden ist. Aber dasmal ist es eine ganz andere Sache: denn der Vater des jungen Menschen, von dem er heute Hofmeister werden müssen, ist einer der vornehmsten bey Hofe, und hat ihm eine gewisse und anständige Versorgung versprochen. Armer Mentor! Desto schlimmer ist es für dich, wenn der Vater deines Telemachs so vornehm und mächtig ist. Führt sich dieser auf, wie es die Wünsche der Aeltern, und deine unermüdete Sorgfalt verlangen, so ist es nur sein guter natürlicher Charakter, dem man es zu danken hat. Schweift er aus; so ist kein Mensch Schuld daran, als der Hofmeister. Ich habe Mitleiden mit dem rechtschaffnen Manne. Sein Amt ist in vielerley Absicht eines der wichtigsten; und doch ist ein alter Hofmeister immer derjenige,

---

40) Und dieser ist mein Freund N..b.

welcher am meisten getadelt, und am wenigsten belohnt wird. Er macht vielleicht einen jungen Cavalier nach dem andern geschickt, sein Glück bey Hofe, und in dem Lande zu finden; aber er bleibt immer Hofmeister; ungefähr so, wie ein alter Fährmann das halbe Land über den Fluß gesezt hat, und immer auf der Fähre grau wird, und immer nicht vielmehr davon hat, als ein kleines Trinkgeld, und ein nichtsbedeutendes: Behüte euch Gott, mein Freund!

32.

Wie lustig geht es dort am Markte in des jungen Lindors 41) Hause zu! Heute ist der feyerliche Tag, an welchem ihn der Prinz mündig gesprochen hat. Er verkündigt dieses Glück der Stadt mit Trompeten und Paucken, und feyert dieses Fest in Gesellschaft einiger nichtswürdigen Leute, die schon lange auf sein Vermögen gelauert haben, und deren Nahrung es ist, die Freundschaft junger Thoren zu suchen, die sich mündig sprechen lassen. Das Recht, das er sich erkauft hat, drey Jahre eher mündig zu seyn, als er es nach der Ordnung der Geseze seyn sollte, ist nichts anders, als das Recht drey Jahre eher zum Bettler zu werden.

33.

---

41) Der junge T - - und, wenn es nach ihm geht, in Kurzem der Herr von T - -

33.

Endlich hat es Polydor 42) so weit gebracht, als er es schon seit vielen Jahren gewünscht hatte, zu bringen, und als es weder sein Vater, noch Großvater haben bringen können. Hier sizt er im Lehnstuhle, und überdenkt sein Glück, und das Glück seiner Kinder, bis auf die spätesten Urenkel. Seine Frau hängt ihm zärtlich am Halse, und dankt Gott und ihrem Manne, daß sie den heutigen grossen Tag noch hat erleben können. Der glückliche Polydor! Vier Wochen wird das ganze Land von nichts reden, als von ihm. Seine Feinde werden für Verdruß rasen, und seine Freunde werden stolz seyn, daß sie seine Freunde sind. Er wird auch noch immer ihr Freund seyn, ob es ihm gleich seine Umstände nicht erlauben, so vertraut mit ihnen umzugehen, wie vorher. Er muß den Hof scheuen; denn nunmehr giebt der Hof auf alle seine Schritte Acht. Was ist denn das für ein schreckliches Glück, das Polydor heute erlebt hat? er hat sich für 3000 Gulden Ahnen gekauft.

34.

Nun wird die Sache schon anders gehen. Sempron 43) kömmt eben izt vom Rathhause, und hat eine Klage übergeben. Sein Nachbar soll es schon erfahren, daß er das Recht nicht hat, in Sem-

42) Seit diesem Augenblicke, Ihro Hochwohlgebohrnen Gnaden, der Herr von J--Erb-Lehen-und Gerichtsherr auf ꝛc. ꝛc. ꝛc.

43) Der streitbare S--

prons Hof zu sehen. Wenn er mir folgen wollte; so würde er es ihm nicht verwehren. Aber sein Advocat hat ihm aus einem großen Folianten bewiesen, daß er gerechte Sache hat, und daß der Streit in vier Wochen entschieden seyn muß. Auf den ersten April 1755. wird sich Sempron vergleichen, und dem Nachbar erlauben, in seinen Hof zu sehen. Die Unkosten werden aus bewegenden Ursachen compensirt: und damit Sempron den Advocaten bezahlen kann, so verkauft er das Haus. Nun hat er doch so viel erlangt, daß der Nachbar nicht mehr in seinen Hof sieht.

35.

Das war alles, was man von Phylanders 44) Klugheit nnd Wirthschaft erwarten konnte. Er hat ausgerechnet, daß es ihn sehr viel kosten würde, eine Frau zu nehmen. Er ist zu schlau, als daß er nicht wohl merken sollte, eine Frau würde mehr Herrschaft verlangen, als ihm erträglich sey. Er nimmt also heute eine Magd zu sich, und macht eine Maitresse aus ihr. Ehe noch ein Jahr vergeht, wird ihn diese Magd zur Treppe hinunter werfen, und ehe zehen Jahre vergehen, wird diese Magd sein ganzes Vermögen an sich gezogen haben, und wenn Philander essen will, so ißt er das Gnadenbrod aus der mildthätigen Hand seiner Magd.

36.

---

44) Seine gebietende Magd wird ihn zwar nur den alten Hund nennen; eigentlich aber heißt er P. E.

36.

Dort steigt Gurdus 45) vom Wagen, nachdem er vier Wochen auſſer Landes geweſen, und von dem Prinzen in einer kleinen Verrichtung gebraucht worden iſt. Es waren ſeine erſten Verrichtungen, darum hielt er ſie für ſehr wichtig. So lange er abweſend war, bildete er ſich ein, daß das ganze Land nur von ihm und ſeinen Verrichtungen rede. Er kömmt zurück, er wundert ſich, daß ihn das Land nicht durch Bevollmächtigte an der Gränze einholen läßt. Er kömmt in die Stadt, und fährt unbemerkt durch die Gaſſen. Er ſteigt vor ſeinem Hauſe ab, und der Wirth fragt ihn, ob er ſpazieren gefahren ſey? (Alſo hat nicht einmal der Wirth ihn vermißt?) Hätte wohl dem Gurdus, der ſich alle Wochen in den Zeitungen ſuchte, eine größere Demüthigung begegnen können?

37.

Nun wird Töleſtine 46) ihre Lebenszeit recht vergnügt zubringen. Sie hat heute den Handel über ein Landgut geſchloſſen, auf welches ſie nach den Feyertagen ziehen, und nicht wieder in die Stadt kommen will. Sie iſt die Stadt überdrüßig. Man ſieht da nichts, als den Himmel und die Gaſſe. Tag und Nacht iſt keine Ruhe; jede Familie iſt der Spion der andern. Den beſten Freunden darf man nicht trauen,

---

45) Der Herr von C ‑ ‑ ſo lange er auſſerhalb Landes war, aber bey uns C ‑ ‑ ſchlecht weg.

46) Wenn es doch T ‑ ‑ geſtehen wollte, daß ſie nur die Eiferſucht zu dieſem Entſchluſſe gebracht hat!

trauen, und unter diese besten Freunde gehört Pat‑
tine, die den reichen Kaufmann geheirathet hat, auf
dessen Herz Cölestine eine Hypothek hatte. Mit ei‑
nem Worte, sie ist die Stadt übbrdrüßig; aber vor
Eintritt des Winters wird sie das Landleben noch mehr
überdrüßig seyn. Die Natur ist ihr zu einförmig;
die Bäume stehen einen Tag, wie den andern, auf
ihren Plätzen. Niemand ist da, der ihren Puz sieht;
niemand, der ihr eine Schmeicheley von ihren Hän‑
den sagt; und niemand, der sich zärtlich ängstigt,
wenn es ihr einfällt, unpaß zu seyn. Sie hat kei‑
nen Zeitvertreib. Von wem soll sie Böses reden?
Aber der Pfarrer und seine Frau spielen Lombre...
Ja, ia! sie spielen es freylich, aber das Fischchen
nur um einen Kreuzer. Die unglückliche Cölestine!
wie sehr wird ihr der Kauf reuen, über den sie heute
so viel Vergnügen bezeigt!

38.

Guten Morgen, Junker Wester, 47) guten
Morgen! Was macht die Frau Gemahlinn, die klei‑
ne Familie, und ihr Hünerhund?... Das ist ja
recht gut. Ich freue mich über das Wohlseyn der
lieben Ihrigen. Aber was haben Sie so früh in
diesem Hause gemacht? Im Ernste? Sie haben also
das Haus izo gekauft, und wollen von dem Lande
in die Stadt ziehen? Der Verdruß mit Ihren Nach‑
barn, der Proceß mit Ihren unruhigen Unterthanen,
die Chicanen der Advocaten, die Unredlichkeit der
Pachter, und, was das kläglichste ist, der Verlust
der

---

47) Junker A ‑ ‑ der Fuchsjäger.

der Mittel jagd, das sind freylich Ursachen genug, die Ihnen das Landleben verhaßt machen können. Aber werden Sie in der Stadt vergnügter seyn? Man wird Sie auslachen, wenn Sie gestiefelt in Spielgesellschaften gehen wollen. Wenn man von Opern=Arien spricht, so werden Sie zeigen, wie der Hirsch auf der Brunst schreyt. Man wird Ihnen sagen, daß morgen ein Galatag ist, und Sie werden antworten, daß morgen auch die Jagd aufgeht. Man wird Sie fragen, ob Sie morgen auf den Abend den Tamerlan mit ansehen wollen? und sie werden sehr neugierig fragen, ob er schon eingehezt ist? die ganze Stadt wird über Sie spotten, und Sie werden glauben, daß die ganze Stadt närrisch sey. Tauschen Sie noch heute mit Cölestinen. Ziehen Sie wieder aufs Land, und bereden Sie Cölestinen, daß sie bey uns bleibt; so ist jedes an seinem Orte.

39.

Timoleon 48) wird heute sein Testament bey den Stadtgerichten niederlegen. Er vermuthet wohl nicht, daß es seine Kinder umstoßen werden. Er ist immer ein strenger Vater gegen seine Kinder gewesen; und diese haben mit Zittern seine Befehle befolgt. Aber Timoleon hat vergessen, ihre Liebe zu erwerben; und das ist die Ursache, daß sie nach seinem Tode über keine von seinen Verordnungen halten werden, weil sie weiter nicht Ursache haben, sich vor seiner Strenge zu fürchten. Bey der Unfreund-

---

48) Mein Nachbar T**.

freundlichkeit, mit welcher er seine Kinder regierte, haben sie keine Gelegenheit gehabt, zu lernen, wie man sich gegen einander liebreich bezeigen müsse. Die traurigen Folgen davon werden sich bey der Erbtheilung zuerst äussern. Ein jedes wird nur auf seinen Nuzen sehen, und daraus entsteht ein ungesitteter Zank, der ohnedem unter den Geschwistern immer am heftigsten ist. Dieser Zank erwächst zu einer öffentlichen Verbitterung, und es giebt Advocaten, welche sich diese Uneinigkeit so wohl zu Nuze zu machen wissen, daß sie in zehen Jahren die einzigen Erben dieser reichen Verlassenschaft seyn werden.

40.

Opim 49) ist nicht glücklicher. Er weis, daß er fremde und lachende Erben hat, die, unerachtet aller legalen Mühe, die er anwenden wird, dennoch seinen lezten Willen nicht sorgfältig genug beobachten werden. Opim ist ein Mann, der bey einem sehr grossen Vermögen viel Ehrgeiz und keinen Verstand besizt. Er hat sich niemals Mühe gegeben, sich um seine Mitbürger verdient zu machen; was wird er nach seinem Tode für Nachruhm von ihnen erwarten können? Opim hat einen guten Einfall: Er will sich seinen Nachruhm selbst bestellen. Der Bildhauer kömmt; er soll ihm ein mar-

---

49) Der prächtige Name V ‥ R ‥ M ‥ würde sich gewiß auf seinem Grabmale vortrefflich ausgenommen haben.

marmornes Grabmal bauen. Ein halb Duzend steinerne Tugenden sollen um daſſelbe herum ſizen, und bittre Thränen vergießen. Selbſt der unerbittliche Tod ſoll unzufrieden ausſehen, daß er den großen Opim hat von der Erde wegraffen müſſen. Die Fama bekömmt auch ihre Rolle. In der Mitte des Grabmals ſollen zween kleine geflügelte Buben, die ganz erbärmlich greinen, das Schild halten, welches ſich Opim ſo groß, als möglich, beſtellt, um ſeinen ganzen Titel, alle ſeine Tugenden, und alle ſeine Verdienſte darauf ſezen zu laſſen, damit die Welt doch ſehen möge, daß es auch in unſern Tagen große und tugendhafte Männer, und einen Patrioten gegeben habe, der Opim hieß. So macht er es, wie es Alexander mit ſeinem Lager in Indien machte, welches er ſo groß und weitläuftig einrichten ließ, daß die Nachwelt glauben ſollte, ſeine Macedonier wären Rieſen geweſen. Das Grabmal wird fertig, und es fehlt nichts, als daß noch die Schrift in das Schild eingehauen werde. Was für ein ſchweres Ende würde der ſtolze Opim haben, wenn er wiſſen ſollte, daß ſeine Erben ſich nicht einmal über die Koſten werden vereinigen können, ſeinen Namen auf das Grabmal ſezen zu laſſen! Das prächtige Monument wird unvollkommen ſtehen bleiben. In fünfzig Jahren wird man nicht mehr wiſſen, wer darunter liegt: In hundert Jahren wird es der Magiſtrat an ſich nehmen, und es zu einem Grabmale ſeines alten Bürgermeiſters brauchen, welcher ſehr tugendhaft,

aber

aber zu arm war, als daß ihm seine Erben ein so verdientes Denkmal hätten stiften können.

41.

Nunmehr wird sich der unzufriedne Timon 50) wohl beruhigen; er hat endlich ein ansehnliches und einträgliches Amt bekommen, wie er es schon lange gewünscht hat. Ich zweifle doch noch daran; denn die Unzufriedenheit ist sein Fehler, und vielleicht sein einziger Fehler, weil er ausserdem ein sehr liebenswürdiger Mensch ist. Schon als ein Kind war er unzufrieden. Wenn man ihm erlaubte, zu spielen: so wünschte er sich ein Buch. Wenn er studiren sollte: so sezte er sich auf sein hölzernes Pferd. Der Vater widmete ihn dem geistlichen Stande, und der Sohn hatte Lust dazu; aber mit einem male fiel es ihm ein, Soldat zu werden. Er ward es, und wollte studiren. Auch dazu verhalf man ihm, und nachdem er etliche Jahre sehr fleißig studirt und viel gelernt hatte, so wählte er die Jagd. Auch die gefiel ihm nicht lange, und er versuchte sein Glück am Hofe. Der Zwang des Hofes machte ihm diese Lebensart in den ersten zween Monaten verhaßt; er wünschte sich also ein Amt, wo er Gelegenheit hätte, seine Gelehrsamkeit zu brauchen, und dafür belohnt zu werden. Das hält schwer: den Rang und Titel kann man bey Hofe immer eher erlangen, als Amt und Belohnung. Endlich hat er beydes heute bekommen, und er ist vor Freuden ausser sich. In kurzem wird er die mühsamen Beschäftigungen des Am-

50) Der redliche, aber unzufriedne A--

Amtes überdrüßig seyn. Er wird eine reiche Wittwe heirathen, und sich auf ihr Landgut sezen. Aber mit einem Landgute hat man nichts, als Verdruß; er wird sich dafür ein Haus in der Stadt kaufen. Aber in dem nächsten Sommer ist ihm auch die Stadt zu enge. Es fällt ihm einmal wieder ein, daß er ohne Frau vergnügter gelebt hat. Nun wäre er es wohl zufrieden, wenn seine Frau stürbe. Sie stirbt: Timon ist untröstbar; denn er hat sie in der That geliebt. Nun will er wieder heirathen, und ehe ein halbes Jahr vergeht, heirathet er ein junges lebhaftes Mädchen. Der unglückliche Timon! Izt hätte er wohl Ursache, sich ein besseres Glück zu wünschen; aber der Tod wird ihn überraschen, eben, da er den Mund aufthut, etwas zu wünschen.

42.

Sehen Sie dort den dicken Bürger, 51) welcher sich am Kamine mit einer kurzen Tobackspfeife auf seinen Bierkrug gelehnt hat? In diesem Augenblicke ist er dahinter gekommen, ob Oßmann wider Rußland, oder wider Persien zu Felde ziehen wird. Sehen Sie einmal, mit welcher Zufriedenheit er lächelt! Die Czarinn mag sich wohl in Acht nehmen; denn sie hat an diesem politischen Bürger einen heimlichen Feind. In seinem Handwerke ist er ein ehrlicher Mann; aber ein Narr, so bald er ein Stück Zeitung

---

51) Meister N - - Bürger und Zinngießer allhier.

tung in die Hände bekömmt. Und daß er heute ein doppelter Narr ist, das macht der erste April.

43.

Beobachten Sie einmal die Pharisäermiene, mit welcher Orgon 52) von seinem Fenster herab auf eine Menge armer Bürger sieht, die sich vor seinem Hause versammlet haben, um einen kleinen Theil von denen zwanzig Thalern zu bekommen, die er unter sie ausspenden läßt, und allemal auf den heutigen Tag auszuspenden verordnet hat. Betrachten Sie aber auch zugleich seine Aufmerksamkeit, mit welcher er die Fenster der Gasse, und die Gesichter der Vorbeygehenden untersucht; ob sie auch sein mildthätiges Christenthum genug bewundern, und ob sie auch denjenigen am Fenster stehen sehen, aus dessen wohlthuender Hand so viel Segen auf das arme Volk herabträufelt? Wie sehr betrügt sich Orgon, wenn er glaubt, daß er durch die milde Stiftung die Hochachtung seiner Mitbürger erlangen, und bey den Nachkommen sein Andenken erhalten werde! Die ganze Stadt redet heute von dieser neuen Stiftung, das ist wahr; aber die ganze Stadt erinnert sich auch heute zugleich der Ungerechtigkeit und der Meineide, mit welchen Orgon sein Vermögen zusammen gescharret hat. Die Nachkommen, so lange sie noch von ihm etwas wissen, werden eben das sagen, und erst alsdann, wenn man seinen Namen ganz wird vergessen haben, alsdann erst wird dieses Gestifte erbaulich,

---

52) Dieser lärmende Wohlthäter heißt T...

lich, und von einigem Werthe seyn. Orgon ist nicht ganz ohne Gewissen. Er fühlt seine Bosheiten; er weiß, daß er nur wenige Jahre noch leben kann; er erschrickt, wenn er an das denkt, was auf ihn wartet. Was soll er thun? Er will das thun, womit er sich so oft auf dem Rathhause geholfen hat. Um nach dem Tode einen gnädigen Richter zu haben, drückt er heute Gott vier Louisd'or in die Hände; denn er hat gehört, man leihe dem Herrn, was man den Armen giebt, und die Armen, die hier vor seinem Hause auf ein paar Kreuzer warten, werden es schon bey ihrem Gott zu rühmen wissen.

44.

Es ist wohl noch niemals ein Mensch sich selbst so ungleich, und in seinem Charakter so widersprechend gewesen, als Chamäleon 53). Seine Fehler, und seine Tugenden sind übertrieben. Er kauft sich eine prächtig eingebundene Bibliothek, und redet von nichts, als von Gelehrten und von Editionen. Mit einem male fällt es ihm ein, daß alle Gelehrsamkeit Pedanterey sey; er verkauft alle Bücher, und kauft sich eine Rüstkammer von Flinten und anderm Gewehre. Diese weiß er noch weniger zu brauchen, als die Bücher; er kauft sich also Uhren dafür. Von ungefähr sieht er eine prächtige Equipage; sie gefällt

53) Sein Name heißt I ••• . Ich wundere mich, daß er ihn nicht auch schon etliche mal verändert hat.

gefällt ihm, er muß auch eine haben. In vier Wochen jagt er den Kutscher und die Bedienten fort, verkauft seine reichen Kleider an die Juden, und geht ohne Laquay in einem alten Regenrocke über die Gassen. Er war einmal in die Gesellschaft eines rohen Engländers gekommen, und so lange er in dessen Gesellschaft herum schwärmte, so lange that er nichts, als daß er sich in Punch besoff, und die Religion lästerte. Sein alter Onkel, ein abergläubischer Mann, brachte ihn von dieser Ausschweifung zurück, und nun gieng er mit ihm in alle Predigten und Betstunden, sah Gespenster, und that Gelübde. Seit einem Monate hatte er sich in den Kopf gesezt, ein alter ehrlicher Deutscher zu seyn. Er redete Vornehme und Geringe mit einer quackerischen Vertraulichkeit an. Nichts war ihm beschwerlicher, als zu grüßen und zu danken, denn das hielt er für eine französische Tändeley. Er sagte allen Leuten Grobheiten, in der Meynung, daß es Wahrheiten wären. Er ward dadurch verhaßt, man litt ihn in keinen Gesellschaften mehr, und erst gestern hat er eine Verdrüßlichkeit gehabt, die ihm sehr empfindlich gewesen ist. Heute hat er sich also vorgenommen, artig und lebhaft zu seyn, und aller Welt zu schmeicheln. Er wird es eben so ungeschickt anfangen; seine Schmeicheley wird noch mehr beleidigen, als seine Grobheit! denn allemal wird er zur Unzeit, und sehr unüberlegt schmeicheln. Einem Kammerjunker wird er sagen, daß er in seinen Scherzen sehr tiefsinnig und gelehrt sey:

und

und an einem Professor wird er den schönen Fuß bewundern, und ihn nöthigen, eine Menuet zu tanzen. Cöltimenen wird er sagen, daß sie ein männliches und frisches Gesicht habe; aber an dem Hauptmanne, der neben ihr sizt, wird er die glatte Haut und die weichen Hände bewundern. Seinen Beichtvater wird er umhalsen, und zu ihm sagen: der Teufel sollte ihn holen, wenn er jemals einen so guten Gesellschafter gefunden habe, als Ihro Hochehrwürden; aber mit dem Schmarozer, den er seit vielen Jahren als seinen gefälligsten Freund um sich hat, wird er über die Bulle Unigenitus disputiren. Das ist die Lebensart, die Chamäleon heute anfängt; in ein paar Monaten wird er sie wieder ändern, weil er sich dadurch noch mehr Feinde, als durch seine Grobheit gemacht hat. Er wird sie wieder ändern; aber er wird nur in neue Ausschweifungen verfallen.

45.

Nun ist er 54) fertig! Das war der lezte Vers. Glückliches Vaterland! Endlich hat einer von deinen wizigen Söhnen ein deutsches Original zu Stande gebracht, dessen sich kein Corneille schämen darf. Was für ein Lärm wird in den gelehrten Zeitungen darüber entstehn! Die Engländer werden es gleich übersezen lassen; die Franzosen nicht, denn diese sind

54) Wer sonst als Er? Quam pulchrum est, digitis monstrari et dicier: HIC est!

sind auf den deutschen Witz zu eifersüchtig. Noch ist er unschlüßig, auf welchem Theater er es soll aufführen lassen. Koch? - Je nun, ich will es ihm endlich gönnen ... Aber seine Frau muß die Hauptrolle nehmen, sonst mache ich Schönemannen dadurch glücklich. — So denkt der arme Autor, und weiß es noch nicht, daß bey der ersten Vorstellung das Parterre lachen wird, und die Logen gähnen werden.

46.

Nun ist er unsterblich! Wer? Unser deutscher Burmann. 55) Er hat es aus einer Stelle des Plautus bewiesen, daß sein Gegner ein Ochse sey. Aber er weiß es nicht, daß die Welt mit einer boshaften Freude auf den Beweis seines Gegners wartet, und daß sie Lust hat, beyde für Thoren zu halten, und, ehe fünf Jahre verflossen sind, beyde zu vergessen.

47.

Aber Scriblern 56) wird man doch nicht vergessen, welcher für die Nachwelt schreibt: Gewiß wird man ihn vergessen; denn er schreibt für die Würzkrämer und Stärkenweiber. Was hat denn ihm die Nachwelt gethan, daß er ihr zumuthen will, seine Schmiererey zu lesen?

48.

55) Der handfeste C... Cur non dictus Hylax?
56) Κατ' ἐξοχήν, den Au Tor Em.

48.

57) —— —— —— —— —— ——
—— —— —— —— —— ——
—— —— —— —— —— ——
—— —— —— —— —— ——
—— —— —— —— —— ——

49.

Herr Autor, Auf ein Wort! Ihnen muß ich an diesem feyerlichen Tage auch etwas ins Ohr sagen. Also wären Sie mit Ihren sieben mal sieben Wahrsagungen größten Theils zu Stande. Und vermuthlich sind Sie mit sich selbst wohl zufrieden, daß Sie etwas geschrieben haben, welches ganz Deutschland gefallen wird, weil es die Ehre hat, Ihnen zu gefallen. Was erwarten Sie für Ihre Bemühung? Berühmt zu werden? Man weiß ja Ihren Namen nicht. Gelesen zu werden? Vielleicht. Bewundert zu werden? Sachte, mein Herr Autor, Sie ver-

langen

---

57) Damit ich dem Wize meiner Leser etwas zu thun gebe, so will ich hier Plaz zu einer Wahrsagung lassen, und ihnen das Vergnügen machen, daß ein jeder an diese Stelle einen seiner Bekannten seze, von dessen lächerlichen Thorheiten er etwas wahrsagen will. Ich weiß, die Wahl wird ihnen schwer werden; aber das weiß ich noch gewisser, daß keiner von meinen Lesern, ich nehme drey von ihnen aus, hiebey an sich selbst denken wird. War diese Wahrsagung richtig?

langen zu viel! Weil Sie heute allen wahrsagen: so will ich auch Ihnen wahrsagen. Wissen Sie, was die Welt von ihrem Werkchen sprechen wird? Der deutsche Römer 58) wird es im Buchladen sehen. Hum! wird er sprechen, wieder ein deutscher Wisch! Aber es geht ab, wird der Buchhändler sagen. — Ja, ja! es geht wohl ab; aber in zehen Jahren liest niemand dergleichen Quark mehr. Der Rechtsgelehrte 59) wird es in die Hand nehmen, und er wird glauben, er lese darinnen: aber eben überdenkt er gewisse Gegenbeweisartikel, die noch Morgen übergeben werden müssen. Hier kömmt ein Philosoph! 60) ein Erzautor! Der wird sich gewiß darüber freuen, denn er wird auf die moralische Absicht, und nicht auf die Einkleidung sehen. Was soll das seyn? wird er sprechen. Ein Märchen! Sieben mal sieben! Wie spielt man mit der Moral! Der Autor ist gewiß noch ein Kind, oder er sieht seine Leser für Kinder an. Ganz hinten im Buchladen hat sich ein finstrer Mensch 61) an den Tisch gelehnt, und liest Ihre Schrift, und liest sie ganz durch, und schmeißt sie unter den Tisch, und geht ver-

---

58) Clarissimus Dominus R.

59) Und zwar Herr Doctor G ..

60) Man darf nur die Quartanten lesen, die seit zehen Jahren herausgekommen sind, so wird man auf den meisten Titeln finden: Autore O .. P .. E ...

61) Eigentlich heißt er R - S -; aber der finstere Mensch sieht es nicht gern, daß man seinen Namen nennt.

verdrüßlich hinaus, ohne ein Wort zu sagen. Wer muß dieser Mensch seyn? Aber hier kommt ein freundlicher schwarzer Mann, 62) welcher dem Verleger ein ganz neu vermehrtes und durch und durch verbessertes Gesangbuch anbietet. Er blättert in der Auslage; er findet ihr Mährchen, er liest es flüchtig durch, und legt es seufzend wieder weg. Darinnen steckt viel Gift! Der Verfasser scheint ein Atheist zu seyn. Ich will nicht richten, aber wenigstens ein Feind der Geistlichen muß er seyn. Sehen Sie, spricht er zum Buchhändler, sehen Se einmal die beyden Stellen hier im Mährchen. Es sind die lezten Zeiten, gewiß, mein Herr, die lezten Zeiten! Madame N.. 63) hat von dieser Schrift gehört; sie läßt sie gleich holen. Das müssen Sie wissen, Herr Autor, daß Madame N.. eine artige und lebhafte Frau ist, die von aller Welt Böses spricht, und die sehr empfindlich ist, wenn man etwas sagt, das auf sie gehen kann. Sie liest ihr Märchen, und versteht es nicht. Sie liest die Wahrsagungen, und freut sich, und lacht, und kömmt endlich auf eine Stelle, in welcher sie glaubt, getroffen zu seyn, ob sie gleich auf hundert Personen von ihrem Charakter gehen kann. Sie beißt in die Lippen, legt das Buch weg, und sagt zu ihren Töchtern: Der Autor ist ein Mensch, vor dem man sich hüten muß. Sehen Sie, Herr Autor, das wird die Welt von Ihrer Schrift sagen,

und

---

62) Ihro Wohl-Ehrwürden Herr!.., Pastor zu V..

63) Madame S..! Ich küsse Ihnen die Hände.

und das wird die Belohnung für Ihre Mühe seyn! Wenigstens acht und vierzig Feinde haben Sie sich durch Ihre Wahrsagungen gemacht. Wie sehr haben Sie sich in Ihrer schmeichelhaften Hofnung betrogen! Aber Sie hatten vergessen, daß Sie auch zu der Welt gehören, die heute den ersten April feyert.

Drittes Buch,
enthält
den Schlüssel
zu den sieben mal sieben
Wahrsagungen.

UT. NEMO. IN. SESE. TENTAT.
DESCENDERE. NEMO.
AT. PRAECEDENTI. SPECTATVR.
MANTICA. TERGO.

Perſius.

Drittes Buch

Nach dem Urtheile der meisten Leser ist eine Satire ohne Schlüssel ein sehr unnüzes und unangenehmes Werk. Dieses Urtheil würde ungerecht seyn, wenn man Satiren schriebe, um der Welt eine Verachtung, oder einen Abscheu vor den Thorheiten beyzubringen, und wenn man Satiren läße, um sich zu bessern. Da wir aber aus der Erfahrung wissen, daß nur wenige in dieser Absicht Satiren schreiben, und fast niemand in der Absicht sie liest; so sehe ich nicht, warum ich ein solches Urtheil verdammen soll. Meine Wahrsagungen werden um deswillen gefallen, da ich die Originale meinen Lesern schon einigermaßen durch die Anmerkungen kenntlich gemacht habe, und da ich sie in gegenwärtigem Schlüssel der ganzen Welt blos stellen will. Wie sehr wird diese Schrift gelesen werden, da ich keinen Menschen schone, und da die ehr-

Die Fortsezung folgt künftig.

Die versprochene Fortsezung.

Wenn ein Satirenschreiber die billige Absicht hat, durch seine Schriften nur die schädlichen und unanständigen Thorheiten der Menschen verhaßt, oder lächerlich zu machen, ohne einen Menschen persönlich zu beleidigen; so kann ihm allerdings nichts empfindlicher seyn, als der lieblose Vorwiz dererjenigen, welche zu allen Charaktern ein Original aufsuchen, und sich mit Fertigung der Schlüssel zu seinen Satiren ohne Beruf beschäftigen.

Ich habe mich, gleich bey dem Anfange meiner Schriften, sehr weitläuftig über diesen Punct erklärt, und meinen Lesern, so wohl durch eine Aufgabe allgemeiner Abschilderungen, als durch Bekanntmachung verschiedener Briefe über die vermeinten Entdeckungen dieser Abschilderungen, gezeigt *), wie ungewiß ihre Vermuthungen sind, wie beleidigend eine solche Beschäftigung, und wie unanständig sie sey.

Das schmeichelhafte Vergnügen, die lächerlichen Thorheiten an andern zu suchen, um selbst desto vollkommener zu scheinen, ist vermuthlich einem grossen Theile meiner Leser zu angenehm, als daß dergleichen Vorstellungen vermögend gewesen wären, sie davon abzubringen. Ich habe sie bey aller Gelegenheit wiederholt, ich habe glimpflich, und auch bitter gebeten, daß sie durch Fertigung ihrer Schlüssel mich
nicht

*) S. den Vorbericht vom Mißbrauche der Satire, im ersten Theile der satirischen Schriften.

nicht verhaßt, und sich nicht lächerlich machen sollten; aber meistentheils habe ich vergebens gebeten.

Da dieser vierte Theil der lezte Theil meiner satirischen Schriften seyn soll, und ich wohlbedächtig den Entschluß gefaßt habe, niemals, so lange ich noch leben werde, einige Aufsäze dieser Art der Welt bekannt zu machen *); so hielt ich es für nöthig, noch einen Versuch zu thun, ob es denn gar nicht möglich sey, meinen Lesern einen Widerwillen gegen diese lieblose Deutungsbegierde beyzubringen, und ob ich sie nicht wenigstens auf diese Art überführen könne, wie ungerecht sich ihr menschenfeindlicher Wiz beschäftige, wenn sie nur aufmerksam sind, Thoren unter ihren Mitbürgern zu suchen, ohne sich selbst zu finden.

Ich ließ vor einigen Wochen das Märchen vom ersten April an einem auswärtigen Orte, unter verstelltem Namen, und auf so eine Art drucken, daß ich gewiß hofte, unerkannt zu bleiben. Die sieben mal sieben Wahrsagungen, welche in der That nichts, als ganz allgemeine Charaktere enthalten, bezeichnete ich in den Anmerkungen durch willkührliche Buchstaben, und sagte meinen Lesern in das Ohr, wie etwan die Originale heißen möchten. Im dritten Buche versprach ich einen deutlichen Schlüssel dazu zu geben, und brach eben da ab, wo ich glaubte,

*) S. den Vorbericht zum vierten und lezten Theile der satirischen Schriften.

te, daß die deutende Neugier gewiſſer Leſer am ſtärkſten ſeyn würde.

Ich habe dadurch alles erlangt, was ich ſuchte, und noch mehr, als ich zu erlangen wünſchte. Ich habe erfahren, daß beynahe keine Hoffnung mehr übrig ſey, dieſen Leſern eine Schoosſünde abzugewöhnen, die ihrer Neugier und ihrer Eigenliebe ſo angenehm iſt. Viele haben ſich die wenigen Wochen hindurch beſchäftiget, theils abgeſchmackte, theils lächerliche, theils gefährliche Auslegungen zu machen, nachdem einer oder der andere von ihnen abgeſchmackt, lächerlich oder boshaft war. Und am meiſten haben ſich diejenigen mit Fertigung der Schüſſel den Kopf zerbrochen, von denen ich doch mit gutem Gewiſſen nicht einmal verlangen kann, daß ſie denken ſollen. Viele haben ihre Vermuthungen aus dem Formate, andere aus einer gewiſſen Art der Orthographie, und noch andere von dem Drucke und Papiere abgeleitet. Man hat den Verfaſſer an verſchiedenen Orten geſucht, und ich habe das Vergnügen gehabt, unbemerkt, hinter meinem ausgeſtellten Bilde, gute und böſe, gegründete und unvernünftige Urtheile, von Schuſtern und von Kennern zu hören. Ich werde keine von allen beantworten; aber das iſt mir nahe gegangen, daß ich habe erfahren müſſen, wie man rechtſchaffene und unſchuldige Männer, die ich zum Theil vorher niemals gekannt habe, durch dergleichen ungerechte Auslegungen lächerlich zu machen, und zu beſchämen geſucht hat.

Dieſer

Dieser ehrenrührige Muthwille einiger meiner Leser nöthigt mich, nicht länger verborgen zu bleiben. Sie werden sich schämen, wofern es anders nicht zu spät ist, dergleichen von ihnen zu hoffen, wenn ich ihnen den Schlüssel zu denen Anmerkungen gebe, die in den Charaktern in den sieben mal sieben Wahrsagungen untergesezt sind. Sie werden nunmehr finden, und ich wünschte, sie fänden es, zu ihrer Demüthigung, wie sehr sie sich übereilt haben, wen sie glaubten, den süßen Herrn S.. zu kennen, welcher dort rechter Hand wohnen sollte, wenn man nach dem Markte zugeht. a) Sie werden sich wundern, daß der eigennützige Hagestolz N.. T.. derjenige nicht ist, an den sie dachten. b) Sie werden es dem Herrn Secretär E.. abbitten, daß sie ihm Liebe zum Wize Schuld gegeben haben. welches doch sein Fehler gar nicht ist. c) Der Clarissimus Dominus R. kann vielleicht ein Pedant seyn; aber ich kenne ihn nicht, und verlange nicht, ihn zu kennen, und doch dauert er mich, weil ich ihn nicht allein, sondern alle Pedanten gemeint habe. d) Herr I. = Pastor zu U... e) ist eine Wohlehrwürden in der Luft; ich weiß von ihm nicht

---

a) S. in den sieben mal sieben Wahrsagungen, Anmerk. 7.
b) Ebendas. Anmerk. 13.
c) Ebendas. Anmerk. 17.
d) Ebendas. Anmerk. 58.
e) Ebendas. Anmerk. 62.

nicht ein Wort, und der ehrliche Mann, den man dafür ausgeben wollen, hat es bloß der Uebereilung eines seiner Collegen zu danken, der vielleicht eifersüchtig ist, daß er sich nicht auch durch Verstümmelung eines Gesangbuchs in seinem Marktflecken hat verewigen können. Die übrigen Auslegungen übergehe ich mit Stillschweigen; theils sind sie mir zu empfindlich, theils kann ich nicht glauben, daß man sie wirklich gemacht hat, und viele habe ich auch wegen der kurzen Zeit, seit welcher das Märchen bekannt worden ist, noch nicht erfahren. Aber daß sie alle ungegründet sind, das will ich gleich erweisen.

Auf dem Titelblatte zum dritten Buche steht der Vers:

VT. NEMO. IN. SESE. TENTAT. DESCEN-
DERE. NEMO.
AT. PRAECEDENTI. SPECTATVR. MANTI-
CA. TERGO.

Persius.

Sezt man nun aus den sieben mal sieben Wahrsagungen die Buchstaben, welche, wie die Anmerkungen sagen, die Anfangsbuchstaben von den Namen der geschilderten Originale seyn sollen, zusammen; so kömmt dieser Vers in seiner richtigen Ordnung heraus. Das ist der Schlüssel! Ich will ihn hier ganz einrücken, damit ich meine Ausleger ganz beschäme.

1. Kennen Sie den Herrn V ∗ ∗ T ∗ ∗ nicht?	V T
2. Seine Gläubiger werden es gleich errathen, daß ich den Herrn von N ∗ ∗ meine.	N
3. Der Graf E ∗ ∗, ist Ihnen der unbekannt?	E
4. Der Herr Rath M ∗ ∗ mit der wichtigen Miene eines O ∗ ∗ ∗.	M O
5. Der Mann ist mir zu tückisch, den mag ich nicht nennen.	I
6. Viel Glücks, Hochweiser N ∗ d.	N
7. Der süße Herr S ∗ ∗ der dort rechter Hand wohnt, wenn man nach dem Markte zugeht.	S
8. Arme E ∗ ∗! du dauerst mich, und das weiß ich nicht, wie deinem guten Namen wieder aufzuhelfen ist.	E
9. Die Mademoiselle S ∗ ∗ ist es, die der Himmel geschaffen hat, den ungetreuen Seladon zu bestrafen.	S
10. Der leichtsinnige E ∗ ∗, er ist unglücklich, aber er hat die Strafe verdient.	E
11. 12. Ich könnte wohl ihre Namen ganz nennen; denn T ∗ ∗ und E ∗ ∗ sind zu arm, als daß sie sehr bekannt wären: aber doch dauern sie mich, daß sie nur mehr bekannt werden sollen.	T E
13. Mit Ihrer Erlaubniß, Herr N ∗ ∗ T ∗ ∗, daß ich sie ein wenig bekannter mache.	N T

Rab. Sat. IV. Th. Ll 14.

14. Das ist meine Nachbarin, die kostbare A ․․ | A
15. Die unglückliche T ․․․ | T
16. Zu deutsch, der Herr Baron von D ․,․ | D
17. Der Herr Secretär E ․․, ein Mann, dessen | E
 ganzen Lunge witzig ist.
18. Die gekrönte S ․․․ | S
19. So zärtlich waren die Schmeicheleyen ihres |
 ersten Mannes C ․․ nicht. | C
20. Der Herr Licentiat E ․․ r. |
21. Dieses Schlachtopfer heißt N ․․ in. | E
22. Und dieser ihr Henker heißt D ․․․ | N
23. Ich habe ihn schon genennet; er heißt | D
 Erill. | E
24. Der ungetreue R ․․․ |
25. Wie gesagt, AgnEsen․․ | R
26. N ․․ a, welche dort so vergnügt unter ih- | E
 rem Flore lacht. | N
27. Sein Vater, der reiche E ․․, hätte sein | E
 Geld vorsichtiger ausgelehnt.
28. Man wird auf verschiedene rathen; aber
 es ist niemand, als Ihro Excellenz, der
 Graf M ․․․ | M
29. Marx Israel O ․․․ | O
30. Mich dünkt, er heißt A ․․․ | A
31. T ․․, Iuris utriusque Doctor. | T

32.

32. Schon die ehrliche Miene macht den leichtgläubigen P . . kenntlich, wenn ich ihn auch nicht nennte.   P

33. Der Taugenichts R . . k.   R

34. A . ., und wer ihn von Person will kennen lernen, der lese die Zeitungen, wo er in Kurzem mit Steckbriefen verfolgt werden wird.   A

35. E . . heißt dieser prächtige Narr.   E

36. Sein wahrer Name ist C . . und wer mir nicht glauben will, der frage nur den Juwelierer.   C

37. Bisher hat er E . . geheißen: aber vermuthlich wird ihn der Sohn nöthigen, diesen Namen zu verändern, den in ganz Paris keine Marquisin aussprechen kann, so deutsch klingt er.   E

38. Auf seinen Ballen steht D . ., und über der Hausthüre wird es auch zu dem gewöhnlichen Kaufmannszeichen, und einem heuchlerischen Soli Deo Gloria kommen, um zugleich seinen Vornamen und sein Vaterland auszudrücken.   D

39. Wer kann sonst ein solcher Thor seyn, als Herr E . . .   E

40. Und dieser ist mein Freund N . . h.   N

41. Der junge T . ., und wenn es nach ihm geht, in Kurzem, der Herr von T . .   T

42. Seit diesem Augenblicke Ihro Hochwohlge‑
bohrnen Gnaden, der Herr von I**, I
Erb‑Lehn‑ und Gerichts‑Herr auf ꝛc.

43. Der streitbare S**. S

44. Seine gebietende Magd wird ihn zwar nur
den alten Hund nennen; eigentlich
aber heißt er P**E**. P
 E

45. Der Herr von C**, so lange er außerhalb C
Landes war; aber, bey uns C schlecht
weg.

46. Wenn es doch T** gestehn wollte, daß sie T
nur die Eifersucht zu diesem Entschlus‑
se gebracht hat!

47. Junker A**, der Fuchsjäger. A
48. Mein Nachbar T**. T
49. Der prächtige Name V**R**M** wür‑ V
de sich gewiß auf seinem Grabmale vor‑ R
trefflich ausgenommen haben. M

50. Der redliche, aber unzufriedne A**. A
51. Meister N**, Bürger und Zinngießer all‑ N
hier.

52. Dieser lärmende Wohlthäter heißt T**. T
53. Sein Name heißt I**. Ich wundere mich, I
daß er ihn nicht auch schon etliche mal
verändert hat.

54. Wer sonst als Er? Quam pulchrum est,
digitis monstrari, et dicier: HIC est! C

55.

55. Der handfeste C... Cur non dictus Hylax? A.

56. Κατ' ἐξοχὴν, den AuTorEm. T

57. ..... E

58. Clarissimus Dominus R. R

59. Und zwar Herr Doctor G... G

60. Man darf nur die Quartanten lesen, die
seit zehen Jahren heraus gekommen
sind, so wird man auf den meisten
Titeln finden: Autore O...
P... E... O
P
E
R
S

61. Eigentlich heißt er R = = S = = : aber der fin=
stere Mensch sieht es nicht gern, daß
man seinen Namen nennt.

62. Ihro Wohlehrwürden Herr I..., Pastor zu I
U. U

63. Madame S..! Ich küsse Ihnen die Hän= S
de.

Also liegt der Schlüssel zu den sieben mal sieben
Wahrsagungen in den Versen des Persius:

Vt nemo in sese tentat descendere, nemo!
At praecedenti spectatur mantica tergo!

Damit mich auch diejenigen verstehen, welche
der lateinischen Sprache nicht kundig sind, und
vielleicht die meisten Schlüssel zu den sieben mal
sieben Wahrsagungen gefertiget haben; so will ich

ihnen

ihnen zu ihrer Erbauung sagen, was diese Verse heißen:

Wie thöricht sind wir Menschen, daß wir niemals in unsern eignen Busen greifen, niemals unsre eignen Fehler sehen wollen; und daß wir nur alsdann scharfsichtig sind, wenn wir die Fehler unsrer unschuldigen Mitbürger ausspähen!

Abbitte
und
Ehrenerklärung.

Da ich izt von meinen Lesern mit dem ernstlichem Vorsaze Abschied nehme, niemals wieder einige satirische Schriften der Welt bekannt zu machen; so betrachte ich mich als einen Sterbenden, der seinen umstehenden Freunden die Hand giebt, und diejenigen von ihnen beweglichst um Verzeihung bittet, von denen ihm sein erwachendes Gewissen sagt, daß er sie beleidiget habe.

In den vier Theilen meiner satirischen Schriften ist nicht eine Seite, wo nicht zum wenigsten Ein Thor in seiner angenehmen Eigenliebe, und der beruhigenden Zufriedenheit über seine Verdienste gestört worden ist. Ich habe ihm nichts, als nur Wahrheiten gesagt; aber auch schon das ist heut zu Tage ein unverantwortliches Verbrechen! Hätte ich Vernünftige und Tugendhafte beleidigt, so würde die Anzahl meiner Feinde vielleicht noch zu übersehen seyn; aber ich spottete der Thoren, und die halbe Welt ward erbittert. Ich erschrecke, wenn ich mit gelassenem Gemüthe an die Verwegenheit gedenke, die ich gehabt habe. Was soll ich anfangen? Das einzige Mittel, welches noch übrig ist, meine Fehler zu verbüßen, ist eine öffentliche Abbitte und Ehrenerklärung, die ich denenjenigen thun will, an welchen ich mich mit meiner beleidigenden Wahrheiten versündigt habe. Die Messe ist zu nahe, und mein Verleger zu ungeduldig, als daß ich bei allen denjenigen, welche mein Satir gegeißelt hat, um Vergebung bitten könnte. Es mag izt bey einer Probe sein Bewenden haben, die ich von meinem reuigen Autorgewissen, und von dem ernstlichen Verlangen geben will, das ich habe, mich mit allen Thoren auszusöhnen. Ich hoffe, sie sollen nicht unerbittlich seyn; und erlange ich durch diesen Versuch die gewünschte Vergebung, so soll es eine von meinen ersten und wichtigsten Beschäftigungen seyn, allen denenjenigen Abbitte und Ehrenerklärung zu thun, die ich in gegenwärtiger Abhandlung nicht habe nennen können.

* * *

Meine Spöttereyen über diejenigen Mäcenaten, welche nur der Mißbrauch, und der Hunger unsrer Schriftsteller zu Mäcenaten macht, sind ungerechte Spöttereyen gewesen. Was habe ich nöthig gehabt, ihnen ihre Unwissenheit, ihren schlechten Geschmack, und ihre Härte gegen die nothleidenden Musen vorzuwerfen, da alles dieses so vornehme Fehler sind, welche die Mode rechtfertigt? Nicht an ihnen liegt die Schuld, sondern an ihren bettelnden Clienten. Wer heißt denn diesen, einen Mann zum Mäcenaten zu machen, der vielleicht ein guter Mäkler ist? Von schönen Wissenschaften hat er gar keinen Geschmack, aber fragt ihn etwas von reichen Stoffen, von Spizen, von einer Tracht, von Aufpuzung der Zimmer, von Ein-

richtung

richtung der Equipage, von einem Lotterieplane; ihr
werdet über seinen Geschmack erstaunen! Gegen die
Musen ist er hart; aber warum können die Musen
nicht bellen und wiehern? Denn gegen seine Hunde
und Pferde ist er sehr großmüthig. Mit einem Worte: die Schuld liegt nur an unsern Scribenten,
welche bey der Wahl ihrer Gönner so unvorsichtig,
und eigennützig sind. Wenn sie einen reichen Mann
finden, den macht ihr Hunger gleich zum Mäcenaten.
Dieser erschrickt, er widersezt sich, er schämt sich, er
will es nicht seyn; aber er muß es schlechterdings
werden, denn er kann es bezahlen. Das heißt Mäcenaten pressen, wie man Matrosen preßt. Ist es
ihre Schuld, wenn sie ungeschickte und unwissende
Mäcenaten sind?

* * *

Ich gestehe es, an unsern Dichtern habe ich mich
oft versündigt: ich würde untröstbar seyn, wenn ich
es an guten Dichtern gethan hätte; aber ich habe mich
nur an unsern Reimern versündigt. Ich habe sie für
niederträchtige Schmeichler gehalten, für Leute, welche die göttlichste der schönen Wissenschaften den Vornehmen und dem Pöbel verächtlich machen; ich hielt
sie für übermüthig, und diesen Uebermuth für desto
lächerlicher, da es gemeiniglich nur der Stolz eines
schmuzigen Bettlers war; mit einem Worte, ich lachte
über sie; und eben das geht mir nahe; ich hätte
über sie weinen sollen. Kann wohl irgend ein Mensch
eine traurigere Rolle zu spielen haben, als ein Poet von

dieser

dieser Art? ungeachtet des zuversichtlichen Stolzes, welcher ihn von seiner eignen Größe überzeugt, kriecht er vor den Füßen eines kargen Wohlthäters herum. Nectar und Ambrosia ist die tägliche Kost, womit er sich an der Tafel seiner Götter speist; und doch singt er um einen Bissen Brod vor der Tafel seines Mäcenaten. Die Schäze beyder Indien sind in seinen großmüthigen Augen eine verachtungswürdige Last für den, der sie besizt; nur die Tugend macht reich: das hat er heute früh einem reichen Wucherer zum Geburtstage vorgereimt; und nun wartet er vor der Thüre desselben schon vier Stunden lang vergebens, und mit hungriger Ungedult auf einen Louisdor. Wie empfindlich muß es diesen unglücklichen Creaturen seyn, die muthig auf die Unsterblichkeit trozen, und gleichwohl schon izt unbemerkt, und ungelesen sterben! Und doch habe ich so lieblos seyn können, über dergleichen preßhafte Personen zu spotten! Es reut mich, und die nachdrücklichste Abbitte und Ehrenerklärung wird diese seyn, wenn ich sie versichere, daß ich den Frevel, mit welchem ich mich an ihrem Lorbeer vergriffen, nunmehr eben so ernstlich verabscheue, als sie den Eigennuz, den Hochmuth, die Wollust, und die bettelnde Niederträchtigkeit verabscheuen.

* * *

Wie ungerecht die Spöttereyen über den Geizigen sind, das kann man auch daraus abnehmen, daß über seinen Geiz niemals die nächsten Erben, es müßten denn junge Verschwender seyn, sondern nur Fremde

de spotten, für die er nicht geizig ist. Ich habe schon bey einer andern Gelegenheit gesagt, daß eine mehr als stoische Tugend dazu gehört, wenn ein Geiziger seine ganze Lebenszeit hindurch sorgen, sich ängstigen, an den nothdürftigsten Sachen Mangel und Gebrechen leiden soll, und dieses nur darum, damit er sein Geld einem Fremden, den er oft nicht einmal kennt, überlassen möge, und damit dieser Fremde desto ruhiger und vergnügter lebe, und mitten in seinen Verschwendungen über den alten Narren lachen könne, den er beerbt hat. In meinen Augen verdient jener weise Thor, welcher, um ruhig zu seyn, Geld ins Wasser warf, die Bewunderung bey weitem nicht, welche dieser Geizige verdient, der Reichthümer zusammen scharrt, um zu verhungern; denn darüber ist gar keine Frage, welcher von beyden am meisten verdient, ein Patriot zu heißen. Aber man thut sehr unrecht, wenn man glaubt, daß ein Geiziger gar kein Vergnügen habe. In der ganzen Welt kann, wie ich mir gewiß vorstelle, kein Vergnügen größer seyn, als das Vergnügen eines Geizigen in dem Augenblicke ist, wenn er vor dem Kasten kniet, und die gefüllten Säcke ansieht. Hier übersieht er in einem engen Raume alle Pracht, allen Rang, alle Wollust, alle Verdienste, alle Freundschaft. In diesem Kasten voll verpfändeter Juwelen fährt eine Excellenz mit sechs Pferden, zwölf Bedienten, und einem breiten Bande. Hier bindet er einen Sack auf, und sieht darinnen den unausgebildeten Stoff zu einem Barone. Sechs Rittergüter liegen darneben in etlichen andern Beu-
teln.

teln. Hinter jenen Wechselbriefen eines großen Hofmanns guckt dessen Fräulein Tochter, ein liebenswürdiges Kind, hervor, die der Vater gewiß gegen die Wechselbriefe vertauschte, wenn unser alte Geizige sich entschließen wollte, Rang und Güter zu kaufen, und die Hand seiner Tochter an sich zu handeln. Gärten, kostbare Kleider, Musik, und Gastereyen stecken alle in diesem einzigen Sacke. Wenn er jenen Beutel mit tausend Ducaten daran wagen will: so schaffe ich ihn für vier hundert Ducaten zum Vater des Vaterlandes: vier hundert Ducaten will ich einer gewissen ehrwürdigen Gesellschaft geben, und in Kurzem soll er der heilige Harpax seyn; für hundert und acht und achtzig Ducaten will ich ihm ein Duzend Zueignungsschriften gewähren, die ihn, ungeachtet seiner Barbarey, zum Beschützer der Musen, ungeachtet seiner Dummheit, zum Mäcenaten, ja, wenn er es verlangt, zum Apoll machen sollen, ob er schon beynahe weiter nichts, als zählen, schreiben, und lesen kann. Zwölf Ducaten sind von diesem Sacke noch übrig; was fange ich damit an? Gut! für zwölf Ducaten soll ihn der fließendreimende Bav verewigen, und ihm einen Theil seiner Unsterblichkeit abtreten. Alle diese Glückseligkeiten siehet Harpax vor sich in seinem Kasten liegen. Er könnte sie geniesen; er lächelt auch in der That schon, welches er seit der lezten Messe nicht gethan hat. Sehe ich recht? Er bindet wirklich schon einen kleinen Sack auf, und nun wird der reiche Harpax anfangen, großmüthig, mild-

mildthätig, vernünftig zu seyn: nun wird er doch endlich einmal sein Geld mit Verstande genießen!.. O nein! Er nimmt nur einen halben Gulden heraus, um sich die Schuhe besohlen zu lassen. Er sieht seinen halben Gulden freundschaftlich an, nimmt mit traurigen Blicken auf ewig von ihm Abschied, schließt den Kasten sorgfältig zu, und bittet den Himmel, daß er ihm sein Bißchen Armuth behüten, und nicht zulassen wolle, daß er noch in seinem hohen Alter Noth leiden müsse. Wie viel glückliche Vorzüge hat dieser Geizige, welche diejenigen nicht wissen, oder nicht wissen wollen, die ihn für einen Thoren halten!

* *
*

Die Ordnung, meine Abbitte und Ehrenerklärung zu thun, trift nun den Erben des Geizigen, den Verschwender. Da ich ihn itzt recht betrachte, so finde ich so viel Gutes an ihm, als ich an vielen kaum finde, die man doch für Vernünftige hält. Nur aus Hochachtung für seinen Geizigen rechtfertigt er dessen Thorheiten durch weit größre Thorheiten. Durch unsinnige Verschwendung verbüßt er den sündlichen Wucher seines Erblassers, und stößt die erpreßten Reichthümer von sich. Er wagt Ehre und Glück daran, um ein Märtyrer der großen Wahrheit zu werden, daß heut zu Tage das ganze Verdienst der Menschen im Gelde bestehe. Denn ehe er noch erbte, war er unbekannt, und verachtet; nun zieht er die Augen der ganzen Stadt

auf

auf sich, und alle, die schmeicheln und verdauen können, sind seine Freunde; aber in Kurzem wird er arm, und also wieder eben so unbekannt, und verachtet seyn, wie vorher. Alle seine Handlungen, die uns so rasend scheinen, sind unumstößliche Beweise, daß er denkt, wie ein Philosoph. Er kennt die Flüchtigkeit des Lebens; er weis, daß alles Vergnügen ungewiß und vergänglich ist, daß derjenige sein Alter am höchsten gebracht hat, welcher nicht eine Minute ungenüzt, und ohne Vergnügen verstreichen läßt; er weis, daß allemal das Andenken der vergangenen Wollust stärker und empfindlicher ist, als das Vergnügen des gegenwärtigen Genusses: das alles weis unser Philosoph, und eben das ist die Ursache, warum er heute so lebt, als ob er morgen todt seyn würde. Wie viel ungerechte Urtheile würde ich vermieden haben, wenn ich alles dieses so überlegt hätte, wie ich es izt überlege! Meine Uebereilung gieng so weit, daß ich diesen Verschwender in das Hospital bringen wollte, nach welchem er doch selbst mit starken Schritten zueilt! Damit er sehen soll, daß diese Abbitte und Ehrenerklärung mir ein Ernst sey; so will ich ihn mit meiner Aufmerksamkeit bis an die Thüre des Hospitals begleiten, und alsdann will ich der einzige von seinen Freunden seyn, der ihn bedauert.

* * *

Ich habe unrecht gethan, daß ich die herumirrenden Goldmacher für Betrüger angesehen,

die

die sich von der Leichtgläubigkeit derer ernähren, die von ihren hungrigen und bettelnden Händen Reichthümer hoffen. Warum giebt man ihnen den verhaßten Namen eines Betrügers, da sie nichts thun, als was man in den artigsten und ansehnlichsten Gesellschaften täglich thut, da sie nämlich nur andern etwas versprechen, das sie nicht halten können, da sie andere etwas lehren wollen, das sie selbst nicht verstehen, und da sie von ihrer Unwissenheit, und der Leichtglaubigkeit anderer sich ein wollüstiges und bequemes Leben zu verschaffen wissen? Seine Gnaden borgen, sie versprechen Interessen zu geben, das Capital richtig wieder zu bezahlen, sie nehmen dabey Gott zu Hülfe, und noch über dieses thun sie ihren treuherzigen Gläubigern tausend gnädige Versicherungen. aber Seine Gnaden bezahlen weder Interessen noch Capital; die gnädigen Versicherungen verwandeln sich in einen unversöhnlichen Haß, so bald der Gläubiger ungesittet genug ist, sein Geld wieder zu fodern. Der treuherzige Thor, welcher so viel von der Gnade seines Schuldners hofte, büßt seine Hofnung, und sein baares Geld ein. Ich will ihm nicht rathen, daß er so verwegen sey, seinen Schuldner das zu nennen, was er ist: wenn er mir folgen will, so soll er hingehen, ihm die Weste küssen, und sich zu gnädiger Protection empfehlen. Meine Leser, die zu leben wissen, werden dieses billig finden. Aber warum finden sie es denn nicht auch billig, daß man die Betrügerey des elenden

Gold-

Goldmachers entschuldigt, den nur der Hunger zum Betrüger macht, da im Gegentheil unser vornehmer Schuldner die armen Gläubiger an den Bettelstab bringt, nur um seine Wollust und Pracht noch einige Zeit zu unterstüzen; da dieser Schuldner seinen Gläubigern an einem einzigen Galatage mehr kostet, als der Goldmacher seinen Freunden in einem Jahre? Dieser ist noch so billig und entflieht dem Galgen, so bald er merkt, daß seine Betrügereyen entdeckt sind: aber jener rollt trozig mit seiner prächtigen Equipage durch die Gassen, sein verarmter Gläubiger, der eben izt an dem Laden eines Kaufmanns um ein Allmosen bittet, springt auf die Seite, um von den Pferden nicht zertreten zu werden; er bückt sich demüthig vor seinem Schuldner, und wird kaum angesehen. Mich dünkt, dieses Exempel, so wahr es ist, so deutlich und so überzeugend ist es auch, daß man künftig einen herumstreichenden Goldmacher so gar einen ehrlichen Mann nennen wird, so bald man sich auf Seine Gnaden besinnet.

Es ist ein paar mal geschehen, daß ich diejenigen getadelt habe, die sich von den Gauckeleyen der herumirrenden Goldmacher verführen lassen, und von einem nackigten Bettler unsägliche Schäze hoffen. Ich habe die Sache besser überlegt, und nun glaube ich, daß sie zu entschuldigen sind. Ihr ganzer Fehler besteht darinnen, daß sie hoffen: ein Fehler, der uns Menschen so natürlich und so schmeichelhaft ist! Kleant hoft Schäze von seinem

Gold-

Goldmacher zu erlangen; und Arist hoft nunmehr zwanzig Jahre auf sein Glück bey Hofe. Patin, ein künstlicher Erbschleicher, überhäuft seinen alten Nachbar nun schon in das zehnte Jahr mit Geschenken, und weiß nicht, daß sein alter Nachbar ohne Testament sterben wird. Wie viele Schriftsteller durchwachen ihr ganzes Leben, schreiben sich hypochondrisch: schimpfen, und machen sich lächerlich, und erwarten die Belohnung von dem Beyfalle der Nachwelt; aber schon zehen Jahre vor ihrem Tode sind sie vergessen! Entschuldigt man die Hoffnung des Arists, des Patins, und unsrer großen Gelehrten, und will doch die Hofnung des ehrlichen Kleants nicht entschuldigen?

Kein Mäkler, der von einem unmündigen Verschwender fünf und zwanzig pro Cent genommen hat, kann so ängstliche Gewissensbisse empfinden, als ich izt empfinde, da ich diejenigen Stellen übersehe, wo ich von dem Frauenzimmer mit einer Art geredet habe, die freylich einer Schmeicheley nicht gar zu ähnlich sieht. Izo fühle ich erst, Madame, wie gerecht die Vorwürfe gewesen sind, welche Sie mir oft darüber gemacht haben. Ich sehe Sie, als eine Bevollmächtigte Ihres ganzen Geschlechts an; und eben um deswillen werfe ich mich vor Ihnen auf meine Knie, bezeuge Ihnen die bußfertigste Reue, küsse Ihre Hände, und bitte um Vergebung. Könnte man wohl eine verwegenere Lästerung erdenken, als die war, da ich sagte, daß man dem Frauenzimmer wenigstens die Hälfte der menschlichen Fehler vorwerfen könne, da sie die Hälfte des

Rab. Sat. IV. Th.   M m   mensch-

menschlichen Geschlechts ausmachten? Ich habe die Verwegenheit gehabt, zu sagen, daß Selinde eitel genug ist, auf ihre Schönheit stolz zu seyn; daß Orimene die Verdienste anderer nur nach dem äusserlichen Puze schäzt; daß Leonore von der ganzen Stadt Böses spricht; daß Celsa durch ihre Rangstreitigkeiten die freundschaftlichsten Familien in Uneinigkeit verwickelt; daß Alcimedore durch ihren unüberlegten Aufwand den Mann an den Bettelstab, und ihre Kinder um das Brod bringt; daß die fromme Agnese unversöhnlich wütet, so bald sie beleidigt wird; daß es bey Rosamunden ein Theil ihres Gottesdienstes ist, wenn sie sich gepuzt in der Kirche sehen läßt; daß Florinde sich weder der Wirthschaft, noch der Erziehung ihrer Kinder annimmt, welche doch gewisser ihre, als ihres Mannes Kinder sind; daß Kalliste pedantisch stolz ist, weil sie noch etwas mehr versteht, als das Kochen; daß eine Frau aus der großen Welt zu heirathen, für viele ein gewisser Schritt zum Hospitale ist; daß Gurda eine Thörinn ist, weil sie noch so eitel seyn kann, ihrem verrunzelten Gesichte Anbeter zu erbuhlen.

Das alles, und vielleicht noch mehr zu sagen habe ich die Verwegenheit gehabt! Ich erschrecke über dieses Sündenregister! Es ist alles wahr, was ich gesagt habe; es ist vielleicht nur der dritte Theil von dem, was ich hätte sagen können; ich habe nur eine Gurda genannt, und doch kenne ich in der Stadt, wo ich izt wohne, zwey hundert Schwestern von ihr, und hundert in der Stadt, wo ich sonst gewohnt habe;

aber

aber alles dieses rechtfertigt mich nicht. Hätte ich nicht überlegen sollen, daß man einem Frauenzimmer niemals verdrüßliche Wahrheiten sagen darf, daß man ihnen nur schmeichelt, daß eine Schmeicheley von dieser Art bey vielen das einzige Mitttel ist, ihre Freundschaft zu erhalten, daß man ihre Thorheiten wenigstens entschuldigen muß, wenn sie gar zu merklich sind, als daß man sie ganz übersehen könnte? Und wie unbesonnen habe ich gehandelt! wie viel würden wir Mannspersonen verlieren, wenn das Frauenzimmer durch dergleichen Vorwürfe und lehrende Satiren anfienge, seine Fehler zu erkennen! Den Augenblick darauf würden sie auch unsere Fehler kennen, und die Hälfte der Anbeter würde von ihren Nachttischen verscheucht werden, wenn sie durch die Erkenntniß ihrer eigenen Fehler lernen sollten, daß die Hälfte ihrer Anbeter lächerliche Thoren sind. Was für Verwüstungen hätte ich in der galauten Welt anrichten können! Tausend Mannspersonen hätte ich grausam um ihre Verdienste gebracht, deren ganze Verdienste in einer feinen Manschette, in einem wohlzugeschnittenen Kleide, in neumodisch gekräuselten Haaren, in einer unverschämten Lebhaftigkeit, und in einem allerliebst artigen Faseln bestehen.

Gnade, Madame! Ich will mich auf den Mund schlagen. Nur noch das einzigemal wirken Sie mit bey Ihrem Geschlechte Vergebung aus. Sehen Sie meine Wahrheiten für unüberlegte Jugendfehler an. Seit gestern bin ich älter geworden; heute denke ich
viel

viel gründlicher, und weit gefälliger. Dieses ist meine Abbitte; sind Sie damit zufrieden?... Auch noch einen Widerruf wollen Sie haben? Gut! Hier haben Sie eine förmliche Palinodie: Fragen Sie Kallisten, was das heisse?

*   *

Hatte Selinde nicht Ursache, auf ihre Schönheit stolz zu seyn, da diese Schönheit ihren ganzen Werth ausmacht, und da sie alle Tage hört, daß man nichts, als diese Schönheit an ihr bewundert? Schon in ihren ersten kindischen Jahren ward sie daran gewöhnt, daß man sie ein allerliebst schönes Kind nannte. In den Jahren, wo die Mädchen anfangen, die Aufmerksamkeit der Mannspersonen zu verstehen, verdoppeln sich die Schmeicheleyen. Einer von ihren Anbetern zerschmolz vor den feurigen Blicken ihrer stralenden Augen; ein anderer besang ihren Mund; der dritte küßte ihre runde Hand mit einer ehrerbietigen Entzückung; alle bewunderten ihre Schönheit, und keiner sagte ein Wort von ihrem Verstande, oder ihrer Tugend. War es wohl anders möglich, als daß Selinde sich von Jugend auf gewöhnen mußte, zu glauben, der ganze Werth eines Frauenzimmers bestehe in der Schönheit, und daß sie Verstand und Tugend, als einen sehr entbehrlichen Nebenumstand, ansahe, da Mannspersonen, welche sich das Recht anmaßen, vom Verstande und von der Tugend zu urtheilen, davon gegen sie niemals, und nur einigemal gegen ihre alte Mutter etwas erwähnten? Daß sie Kleanders Frau geworden ist, das hat

sie

sie weder ihrem Verstande, noch ihrer Tugend, sondern bloß ihrer reizenden Miene, und einem wohlgewählten Anpuze zu danken, welcher vor etlichen Jahren auf einem Balle ihrem Manne so gefährlich war. Noch izt, da ihr Mann, welcher zu leben weis, sie als seine Frau, weiter nicht liebt, noch izt findet man sie von einer Menge Männer, und unverheiratheter Mannspersonen belagert, von denen sie weiter nichts, als Lobsprüche ihrer Schönheit hört. Verstünde Selinde diese eigennüzigen Schmeicheleyen der Mannspersonen, so würde sie dadurch sehr gedemüthiget werden; denn sie würde sehen, daß diese Schmeichler aus eiteln, und gemeiniglich unanständigen Absichten, sehr flüchtige, und zufällige Vorzüge an ihr bewundern, und daß ein jedes Lob, welches man nur ihrer Schönheit giebt, nichts anders als ein stillschweigender Vorwurf ist, daß man sie in zehn Jahren, und vielleicht noch eher, mit Verachtung ansehen werde. Mit einem Worte: Nur wir Manspersonen sind Schuld daran, daß die schöne Selinde eine eitle Thörinn ist. Und doch bin ich so ungerecht gewesen, ihr einen Vorwurf zu machen, der nur auf uns Mannspersonen zurück fallen sollte! Versichern Sie Selinden, Madame, daß mir diese Uebereilung sehr nahe geht, und daß ich aus wahrer Reue ein Gelübde gethan habe, alle Leute zu versichern, daß sie anfange, häßlich, aber auch vernünftig zu werden. Wird Selinde wohl mit dieser Schmeicheley zufrieden seyn? Was glauben Sie davon, Madame?

Sonder Zweifel erwartet Orimene eben dergleichen Abbitte und Ehrenerklärung von mir, da ich ihr Schuld gegeben habe daß sie die Verdienste anderer nur nach ihrem äußerlichen Puze zu schäzen gewohnt sey. Wenn sie zwar diesen Vorwurf unpartheyisch überlegen will, so wird sie gestehen müssen, daß ich Recht habe: aber auch nicht einmal gegründete Vorwürfe soll man dem Frauenzimmer machen. Es ist wahr, Orimene, welche das Unglück hat, nicht gar zu schön zu seyn, ist den ganzen Tag über beschäftigt, den Mangel ihrer Schönheit durch einen wohl gewählten und in die Augen fallenden Anpuz zu verbergen. Sie ißt und trinkt, sie schläft, sie puzt sich, und untersucht den Puz anderer; das ist seit fünfzehn Jahren ihr Beruf, den sie mit solcher Sorgfalt beobachtet, als wenig Leute ihren Beruf in Obacht zu nehmen pflegen. Sie steht mit einer kunstrichterlichen Miene am Fenster, und läßt alle Westen und Manschetten, alle Andrienne und Kopfpuze die Musterung paßiren. Der iunge Herr, welcher dort die Allee herunter getanzt kömmt, hat eine reiche Weste und dergleichen Aufschläge, von einem ganz neuen und sehr guten Geschmacke. Sie kann gar nicht begreifen, warum der Hof diesem liebenswürdigen Menschen die Präsidentenstelle abgeschlagen hat. Wer ist der finstre Mann in dem abgetragenen Sammetkleide, und der altväterisch gestickten Weste, welcher dort in der Hausthüre mit zween armen Bürgern so gelassen und freundschaftlich spricht?.. Ist das mög-

möglich! Also ist dieser der würdige Präsident, an welchem der Hof so viele Verdienste gefunden hat? Was ist das für eine Perucke! Unfehlbar muß er die Perucke auch an statt der Nachtmüze brauchen: denn sonst könnte sie unmöglich so verwirrt aussehen. Und die Manschetten! Ganz gewiß sind das noch Erbstücken von seinem seligen Vater. Sehe ich recht? Unmöglich! Doch wahrhaftig, ia! Zwey Löcher hat er in den schwarzen Strümpfen! Gerechter Himmel! Und einen solchen Mann macht der Hof zum Präsidenten? Das arme Land! Auf diese Art beurtheilt Orimene die Verdienste der Menschen, wenn sie in ihrem Erker Gericht hält; auf diese Art theilt sie die Aemter aus, und sezt andre von ihren Aemtern ab; auf diese Art prüft sie ihre Freunde und Freundinnen; sie lobt und tadelt auf diese Art. Aber thut Orimene etwas anders, als was wir alle Tage thun? Bey dem ersten Anblicke eines Menschen ist sein Anzug der entscheidende Umstand, ob wir ihn hoch schäzen, oder verachten sollen. Sind diese Vorurtheile übereilt, so wird gemeiniglich viel Zeit, und ein genauer Umgang erfordert, wenn wir diese übereilten Vorurtheile ändern sollen. Ein vernünftiger Mensch wird die Gelegenheit zu dergleichen Vorurtheilen wider sich vorsichtig vermeiden, und nach seinen Umständen den äusserlichen Puz sorgfältig einrichten, weil dieser allemal eher in die Augen fällt, als sein Verstand, den man erst suchen muß. Und doch will man Orimenen es übel nehmen, daß sie es ihre

einzige

einzige Beschäftigung seyn läßt, den Anpuz zu untersuchen, und nach solchem die Verdienste der Menschen zu bestimmen? Ist dieses ein Fehler von ihr, so sind auch an diesem Fehler nur die Mannspersonen Schuld. Alle, die mit ihr umgegangen sind, haben sich mehr von Spizen und Stoffen mit ihr unterhalten, als von ernsthaften Sachen. Ein jeder hat darinnen des andern besondern Geschmack zu übertreffen gesucht: und weil ein jeder Eigenliebe genug gehabt, Orimenen zu versichern, daß er Verstand und Verdienste besize; so hat endlich Orimene glauben müssen, daß in dem äußerlichen Anpuze, und in der Kunst, selbigen zu beurtheilen, Geschmack und Verdienste bestehen. Sind also wir Mannspersonen nicht die unglückliche Ursache, daß Orimene alle ihre Tugenden dem Schneider und der Puzmacherinn zu danken hat; und daß sie ganz ohne Verdienste ist, so bald sie sich ausgekleidet hat?

* * *

Leonore, welche von der ganzen Stadt Böses spricht, hat es bloß meinem zerknirschten Gewissen, und meiner übertriebenen Buße zu danken, daß ich auch ihr eine Abbitte und Ehrenerklärung thue, da sie doch von mir selbst so oft, und so viel Böses gesprochen hat. Der nachdrücklichste Widerruf, den ich thun kann, wird dieser seyn, wenn ich die Ursache anzeige, warum sie von der ganzen Welt in einem Tage mehr Böses spricht, als die ihr so fürchterlichen Satirenschreiber in zwanzig Jahren nicht können drucken lassen. Leonore hat Wiz: sie fühlt ihn,

und

und wünscht, daß dieser Witz bemerkt und bewundert werden möge. Ist dieses ja ein Fehler, so ist es doch ein männlicher Fehler, den sie mit vielen Gelehrten, und mit allen witzigen Scribenten gemein hat. Duns spottet der Religion, um gelesen, und von andern Narren bewundert zu werden. Puff schmieret die gröbsten Spöttereyen wider den Prinzen, wider die Religion, wider seine Obern, und wider alle, denen er Hochachtung und Ehrfurcht schuldig ist: warum? Um gelesen und von andern Narren bewundert zu werden. Und Leonore redet von der ganzen Stadt Böses, damit sie in Gesellschaften gehört und ihr Witz bewundert werde. Wie viele Sittenlehrer predigen Tugend, ohne die Tugend zu kennen! Unendliche Vorzüge vor ihnen hat Leonore, welche alle Ausschweifungen, all lächerlichen Fehler, alle Thorheiten, die sie von andern erzählt, selbst, und aus der Erfahrung sehr genau kennt. Niemand weiß die kleinen Hahnreyhistorien so gut, wie sie, zu erzählen; aber auch niemand weiß so gut, wie sie, was dazu gehört. Der Hochmuth ihrer Nachbarinn ist für ihre Spötterey eine unerschöpfliche Quelle; aber diese hochmüthige Nachbarinn hat ihr den Rang streitig gemacht. Wollen sie Leonoren recht lebhaft und beredt sehen, so bringen sie nur selbige auf Henriettens Spielsucht: denn Henriete hat ihr in voriger Woche zwanzig Ducaten abgewonnen. Die Frau Doctorinn ist ein eitler, lächerlicher und bettelstolzer Affe! warum? Leonore hat mirs gesagt; denn die Frau Doctorinn hat

hat ihr den reichen Stoff vorgekauft, mit dem sie bey dem letzten Balle sich selbst auspuzen wollte. Habe ich also nicht recht gesagt, daß Leonorens Spöttereyen weit erbaulicher sind, als alle moralische Tugendpredigten unsrer finstern Sittenrichter, da Leonore alle Thorheiten selbst kennt, un aus eigner Erfahrung über sie spottet? Aber Leonore gewinnt bey diesen bittern Spöttereyen sehr viel. Wenn sie mit dem Finger auf einen Thoren weist, so sieht jedermann auf diesen Thoren, und auf sie niemand. Wie ruhig kann nunmehr Leonore ihre eignen Fehler genießen! Ich habe schon oben gesagt, daß Leonore vornehmlich um deswillen so viel Böses von andern spricht, damit sie ihren Witz zeigen könne: es fällt mir gleich ein, daß diese Entschuldigung darum sehr erheblich ist, weil man niemals mit mehrerem Beyfalle lacht, als wenn sie Böses spricht. Zwingt sie sich aber ja einmal, und redet von ihren Nachbarn Gutes, so wird sie nicht bemerkt, am wenigsten bewundert: denn Seladon pfeift gedankenlos, ohne auf sie zu hören; Narciß legt die Falten seiner Manschetten in Ordnung, und trellert; der fürstliche Rath gähnt, und seine alte Gemahlinn spricht mit einer verdrüßlichen Beyfälligkeit, wenn sie hört, daß Leonore so viel Gutes von ihrer Freundinn erzählt: Ist das möglich? Hum! Ja, es mag eine ganz ehrbare Frau seyn. Je nun! man muß zu allen Sachen das Beste reden! Aber es ist heute erschrecklich schwüles Wetter; wir kriegen auf den Abend
gewiß

gewiß ein liebes Gewitter. Können sie es Leonoren, die auf ihren Wiz so stolz ist, wohl verdenken, wenn sie durch Spöttereyen die Aufmerksamkeit und den Beyfall der Gesellschaft zu erhalten sucht, da sie beydes verliert, wenn sie von ihrem Nächsten Gutes spricht? Hat sie ja Unrecht, so fällt die Hälfte der Verantwortung auf ihre Gesellschaft, welche die Verläumdung liebt. Ich bitte Sie, Madame; sagen Sie es Leonoren, wie vortheilhaft ich ihre ungerechte Sache vertheidigt habe. Es ist gewiß Schade, daß ich kein Advocat geworden bin!

* * *

Aber wie werde ich es machen, daß die hochmüthige Celsa auf ihren unterthänigsten Wurm herabsieht, da ich sie mit der unehrbietigen Wahrheit beleidigt habe, daß sie durch ihre Rangstreitigkeiten auch die freundschaftlichsten Familien in bittre Feindschaft verwickelt? Diesen Ehrgeiz werde ich nicht besser entschuldigen können, als wenn ich die Ursachen getreu erzähle, welche Celsen zu diesen Feindseligkeiten bewegen. Celsa hat das seltne Glück, sich selbst zu kennen; und dieses hat sie von ihren Vorzügen dergestalt überzeugt, daß sie die Pflichten gegen sich selbst verlezen würde, wenn sie nicht diesen Vorzügen ihr recht wiederfahren lassen wollte. Da sie es einmal so weit gebracht hat, von ihren eignen Vollkommenheiten überführt zu seyn; so ist, wie man leicht glauben kann, dieses eine von ihren angenehmsten Beschäftigungen, daß sie täglich neue Vollkommenheiten an sich ausspähet, und ihrem Schöpfer

Schöpfer die Ehre thut, sich zu bewundern. Diese eigne Bewunderung würde für sie nur halb so angenehm und erbaulich seyn, wenn sie nicht mit einer bittern Aufmerksamkeit die Unvollkommenheiten anderer untersuchte. Aus dieser Untersuchung kann nichts anders, als Mitleid, oder Verachtung kommen; denn alle Personen, die sie noch zur Zeit hat kennen lernen, stehen so unendlich weit unter ihr, daß sie es bloß der unerforschlichen Langmuth des Himmels zuschreibt, daß dergleichen unedle Geschöpfe mit ihr in die Welt gesezt sind, und mit ihr leben. Sie will, so viel möglich, dieses Versehen der Natur wieder gut machen; sie entzieht sich daher des Umganges mit diesen verächtlichen Geschöpfen, die sich auch Menschen nennen, gänzlich, oder, wenn sie das nicht thun kann, so will sie doch ihre Vorzüge vor ihnen behaupten. Sie weis das Sprüchwort, daß man nicht mehr Ehre hat, als man sich selbst giebt; sie giebt sich also so viel Ehre, als sie ihren Vollkommenheiten schuldig zu seyn glaubt. Und da diese freylich andern Leuten so deutlich nicht in die Augen fallen, so behauptet sie diese Vorzüge mit Zank und Heftigkeit: und wenn jemand so verwegen ist, ihr zu widerstehen, so ist ihr Mann, wenn er anders ihrer nicht unwürdig seyn will, allerdings schuldig, sie zu vertheidigen, und ihr durch den Beystand des Richters Gerechtigkeit zu verschaffen. Das nennen ihre Feinde Rangstreitigkeiten: aber sie nennt es eine Pflicht gegen sich selbst. Wem alle diese Entschuldigungen ein wenig zu tiefsinnig und metaphysisch fisch vorkommen möchten, dem will ich noch deutlichere Ursachen angeben, die allerdings mehr in die Augen fallen. Wollen wir es etwan der Celsa verdenken; daß sie mit feindseligem Sturme, und mit Beleidigung anderer einen Rang behauptet, der ihr, wie sie überzeugt ist, gehört? Wie viel hat es sich Celsa kosten lassen, in diesen Stand zu kommen, in dem sie izo lebt! Sie überließ ihre Hand einem Manne, welcher wie der Pöbel dachte, und wie der Pöbel lebte. Durch seine Ausschweifungen war sein gebrechlicher Körper noch eckelhafter, und seine dicke Seele noch dümmer geworden. Er hatte sich in eine drückende Last von Schulden gesteckt, die er nicht bezahlen konnte: aber seine Geburt, und sein Amt gaben ihm einen gewissen Rang, welcher Celsen so ansehnlich vorkam, daß sie ihm alle seine Mängel und Untugenden verzieh, und auch ihre Reichthümer ihm überließ. Ist es wohl unbillig, daß sie sich dafür bezahlt macht, und den Rang mit Gewalt behauptet, dem sie ihren Geschmack, und ihr Vermögen aufgeopfert hat? Noch eins: ihr Vater war der niederträchtigste Wucherer in der Stadt: um sich einen kleinen Vortheil zu verschaffen, war ihm keine Erniedrigung zu schimpflich: diesen Fehler ihres Vaters muß sie wieder gut machen. So oft sie einen Rangstreit anfängt, so oft glaubt sie das Andenken ihres Vaters aus dem Staube zu erheben, und einen Theil ihrer kindlichen Pflicht zu erfüllen. Sehen Sie, gebietende Celsa, wie viel Gewalt ich mir, und der Wahrheit anthue, Ihren Ehrgeiz zu ver-

vertheidigen! Verzeihen Sie mir meinen Autorfehler, den ich begangen habe. Ich lege mich zu Ihren Füßen, und schwöre Ihnen bey Ihnen selbst, daß ich es künftig keinem Menschen wieder sagen will, daß Sie eine hochmüthige Thörinn sind, welche den Mangel eigner Vollkommenheiten dadurch verbergen will, wenn sie andern ihre Vorzüge streitig macht.

* * *

Ich kann es nicht läugnen; ich habe gesagt, daß Alcimedore durch einen unüberlegten Aufwand ihren Mann an den Bettelstab, und ihre Kinder um das Brod bringe: aber ich hätte bedenken sollen, daß dieses ein sehr gemeiner Fehler ist, der Alcimedoren bey der heutigen Welt eben so viel Ehre bringt, als nachtheilig er ihr vor hundert Jahren gewesen seyn würde. Ihr Mann heirathete sie, weil er sie für reich hielt: er verlangte also von ihr Geld, nicht aber, daß sie eine vernünftige Frau, eine vorsichtige Wirthinn, oder eine sorgfältige Mutter seyn sollte. Was er verlangte, hatte sie ihm gegeben; also kann er weiter nichts von ihr fodern. Ihr Vermögen war bey weitem so ansehnlich nicht, als er glaubte. Dem ungeachtet hat sie als Frau ein Recht, noch zehnmal so viel aufzuwenden, als ihr Vermögen beträgt. Wird ihr Mann bankrott, was kann das ihr schaden? Desto vortheilhafter wird es für sie seyn. Ja, wenn man die Sache genau und recht unpartheyisch ansehen will, so ist ihre Verschwendung nichts, als eine Art von guten Werken, zu denen sie ihre Pflicht und ihr Gewissen verbindet;

denn

denn ſie bringt dasjenige Vermögen wieder unter
die Leute, das ihr Mann auf ſo vielerley unverant-
wortliche Art zuſammen wuchert. Aber Sie bringt
doch ihre unſchuldigen Kinder um das Brod! Was
für ein altväteriſcher Gedanke! Sorgt den bey uns
die Mutter für das Brodt der Kinder, oder muß das
der Vater thun? Bey dem vertrauteſten Umgange
mit ihrem Manne, und ihres Mannes Freunden,
iſt das niemals ihre Hauptabſicht geweſen, Mutter
zu werden; da nun die Kinder wider ihren Willen
leben, können ſie der Mutter wohl zumuthen, daß
ſie für ihr Leben ſorgen ſoll? Mit einem Worte:
Alcimedore verſchwendet; ſie bringt ihren Mann an
den Bettelſtab; ſie ſtürzt ihre Kinder in die verächt-
lichſte Armuth: aber Alcimedore iſt eine Frau, die
zu leben weiß.

* *

Daß die fromme Agneſe unverſöhnlich wüte,
wenn ſie beleidigt wird, das iſt auch eine von den
unüberlegten Wahrheiten, die mir izo viel Gewiſſens-
unruhe machen. Agneſe hat gute Urſachen, ſich
ſehr leicht zu erzürnen. Sie weiß ihre tugendhaften
Vollkommenheiten, die ihr einen ſo anſehnlichen
Rang über alle ſündige Menſchen verſchaffen. Iſt
es nicht eine Verwegenheit, wenn ein Menſch, der
kaum halb ſo viel betet, ſich unterſtehen will, ſie zu
beleidigen? Das Andenken ihrer jugendlichen Aus-
ſchweifungen muß ihr empfindlich ſeyn, wenn man
ſie daran erinnert, und ſie dadurch in der ſchmei-
chelhaften Einbildung einer heiligen Vollkommenheit
ſtört

stört. Wer sie beleidigt, der beleidigt, die ganze Kirche. Sie ist ihre unversöhnliche Wut der Religion schuldig, um andere abzuschrecken, daß sie diejenigen nicht verwegen antasten, welche der Religion so viel Ehre machen. Agnese verdammt mit einer lieblosen Zuversicht: aber sie versäumt keine Kirche. Sie ist neidisch über das unverdiente Glück anderer Menschen: aber sie hat eine Predigt gestiftet. Es ist wahr, sie wuchert mit Pfändern und drückt ihre armen Schuldner unbarmherzig: aber sie hat auch der Kirche einen kostbaren Schmuck geschenkt. Sie läßt die Dürftigen hungern, und preßt einem armen Bettler durch ihre grausamen Vorwürfe Thränen aus, ehe sie ihm ein trocknes Stück Brod zuwirft: aber sie fastet alle Wochen einmal. Sie ist rachsüchtig, und wütet unversöhnlich, wenn sie beleidigt wird: aber sie ist fromm.

* * *

Ich will es gestehen, es ist von mir ein großer Leichtsinn gewesen, daß ich Rosamunden Schuld gegeben habe, es sey ein Theil ihres Gottesdienstes, wenn sie sich geputzt in der Kirche sehen läßt. Rosamunde thut in der Kirche mehr nicht, als was andre Frauenspersonen an ihrem Nachttische thun. Sie bewundert sich, und läßt sich bewundern. Ein jeder, von welcher Secte er auch sey, verdient eine gewisse Hochachtung, wenn er das, was er in seiner Religion glauben soll, mit Ueberzeugung, und mit einem bescheidnen Eifer glaubt: und diese Hochachtung verdient Rosamunde doppelt. Sie hat es der

Unter-

Unterweisung ihrer Mutter, deren völliges Ebenbild
sie ist, zu danken, daß sie von der Religion überhaupt sehr bequeme Begriffe, und insbesondere vom
Sonntage diesen hat, daß er nichts anders sey, als
ein gewisser Tag in der Woche, wo das Frauenzimmer zwo Stunden eher aufsteht, als an den andern
Tagen, um sich die Haare auf das sorgfältigste frisiren zu lassen, und ein Kleid anzulegen, welches
die andächtige Aufmerksamkeit der Nebenchristen auf
sich ziehen kann, in deren Gesellschaft man drey
Stunden lang stille sizt, um bewundert zu werden,
und andere zu richten. Rosamunde glaubt, daß
nur zu diesem Ende der Sonntag erdacht sey, und
das glaubt sie mit einer so lebhaften Ueberzeugung,
daß sie seit ihrem vierzehnten Jahre nicht einen einzigen Sonntag ausgesezt hat, ihren Gottesdienst
auf diese Art zu verrichten. Hätte man ihr bessere
Begriffe von der Religion beygebracht, so würde sie
eben so wohl im Stande seyn, sich nach diesen bessern
Begriffen mit Eifer zu richten. Aber, da sie nur
das erbauende Exempel ihrer werthesten Mama
vor sich gehabt hat, da alle, die mit ihr reden,
nur von Göttinn und Anbetung reden; so kann
man es ihr gar nicht verdenken, daß Exempel und
Schmeicheley sie, bey ihrer natürlichen Eigenliebe,
zu einer solchen Abgötterey gegen ihre kleine Person
gebracht haben. Das muß man wohl bedenken,
wenn man billig seyn will; und so billig hätte ich
auch seyn sollen!

* * *

Wie werde ich es bey Florinden verantworten können, von der ich gesagt habe, daß sie sich weder der Wirthschaft, noch ihrer Kinder annehme, welche doch gewisser von ihr, als von ihrem Manne sind? Vielleicht hat sie es nicht einmal übel genommen; denn Florinde kennt die Welt. Die Zucht der Kinder überläßt sie dem Gesinde. Sie würde es für einen sehr empfindlichen Vorwurf halten, wenn ich ihr nachrühmen wollte, daß sie eine gute Wirthinn sey, weil sie wohl weiß, daß dieses eine sehr bürgerliche Tugend ist. Und am allerwenigsten wird sie darüber empfindlich, wenn man ihre Treue gegen den Mann in Zweifel zieht, da dieses nur ein desto stärkerer Beweis ihrer Schönheit, ihrer Verdienste, und der Hochachtung ist, welche die Welt für sie hat. Und also hat sie vielleicht meine Wahrheit nicht einmal übel genommen! Aber gesezt auch, es wäre geschehen; so weiß ich ein Mittel, sie wieder zu besänftigen. Bey der nächsten Gelegenheit will ich ihr eine Schmeicheley auf Unkosten anderer Frauenzimmer sagen; ich will sie mit boshaften Neuigkeiten von ihrer Freundinn versehen, damit sie in Zusammenkünften Gelegenheit habe, wizig zu seyn: allenfalls spiele ich mit ihr, und lasse sie gewinnen; und wenn sie bey aller dieser Busse noch unversöhnlich bleibt, so will ich die Rolle eines Anbeters nehmen, damit ich die Zahl ihres zärtlichen Trosses vermehre, und ihr das Vergnügen mache, mich verachten zu könnene Denn das wünscht ihr Ehrgeiz, daß sich die Anzahl ihrer

Anbeter

Anbeter vermehre, nnd daß sie einige darunter habe, bey welchen es ihr nicht schwer ankömmt, grausam zu seyn. Ich glaube, ich bin demüthig genug, wenn ich mich dieser Strafe unterwerfe.

* * *

Kaliste ist pedantisch stolz, weil sie etwas mehr versteht, als das Kochen. Ich habe das gesagt, es ist wahr: aber wenn auch Kaliste diesen Fehler hat, so ist sie wenigstens zu entschuldigen. Und am meisten müssen wir Mannspersonen sie entschuldigen, weil wir nur an diesem Fehler, wie an den meisten Fehlern der Frauenzimmer, Ursache sind. Wir fürchten uns zu sehr vor dem fähigen Verstande und Wize des weiblichen Geschlechts, als daß wir uns Mühe geben sollten, ihren Verstand und Wiz sorgfältig zu bilden, und sie an dem Ruhme der Gelehrsamkeit Antheil nehmen zu lassen. Sie würden uns einen gewissen Vorzug entreißen, welcher beynahe der einzige noch ist, den wir vor ihnen behaupten. Wir sind schon eifersüchtig genug, daß für sie die Schönheit ein vorzügliches Geschenke der Natur ist: ich nehme unsre männlichen Puppen zu Zeugen, daß wir auf dieses Geschenk eifersüchtig sind. Schon der natürliche Verstand unsrer Frauenspersonen ist so durchdringend, daß es für unsre angemaßte Herrschaft doppelt gefährlich seyn würde; wenn wir diesen natürlichen Verstand durch Fleiß, Bücher und gelehrte Bemühungen noch mehr ausbilden wollten. Es ist dieses ohnedem nur noch der Schatten der

Herrschaft, mit der wir uns brüsten, da wir alle andre Arten der Herrschaft schon seit undenklichen Jahren an das weibliche Geschlecht verlohren haben. Wir ersticken daher mit einer tyrannischen Vorsicht alle Begierde, welche das Frauenzimmer bewegen könnte, ihren Verstand durch Schriften und Gelehrsamkeit noch mehr auszubilden. Und weil wir es nicht wagen dürfen, den Frauenzimmern solches ernstlich zu verbieten, da sie, als Frauenzimmer, gewohnt sind, dasjenige am eifrigsten zu thun, was ihnen am schärfsten verboten wird, so wissen wir sie durch andre Beschäftigungen zu zerstreuen. In vorigen Zeiten ließ man sie für den größten Theil der Wirthschaft sorgen, und übergab ihnen die Erziehung der Kinder; und diese zwo Beschäftiguugen waren weitläuftig genug; sie von der gelehrten Neugierde abzuhalten. Da in neuern Zeiten die meisten unsrer Weiber auf den bequemen Einfall kamen, die Last der Wirthschaft und der Kinderzucht auf ihre niedrigsten Bedienten zu legen: so waren die Männer so sinnreich, ihnen Tonnen vorzuwerfen, mit denen sie sich bey ihrem Müßiggange beschäftigen sollten. Man gab ihnen bunte Karten in die Hände, und war so glücklich, ihnen diesen Zeitvertreib so angenehm zu machen, daß sie gar keine Bücher weiter, als diese, verlangten, und daß viele von ihnen ganz außer Stande waren, bey einer andern Gelegenheit, als beym Spielen zu denken. Durch eine übertriebene Schmeicheley über ihre Schönheit brachte man ihnen

nen von ihrer erſten Jugend an die eitlen Begriffe bey, daß ihr ganzer Werth nur in der Schönheit beſtehe. Die Folge davon war natürlich: ihre Bemühung zog ſich von allen andern Beſchäftigungen ganz ab, und gieng bloß auf die Erhaltung dieſes Vorzugs. Weil aber doch die Mannsperſonen nicht im Stande waren, bey allen Frauenzimmern die Begierde zu ſchönen Wiſſenſchaften zu unterdrücken; ſo fiel man auf ein ſehr boshaftes Mittel. So bald ein Frauenzimmer nur ein wenig mehr verſtund, als man wollte, daß ein Frauenzimmer von der Gelehrſamkeit verſtehen ſollte: ſo machte man ſie durch übertriebene Lobſprüche ſchwindlicht, und beredete ihre Eigenliebe, welche ſchon vorhin geneigt genug war, es ſich bereden zu laſſen, daß ſie das wizigſte, gelehrteſte und vollkommenſte Frauenzimmer, und wo nicht gar Minerva, doch zum wenigſten eine zehnte Muſe ſey. Dadurch benahm man ihr den Gedanken, weiter zu gehen, welches ſie bey ihrer Vollkommenheit nunmehr für überflüßig hielt. Sie blieb an dem Fuße des Parnaſſes ſtehen, beſchäftigte ſich mit wizigen Tändeleyen, und wurde von dem verrätheriſchen Lobe der Mannsperſonen trunken. So iſt es Kalliſten ergangen. Habe ich alſo etwas Unrechts geſagt, wenn ich behauptete, daß ihr pedantiſcher Stolz ein Fehler der Mannsperſonen ſey? Verſtünde Kalliſte dieſe Sprache unſrer Schmeicheley, ſo würde ſie darüber ſehr kleinmüthig werden. Man erſtaunt, daß ſie ein wenig von Gelehrſamkeit, und wohl gar Verſe plaudern kann: So wie man einen Papagoy bewundert, welcher menschliche Töne nachplaudern kann, ungeachtet ihn die Natur nur zu einem Papagoy erschuf. Könnte für Kallistens Stolz wohl etwas demüthigender seyn, als dieser beleidigende Beyfall?

* * *

Daß ich behauptetet habe, eine Frau aus der großen Welt zu heyrathen, sey für viele ein gewisser Schritt zum Hospitale; das ist das wenigste, was ich von den Ehen Nachtheiliges gesagt habe. Aber doch erkenne ich mein Unrecht. Und damit ich die Welt von meiner Reue recht nachdrücklich überzeuge, so will ich mir öffentlich alles das Böse vorbehalten, das ich, von den Ehen zu sagen, die Verwegenheit gehabt habe. Ich habe über Männer gespottet, welche, weder nach Verstande, noch Tugend, noch Erziehung zu fragen, sich auf ewig mit Frauenzimmer, bloß wegen ihrer Schönheit verbanden, von welchen sie wissen konnten, daß sie nach einem Jahre nicht mehr, wenigstens für sie nicht mehr reizend seyn würden. Aber Greif ließ sich von keiner Schönheit blenden. Zwar Verstand und Tugend, und Erziehung waren das auch nicht, was er verlangte: Er suchte Geld; und doch hielt ich ihn für einen Thoren. Ein Mann, der, zu dem gemeinen Besten, in seinem fünfzigsten Jahre ein feuriges Mädchen von fünfzehn Jahren heirathet, war vor meinem Spotte eben so wenig sicher, als eine Frau von fünfzig Jahren, welche sich einbildet, daß die Schmeicheleyen ihres jungen Bräutigams ihr, und nicht ih-

rem

rem Gelde gemacht werden. Ich hatte angemerkt:
daß Frauenzimmer, so bald sie ihrem Manne die
ewige Treue zugeschworen, sich mit einem male von
dem jungfräulichen Zwange des Wohlstandes losrißen, und ohne Vorsicht alle Ausschweifungen begiengen, die sie vorhin nur im Stillen gewünscht, oder
mit der größten Behutsamkeit begangen hatten.
Zuweilen stellte ich sehr erbauliche Betrachtungen an,
wie es kommen müsse, daß wir Mannspersonen allem Frauenzimmer mit aller nur ersinnlichen Höflichkeit begegnen, und allen offenbare Schmeicheleyen
sagen, nur unsern Weibern nicht; und ich glaubte,
gefunden zu haben, daß sich Mann und Frau vornehmlich um deswillen so kaltsinnig begegnen, weil
es unter ihnen eine heilige Pflicht ist, sich zu lieben. Der Aufwand, den heut zu Tage der Wohlstand, oder welches einerley ist, der Hochmuth vieler Weiber erfordert, schien mir eine sehr gegründete, und beynahe die vornehmste Ursache zu seyn,
daß die ansehnlichsten Häuser am meisten in Schulden stecken. Eine Frau von dieser Art zu heirathen,
war in meinen Augen der deutlichste Beruf, bankerott zu werden. Ich zittere, wenn ich die Verwegenheit überdenke, die ich gehabt habe, so viele
Bitterkeiten von dem Frauenzimmer, und von der
Ehe zu sagen! Es würde sich entschuldigen lassen,
ja gewissermaßen wäre es meine Pflicht gewesen,
dergleichen zu sagen, wenn es Frauenzimmer von
dieser Art in der Welt gäbe. Aber da bekannt ist,
daß kein Frauenzimmer, welches schön ist, nicht

auch zugleich Verstand und Tugend, und Erziehung habe; daß eine Frau, welche ihren Mann reich macht, ihn auch durch Bescheidenheit, und anständige Wirthschaft glücklich machet; daß ein junges Mädchen von fünfzehn Jahren, welches einen abgelebten Mann heirathet, den Wohlstand, und ihre Pflicht niemals vergißt; daß eine alte Wittwe ihren jungen Bräutigam nicht aus Wollust, sondern nur aus Freundschaft liebt; daß unsre Frauenzimmer, so bald sie verheirathet sind, beynahe noch vorsichtiger und tugendhafter leben, als vorher, da sie wohl wissen, daß eine unbedachtsame Aufführung nicht allein die schändlichsten Vorwürfe über ihr ganzes Haus bringt, sondern auch ihren eignen Anbetern verächtlich ist; da es bekannt, wenigstens bey uns ausgemacht ist, daß die Weiber durch eine gefällige Freundlichkeit sich nur ihrer Männer Liebe und Hochachtung zu erhalten suchen, ohne um den Beyfall anderer Mannspersonen zu buhlen; daß in vornehmen Häusern die Weiber bey ihrem Aufwande niemals vergessen, was sie dem ehrlichen Namen ihrer Männer, und dem künftigen Wohl ihrer Kinder schuldig sind; da alles dieses bekannt ist, da man nicht ein einziges Exempel anführen kann, welches meine Vorwürfe und Spöttereyen rechtfertigen könnte; so weiß ich meine Verleumdung mit gar nichts zu entschuldigen; ich habe nicht einmal das Herz, um Vergebung zu bitten.

❋ ❋ ❋

Gewiß, Gurda, Sie hätten keinen vortheilhaftern Augenblick, als diesen erwarten können, eine

Abbitte

Abbitte und Ehrenerklärung von mir darüber zu verlangen, daß ich Sie für eine Thörinn erklärt habe, weil Sie noch so eitel sind, Ihrem verrunzelten Gesichte Anbeter zu erbuhlen. Ich bin izo so zerknirscht und niedergeschlagen, daß ich nicht einmal diese Wahrheit zu vertheidigen Muth genug habe. Ich will es Ihnen abbitten. Ich will sagen, daß Ihre dürren Hände die Wolle, den Schnee, und ich weiß selbst nicht was übertreffen, daß die Blicke Ihrer Augen noch eben so reizend und gefährlich sind, wie sie vor vierzig Jahren gewesen seyn mögen; daß Ihr alter Mund bezaubert, wenn er lächelt; daß — mit einem Worte, ich will Sie so unverschämt loben, daß Sie es selbst für eine Unwahrheit halten sollen, so groß auch sonst ihre Eigenliebe ist. Können Sie wohl mehr von mir verlangen?

* * *

Sehen Sie, Madame, ich habe mein Wort redlich gehalten. Sind Sie mit diesen Abbitten und Ehrenerklärungen zufrieden? Mich dünkt, Sie können es wohl seyn. Ich will noch mehr thun, damit ich mich mit Ihnen, und Ihren Freundinnen ganz aussöhne. Der fünfte Theil meiner satirischen Schriften soll von nichts, als von dem Lobe der Frauenspersonen handeln: Aber ich ersuche Sie Madame, die Gütigkeit zu haben, und Ihre Freundinnen dahin zu vermögen, daß mir eine jede von ihnen, ein ausführliches Verzeichniß ihrer Tugenden und Vollkommenheiten einsende, weil ich vielleicht selbst nicht scharfsichtig genug seyn möchte, solche bey allen wahrzunehmen, und weil ich weiß, daß viele von ihren eignen Vorzügen weit mehr überzeugt sind, als sich ein Fremder davon überzeugen kann. Madame, ich küsse Ihnen die Hände.

✳ ✳ ✳

Daß in meinen Augen die Heuchler so abscheuliche Creaturen waren, daran ist niemand Schuld, als meine fromme Mutter, welche mir immer vorsagte, daß in einem Heuchler der Stoff zu einer jeden Art von Schelmen liege. Ich danke es dem Umgange mit der großen Welt, daß ich izt billiger von den Heuchlern urtheile. Und warum soll ich nicht billiger urtheilen, da ein Heuchler nichts thut, als was alle diejenigen zu ihrem guten Nuzen, und mit großem Beyfalle thun, die zu leben wissen? Sie verstellen sich, sie halten eine Maske vor das Gesicht, um nicht erkannt zu werden, sie wollen die Welt bereden, daß sie gewisse Vollkommenheiten besizen, die ihnen wirklich fehlen; das thun die Heuchler, es ist wahr; aber sind sie um deswillen so verabscheuungswürdig? Dort vor dem Zimmer des Prinzen umarmen sich zween vornehme Freunde. Sie versprechen einander eine Freundschaft, dergleichen man seit den Zeiten des Orest nicht gehöret hat; sie werden diesen Mittag mit einander trinken, und sich küssen, und ewige Treue schwören; und morgen wird einer von ihnen den andern stürzen. Thut ein Heuchler mehr, als diese thun? Der Mann, der nur von Tonnen Goldes spricht, dessen fürstliche Pracht der Pöbel bewundert, und sein Gläubiger

beseufzet; dieser Mann hat die große Absicht, noch
mehrere zu betrügen, und alsdann mit einer guten
Art Bankerott zu machen: hat man wohl viel Exempel
von Heuchlern, die ihre Gläubiger auf diese Art betrügen? Und was soll ich von der Verstellung derieni-
gen Gelehrten sagen, die ihre Dummheit unter einer
weisen Miene verbergen? Soll ich von den Großspre-
chern etwas gedenken, die den Hut trozig in die Augen drücken, und zittern? Wie gefährlich heuchelt ein
Geliebter! Wie verführend ist die Heucheley einer
ungetreuen Frau, die ihren Mann mit mit zärtlichen
Liebkosungen einschläfern will! Und alle diese Laster,
alle diese Thorheiten entschuldigt man, oder belacht sie
wohl gar; aber unerbittlich verdammt man den frommen Heuchler, der Almosen giebt, mit bußfertiger
Miene durch die Gassen schleicht, kniend und mit
Thränen vor dem Angesichte der Gemeinde betet, und
ein Schelm ist. Macht ihn vielleicht nur das vor andern
so verhaßt, daß er mit der Religion spottet? Das will
ich doch nimmermehr hoffen! Vielleicht möchte es vor
hundert Jahren die Ursache gewesen seyn: aber itzt
denkt unsre aufgeklärte Welt schon anders, und man
weis besser, als damals, zu welchem Ende die Religion
erdacht ist. Man bewundert ja diejenigen, als starke
Geister, die mit der Religion spotten: ist es wohl billig, daß man diejenigen, als Schandflecke der Natur
verabscheuet, die mit der Religion heucheln?

* *
*

Unglückliche Leute noch mehr zu kränken, ist gewiß eine der grausamsten Ungerechtigkeiten, die ein

Mensch

Mensch begehen kann. Und doch — ich schäme mich es zu gestehen! — Und doch habe ich diese Ungerechtigkeit begangen; und zwar habe ich sie an den erbarmungswürdigen, unglücklichen und elenden Menschen begangen, die man Freygeister nennt. Dieses sind die mitleidenswürdigen Menschen, welche, um zwanzig Jahre lang von wenigen wegen ihres scharfen Verstandes bewundert zu werden, von den übrigen verabscheuet, und ewig unglücklich werden wollen. Sie wenden viele Mühe an, sich eine Hoffnung auszureden, von welcher sich ein vernünftiger Mann, ich will gar nicht sagen ein Christ, mit so vieler Mühe zu überzeugen sucht. Sie haben beständig mit den innerlichen Widersprüchen ihres eignen Gewissens zu kämpfen, welches sie zu ihrem grösten Verdrusse immer daran erinnert, daß sie vernünftige Geschöpfe sind; Sie haben Ehrgeiz genug, in der Welt eine Rolle spielen zu wollen, die bemerkt wird: weil es ihnen aber am Verstande und Willen fehlt, so rasen sie, um starke Geister zu heißen. Die Ausschweifungen ihrer Jugend sind mit nichts zu entschuldigen: sie gerathen also auf den albern Einfall, sich und andere zu bereden, daß es keine höhern Geseze gebe, welche diese Ausschweifungen verdammen; und bey diesem Einfalle haben sie eben die sichere Beruhigung, die ein Dieb haben mag, welcher sich zu bereden sucht, daß keine Geseze sind, die den Diebstahl verbieten, und welcher diesen Unsinn gegen andere so lange behauptet, bis er unter dem Galgen steht. Gemeiniglich ist eine schimpfliche Armuth

muth die Folge ihrer jugendlichen Ausschweifungen; und alsdann sind diese starken Geister, welche so stolz von ihrem Wize denken, doch niederträchtig genug, Schmarozer zu werden, und sich durch ihren wizigen Unsinn an die Tafel junger reicher Thoren zu drängen. Diese Elende, welche Verzweiflung und Hunger zu Narren macht, habe ich so oft verspottet: wie ungerecht, und lieblos habe ich gehandelt! Wäre es mein Ernst gewesen, sie zu retten, und hätte ich es wirklich gut mit ihnen gemeint; so hätte ich die Barmherzigkeit an ihnen erzeigen, und sie in das Tollhaus einkaufen sollen.

* * *

Die Abbitte und Ehrenerklärung, die ich hier den starken Geistern thue, bringt mich ganz natürlich auf ihre Antipoden, die abergläubische Seelen Auch an diesen habe ich mich versündigt: denn Abergläubische zu verspotten, ist eben so unrecht, als einen Wahnwizigen zu verspotten, der immer Gespenster sieht. Diese Unglücklichen werden ohnedem schon unbarmherzig genug von gewissen Tyrannen gepeinigt, deren Eigennuz unter dem frommen Vorwande, die heiligen Pflichten ihres Amtes zu erfüllen, sie immer mit neuen Larven schreckt, und ihnen immer den Verstand verdächtig macht, damit sie ihr Joch nicht fühlen; welche sich und der Religion zu Ehren, diese Milzsüchtigen in einer andächtigen Dummheit erhalten; mit einem Worte, welche eher nicht ruhen, als bis sie aus einem vernünftigen

nünftigen Wesen ein betendes Vieh gemacht haben. Es wäre billiger von mir gewesen, wenn ich diesen elenden Sklaven Muth gemacht hätte, sich von ihren Banden loszureissen; an statt daß ich ihres Aberglaubens spottete. Sie dauern mich, so oft ich an sie denke. Alles Vergnügen der Welt ist ihnen ein Abscheu. Der Frühling ist ihnen schrecklich, weil im Frühlinge die erwachende Natur lächelt, und den Menschen von neuem belebt: nur der Winter ist ihnen noch erträglich, und dieses bloß wegen seiner langen und traurigen Nächte. Sie stehen seufzend von ihrem Bette auf, wachen den Tag über mit Angst, mit Thränen legen sie sich nieder, und ihr schwarzes Geblüte macht ihnen auch die Träume schrecklich. Das einzige wahre und beruhigende Vergnügen, welches sie empfinden, ist dieses, wenn sie andere verdammen. Verdienten diese Abergläubische mein Mitleiden nicht?

* * *

So weit geht die Probe der versprochenen Abbitte und Ehrenerklärung! Ich werde nicht einen Augenblick versäumen, die Fortsezung bekannt zu machen, wenn ich finde, daß sich durch diese Probe diejenigen versöhnen lassen, die ich im Vorstehenden genannt habe; und daß diejenigen, welche ich hier noch nicht genennet, eine Abbitte und Ehrenerklärung von dieser Art verlangen.

VALEAT. RES. LVDICRA. SI. ME.
PALMA. NEGATA. MACRVM. DONATA.
REDVCIT. OPIMVM.

Horat.

Ver-

Verzeichniß
der
in diesem vierten und leztern Theile
enthaltenen Stücke.

Vorbericht.

Zueignungsschrift an des großen Sancho Panza
    großen Esel.   S. 3 - 18

Antons Panza von Mancha Abhandlung von Sprüch-
    wörtern.   19 - 22

Abhandlung über das Sprüchwort: Wem Gott ein
    Amt giebt, dem giebt er auch den Verstand;
    nebst einem Vorberichte.   23 - 44

Kleider machen Leute.   44 - 54

Ehrlich währt am längsten; nebst einem Vorbe-
    richte.   56 - 92

Alte Liebe rostet nicht.   92 - 112

Eine Hand wäscht die andere.   112 - 125

Jung gewohnt, alt gethan.   125 - 183

Gut macht Muth.   183 - 194

Ehen werden im Himmel geschlossen. 194 - 238

Gedanken sind zollfrey.   238 - 368

Beweis, daß die Begierde, Böses zu reden, weder
    vom Stolze, noch von der Bosheit des Her-
                          zens,

zens, sondern von einer wahren Menschenliebe herrühre; an die königliche Akademie zu Pau in Bearn. S. 369 = 412

Das dazu gehörige, von dem Verleger verfertigte Realregister. 413 = 432

Das Märchen vom ersten April; aus dem Holländischen in das Hochdeutsche übersezt 433

Art Benzelaars von Saerdamm Zuschrift an seine liebe Amme. 435 = 436

Erstes Buch; enthält das Märchen vom ersten April. 437 = 468

Zweytes Buch; enthält sieben mal sieben Wahrsagungen vom ersten April. 469 = 520

Drittes Buch; enthält den Schlüssel zu den sieben mal sieben Wahrsagungen, nebst der versprochenen Fortsezung. 521 = 534

Abbitte und Ehrenerklärung. 535 = 574

www.ingramcontent.com/pod-product-compliance
Lightning Source LLC
Chambersburg PA
CBHW031934290426
44108CB00011B/545